读客®文化

岳南 大中华史

从北京猿人、三星堆到清东陵 (上)

岳南 著

中华文脉
从中原到中国
江凌 / 主编

河南文艺出版社
·郑州·

图书在版编目（CIP）数据

岳南大中华史：从北京猿人、三星堆到清东陵 / 岳南著. -- 郑州：河南文艺出版社，2021.12（2022.1 重印）

（中华文脉：从中原到中国 / 江凌主编）

ISBN 978-7-5559-1200-2

Ⅰ. ①岳… Ⅱ. ①岳… Ⅲ. ①考古发掘－中国－普及读物 Ⅳ. ① K87-49

中国版本图书馆 CIP 数据核字（2021）第 163125 号

岳南大中华史：从北京猿人、三星堆到清东陵

著　　者 岳　南
责任编辑 刘晨芳　冯田芳
责任校对 殷现堂　梁　晓　赵红宙　丁　香
特邀编辑 刘芷绮　赵芳葳
策　　划 读客文化　021-33608320
版　　权 读客文化
联合策划 杨彦玲　刘晨芳
封面设计 温海英
出版发行 河南文艺出版社
印　　刷 天津联城印刷有限公司
开　　本 710mm × 1000mm 1/16
印　　张 49
字　　数 600 千
版　　次 2021 年 12 月第 1 版　2022 年 1 月第 2 次印刷
定　　价 188.00 元（全 2 册）

如有印刷、装订质量问题，请致电 010-87681002（免费更换，邮寄到付）

目 录

第一章 从猿到人——寻找『北京人』的故事

瑞典人安特生来华

1914年4月，中国北洋政府农商部部长张謇签发了一张聘请书，特聘瑞典39岁的地质、生物学博士安特生来华担任农商部顾问，协助丁文江与翁文灏领导的地质调查所，训练地质调查专业人员，到有矿藏的中国北部考察并采集化石，以便开发。安特生对于自己的职位与年薪18 000块银洋的薪水表示满意（时北洋政府教育部社会教育司第一科科长鲁迅，月薪280块银洋；北京大学教授如李大钊等月薪300块银洋），来华后很快投入了工作。

1918年2月某日，安特生在一个偶然的机会遇见了当时在燕京大学任教的麦格雷戈·吉布教授，这位化学家很了解安特生对化石特有的兴趣，当即出示一些包在红色黏土中的碎骨片。“这是在周口店发现的，详细地点是一个叫鸡骨山的山崖左侧，这个鸡骨山是由于红土中随处可见到鸟类骨头而得名。前几天我到那里考察后亲自采到了这些有骨头碎片的泥块。”吉布教授得意地说着，将碎骨从泥块中剥下递给安特生。

“这些泥块是由充满特色的红土构成的，我发现这种土在周口店地区许多地方的石灰岩洞中均可见到。但引起我注意的是其中有许多小碎骨，大部分骨头是空腔的，显然属于鸟类骨头……”吉布教授的叙述对安特生来说极有诱惑力，这不仅仅由于安特生涉猎广泛、知识渊博，激起他最大兴趣的则是在这之前的一个学术悬案。

20年前，一位叫哈贝尔的德国医生在北京行医期间，从中药店里买到了不少“龙骨”和“龙齿”。这位医生虽不是研究古脊椎动物化石的专家，但极具科学头脑的他很了解这些化石的学术意义。1903年，当哈贝尔离开中国时，他将买到的“龙骨”经过认真挑选，装在木箱内带回了他的国家。不久，哈贝尔把这批化石全部送给当时著名的德国古脊椎动物学家施洛塞尔教授研究。

经过研究鉴定，施洛塞尔惊奇地发现在众多的“龙齿”化石中，有两颗是人的牙齿，且有一颗是人的上第三臼齿——这是整个亚洲大陆破天荒的发现。如果施洛塞尔敢于公布他研究鉴定的成果，那么，亚洲具有远古人类生息的事实论断，将会提前23年公布于世，安特生的声名也不会在日后大放光彩。但是，令施洛塞尔和哈贝尔遗憾终生的是，他们没敢正视眼前的事实，只把两颗人类牙齿当作类人猿臼齿而匆匆公布于世。

施洛塞尔和哈贝尔二人与伟大的发现荣光失之交臂。但是，这两颗牙齿还是引起了学术界的注意。因为早在1856年，就在德国尼安德特山谷深处发现了尼安德特人，1891年又在爪哇岛上发现了爪哇人，而亚洲大陆却是一片空白。这一发现，不能不引起敏感的学术界重视。

安特生来华后，始终没有忘记施洛塞尔的研究成果，并隐约感到远东大陆特别是中国这片神秘的土地，尚有一种未被参透的天机。他在广泛向中国科学界外籍朋友写信的同时，总要随信附上施洛塞尔关于中国动物化石的鉴定结果，并请他们注意收集和提供“龙骨”的线索和化石产地。

这个时候，科学界已经知道所谓的“龙骨”就是埋入地下的古脊椎动物化石，但对远古人类化石是否夹杂在“龙骨”之中，很少有人敢于大胆地做出科学推断。

面对吉布教授赠送的一捧零乱骨头，一个念头从安特生脑海中闪过：20年前哈贝尔在北京中药店买到“龙骨”，也许，施洛塞尔发现的牙齿就来自周口店。想到这里，安特生匆匆谢过吉布教授，回到自己的居室静静地默想起来。3月22日一大早，安特生从北京永定门外乘坐火车，踏上了考察周口店的旅程。

周口店位于北京西南大约50公里处，是一个极为普通的山野村镇。安特生很快找到了周口店西南约两公里处的鸡骨山，并发现这一带烧石灰、采煤以及开采建筑材料的相当普遍，也是这个小镇和附近居民所从事的主要行业。吉布教授正是从这里的一种深红色砂质黏土中发现化石的。

图1-1　周口店与龙骨山

山中土层充满石灰岩洞，石灰岩炉膛将泥土中的物质小心地保存下来，并逐渐从填洞的土层转变成可分离的石柱，无数碎骨化石就粘贴在这独立高耸的石柱上。安特生挥动考古探铲，在石柱四周搜寻、发掘，很快找到了两种啮齿类化石和一种食肉类化石。太阳快落山的时候，安特生将采到的化石装了满满两个背包，悄悄来到龙骨山一侧的乡间寺庙住了下来。

入夜，山野空旷寂静，周口店陷入一片黑暗之中。安特生点燃一盏油灯，将装满了化石的皮包慢慢打开，取出化石，一一观赏着，反复思考着，内心涌起多年来少有的惊喜与激动。

两天后，安特生回到了北京。他对周口店之行非常满意。能够在北京附近找到一处“龙骨”产地，不能不说是一件幸事。况且，这是安特生来华4年来第一次发现骨化石。尽管骨骸很小，看起来属于普通的并可能是幸存下来的鸟的种类。但这个发现，毕竟为他解开施洛塞尔发现的人齿地点之谜，敞开了一扇透着些微曙光的门户。

可以说，日后周口店那轰动世界的考古发现，从安特生的这次考察开始就注定了。

叩开“北京人”的大门

1921年初夏，奥地利古生物学家师丹斯基在瑞典乌普萨拉大学维曼教授的建议下来到中国。由于维曼的热情介绍和荐举，安特生准备和这位刚刚取得博士学位的年轻人合作三年，主要从事三趾马动物群化石的发掘和研究。此时的安特生已经在这个领域的发掘和研究中初见成效并渴望获得非凡的成果。

但是，安特生仍没有忘记施洛塞尔留下的那个谜。当师丹斯基到北京后，安特生便安排他先去周口店的鸡骨山进行发掘，公开的理由是让这位年轻人体验一下中国的农村生活，以便日后开展工作。其实安特生心中另有打算。

历史在兜了一个小圈之后，师丹斯基不知不觉地走进了人类祖先的家园。

这一年的8月某日，安特生和葛兰阶博士一起来到周口店看望师丹斯基。葛兰阶是美国自然历史博物馆派往中国的著名的猛犸古生物学家，主要任务是协助由安德鲁和李契夫曼领导的考察团在蒙古的探索工作，他是作为该团的首席古生物学家出现在中国土地上的。

安特生邀请这位他敬重的古生物学家同去周口店的目的，除了看一下师丹斯基的发掘进程，更重要的是让葛兰阶传授美国先进的发掘技术，因为美国的古脊椎动物学家以及古生物学家，在发掘技术上已取得了遥遥领先于世界其他各国科学家的惊人的进步。

此时师丹斯基已在安特生1918年住过的乡村寺庙中建立起他的田野发掘指挥部，安特生和葛兰阶在寺庙稍做休息后，随师丹斯基一道向鸡骨山走去。在发掘现场，葛兰阶对美国的先进田野考古技术进行了传授和示范，并找到了一些容易漏掉的小碎骨化石。按照他的理论，在发掘中不能放过任何哪怕是极为细小的线索。

当安特生等人坐在工作现场休息时，从山下走来一位40岁左右的中年汉子。中年人先是好奇地看了看眼前的几位长鼻子洋人，又在发掘现场转了一圈，突然转身说：“你们是要挖龙骨吧？离这儿不远有个地方，可以挖到更多更好的龙骨，没有必要在这里费劲了……”

安特生猛地站了起来，他清楚地知道中国人对“龙骨”的开采和收集已具有相当长的历史了。周口店从什么时候开始发现和开采“龙骨”他不知道，但据他1918年的那次访问调查，此处几乎每家都有“龙骨”收藏，有的卖给药店，有的则当作一种外伤药以备自用，因为用“龙骨”制成的药物可以止血愈伤，因而特别受到人们的青睐。而所谓的“龙骨”，其实就是埋入地下的古人类与古动物骨骼，有的因年代久远成为化石，此种骨骼被研成粉末后，撒到刀割或创伤的裂口上，确有止血愈伤的作用。从1918年安特生来周口店那时起，他在心中就有着这样的结论：也许当年哈贝尔收购的“龙骨”，就来自这个荒野山坡之中。

安特生不能错过这个线索。他在详细地询问了中年汉子后，便整理好工具包，同师丹斯基、葛兰阶一起跟中年人向北方一座石灰岩山走去。

新地点很快到达。这里位于周口店火车站西150米左右，是一地势较高的早已被废弃的石灰矿。矿墙约10米高，面向北方，呈直角状陡立着，看上去极其危险，用不了几场风雨便有倒塌的可能。中年人指着一条填满堆积物的裂隙说：“龙骨就在那里头，你们挖下去，保证有大的收获。”

安特生等人小心地来到裂隙前，只见堆积物由石灰岩碎片、砂土和大动物的碎骨组成，并被石灰岩溶液紧紧地胶粘在一起。几个人搜索了很短时间，就发现了一件猪的下颌骨。

猪骨化石的发现，说明了这是一处比鸡骨山更有希望的化石地点，这无疑是一个好的兆头。几个人在堆积层中一直搜索到傍晚，才怀揣伟大发现的梦想返回寺庙休息。

当天晚上，几个人坐下来仔细鉴别采到的各种骨骼化石。葛兰阶将一件奇异的下颌骨反复琢磨后，举棋不定地递给安特生。尽管这件下颌骨的牙齿已经缺失，但安特生还是凭借自己丰富的田野考古经验及独到慧眼，大胆推测出那是一种鹿骨化石。这一论断，很快得到了证实。

第二天清晨，安特生一行在太阳的光照中沿一条直路，从居住的寺庙向那处名叫“老牛沟”的新地点走去。

新的调查收获出乎意料，采到的化石不仅有同先前相同的看似奇异的下颌骨，而且牙齿保存完好。葛兰阶赞同了安特生先前的论断，并在以后的研究中正式确定名为“肿骨鹿”动物化石。而和“肿骨鹿”动物化石同时采到的还有犀牛牙齿、鬣狗的下颌骨、熊类的颌骨碎片……这一切的发现预示着人类祖先的大门即将敞开。

晚上，几个人在破旧的寺庙里喝着掺水的烈酒，庆贺这预示着美好未来的发现。安特生决定让师丹斯基在老牛沟继续发掘，自己和葛兰阶返回北京。许多年后，安特生在他的回忆录中写道，这一夜，他们激动得几乎没有闭眼。当翌日清晨他们准备冒雨踏上回北京的列车时，山下坝儿河的洪水猛涨，暴雨狂卷着水流从山谷奔腾而下，切断了去路，他们只能望洋兴叹。直到第四天清晨，雨过天晴，二人赤裸着身子，蹚过齐胸深的水向车站走去。

安特生在回忆录中特地提到，在和师丹斯基握手作别时，他面对朝霞映照下的周口店和鸡骨山，说出了这样一句意味深长的话语：“等着瞧吧，总有一天这个地点将成为考察人类历史最神圣的朝圣地之一。”

回到北京，安特生对师丹斯基的发掘工作仍不放心。几天后，他又来到周口店。

这次，他从已发掘的堆积物中注意到一些白色带刃的石英碎片，并观察到岩洞旁的石灰岩中有一条狭窄的石英脉矿，这条脉矿从山顶一直延伸到发掘地。

带有锋利刃口的石英碎片的出现，令安特生蓦然意识到这是人类在原始时期所用的工具，因为最早期简陋的工具不是由人类祖先加工制造的，而是从他们经过的路旁的山野丛林中捡到的。从发掘的带有利刃的石英碎片数量来看，只有原始人类居住在周口店附近，才会有如此集中并大致相同的石英碎片。这些锋利的刃口，正是祖先用来切割他们捕捉的兽肉的。

安特生做出这一推断的同时，用手中的石英碎片敲着岩墙对师丹斯基说：“我有一种预感，我们祖先的遗骸就躺在这里，现在唯一的问题是如何找到它。如果有可能，你把这个洞穴一直挖到空为止。”

师丹斯基按照安特生的建议又在周口店发掘了几个星期，但最后没有把岩洞挖空便结束了工作，因为发掘的困难比预想的要大得多。此时的安特生却不能忘记对岩洞中存在人类的推断，在他的请求下，师丹斯基于1923年夏季再度回到周口店去发掘那个岩洞。由于可供发掘的部位已高悬于陡壁之上，发掘下去极端危险，当师丹斯基把能采集到的化石尽量采到手后，又一次向安特生提出结束发掘工作的要求。

“对这个地点存在人类遗骸，我始终充满希望。”安特生企图再度挽留，而这次师丹斯基的决心已定，当他把能够采集到的化石尽量采到手后，不再顾及安特生的劝阻，匆匆结束发掘工作，带上化石返回欧洲，在乌普萨拉大学开始了对周口店化石标本的研究。

1921年和1923年对周口店的调查发掘，没有使安特生立即实现找到人类远古遗骸的梦想。其实，他的好梦已经成真，只不过他当时未曾发觉而已。

早在1921年初次发掘时，他们就在堆积物中发现了一颗人的牙齿，但当时的师丹斯基却并未意识到它的真容和价值，把它当作类人猿的牙齿而置于一边，并且直到1923年在《中国地质调查简报》发表周口店的工作报告时仍只字未提。直到1926年夏天，当师丹斯基在乌普萨拉大学古生物研究室整理标本时，从发掘的化石中认出一颗明确的人的牙齿之后，才同第一颗联系起来公布于众。而这时的安特生已经在对中国远古文化的发掘和研究中取得了显赫成就。

1926年7月某日，安特生接到了瑞典政府发来的信件，内容是瑞典皇太子偕太子妃已于5月动身做环球旅行，几个月后将转往日本和中国。瑞典政府请安特生做好中国科学界方面的安排和接待工作。

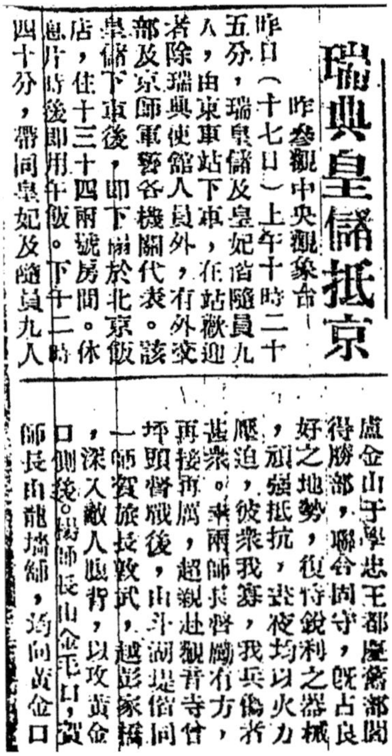

瑞典皇儲抵京

昨參觀中央觀象台

昨日（十七日）上午十時二十五分，瑞皇儲及皇妃偕隨員九人，由東車站下車，在站歡迎者除瑞典使館人員外，有外交部及京師軍警各機關代表，該皇儲下車後，即下榻於北京飯店，住十三十四兩號房間，休息片時後即用午飯。下午二時四十分，帶同皇妃及隨員九人

图1-2　1926年10月18日，北京《晨报》登载瑞典皇储抵京的消息

这位皇太子就是后来成为瑞典国王的古斯塔夫六世·阿尔道夫。他出生于1882年，直到1973年91岁时才在斯德哥尔摩去世。这是一位学识渊博、享有国际声誉的政治家、考古学家和文物鉴赏家、收藏家。当时，他担任着瑞典科学研究委员会会长的职务，这个机构掌管包括在中国境内的瑞典科学家进行地质学、古生物学和考古学方面的考察、研究经费。安特生在中国所进行的古生物和考古调查发掘的经费，大部分由这个机构提供。

因此，在远东科学界，选择安特生出面安排皇太子的活动是极其自然和恰当的。

安特生接信后，立刻动身前往日本东京。在离开中国之前，他对皇太子在中国北京的活动也预先做了安排。他深知这位皇太子的才学和嗜好，如果让皇太子在中国接触有关考古和艺术研究领域的人与物，将会有特殊的意义。他还相信如果安排召开包括其他科学领域在内的一个科研会议，北京的中外学者可能会借此机会宣布一些尚未公开的科研成果。那么，在这个会议上，安特生本人也可以借机公布自己的考察研究成果而出出风头——这是件一举多得的幸事。

安特生迅速给乌普萨拉大学研究所的维曼教授写信，向他索求关于自己在中国发掘化石的有关资料。前面已经提及，安特生在中国发现发掘的古生物化石，不是留在中国，而是运往瑞典供维曼教授研究。他与维曼的合作是令人愉快的，而安特生后来之所以能闻名于世，与维曼的帮助有着密切而重要的关系。

“北京人”横空出世

10月17日，在安特生等人的陪同下，瑞典皇太子偕夫人从日本来到北京。

安特生一回到北京，就见到了维曼教授寄来的研究成果报告，内容包括在河南、山东发现的恐龙以及一些很奇特的长颈鹿和三趾马等化石的重要研究成果。最让安特生震惊的是师丹斯基在周口店关于两颗人类牙齿的发现，维曼教授将这远古人类祖先牙齿的幻灯片和研究成果一同寄往北京——安特生对周口店存在早期人类的神奇梦想终于成为现实。

10月22日下午2时，以中国科学界人士为东道主的欢迎大会在北京协和医学院礼堂举行，出席大会的有来自北京、天津的中外学者和知名人士。继丁文江之后继任中国地质调查研究所所长的翁文灏在会上致欢迎词，皇太子接着致答谢词。第一位做学术报告的是中国著名的政治改革家和学者梁启超，他作了《中国考古学的过去、现在和将来》的长篇报告。就当时梁启超在中国乃至世界的声誉，他第一个在这样的场合演讲是理所当然的事情。

安特生是作为压轴人物最后一个登场的。他代表维曼教授介绍了在乌普萨拉大学关于古生物研究的最新成果。接下来作了《亚洲的第三纪人类——周口店的发现》的长篇报告——

> 所发现的牙齿中一颗是右上臼齿，大概是第三臼齿。从照片看来，它那未被磨损的牙冠所显示的特征本质是属于人类的……另一颗大概是靠前面的下前臼齿。它的牙冠保存很好，没有磨损。照片上所显示的特征是一个双尖齿。

图1-3　最早发现的三颗“北京人”牙齿化石，现收藏于瑞典乌普萨拉大学古生物研究所（引自《北京原人》，黄慰文著）

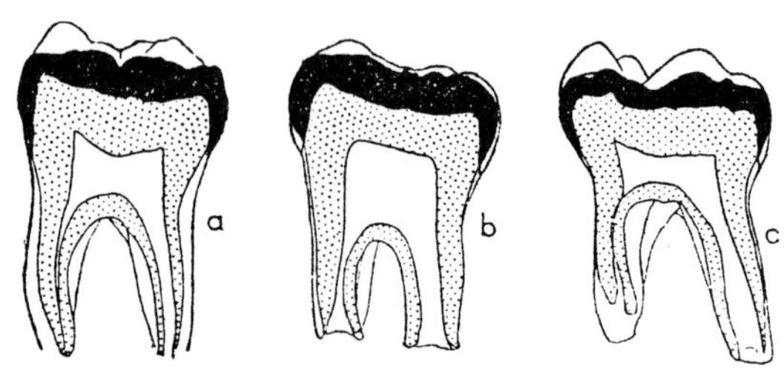

图1-4　左下第一臼齿对比图：a.10岁的中国小孩；b.中国猿人；c.青年黑猩猩（引自《黄土的儿女》[*Children of the Yellow Earth*]）

周口店出土的臼齿，在特征上与哈贝尔从北京一家中药店购来的那颗牙齿相似。这件标本在1903年由施洛塞尔描述过。它是一颗左上第三臼齿。它的牙根合并，但齿冠磨蚀得很厉害。根据石化程度，施洛塞尔认为它可能属于第三纪的，分类上暂时放在“真人？”或“类人猿？”，施洛塞尔在描述这个牙齿时所做的推论很值得回味。他当时指出：未来的调查者可以指望在中国找到新的类人猿、第三纪人类或更新世早期人类化石的材料。因此，周口店的发现对他的预言做出了肯定的回答。

现在比较清楚，在第三纪末或第四纪初，亚洲东部确实存在人类或与人类关系十分密切的类人猿。这一点在史前人类学领域是至关重要的……周口店的发现，给人类起源于中亚的假说提供了强有力的证据，在一连串链条中又增加了重要一环。

安特生的报告使几乎所有的与会者都蒙了，因为在亚洲大陆上从未发现过年代如此久远的人类化石，在这个板块上哪怕是一丁点儿关于人类化石的消息，都会使人感到强烈的震惊。

论文演讲完毕长达一分钟，台下仍然没有丝毫的反应。安特生知道为什么会出现如此的局面，是这个消息的震撼力太强大了，哪怕是极有预见的科学家，面对这个消息所产生的强烈冲击波也无法立即适应。

安特生顾不得听取众人的反响，他相信他们会清醒并由此对自己这一伟大的划时代发现投以敬慕之情的。现在最要紧的是使大家尽快相信这是事实而不是虚幻。于是，他开始放映这两颗人类牙齿的幻灯片……

安特生没有白费心机，一切都如他预想的那样顺利和自然。这次欢迎会，使他语惊四座，一炮打响了。“北京人”横空出世，把安特生的事业推上了辉煌的顶峰，并使他的名字在科学历史史册中理所当然地占住了一席之地。安特生盛名的光环使他同时代的地质学家和考古学家都黯然失色。瑞典民族良好的形象给安特生提供了成功的机遇。安特生不负众望，他的巨大成功，又为瑞典民族涂上了一层耀眼的光彩。

经与会的美国地质学家和古生物学家，时在北京大学地质系任教的葛利普提议，这一人类种属被称为“北京人”。

随后几天，中外新闻媒体纷纷报道了这个震惊世界的消息。北平《晨报》以《周口店发见之最古人类牙齿》为题在显著位置做了如下报道：

報

即舊歷丙寅年九月十八日　　第六版

瑞典皇儲昨參觀歷史博物館

盛稱中國玉石為世界之冠

最注意洛陽鉅鹿出土古物

前晚皇儲宴請中外考古家

昨日上午九時，瑞典皇儲及妃，偕瑞典公使及其夫人，大禮官氏爾斯瑪德比克，女禮官魔德比克夫人，侍從武官陸軍大尉奧斯布克林，安迪生等九人，赴午門歷史博物館參觀，外交部派總隊蒙劉迺蕃招待，京師警察廳憲兵司令部軍警督察處並派副官韓徵麟等三人保護。皇儲到端門內下車，歷史博

周口店發見之最古人類牙齒

安迪士前晚在瑞典皇儲宴會席上發表

北京導報載稱，前晚地質研究會自然歷史協會及協和醫學三機關，在協和禮堂舉行聯席會，安迪士氏等出席演說，安氏發表其重要科學的發現，謂於北京二十五英里地內，曾掘得人類之牙齒一枚，已變成化石，此乃世界前古之人類的化石，不僅其年代久遠，關係重要，即此足證北亞洲實為人種之發源地云云。此篇論文係在前晚歡迎瑞典皇儲席上發表，北大生物學教授格拉普氏、敘述安氏發見人齒化石之始末，及其意義之重要，略述之如次：

人種之發源，係在亞洲，久已成為定論。漸次移殖歐洲，而足以證實此假定者，即在爪哇曾發見猿人，而猿人似非人類之直接始初人，不過後來人類特別分支之一種代表而已。此類人散布於爪哇等地，近三年來漸注重亞洲之發現，最初由嘉丁氏及李小特氏發見原人石器，證明大中國（即亞洲）已有石器時代人類之存在。瞩中央亞細亞考古隊在蒙古發見極多之上古石器時代之器具，由此證明北歐洲北美洲處於冰川時代，而中亞地方人類已廣為分佈，而此時之衛，歐洲已有上古之人類，環居於地中海沿岸，石器及骨，均可採得。惟在中國雖已發現石器，但無骨

图1–5　当时的报纸

周口店发现“北京人”的消息一经传出，就像一枚重磅炸弹震撼了当时的科学界。它使一切致力于远东特别是中国考察的科学家都以无上崇敬和羡慕的心情向周口店集结而来。哪怕稍有一点科学考察知识的人都可以预料，安特生的发现，只不过刚刚揭开远古人类帷幕的一角，在它的后边将会有更加辉煌迷人的风景。

接下来，便是一个举世闻名的科学发掘计划。周口店的发掘，开创了一个国际真诚合作先例，取得更加伟大的成果似乎是一件理所当然的事情了。

龙骨山洞中的信息

1928年冬，中国地质调查所负责人丁文江、翁文灏，与北京协和医学院代表、加拿大籍古生物学家步达生等人经过反复磋商，制订出一个为期三年的合作发掘计划。由美国洛克菲勒基金会提供11万美元经费，予以双方共同发掘研究周口店出土化石。为避免在日后进程中可能出现的许多麻烦，需正式建立一个从事新生代地质学、古生物学，特别是古人类学研究的专门机构——中国地质调查所新生代研究室。这是隶属于中国地质调查所的特别部门，一切发掘研究计划将由这个机构掌管。

1929年2月8日，中美双方在共同拟定的章程上签字。协议规定：

> 丁文江为中国新生代研究室的名誉主持人。步达生为研究室名誉主任。一切采集的材料包括人类学标本在内，全部归中国地质调查所所有，但人类学标本将暂时委托北京协和医学院保管以便于研究。当标本保存在地质调查所时，亦应随时为协和医学院的科学家们提供研究上的方便。一切标本均不得运出中国。

中国政府农矿部很快批准了这一具有非凡科学意义的章程及一切附加协议。同时，洛克菲勒基金会第一批资助款项已通过北京协和医学院拨给新生代研究室。至此，周口店的发掘研究计划，已彻底将几年前步达生和安特生发起的那个中亚考察计划所取代。不同的是，这个计划的中心点是人类祖先的圣地——周口店。

新生代研究室的建立，开拓了整个中国新生代研究的新局面。它的直接收获是1929年底第一个完整的北京人头盖骨的发现，造成了“整个地球人类的震撼”。

近代田野考古学作为一门重要的学科，在古老的中国大地上诞生了。

1929年4月，从北京大学毕业的裴文中，在接受了严格科学的考古学训练后被认为可以担负起周口店发掘负责人的重任，裴文中走马上任，他指挥民工在此前中外科学家已发掘的地方，由第五层起继续向深处发掘。早在安特生刚刚意识到周口店具有发现古人类的可能时，他就极富经验地提醒师丹斯基：“在冲积地层中寻找人类遗迹，就像在德国公园寻找一枚失落的针，但在同时期的岩洞中寻找古人类，就像在皇家图书馆的阅览室中寻找一根针。后者无疑也不容易，但比在公园中寻找希望还是大得多。”

裴文中自然知道安特生所指，他决定在这个发掘区一直挖下去，直至挖到含有化石堆积的最底部。意想不到的是，第五层却异常坚硬，出现了“凿之为铿锵之声，势如铜铁”的局面。

在一番努力均告失败之后，裴文中毅然决定，用炸药将岩石炸开。尽管这个手段对于考古学来说是一大忌，但在当时的环境下，除了以“暴力”手段揭开岩石，似乎别无选择。

势如铜铁的第五层岩石最终未能抵挡住烈性炸药的威力而逐渐崩裂瓦解。堡垒一经攻克，后来的发掘便显得格外容易，发掘人员轻取了第六层和第七层的堆积物，随后又连克两层，即第八层与第九层，清晰的地层图已勾画出来，许多湮没难解的问题已变得明朗起来了。

发掘的遗迹显示出极厚的地层，从洞顶到空隙底部，不少于35米。而从整个洞穴堆积的内容看，从底部到顶部都属于同一地质年代的动物群。

尽管这个时期的发掘，裴文中和他的助手以及所指挥的工人们付出了极为艰苦的努力，取得了相当可观的成绩，但仍未超出安特生和师丹斯基等人发现成果的范畴。远古的祖先像是故意逗弄一群后生，而那令后世人类极度敬仰的远古祖先的身影，在世纪的光照中总是忽隐忽现、忽明忽暗，令虔诚的敬仰者越发感到扑朔迷离、神秘莫测。

桃花扑面、芬芳溢鼻的春天过去了。

雨水四溅、山洪泻流、冰雹四散的夏季过去了。

漫野红遍、层林尽染的秋季过去了。

寒冷的冬天已经来临，大雪一阵接一阵，周口店连同周围的群山一片惨白。

周口店的发掘仍在继续。随着深度不断延伸，挖出的堆积物也在增多，洞中的体积也渐渐变得狭小起来。当深度已进入地下40余米时，狭窄的空间几乎只能容下一两个人。正当裴文中考虑就此收兵时，意外地在空隙的底部凿穿了一个洞穴。这个洞穴的出现，意味着北京人的大门轰然洞开了。

发现“北京人”头盖骨

三个工人手持蜡烛相继进入洞内，极富远见的裴文中当然不会错过眼前的机会，他很快找来绳子拴在腰上，点燃一根蜡烛攥在手中，对后面的人说：“将绳子这一头坠住，我下去看看。”

图1-6　龙骨山北裂隙，第一个头盖骨即出自这一洞穴中（裴文中摄）

蜡烛的火苗在忽明忽暗地噗噗跳荡，使人辨不清洞的长度，阴森恐怖的气氛笼罩着裴文中。他摸着洞壁在前行到五六米的地方，看到了前面的几个晃动的人影。他凑上前来慢慢将弓着的身子蹲下来仔细察看。他惊奇地发现，无数远古动物的化石都安详地躺在洞底的尘土碎屑之中，只要用手一扒，化石便清晰地显露出来。面对眼前的一切，裴文中那颗怦怦跳动的心被极度的兴奋所替代，这种兴奋使他忘记了自己是在窄小的洞穴之中，以至当他猛地起身站立时，头撞在洞顶坚硬的石壁上，一声闷响，头上传来剧烈的疼痛使他差点儿昏倒。

他在工人们齐声较劲中顺着绳子爬出洞穴。多少年后，跟他发掘的工人还清楚地记得他刚走出洞口时的场景——裴文中一手捂着凸起血包的头，脸上荡漾着显然是高度兴奋才有的红晕，语言极不流畅地说："我……我发现了祖先，不对，是……是我感觉到将要在这里发现……发现我们的祖先。"

像当年的安特生博士一样，裴文中对洞穴内存在人类祖先的预感，再一次被验证。只是，它的验证要快得多，就在第二天。

从洞口开始的发掘已向里延伸到十米，尽管裴文中和其他三人手持的四支蜡烛仍在不住地燃烧，火苗不规则地跳动，但越往前行洞内越昏暗，惨淡的光亮使四名发掘者几乎看不清对方的脸。含大量化石的堆积物被一铲铲小心地挖出，又一筐筐拉出洞口。山野中寒风呼号，零星的雪花在风的裹挟下漫无边际地飘荡，惨白的太阳在西方的山顶悄悄从云雾中钻出，向世界做了最后的告别。天就要黑了。

黑暗的洞穴深处没有人讲话，沉寂中只有锤镐、探铲发出的冰凉的碰撞声。只有这样的响动，才显示着这阴暗的深处拥有高级生命的活动。

突然，裴文中大喊一声："这是什么？"

几个人同时哆嗦了一下，放下手中的工具向裴文中围拢过来。

一豆烛光照耀着洞底，映射着一个凸露的圆圆的东西。

"像是人头，是人头！"裴文中再次喊叫起来。

奇迹出现了。匿藏了50万年的人类祖先，终于露出了他的面庞。裴文中感到"从未有过的身心的战栗和激动，面对这辉煌夺目的伟大发现，我竟一时不知所措"。

发现的头骨化石，一半埋在松软的土层，一半在硬土之中，要想取出，首先应把周围的杂土清理干净。裴文中与几个技工将这一切做完后，找来撬棍轻轻插于头骨底部，然后慢慢撬动。由于头骨已演变成化石，撬动中骨盖破裂，无法完整地抱出洞穴。来不及找合适的包裹物将头骨盛下，因为这个发现太突然，太出乎意料了，即使最伟大、最有远见的科学家，也断然不会想到这一人类研究史上照耀千古的发现就在今天。

裴文中急中生智，迅速脱下身上的棉袄，将头盖骨轻轻地包起来，小心地抱住弓腰走出洞穴。

“挖到宝贝了，这会是真正的宝贝儿……”和裴文中一道走出来的技工，情不自禁地向等在外边的人群争相传播着这一振奋人心的消息。众人闻听，目光“刷”地投向裴文中怀中的棉袄。

“挖出了啥子宝贝儿，快让咱看看。”民工们围住裴文中，七嘴八舌地叫喊着，眼睛放出奇特的光，如同一场夺宝大战的前奏。

“是人，我们挖出了一个人……”未等裴文中说话，一起从洞穴走上来的技工乔德瑞做了极富悬念和诱惑力的回答。

“还活不活？快拿到村子扎一扎！”众人在诱惑力的驱使下，纷纷涌上来，用手扒裴文中怀中的棉袄，欲对挖出的“人”进行施救。

裴文中急忙转了个身，声音颤抖地说：“不要抢，人已经不活了，咱回去好好看，好好看……”

“走，快回去，快收拾东西回去。”民工们吆喝着纷纷收拾发掘工具，跟随裴文中呼呼隆隆地向山下涌去。

夜幕降临了，起伏的山峦在夜色包围中格外肃穆空旷。风已停歇，雪下得越发紧了，看样子一场真正的封山大雪就要到来。裴文中怀抱头盖骨在起伏不平的山间小路上向前走着，走着……

许多年后，裴文中对此情此景仍记忆犹新：

> 我像一个淘金人突然遇到了狗头金，不，我怀中的头骨比狗头

金要贵重得多，意义要大得多。尽管是寒雪飘洒的傍晚，但我只穿了两个袢子的身体没有感到一点寒意，只觉得心在怦怦地跳，两腮和耳朵根热辣辣的。怀抱头盖骨，在沉寂的山野中走着，思绪不住地翻腾。多少人的向往、梦幻和追求，今天终于付诸实现了。远古的祖先就躺在我的怀中，实实在在地躺在怀中，这是一件多么有趣和了不起的事情啊！想到这里，我的眼窝开始发热、发烫，最后泪水哗哗地淌了下来……

与裴文中料想的结果大不相同，北平方面接到消息后，在一片哗然中竟没有人相信这位刚走出校门的小伙子会交上如此的好运。“如果说发现了头盖骨，肯定不是人而是其他动物的，就裴文中的知识和才华，他可能还辨不清人与其他动物的差异到底在哪里，确切地说他还不知道什么是‘人’……”有不少的科学界资深人士做出了如此结论。

图1–7　裴文中抱着经石膏加固后包裹好的头骨准备送往北平，技工王存义拍摄时太注意“北京人”之头而忽略了裴氏之头（王存义摄，1929年12月3日）

即使是极富远见并对周口店发掘抱有极大希望的步达生，在接到电报后也蒙了。他希望其有，又恐怕其无：希望其真，又怕裴文中走火入魔，谎报“军情”。这种复杂的心态在他给安特生的信中可以见到：“昨天我接到裴文中从周口店发来的电报，说他明天将把他所说的一个完整的中国猿人头盖骨带回北平。我希望这个结果不是幻想而是真的。”

北平的喧哗与骚动，摇头与嘲讽，裴文中当然不会知道，在周口店那间冷清的屋子里，他正紧张而有序地做着如何把头盖骨安全运送到北平的准备。

几十万年的造化，将头盖骨变成化石的同时，又赋予了它一个婴儿般娇嫩的外表。整个头盖骨既酥软又潮湿，稍一震动就会发生爆裂。如此一种状况，显然无法安全无损地带回北平。经过反复思考，裴文中大胆做出先用火将头盖骨慢慢烤干，待严密处理后再送往北平的决定。如此处理方法在当时是尚无先例的。

一堆柴火在泥做的盆中噼里啪啦地爆响、燃烧起来，炭火越聚越多。待木柴全部燃尽后，裴文中将头盖骨捧在手里在死火的上方烘烤。

头盖骨在逐渐的干燥中开始硬化，初试取得成功，裴文中大喜。之后，裴文中又在变硬了的头骨四周糊上五层绵纸，再在绵纸外加石膏和麻袋片，经水浸泡后再将头盖骨放在火盆上方烘烤，直至包裹着的头盖骨形成一个干燥而坚固的整体。

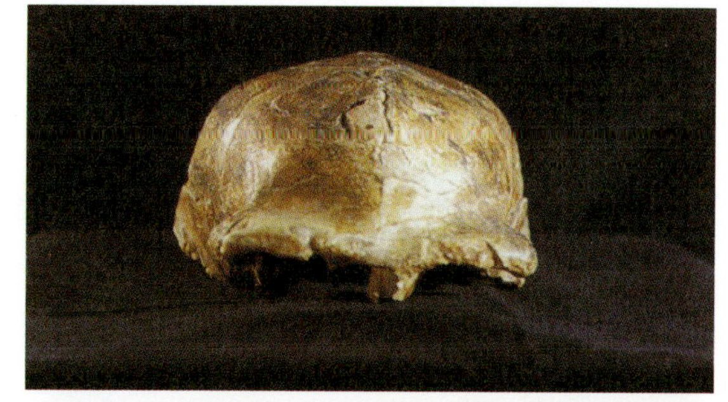

图1-8　第一个完整的“北京人”头盖骨（正面与侧面）

12月6日清晨，裴文中宣布1929年的周口店遗址发掘到此结束。送走民工，他将头盖骨用自己的两床旧棉被包裹起来，外面捆上褥子和线毯，连同其他生活用具一道背下山，登上了去北平的长途汽车。

地球人类的震撼

在协和医学院新生代研究室，当步达生用别针一点点将包裹着头骨的硬土剔掉时，这位杰出的古人类研究专家抱着露出本来面目的头骨怔怔地看了十几分钟。由于高度兴奋，抖动的双手差点儿将头骨摔在地上。

“没错，是人的，是人的。”步达生两眼放光，站起身拍了拍裴文中的肩膀，高声说道，“小伙子，感谢你，整个世界的古人类学家都应该感谢你这一伟大的发现。记住，从现在起，你的名字可以流传后世了。”

完整的“北京人”头盖骨的发现，以无可辩驳的事实宣告了周口店发掘所达到的顶峰地位，它使一切怀疑和贬低裴文中所取得成就的人都哑口无言。

12月28日下午，中国地质学会特别会议在地质调查所隆重举行，应邀到会的除科学界的大师名流外，还有中外新闻界人士。裴文中在会上做了发现“北京人”头盖骨的报告。正如预料的一样，这一创世纪的伟大发现，立即轰动了世界。当时的北平《晨报》以巨幅标题做了如下报道：

五十万年前的人类祖先被唤醒

周口店发现一完整的猿人头盖骨

与此同时，国外报纸纷纷登载周口店发现“北京人”头盖骨的消息，并以“地球人类的震撼”“古人类研究史上的一道闪电”等振聋发聩的标题，概括了头盖骨发现的重大意义和影响。正如著名考古学家李济后来所说：“‘北京人’骨骸是考古学为体质人类学提供的珍贵非凡的实物资料，它不仅对人类起源的研究是一个巨大的突破，而且使人类学学科体系进一步牢牢奠定在唯物主义的坚实基础之上，使整个人类学的面貌为之一新。”

年轻的裴文中以发现“北京人”头盖骨而把周口店的发掘和研究推上了辉煌顶峰，但这并不意味着整项事业已走到终点。几乎每一位关心周口店的科学家都清楚地知道，在那个充溢着奇迹的山洞里，一定还会有与之匹敌的惊人发现等待现代人类去叩访。

1931年春，当裴文中和新到周口店协助工作的贾兰坡带领民工清理洞中的松软堆积物时，意外发现了一层含有丰富石英碎片的地层堆积物。这个发现，立即引起了裴、贾二人的注意，遂开始组织大规模的发掘。两个月之后，在周口店一个叫鸽子堂的地方，又发现一处规模较大的石英层。

经过近一年的发掘，从发现的两个地区中，收集到不少于两千块石英碎片和十块不属于洞中的石头，五块绿色砂石、三块褐铁矿石。另外发现了两块并列着的燧石和各种颜色的石英片。所有这些发现，几乎和人类的骨骸，猛犸、鹿、三趾马等动物化石在同一地层中找到，而那些石英碎片，其中大多数没有争议地显示出加工和使用过的痕迹。由此，裴文中大胆做出了“石英碎片正是远古人类加工和使用的石器”的结论。

1931年秋，法国著名的史前石器考古学家步日耶（H. Breuil）教授，在详细考察研究了周口店遗迹的化石后，这位杰出的学者在完全接受了裴文中所做结论的同时，进一步提出“一些兽角和骨头也有明显人工加工过的痕迹，而这些发现同石器一样，都可能成为人类祖先的工具”。

当安特生最初来到周口店时，他正是把收集到的石英碎片假设成用以切割兽肉的工具，才有了进一步推断地层中可能有人类遗存的结论。十年之后，安特生假设的事实终于被科学发掘所验证。

几乎就在同时，裴文中、步达生、步日耶三位天才的学者，根据周口店堆积层中烧焦的木头和碎骨的痕迹，得出了北京人已开始用火的结论。尽管这个结论一开始遭到了部分学者的反对，但最终还是以无可辩驳的事实，得到了科学界的认同。

石器、骨器与用火遗迹的发现，使周口店的发掘又登上了一个高峰，裴文中本人也在这些伟大的发现中再度走上辉煌的人生之途。他在世界人类尤其是中国大众心中的声名，远远超过了当年的安特生博士。多少年后，中国的青少年仍然从历史课本上读到“北京人”头盖骨及其用火遗迹这一伟大发现的介绍性文字，裴文中也伴随这一划时代的发现而被后世人类所铭记。

贾兰坡的新发现

然而，就在周口店发掘出现第二个辉煌顶峰的同时，世界政治格局已发生了急剧变化。1931年9月18日夜，盘踞在中国东北境内的日本关东军，以中国军队炸毁南满铁路为借口，炮轰沈阳北大营。时为中华民国海陆空军副总司令，并在北平设置行营，全权掌控东北军政兼理整个华北地区军务的张学良严令不准抵抗，几十万东北军一枪未放退入关内，沈阳沦陷。随后三个月内，东北三省全部沦陷，膏药旗在白山黑水四处飘荡。这就是中国人早已熟知的“九一八”事变。

1933年1月，日军占领山海关；3月，占领热河省会承德；4月，占领秦皇岛；5月，占领通州。中国最大的城市和北平战略中心天津被日军三面包围。

1936年，日本军队向华北大量增兵，对中国内陆形成乌云压顶之势。

周口店遗址的发掘，在这乌云密布、刀光剑影的政治风云中，跨越了近七个年头的艰难历程。尽管开始几年的发掘一度走进了低谷，并令当时的多数学者心灰意懒，甚至感到绝望，但最终还是迎来了中外合作计划的第三次，也是最后一次辉煌。

1936年起，继裴文中之后主持周口店发掘的贾兰坡（裴文中于1935年赴法国留学），开始率领人员在周口店展开第三次大规模发掘。

6月10日这天，贾兰坡与他的团队开始向发掘点的第八层至第九层推进。开工不到十分钟，就发现了一个几乎完整的猕猴头骨。

6月20日，贾兰坡率领的发掘队又发现了两颗“北京人”门齿和一块头骨碎片，同时还有三块猕猴的上颌骨。这一连串遗物的出土，令贾兰坡精神大振的同时，也让他隐隐地预感到，比人牙更加重要的东西极有可能随之出现。

11月15日是个星期天，夜里一场雪，使天气变得格外寒冷，但贾兰坡一早便领着队伍来到了发掘现场。刚开工不久，在靠近北边的洞壁处，技工张海泉在一片松软的沙土中挖出了一块碎骨片，然后随手将它扔进了用荆树条编成的小筐里。张海泉的这一举动恰好被站在五米开外的贾兰坡看见，贾问：“什么东西？”张海泉满不在乎地说：“韭菜！”（按：方言，即碎骨片的意思。）贾兰坡心里一动，会不会是“北京猿人”的头盖部分呢？他马上跑过去，拿起来一看，大声叫道：“嘿！这不是人的头骨吗？”

众人听见，纷纷围拢过来，仔细一看，果然是一块人的顶骨。这一意外发现，群情振奋。贾兰坡带着三位发掘能手在“禁区”内继续搜寻。很快，大量的头骨碎片以及为数众多的枕骨、眉骨和耳骨相继被发现。

下午4时15分，贾兰坡率队在挖出上述头盖骨不远处，又发现了另一个头盖骨，一日之间，两个头盖骨化石被发现。

这是继1929年裴文中发现第一个“北京人”头盖骨之后，中外学术界又一次被中国周口店发现的头盖骨所震撼，人们对远东大陆华北地区这块神秘的土地再度投以惊奇的目光。然而，传奇的故事并未到此结束。十天之后的1936年11月26日上午9时，贾兰坡又在风雪飘零中，再度从周口店龙骨山那个近似魔术师道具般的山洞里发现了第三个“北京人”头盖骨。

这个迟迟不肯轻易露面的头盖骨虽然深藏于坚硬的岩层之中，却不像先前发现的那样破碎，而比过去发现的所有头盖骨都要完整得多，甚至连神经大孔的后缘部分和鼻骨上部及眼孔外部都依然完好。其完整程度，前所未有！

图1–9　在西部洞顶之下约1米处发现人头骨（贾兰坡摄，1933年11月3日）

为了确保这个头盖骨的安全，贾兰坡连夜下山乘火车将其亲自送到了北平，安全交给地质研究所新生代研究室负责人、德国著名古人类学家魏敦瑞。

这个头盖骨的发现，无疑锦上添花，使本来就沉浸在惊喜中的北平科学界欣喜若狂。这是继裴文中举世闻名的发现之后第二次发现完整的人类头盖骨化石，也是周口店发掘在徘徊了6年之后，几乎是在一无所获的萧条境况下，一次具有历史意义的重大突破。两个头盖骨同时出现的事实，再次让关注周口店发掘的悲观者看到了灿烂前景。

12月29日，中国地质学会北平分会在中国地质调查所北平分所图书馆举行特别会议，有一百余名中外学者参加了这次盛会。魏敦瑞就其发现的重大意义作了长篇学术报告，认为：1929年裴文中先生发现的头盖骨属于8岁孩童。此次贾兰坡在11天之内发现三个完整头盖骨，均为成年人的，保存得都很完好。前两个，一个较大，一个略小，大的属于男性，小的属于女性。四个头盖骨以及春季发现的头骨碎片，全部可以用来解释爪哇猿人的问题。爪哇猿人很久就被认为是大长臂猿的化石，但因头骨的性质与“北京人”相同，由此可见爪哇猿人并非他物，即与“北京人”属于相类的一支人类。换一句话说，所谓爪哇猿人，即为“北京人”演化过程中代表进步者。然而这次找到的头骨，男性比女性高得多，并且很接近尼安德特人，所以演化过程，似从“北京人”进化到尼安德特人，然后又进化到现代人类……

会后，中外报纸纷纷对此做了大篇幅报道，尽管当时战争的烟云几乎遮住了人们对其他所有事物关注的视线和兴趣，但贾兰坡继裴文中之后在周口店发现三个“北京人”头盖骨的消息，却很快得到全球性传播。当时的中外报纸纷纷报道了这一消息。据英国伦敦弗利特街110号国际剪报社于1937年6月向贾兰坡提供的信息，该社拥有欧洲、美国、英国、爱尔兰等地区发表此消息的剪报达2000条。如此大规模和大面积的信息传播，就当时的政治文化背景而言，是任何一项其他考古发现所无法匹敌的。

战争爆发

当惊喜交加的科学界欲挽起袖子准备在周口店发掘与研究领域大显身手，彻底解开人类进化之谜时，越来越险恶的战争风云，使他们不得不含恨放弃这个辉煌的梦想。

1937年7月7日，卢沟桥事变爆发。

中日交战的枪声惊碎了几乎所有关心周口店发掘事业的科学家的美梦。洛克菲勒基金会资助的这项具有世界合作性质的考察计划，在艰难地持续了十个年头之后，终于降下了那曾照耀全球的帷幕。

根据中国地质调查所的建议，周口店发掘人员分批撤回北平。主持人员贾兰坡携化石标本率大部分科技人员先期撤往北平，发掘场地只留几名当地雇用技工看守。

卢沟桥事变发生一个月后，随着国民党二十九军宋哲元部的溃退南下，周口店龙骨山发生了一场规模异常的血战，交战双方是日本操纵的冀东伪军与华北抗日自卫军。当年安特生住过的乡村寺庙以及寺庙总院、后来成为周口店发掘指挥部的几间大厅，全被日伪军所占，并成为阻击抗日自卫军的工事。山野中埋有“北京人”遗骸的洞穴，也成为日伪军存放弹药、食品和进行作战的天然屏障。龙骨山已完全失去了往日的孤寂与平静，隆隆的炮声震撼着山谷，喊杀声和哀号声在山野回荡。整个龙骨山硝烟弥漫、热血沸腾。寺庙、土墙在炮声的轰鸣中坍塌了，盛藏人类祖先的山洞在战火中崩裂，战争给这块圣洁之地带来了空前的劫难。

1937年11月初，周口店地区的战事处于暂时缓和的状态。华北抗日自卫队撤出龙骨山进入大石河一带，日伪军抓住这短暂的喘息机会，进行补充休整。就在这个短暂时刻，发生了一件看似平常，但对日后“北京人”头盖骨化石遗失一案关系极大的神秘事件。

11月7日，三辆汽车满载荷枪实弹的日本兵驶出北平城，来到周口店龙骨山停下。数十名日军护卫着两个身穿便装、具有学者风度的日本人，来到裴文中发现“北京人”头盖骨的山洞前。便装人先是打量了一番山洞的四周，接着掏出皮制圈尺测量山洞的长宽距离，然后用相机几乎拍下了一切可拍摄的地形、地貌和古生物堆积层。这二人就是悄悄来华搜集“北京人”情报，并参与了后来“北京人”头盖骨化石失踪案的日本东京帝国大学人类学教授长谷部言人和东京帝大地质系助教高井冬二。四年之后，日本派遣军总司令部正是根据他们提供的情报，开始了搜寻“北京人”化石的行动。

转移“北京人”

1941年11月，时局动荡。此时华北、华东、国民政府首都南京相继沦陷，日军展开对战时陪都重庆的大轰炸，中国的抗战到了最艰难的时期。面对危局，存放在北平地质研究所新生代研究室的“北京人”头盖骨化石的安全，成为中美两国科学界关注的焦点。若继续存放北平，则“有被窃遗失之危。倘遇不幸，乃为吾国与世界人类文化之一大损失”。

国民政府行政院召集相关人员开会相商。经过几番慎重讨论，终于做出决定：国民政府同意并允许将“北京人”化石运往美国纽约自然历史博物馆暂避风险，待战争结束后再归还中国。

会后，翁文灏立即给裴文中写信，对“北京人”化石转移之事做了如下安排：

> 先找美国公使馆对“北京人”转移之事，做个周密的计划安排，请他们委托有关部门将“北京人”化石标本运到美国，然后再交给国民政府驻美大使胡适先生。
>
> “北京人”化石运到美国后，可供魏敦瑞博士研究时使用，但保管和保存权必须在中国驻美大使馆的手上，即必须要掌握在胡适先生的手上。待战争结束后，务必再将“北京人”化石重新运回中国。

裴文中接到翁文灏来信的当天，便匆匆赶往美国驻北平公使馆，就“北京人”化石转移事宜进行交涉。裴氏在其后来撰写的《“北京人”的失踪》一文中这样说道：

> 一直到1941年11月，才由北京的美国大使馆转来翁文灏的信，允许将“北京人”的标本全部运往美国，交纽约自然博物馆保管，待战争

结束后再行运回中国。但是当我与北京的美国公使馆交涉时，他们的负责人却说没有得到重庆美国大使詹森的训令，不便负责。我又请他们急电重庆请示詹森，等詹森回电答应。时间已经到了11月底。以后，就由协和医学校的校长胡顿和总务长博文二人与美国公使馆交涉。

裴文中至死也没有弄明白为什么不让自己和美国公使馆继续交涉，而改由胡顿和博文进行交涉。而胡顿和博文与美国公使馆到底是怎么交涉的，双方谈了些什么，达成了什么协议，也是扑朔迷离、无证可查。

“北京人”化石的命运，从这时起，开始变得诡秘、复杂、恍惚起来。而这个时候离太平洋战争爆发只有十几天的时间了。

既然中美双方总算达成“北京人”化石转移的协定，面对即将爆发的太平洋战争，协和医学院高层不敢怠慢，立即着手行动起来。而行动的第一个环节就是装箱。这一历史性的重任，落到了中国人胡承志身上。

胡承志原是魏敦瑞的一名助手，新生代研究室的所有标本模型几乎都出于他一人之手。1931年春，年仅15岁的胡承志来到北平协和医学院解剖科当杂工。由于环境熏陶，加上胡本人年轻好学，无论是中文还是英文水平都大有长进，读写皆已达到了较为熟练的程度。后来，他进入新生代研究室，帮助步达生修补从周口店发掘的化石。步达生死后，他成为新一代主任魏敦瑞的助手，主要任务是修补化石和做“北京人”模型。其认真的工作态度和出色的成果颇得魏氏的赏识。正是由于胡承志所处的独特位置，装箱的任务就落到了他的身上——他是最后见到“北京人”的中国人。

20世纪50年代，中国政府在追寻“北京人”下落的第一个高潮时，曾专门找到胡承志问询，胡在出具的一份报告中这样说道：“在珍珠港事变前，十八日至廿一日之间（余已忘其确期，此日期为十二月八日协和医学院被日人占据时推忆者，不致错误），博文先生匆匆至余处，嘱速将“北京人”装好，要在极秘密之下送至彼办公室。余当时将早经备妥之木箱二只拿出应用，并将房门锁住后装箱。该二木箱均为白木箱，一为48寸长、11寸高、22寸宽，一为45寸长、11寸高、20寸宽。至装箱之情形，颇为华贵。先将骨骼用擦显微镜头用之细绵纸包好，再用软纸包着，然后再裹以洁白医用吸水棉花后，用粉莲纸包上，然后再用医用细纱布多层包在外面，装入小箱，再用吸水棉花填满，小木箱内周围六面有具有弹性之黄色瓦垅纸数层包好，一一装入大箱内，用木丝填装。至于牙齿之类之小骨骼，具有相似装首饰之小纸匣，上面有玻璃，内填棉花，于玻璃上有红边的标志号码，以及牙齿属何部位，皆详明。两木箱装好后，即书Cad Ⅰ和Cad Ⅱ。大箱为一号，小箱为二号。旋即派工友用车亲自押送至博文先生办公室，当面交彼。彼即立刻将两箱送到‘F’楼下四号之保险室，过夜后即送至美大使馆。”

自此之后，“北京人”化石下落不明。

“北京人”被劫运美国

1950年3月21日，香港左派报纸《大公报》登载了一篇专访裴文中的报道：

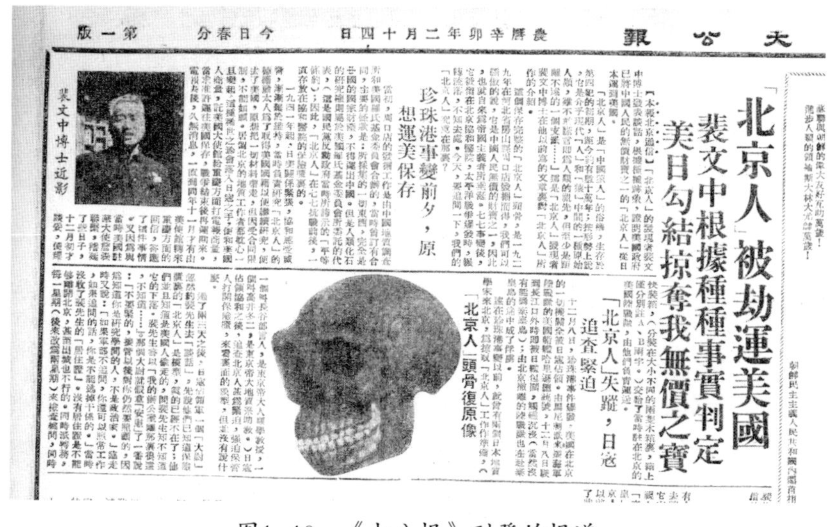

大公報　農曆辛卯年二月十四日　今日春分　第一版

蘇聯與朝鮮的偉大友好互助萬歲！進步人類的領袖斯大林大元帥萬歲！

「北京人」被劫運美國
裴文中根據種種事實判定
美日勾結掠奪我無價之寶

【本報北京通信】「北京人」的發現者裴文中博士發表談話，根據種種事實，證明美國政府已將中國人民的無價財寶之一的「北京人」從日本運到美國。

「北京人」是「中國猿人」的俗稱，生存於第四紀的初期，距今約有數十萬年；按形勢上說，它是介乎現代「人」和「猿」中間的一種原始人類，雖不能說它是人類的祖先，但至少是距離不遠的一個支系……」這是「北京人」發現者裴文中博士在他以前寫的文章裏對「北京人」所作的介紹。

這個保存完整的「北京人」頭骨，是一九二九年在河北省房山縣周口店發掘而得，我們可以驕傲的說，它是中國人民無價的財寶之一，因此，它也就自來為帝國主義者所垂涎。七七事變後，它被留在北京協和醫院，太平洋戰爭爆發時，纔輾轉流落，不知去處。今天，要追問一下，我們的「北京人」究竟在那裏？

珍珠港事變前夕，原想運美保存

「北京人」失蹤，日寇追查緊迫

「北京人」頭骨復原像

裴文中博士近影

图1-10　《大公报》刊登的报道

这篇专访充满了强烈的时代政治色彩，且逻辑推理上尚欠严谨，遣词造句也显粗糙，却旗帜鲜明地向世界宣布——日美暗中勾结，已将“北京人”从日本偷偷运到了美国纽约！

这是“北京人”失踪近十年来，一直沉默的中国学术界首次公开提出“北京人”下落，并指责美国这一“贼喊捉贼”的丑恶行径。消息传出，无异于在阴霾天空炸响了一声惊雷。每一个中国人感到强烈震惊的同时，也让美国人大为惊讶。尤其是美国科学界，更感到震惊与不可思议。未等世人回过神来，另一篇发表在中国《人民日报》上的文章，直接将美国纽约自然博物馆和魏敦瑞推到了审判席。报道称有人在纽约自然历史博物馆发现有古人类头骨化石正在展出，并经过和该馆的人类学者了解，这个头盖骨化石正是中国1941年丢失的“北京人”头盖骨。

而提到的主持化石展出者，则是另一位古人类学家哈里·夏皮罗（Harry L. Shapiro）。

夏皮罗看到这篇不点名的指责报道，于极度震惊中叫苦不迭。他感到很冤枉，觉得有责任、有必要站出来为自己“辟谣”，为他所服务的博物馆正名。

于是，1951年3月27日，《纽约时报》发表夏皮罗的反驳文章。其主要内容是：本馆从来没有展出过“北京人”化石，也未隐藏“北京人”头盖骨。关于美国自然历史博物馆占有“北京人”并进行展出一事，实为造谣惑众，不置信服和推敲。试想，如果美国自然历史博物馆对它们展览或进行科学研究，无异于向世人展示自己的盗窃行为。如果说归我自己私人占有，那么一个人拥有如此著名的东西能做何用？并且它们并不具备什么艺术价值，以供我独自把玩欣赏。对此我不愿再说什么，只等将来的事实站出来说话。

随后，美国的一些媒体纷纷站出来为美国政府和自然历史博物馆辩解。

一时间，围绕着“北京人”在不在美国的问题，中美双方唇枪舌剑，你来我往，各持一端，由此掀起了一场指控与反指控的舆论大战，使得中外不少著名的科学家、学者和记者都卷入了这场史学界空前热闹的“世界大战”之中。

从1950年到1959年，中美双方断断续续进行了近十年的指控与反指控舆论大战，尽管论战对探寻“北京人”下落起到了一定推动作用，但对中美科学家之间的感情，却形成了不小的伤害。而最后，“北京人”到底在不在纽约，不在纽约又在哪里？依然没有人能够给出符合逻辑又令众人信服的定论。

日军上尉的遗嘱

1996年初的一个夜晚，日本东京某医院，一个日本老兵气息奄奄地躺在病榻上，向他的好友、日本剧作家久三枝透露了一个隐藏在心里几十年的重大秘密。

1941年底，太平洋战争爆发，日军占领中国北平，这位老兵作为日军七三一部队一名上尉军医，奉命来到北平协和医学院解剖室进行有关细菌的秘密研究工作。不久，日军情报部门查获了已落入美国驻北平海军陆战队兵营中的“北京人”头盖骨化石，并再度押送到协和医学院秘密保存并研究。于是，他被指定为保管、研究“北京人”的具体负责人。

1945年日本战败后的一天，他接到了上司让其迅速转移“北京人”的命令。由于事发突然，时局紧张，“北京人”头盖骨化石已很难安全运送出境。鉴于日军大势已去，并面临行将变成战俘的危险，他趁外部一片混乱之际，在一个月黑风高的夜晚，将匿藏于协和医学院地下室的“北京人”头盖骨化石以及孙中山的内脏等珍贵标本，匆匆装箱后偷运出去，并在夜幕的掩护下，将这些东西辗转运到距协和医学院东约两公里的一个有很多古树的地方，挖坑埋藏了。把这些化石、标本埋藏完毕后，他还特意拿军用砍刀在距埋藏地点不远处的一棵粗壮的松树上，砍掉了一块长约1米、宽约20厘米的树皮做标记，以便来日辨认。

当这一切悄无声息地完成之后，他又摸黑回到了协和医学院。之后不久，他被俘了。再之后不久，他被遣送回了日本本土。

后来的岁月，这个日本上尉军医始终将这一秘密埋藏于心底，没有向任何人提起。直至这次生命行将结束之际，才向久三枝吐露了此事。讲完这个秘密后，他还专门为久三枝留下了遗嘱：请久三枝一定要将这个秘密告知中国政府，以便让珍贵的“北京人”头盖骨化石及其他贵重标本早日回到中国的怀抱。

日本老兵说出这个秘密并留下遗嘱后，很快去世了。剧作家久三枝感到事情的严重性，未敢公开对外宣扬，只是将此事悄悄告诉了一位常在中国工作的朋友嘉藤刚清。

嘉藤刚清闻讯后大为惊讶，又将此事告诉了他的老朋友仰木道之。

仰木道之长期致力于中日文化交流，时为中日合作北京共同保安服务有限公司常驻董事、顾问。得知上述消息，他既震惊又兴奋，意识到这将是一件震动世界的大事。为证实原日本上尉军医临终遗言的可信性，仰木道之凭自己对北京市地理环境的了解，按照嘉藤刚清告知的线索，首先在协和医学院以东一带悄悄进行了查寻。

几经折腾，仰木道之在协和医学院东南侧两公里左右的日坛公园神道北侧，找到了一棵树干上被砍掉树皮的古松。经初步观察，被剥落的树皮时间较长，形状和那个日本老兵所说基本相似。因此，仰木道之根据这棵古松的位置和特征推断，如果不是偶然的巧合，这棵古松下边就应该埋藏着本世纪古人类学最大的隐秘——“北京人”头盖骨化石！

仰木道之通过有关渠道向中国科学院说明了事情的前后经过。中国科学院大感意外与惊喜。毕竟这是“北京人”头盖骨失踪半个多世纪以来，又一条很有特点而又比较可信的线索。于是，1996年3月24日，中国科学院委派本院古脊椎动物与古人类研究所分管业务的副所长叶捷和张森水研究员，与仰木道之会面，以了解线索的来源和可信程度。

由于线索来源已先后经过几个人转述，到仰木道之这里可能多少打了折扣。仰木道之还是极尽可能地将听到的情况向叶、张二人做了详细说明。叶捷和张森水听罢，对若干个细节问题提出了疑问，因仰木道之并非这一秘密线索的原始提供者，故无法一一作答。叶捷和张森水只好抱着宁可信其有、不可信其无的态度同仰木道之一同前往日坛公园做实地勘察。

在仰木道之的引领下，叶捷、张森水二人很快在公园东神道的北侧见到了一棵树干上有明显砍剥痕迹的古松。二位专家经过现场勘察，再结合仰木道之提供的情况，认为此处埋藏“北京人”头盖骨的可能性不大。其主要理由是：

一、那个原日本七三一部队的上尉军医对转移、隐藏“北京人”的具体时间含混不清。

二、孙中山的内脏在手术后一直保存在协和医学院，后来日本人占领协和医学院后，将内脏送给了汪精卫，汪精卫借机搞了一个“国父灵脏奉安仪式”，将灵脏放于一个玻璃瓶里，并安葬于南京中山陵，这是众所周知的事，根本不存在和“北京人”一起转移的可能。

三、有砍剥痕迹的那棵古松，其位置在公园神道附近，如果在此树下挖坑，势必破坏神道。因为当时日军占领中国后，日本方面一直在喊“中日满亲善”“建立大东亚共荣”等口号，因而破坏神道与当时的政治大背景不符。再者，神道一旦遭到破坏，势必引起众人注意，这对保密也极为不利。

尽管叶捷和张森水在理性上有着比较清醒的认识，还是认为要对仰木道之提供的线索慎重考虑，在尚未被事实证实之前，谁也不好轻率地予以否定。因此，叶捷和张森水将这一情况如实向中国科学院做了书面报告。

1996年5月3日，中科院决定由地球物理研究所对线索地点进行“地表探测”。5月8日，探测仪器发现异常体，深度约1.5米到2.5米，厚度、宽度均为1米，长度方向占6个测点，约3米。于是，中科院决定对“匿藏点”实施发掘。

6月3日上午，日坛公园古松下的发掘拉开序幕。遗憾的是，下挖至2.8米，掘出的全是细黄砂岩，没见一件埋藏物。而此前探测的所谓“异常体”，经检测，不过是一堆由特殊分子结构而形成的碎石而已。于是，发掘工作只好停止。

历史，再一次开了一个玩笑。是喜剧？闹剧？还是恶作剧？这个隐藏了半个多世纪的“重大秘密”和临终遗嘱，究竟是发自心底的善意忠告，还是病榻上的神经质幻觉？抑或是对中国人故意的调戏与嘲弄？除了那个死去的日本老兵，恐怕谁也不知道他葫芦里卖的是什么药。

不是尾声

为继续寻找“北京人”头盖骨化石这一人类至宝，北京市房山区政府成立了寻找“北京人”头盖骨化石工作委员会，通过各种方式在全世界展开宣传和搜寻。

2005年1月的一天，中科院古脊椎动物与古人类研究所收到一条线索，大意是：河南偃师山化乡牙庄村一个姓李的农民，说自己手里有确凿的“北京人”头盖骨线索。周口店北京人遗址博物馆工作人员立即与这位李姓农民通了电话，想询问具体情况。但这位李姓老兄神秘兮兮，只吞吞吐吐地说线索证据确凿，这个秘密自己保守了几十年，一定要面谈。

这年3月，周口店“北京人”遗址博物馆的工作人员赶到偃师与李姓农民会面，地点约在一个宾馆。时年64岁的老李如约赶到，说出了隐藏了几十年的秘密。

1941年深秋，一群国民党官兵开着一辆卡车行路，车到河南汝阳的时候忽然抛锚了，当地的另一队国民党官兵发现车载重不轻，就劫持了这辆车子。官兵们不仅从车厢里搜出了一些金银珠宝，还发现两个很大的白色木箱。用铁棍撬开木箱，只见里面有葫芦状的人头骨，一些玻璃瓶子里还装着人的牙齿，用红纸写着标签。在劫车的官兵中，就有李姓农民的父亲。

因为还要到前方打仗，不能携带贵重物品行动，劫车的官兵一商量，把财宝和木箱埋在了一个废弃的窑洞里，约好打完仗后大家再把财宝挖出来分配。此后，为了争夺这批财宝的归属权，劫车官兵开始了自相残杀，不少人死去了，李姓农民的父亲侥幸活了下来，从此隐姓埋名住在藏宝地附近，看守着这批宝藏，直到去世。

李姓农民说，这个秘密是20世纪70年代父亲去世前才告诉他的，父亲说，等国家时局稳定了，才可以把秘密说出来。自20世纪60年代，这位老兵每年都要带李姓农民去一次藏宝地查看有无闪失，行车路线是先坐车到汝阳，再走近两个小时的山路，到一个荒无人烟的地方，那就是藏宝地点。

这位老兵去世后，已长大成人的李姓农民自己也去看过，但他拒绝说出具体地点，并要求前往约谈的工作人员先与他签订一份寻宝协议。

2005年10月，周口店博物馆工作人员带着协议书再次找到了李姓农民，双方在协议上签字画押，而后一行人在老李的带领下悄悄来到了藏宝地点——汝阳市小店镇虎寨村。这个村子在汝阳市东南方向不到十公里，李姓农民指着一个丘陵说，宝藏就藏在那儿。前往的工作人员一打量，丘陵两边都是山，丘陵上东北方向有一面断墙，墙西南面是一片种着庄稼的坡地。老李又说，宝藏就埋在坡地上一棵迎春花旁边。

2005年11月9日，周口店“北京人”遗址博物馆的工作人员带着发掘工具再次来到汝阳，来之前已经请示了各级文物局，还得到当地公安派出所的支持。发掘工作很快在丘陵的坡地展开。未久，在庄稼地下面果然挖出了一座旧窑洞，这个窑洞的出现，标示与此前的说法吻合，工作人员欣喜万分。

但发掘工作连续进行了五天，仍没有发现传说中的木箱的踪迹，只在窑洞的地下发现一些已经变黑的散落的小米。大家有些失望，停止发掘，动用著名的洛阳铲钻探。当几支洛阳铲以梅花状铺开，叮叮当当地钻探了两天后，已经探到了窑洞的地基层，仍然没有丝毫埋藏物品的迹象。又经过三天的钻探，仍未发现半点木箱的踪迹，工作人员心中埋藏了大半年的希望破灭了，发掘工作不得不在极度的失落中黯然收场。

尽管此次搜寻再度失败，但寻找“北京人”的工作仍在继续，说不定哪一天，失踪80年的“北京人”将重返人类温馨的家园。

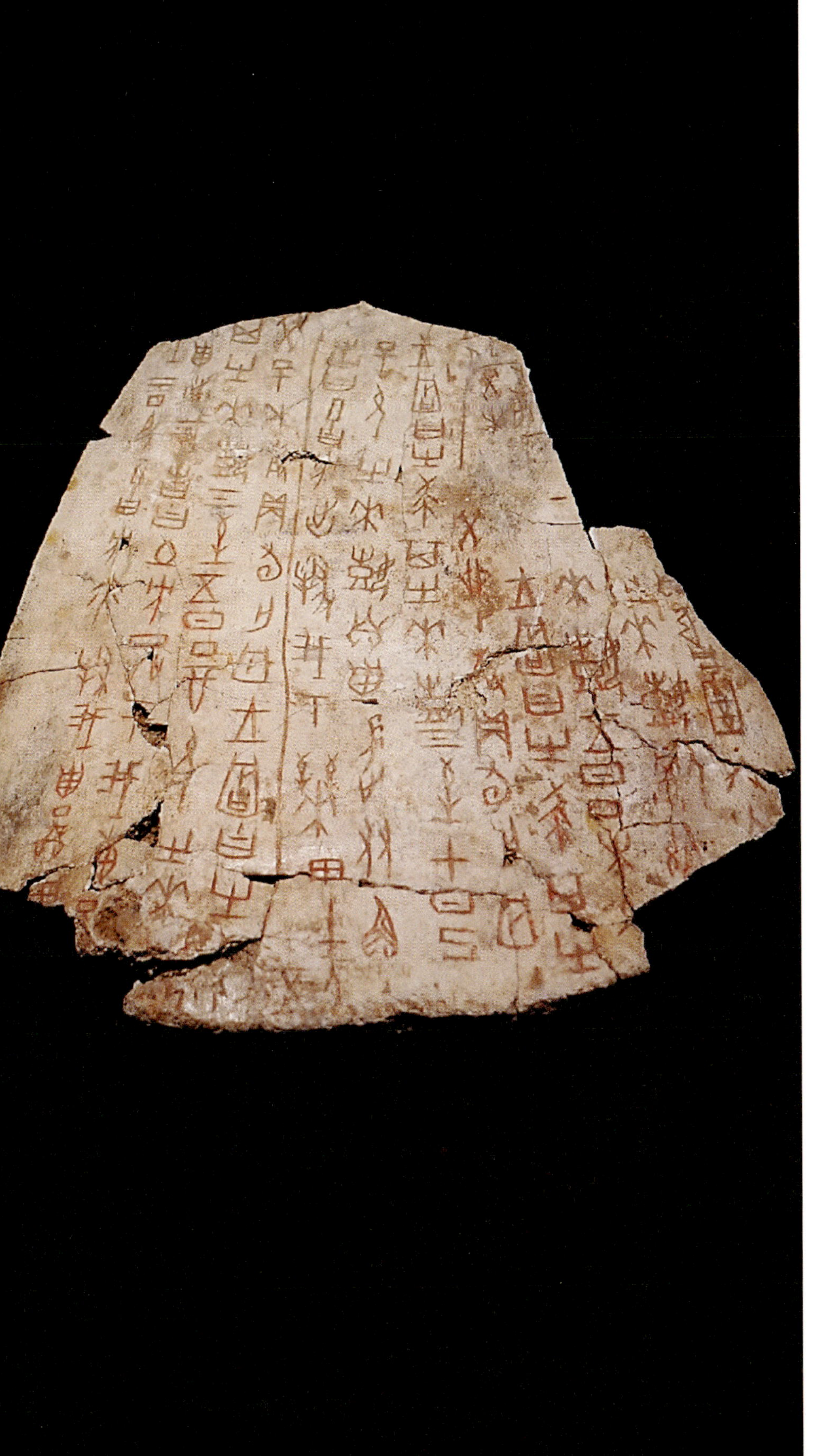

第二章

亚细亚文明的早晨

走进仰韶村

1920年秋，安特生在周口店龙骨山的调查、发掘陷于短暂沉闷。有人告诉他，龙骨除了北京周口店一带出产，河南省地界也多得很，有人专门搜集、挖掘地下的龙骨卖钱。安特生闻讯，既惊且喜，立即派他的中国助手刘长山奔赴河南汤阴、洛阳一带调查“龙骨”的出土线索，并收集第三纪脊椎动物化石，同时让他注意有无石器时代的遗存。

这年底，刘长山结束调查返回北京，收获是：从河南农民手中买了大量的三趾马化石，以及600余件石斧、石刀等新石器时代遗物。刘长山满带自豪地对安特生说：“这些石器都是从一个村的农民那里买来的，这个村叫仰韶村。在那里，农民搜集了他们土地中所有我想要的遗物。”

安特生拿起几件石器仔细端详了一阵，顿时两眼放光，他对刘长山说：“我们已找到了亚洲大陆上第一个石器遗址，看来西方学者所说的中国没有发现石器遗址的时代应该结束了！”刘长山闻听自己弄来的东西竟如此的重要，激动得满面红光，连夜把调查经过与器物的详细来源向安特生做了汇报。安特生信心倍增，表示要亲自赴河南调查一番。

1921年4月初，安特生来到周口店，对可能遗存人类骨骸的几条山沟和洞穴再度进行一番调查，并选好几处发掘地点。4月18日，安特生离开北京，携助手刘长山来到河南渑池县，稍做休整，便前往离县城6公里的仰韶村考察。

在距仰韶村1公里的地方，横亘着一条峡谷，这条无名的峡谷后来由于安特生的到来而被世人所瞩目。在这个峡谷的北面，安特生惊奇地发现谷底红色的第三纪泥土明显地裸露着，并和一层满含灰土和陶片的泥土混在一起。凭着这些特征，他当即做出判断，这就是石器时代的堆积。安特生对谷底做了进一步的搜索，很快便在堆积物的最底层发现了一小块红色陶片，而且这块陶片被磨光了的表面居然清晰地绘有一方黑色的花纹图案。安特生几乎不敢相信，这些精美的彩陶和石器工具，居然会在同一地点！

这些古老的器物到底意味着什么呢？难道昭示着一种尚不为人类所知的古代文明吗？

安特生怀着深深的好奇和困惑回到了北京，然后开始日夜琢磨和研究从仰韶村带回的古老器物。有一天，他无意中发现了一份探索考察的报告，是美国地质学家庞帕莱于1903年和1904年在俄国土耳其斯坦安诺地区所进行的那次著名的考察经过，报告所载的彩陶图片令安特生眼睛为之一亮。这些彩陶的外表和仰韶村发现的彩陶竟出奇的相似！难道这两者之间有一种神秘的内在联系？安特生强烈地预感到，仰韶村的彩陶，有可能存在于史前时代！

图2–1　仰韶村遗址出土的彩陶

同年秋天，安特生再也按捺不住心中涌动的激情，在中国政府和地质调查所的大力支持下，他偕同中国地质学家袁复礼等组成一支训练有素的发掘队伍，对仰韶村遗址进行了大规模的发掘。从安特生后来撰写的著名传记《黄土的儿女》中，可以看到这位欧洲科学家此时的心情——

> 在中国助手的陪同下，我于1921年10月27日到达仰韶村。这个地区不仅有如此丰富的地质遗迹，它早期历史的遗迹也让人惊叹不已。只要望一眼，你就会在这儿看到汉代的坟墓和出土的青铜器，而晚些时期的建筑和纪念碑群在北部的石灰岩上随处可见。更为醒目的一座古寺和两座古城堡，看上去都经历了和平时期的安宁和战乱时代的磨难。那一个个受尊敬的传说人物，在村落旁的路边立着的精美雕刻的石碑上可清晰地见到。我深深地感受到对这富饶、文明村落的虔诚和神圣崇拜，很难想象石碑下的早期伟人对我们努力探索这庄严神圣的史前遗迹是什么感受。在这里，我惊喜地看到，石器时代的村落发展和遥远的地质堆积物的发现，都将与我们所知的这地区早期人类历史活动链条般地衔接在一起了……

仰韶史前遗址的发现与发掘，尽管比法国人类学家摩尔根在美索不达米亚苏萨地区发现彩陶几乎晚了半个世纪，但它标志着具有划时代意义的田野考古学在欧亚大陆上最古老的国家之一——中国的开始。具有史前历史的彩陶的发现使上古中国的盛世时代，不仅仅是一个推测或近似怪诞的想象。

仰韶遗址发掘的资料表明，先进的农业社会包含的内容不仅与传说中的记载有关，而且与中亚的史前史有极其密切的联系。这些发现物打破了西方历史学家一贯认为的东亚是印度——欧罗巴文明界外的神话，它以无可辩驳的事实再次提醒西方历史学家，东西亚文明并不像他们想象的那样是独立分开的。

仰韶遗址与出土器物，特别是彩陶的发现很快闻名于世，因为它在中国历史上是首次发现，按学术界以“第一次发现的典型的遗迹的小地名为名”的原则，被命名为仰韶文化。

仰韶文化的发现及其重要价值，使之很快闻名于世，安特生也因此获得了非凡的声誉。无论是中国的还是外国的学者，都公认仰韶遗址的发掘是中国现代考古学的源头，它不仅促成了中国的第一个考古学文化——仰韶文化的诞生，而且还为中国学者带来了一套欧洲先进的田野发掘方法——这套方法在整个20世纪都被中国的考古学家们所沿用。

仰韶文化的发现使安特生惊喜异常，从根据仰韶文化使用陶器和磨制石器，未发现青铜制品和文字等特点判断，他认为其时代应当晚于打制石器的旧石器时代，早于青铜时代，是一种新石器时代晚期的文化，相当于公元前3000年左右。这一论断彻底否定了一些外国学者声称中国没有石器时代文化的观点。

至于这一文化的来源，安特生在一度的困惑和摇摆后，宣布赞同某些西方汉学家的“文化西来”的假设，即仰韶遗址所发掘的最有代表性的彩陶文化，其发祥地和源头可能在中亚，经新疆、甘肃一带，最后传到中原地区，并融入以陶鬲为代表的汉文化圈的本土文化之中。

1924年，安特生把这一观点正式写进他所著的《甘肃考古记》一书中，这一“文化西来说”在国际学术界产生了重大影响。1934年，他在其最有影响力的通俗性英文著作《黄土的儿女》中，仍然坚持仰韶的彩陶制作技术是先在西方成熟后才传入中国的这一观点。

一时间，“中国文明西来说”甚嚣尘上，几乎成为世界学术界的主流观点。当然，这个观点随着另一个考古文化遗址——龙山文化，特别是后冈三叠层的发现，加之再后来的老官台、大地湾文化的发现，被从根本上彻底否定。不过，这已是安特生发现仰韶文化半个世纪之后的事了。

吴金鼎发现龙山文化

1928年夏天，清华大学国学研究院研究生吴金鼎，遵照此前的导师、考古人类学家李济的教导，借暑假的机会到济南四周进行考古调查。吴是山东安丘万戈庄人，早年就读于齐鲁大学，对齐鲁大地一往情深，很想找机会寻
……假正是实现导师嘱托的难得的机会。

……出了济南城，向平陵故城和历城县龙山镇一带走
……崖的地方时，发现河边有一台地，台地不大，平面
……地面3米至5米。远远望去，很像一座古城残废的城
……在阳光照耀下闪闪烁烁，一条数十米的古文化层
……清晰可见。经仔细观察，断崖上有残存的灰土和陶
……注意。

……到城子崖实地考察，特别对文化层堆积较厚的城
……观测，在城子崖下层发现了一种非瓷非釉、光洁美
……的是，这种陶片总是与石器、骨器一同出土。此一
……金鼎昭示，这是一处极其重要的史前文化遗址，
……隐秘。

……写信将这一调查情况向他的老师、正在河南安阳
……济做了汇报。李济闻讯，与甲骨学家董作宾一起
……做了复查，认为吴金鼎所言极是。

……宾、梁思永、尹达等中国考古学家，对安特生
……并不认同，只是苦于没有切实的证据加以推翻，
……游发现了完全不同于仰韶文化的黑陶，这是否属
……难道也是从西方传来的吗？如果不是，又如何解释？正是怀着对“中国文化西来说”不服气的心理，李济毅然做出了这个决定：实施发掘，收获一定不小，极有可能挑战或推翻安特生的“西来说”。

在得到自己服务的学术机关——中央研究院历史语言研究所所长傅斯年同意和支持之后，李济迅速调集安阳殷墟发掘的大部分人马，挥师城子崖，开始了中国考古学史上又一个极具学术意义的重大遗址发掘。

李济率领考古队来到济南，代表中央研究院史语所与当地以合作的方式共同对城子崖进行发掘。这一方式得到了山东省政府的大力支持，省教育厅厅长何思源亲自为考古发掘队筹集发掘经费，解决发掘中的困难。在各方努力下，城子崖遗址于1928年11月开始首次发掘。1931年，由另一位考古学家梁思永接替李济主持城子崖第二次发掘，收获超出想象。

城子崖遗址中所出土的文物与仰韶文化风格迥异，其中发现最多的黑陶和灰陶器具，几乎完全不同于河南、甘肃的彩陶，器型也没有相同之处。而城子崖最具特征的“蛋壳陶”，通体漆黑光亮，薄如蛋壳，其制作工艺已达到了新石器时代的顶峰，并作为一种文化标志——黑陶文化，成为前无古人、后无来者的绝响。

图2-2 城子崖遗址出土的龙山文化高柄蛋壳陶

图2-3 城子崖遗址出土的龙山文化陶鬶

除此之外，城子崖遗址还首次发现了新石器时代与殷墟文化有着某种关联的卜骨和长450米、宽390米、基址10米的版筑夯土城墙。这一发现，正如李济所言："替中国文化源始问题的讨论找到了一个新的端绪"，"将成为中国上古史研究的一个极其重要的转折点"，为学者们寻找商文化前身夏文化增强了信心。

后来，由傅斯年[illegible]思永等著名学者编写的中国第一部田野考古报告[illegible]叠压于东周文化层之下的遗存属新石器时[illegible]后将这一文化遗址命名为龙山文化遗址。

[illegible]泛指以黑陶为特征的史前文化，但随着[illegible]已不适应考古学的发展要求。因为此后[illegible]达等考古人员，又在山东日照县两城[illegible]的黑陶，与城子崖属于同一时代但又[illegible]河南、山西、陕西等黄河中下游地区[illegible]

[illegible]现以黑陶为特征的遗存，只要在陶器[illegible]，其他方面也与城子崖龙山文化有所[illegible]如山东龙山文化、河南龙山文化、陕[illegible]的事了。

夏朝都城[illegible]

1959年春[illegible]史学家徐旭生带着助手来到豫西，对[illegible]，从而拉开了实质性田野探索夏文化的序幕。

传统文献中，关于夏人活动区域的传说很多，总而析之，夏民族主要活动区域分布在晋南平原，汾、浍、涑水流域；洛阳平原，伊、洛、颍水流域；以及关中平原三个大区。徐旭生此行，选择了最有可能捕捉到历史信息的豫西作考察的首区。徐氏一行数人，在豫西这个既定圈子里来往穿行，每日步行20多公里，每当遇到大雨连绵，鞋子陷进泥中行走不便，徐旭生便干脆将鞋子背在肩上，光脚在泥泞中前行，分别对河南省登封县的八方、石羊关，禹县的阎寨、谷水河等古文化遗迹做了田野调查。

有一日，徐旭生和助手途经偃师县，准备到中科院考古所洛阳考古工作站落脚时，路过洛河边一个叫二里头的村子。徐旭生发现此处有些异常，便停下来四处转悠，以寻找心目中的东西。当他在村外转了半圈后，有一个正在田地里劳动的农民感到奇怪，以为他丢了什么东西，便主动向前询问。

这一问，徐旭生乐了，他幽默地说："丢了一件大东西，是一座城，几千年的一座城。"

农民不解，徐旭生解释说："我是搞考古调查的，想在这一带看看有没有古代留下的陶片什么的。"

农民听罢，不以为意地说："陶片，我们这里多的是呢，还有完整的陶罐、陶盆，都是搞水利建设挖出来的。"

徐旭生大为惊喜，急忙对农民说："好兄弟，你说的地方在哪里，能带我去看看吗？"

"中！"农民爽快地答应着，领徐旭生到了村东的一片田野。果然，徐旭生在这里发现了许多陶片，并且还捡到了一件完整的陶器。从遗留的陶片以及陶器的花纹、质地等特点判断，这是一处规模甚大的古文化遗址。

徐旭生对二里头遗址做了初步判断，立即回到中科院考古所洛阳工作站，将调查的情况告知了工作站的赵芝荃等人。大家一听很是振奋，决定第二天由工作站站长赵芝荃带领几名考古人员，随徐旭生赴二里头做进一步调查。

二里头遗址位于河南省偃师县城西南约9公里处，西近洛阳城。就其位置而言，它南临古洛河及伊河而望嵩岳、太室、少室山，北依邙山而背黄河，东有成皋之险，西有函谷崤函之固。其所处的河洛地带自古被称为中土、土中、地中，并有“河山拱戴，形势甲于天下”和“万方辐辏”之誉。传说自伏羲至周成王各代圣王皆在河洛地带膺图受瑞，并有“三代之居皆在河洛之间”的记载。由于武王曾在此处廷告于天：“余其宅兹中国，自之义民。”因而这里也是本来意义的中国。后来周公遵武王旨意在此营建洛邑作成王之都。

当赵芝荃等人随徐旭生来到二里头村外时，当地农民仍在田野里大搞农田水利建设。他们一行人来到农民们正在挖掘的一个水塘边，发现遍地都是挖出的陶片。待他们进入水塘的台阶，又看到塘壁上布满了陶器的碎片，用手轻轻一摸，这些碎陶片便“哗啦哗啦”地跌落下来。这个情景让赵芝荃等人兴奋异常，在以往的考古调查中，没遇到过这般激动人心的场面。如此丰富的文化堆积，如果不是古代的都城遗址，那又是什么？

离开水塘之后，徐旭生等人又在二里头村的四周做了详细调查，估计此遗址范围东西长3公里至3.5公里，南北约1.5公里。从地理环境和历史渊源以及发现的遗迹、遗物看，这里有可能是中国历史上的一个帝都。

按照徐旭生在后来发表的调查报告中所言，他认为这里应是商汤时代的都城“西亳”。从文献方面做了论证后，徐旭生又补充道：“此次我们看见此遗址颇广大，但未追求四至，如果乡人所说不虚，那在当时实为一大都会，为商汤都城的可能性很不小。”

尽管当时徐旭生对这处遗址做出的判断后来证明有误，但由于他的首次发现和随之而来的数十次发掘，使二里头成为国内外学术界最引人注目的古文化遗址之一。它不仅成为学者们探索夏史和夏文化的关键所在，也成为探讨中国国家和文明起源无法绕开的圣地。

鉴于二里头遗址在考古学上所具有的巨大潜力和学术价值，赵芝荃等人回到洛阳工作站之后，很快向中国科学院考古所打报告，请求率部移师对二里头遗址进行发掘。此后不久，河南省文管会也得知了二里头发现重大遗址的消息，并决定派队前往发掘。于是，1959年秋，得到批准的中国科学院考古所洛阳工作站以赵芝荃为首的十余人与河南省文管会派出的一个专门由女性组成的“刘胡兰小组”，几乎同时进驻二里头遗址展开发掘。

1960年，河南省派出的“刘胡兰小组”撤出了发掘工地。整个二里头遗址在以后的若干年内，只有中科院考古所下属的二里头工作队进行发掘。

经过半年多的发掘，二里头遗址已出现了考古学界所期望的曙光。考古人员发现了一组夯土基址，夯土眼很明显，其中北面的一处基址长、宽各约100米，是这组建筑的主要部分。通过仔细辨别，可以肯定发现的就是一处宫殿基址。结合此前在四周发现的相当数量的房基、窖穴、灰坑、水井、窑址以及铸铜陶范、石料、骨料等遗迹、遗物推断，二里头遗址确实具有古代早期都邑的规模。一时间，二里头遗址发现宫殿的消息迅速在学术界传开并引起震动。

图2–4　河南偃师二里头夏代遗址

此后，在40多年的时间里，在赵芝荃、方酉生、殷玮璋、郑振香、高天麟、郑光、杜金鹏、张立东、许宏等几十位考古学家的不断努力下，二里头遗址的文化面貌基本揭示出来。“所知范围总面积约3平方公里，文化堆积甚厚，内涵十分丰富。”遗址的文化延续时间经历了相当长的岁月，粗略估计前后400多年。

尤其令人震惊的是，在遗址中部发现的被称为第一、第二号两座宫殿基址，规模宏伟，气势壮观，颇有王者气象，“其平面安排开我国宫殿建筑的先河”。仅从台基的面积来看，甚至可以与北京故宫的太和殿匹敌。如此规模庞大的宫殿基址，考古学家前后花费了20多年的时间，才使其完整地重见天日。经研究者推断，这两座宫殿都属于二里头文化三期，在这一时期中，二里头文化进入了它最繁荣辉煌的鼎盛时代。

图2-5　二里头遗址主体殿堂复原设想图

二里头遗址的发掘，除大型宫殿遗址，还出土了大量的玉器、铜器和陶器。其玉器多为圭、璋、戈等礼器，这些礼器在整个玉器和礼器发展史上具有承上启下的开拓作用。而出土的青铜容器和武器形状之独特，皆为中国首次发现。尤其是镶嵌绿松石的铜牌饰种类繁多，其选料之精、制作技术之高超、纹饰之精美，在整个商代考古史上从未有其先例，堪称国之重宝。

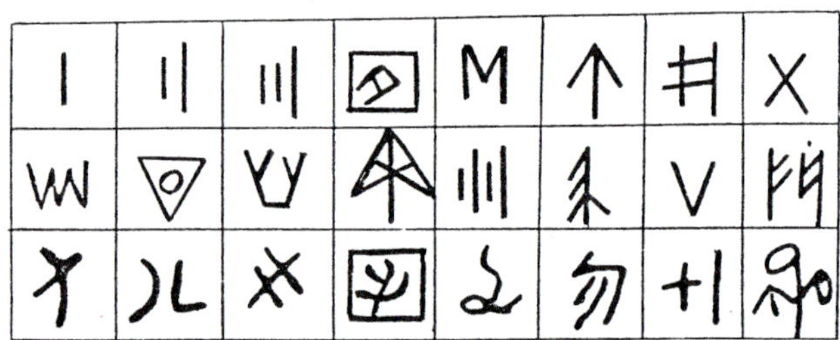

图2-6　二里头遗址出土的文化刻符和文字

图2-7　二里头遗址出土的绿松石龙

图2-8　二里头遗址出土的绿松石铜牌饰

图2-9　二里头遗址发现绿松石龙头

很明显，从二里头遗址发掘的规模、等级、规格乃至气势来看，这里曾经存在过都城已成定论。但有些遗憾的是，考古人员历40年的发掘，踏遍了遗址的四周，居然没有发现城墙，甚至连壕沟也没有发现，于是，有人认为这是一座无城之都。

由于二里头遗址的发现和发掘是中国考古学史上最重大的事件之一，所以关于它的时代、文化性质、遗址性质等问题备受学术界关注。

1962年，考古学大师夏鼐把此类文化遗存命名为“二里头类型文化”，之后又根据新的发掘进展，将这一文化遗存命名为“二里头文化”，这一新的考古学文化的命名，更加突出了二里头遗址的典型性和代表性，从此二里头遗址的影响更为提高和扩大，二里头文化成为考古学上一个十分重要的文化概念。

随着二里头遗址蜚声中外，这个遗址的时代和具体是历史上哪个帝王所在都城的问题，成为学术界争论的焦点，导致学术界对夏文化探索出现了空前的繁荣。有的认为是商都，有的认为是夏都，有的认为是一半是夏、一半是商，有的认为少量是夏、多半属商或商都。各种观点、各种主张令人眼花缭乱，目不暇接。从河南龙山文化晚期，经二里头一、二、三、四期，到郑州商城文化之前，每两者之间都有人试图切上一刀，以作为夏、商的分界。从每一位操刀切割者的主张和观点来看，似乎都有自己的道理。

此一争论持续三十多年未有结论，成为考古、历史学界一个悬而未决的学案，直到1996年“夏商周断代工程”开始之后，方得到基本解决——二里头遗址就是夏朝某个王的都城。至于是否夏都斟鄩，还有待进一步考证。此为后话。

接下来，简略叙述夏朝之后的商朝，以及与商朝甲骨文发现与历史嬗变之谜。

神秘的甲骨文

甲骨文是刻在龟甲和兽骨上的一种古文字，它们的作用就像远古的先民们“结绳记事”一样，是一种“记录文字”。当这些龟甲和兽骨上的文字未被认出之前，它只是被当作不值钱的药材出现在药店。而这些古文字被确认之后，天下震惊，中国历史研究的新纪元由此开始。

关于谁是发现甲骨文的第一人有不同的说法，但学术界公认王懿荣是鉴别和认识甲骨文的第一人。

王懿荣，山东福山人，字正儒，号廉生，生于清道光二十五年（1845年）一个官宦世家。他的父亲曾以兵部主事由京城回家乡办团练，受到皇帝的嘉奖，赏戴蓝翎，加员外郎衔。王懿荣长大成人后，曾先后出任翰林院编修、国子监祭酒等职。其人“嗜古，凡书籍字画，三代以来之铜器印章货泉残石片瓦，无不珍藏而秘玩之”。因为收集和研究了许多古代文物，又曾与当时著名的金石学家陈介祺、潘祖荫、翁同龢、吴大澂等人一起切磋学术，在金石文字方面有深厚的造诣，才奠定了他后来看似偶然、实为必然的甲骨文划时代的伟大发现。

光绪二十五年（1899年）秋，时任国子监祭酒（相当于皇家大学的校长）的王懿荣得了疟疾，用了许多药仍不见好，京城里有一位深谙医理药性的老中医给他开了一剂药方，里面有一味中药叫“龙骨”，王懿荣派家人到宣武门外菜市口一家老中药店达仁堂按方购药。药买回来之后，王懿荣亲自打开药包验看，忽然发现“龙骨”上刻有一种类似篆文的刻痕。凭着金石学家对古物鉴定的敏锐，他立刻意识到这颇像篆文的刻痕，可能是一种很早的古文字，其刻写的时间要早于自己所研究的古代青铜器上的文字。这个意外发现使他兴趣大增，于是又派人将达仁堂中带有文字的“龙骨”购买回来，加以鉴别研究，同时注意在京城收购。不久，山东潍县的古董商范维卿又携带这种刻有文字的甲骨12片，进京拜见王懿荣。王懿荣一见视若珍宝，将此物全部收购下来。此后，又有另一位古董商赵执斋也携甲骨数百片来京，被王懿荣认购。这样在不长的时间里，王懿荣就收购了有字甲骨约1500片。

范维卿本是一位农民出身的古玩商贩，在山东潍县浮烟山北麓一个丘陵小庄世代居住，兄弟五人，他排行老二，人称二哥。他的经营方式是：四处周游，搜求古物，边收边卖。后来渐渐蹚出了自己的路子，将收到的古物主要贩卖给天津、北京的达官贵人和文人世家，尤以端方和王懿荣为主。由于河南安阳、汤阴一带经常有青铜器出土，范维卿便经常到此地收购。

1899年，范维卿再次来到安阳寻找“猎物”，由于久收不到青铜器，在闲转中闻知龙骨能入药，便顺手收购了一批龙骨，送到了北京的药铺卖掉。接下来便有了王懿荣因病到药铺抓药并发现甲骨文的故事。

据当代青年学者邓华考证，王懿荣在发现甲骨文后，曾亲自到药铺问过货源来路，并叮嘱药铺掌柜：“若潍县古董商范某再来，必为引见。”按邓华的说法，1899年夏天，范维卿又去北京送龙骨，遂被药铺掌柜引荐到王府，范氏与王懿荣的相识或许缘始于此。

当王懿荣看到范维卿带来的一批刻有文字的甲骨后，兴奋异常，当场指认上面一些近似钟鼎文的字体给范氏看，范维卿才恍然大悟，想不到自己顺手搞来的破烂骨头竟是很有价值的古董。

真相初露

王懿荣在得到甲骨并发现了上面的文字后，是如何鉴别“审定为殷商古物”的，后人难以知晓。有人撰文说王懿荣是受《尚书·多士》篇中“惟殷先人，有典有册”的启示，并结合对周代青铜器上的篆籀文字研究而得出的结论。这个说法是否符合事实尚难确定，但有一点却是不争的事实，那就是王懿荣以及后来的甲骨文研究者，都普遍具有深厚的国学基础，即对中国古文献的博学和音韵、训诂等方面的精深造诣，而这些正是甲骨文学者们取得成功的前提。正如著名考古学家李济后来所说：“在智力的发展中，都有其特定的阶段，并遵循着某种规律性。19世纪末甲骨文被认为是一个重大发现，这个发现与其说是偶然的，还不如说是学者们不断努力的结果。1899年发生的事是有长期的学术准备的。”斯言甚是。

甲骨文被确认之后，震惊了国内外学术界，王懿荣不仅是确认甲骨文的学术价值，并定为商代文字的第一人，也是大量收集、珍藏甲骨文的第一人。他开甲骨文研究的先河，也拉开了商代历史研究、确认的序幕。

然而，就在甲骨文发现的第二年，王懿荣搜求千余片甲骨，准备着手深入研究之时，八国联军攻入北京，时为国子监祭酒兼京师团练大臣的王懿荣面对侵略者的烧杀抢掠和清王朝的腐败无能，自感无力回天，愤而投井自尽。

王懿荣与他刚刚开始的新事业诀别了，甲骨文研究的命运也面临着是生还是灭的又一轮抉择。所幸的是，由于刘鹗的及时出现，才使甲骨文研究的历史按照王懿荣的愿望走了下去。

刘鹗，字铁云，江苏丹徒人。曾以所著《老残游记》闻名于世。早年的刘鹗精算学、水利，又懂医术，性嗜金石、碑帖、字画及善本书籍。曾在上海行医，后弃医经商，但尽蚀其本。光绪十四年（1888年）黄河于郑州决口，著名金石学家、河督吴大澂率民众治理，但久不奏效。第二年，刘鹗投效于吴大澂的门下，决心以己之长治理黄河。由于刘鹗的积极参与，泛滥成灾的黄河郑州段得到了有效的治理，刘鹗本人因治河有功，被朝廷任命为山东黄河下游提调，相当于知府的官衔，从此声誉大起。

王懿荣发现甲骨文的时候，刘鹗正在北京候补知府。他是吴大澂的学生，也涉猎于金石学，与王懿荣经常往来，后来成为至交密友。王懿荣殉难后，他极为悲伤。当时王家为了还债，就把王懿荣生前收藏的甲骨大部分折价转让给了刘鹗。

自得到王懿荣遗留的甲骨之后，刘鹗开始广泛搜求甲骨，他委托一位古董商奔走在昔日的“齐鲁、赵魏之乡”，用了约一年的时间，收集到约3000片，另外又派自己的儿子到河南一带去收购甲骨，不长的时间就收集了近5000片。

刘鹗收购甲骨，当然不是为了单纯的收藏和把玩，其根本目的是学术研究。1903年，他将自己收集到的甲骨进行整理分类，拓印了1058片，分成6册，以“抱残守缺斋”的名义拓印，从而出版了中国第一部甲骨文的书籍——《铁云藏龟》。从后来的情况看，此书虽然印刷不够精细，拓本也有些漫漶不清，但它毕竟为中国的甲骨文研究提供了第一部书面资料，更重要的是为甲骨文研究者开阔了视野，开创了奠基性的学术道路。同时，也标志着甲骨文研究开始从以收藏为主的书斋走向更加广阔的社会。

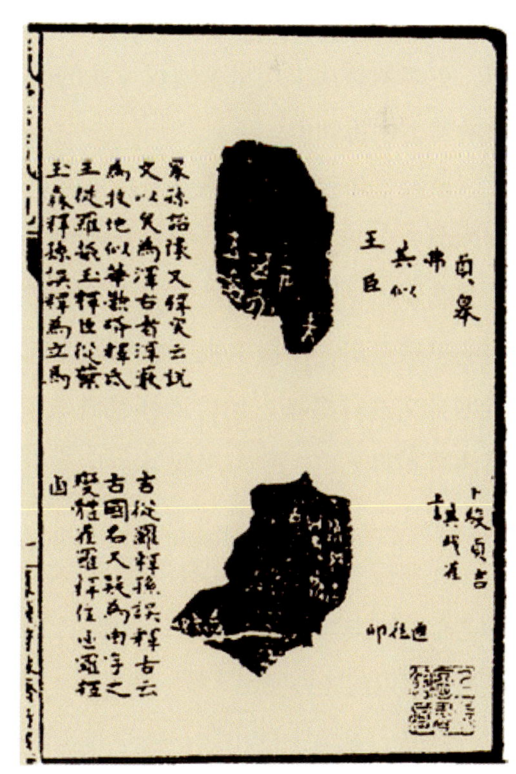

图2-10　刘鹗《铁云藏龟》一书的首页

在刘鹗开始搜求甲骨时，就很想知道甲骨的出土地点，因为只有搞清楚这些古物的出土地，才能最终揭开甲骨文字的奥秘。但收购甲骨的古董商人唯利是图，唯恐将甲骨的出土地泄露后断了自己的财路，便谎称甲骨的出土地点为河南汤阴或汲县，对真正的产地安阳却守口如瓶，从不泄露半字。在当时交通不便、消息闭塞的情况下，古董商的谎言使甲骨收藏者信以为真，王懿荣至死也没有弄清甲骨的真正出土地点，并有“河南汤阴、安阳，不甚具体”的感慨。而天资聪颖过人的刘鹗也对古董商人的谎言深信不疑，在其发表的专著中称甲骨的出土地为“河南汤阴县之牖里城”。

《铁云藏龟》在海内外学术界产生了很大反响，收购和研究甲骨成为一时风尚，流风所及，刘鹗的“汤阴说”成为甲骨出土地的主要依据，这个说法不仅误导了中国人，就连日本人也受到了蒙蔽。但假的毕竟是假的，伪装总要剥去，狡猾的古董商人编织的谎言最终被戳穿，而戳穿这个谎言的不是别人，正是商人们自己。在著名金石学家罗振玉的劝诱下，古董商人终于吐露了真言。

罗振玉，字叔蕴，号雪堂，浙江上虞人。曾做过清朝学部参事官、京师大学堂农科监督等官。他精通国学，后来与日本和欧美的汉学家有不同程度的交往，使他在金石学、文字学、文献学等方面都成为不可多得的集大成者，是中国近代学术史具有重大影响的学者之一。当然，一般人对他的认识，更多的是从末代皇帝溥仪《我的前半生》中，他为清王室复辟忠诚而执着的努力中得知的。

罗振玉年轻时在刘鹗家当过家庭教师，以致后来他把长女罗孝则嫁给了刘鹗的儿子刘大绅。正是由于这种特殊的关系，罗振玉才得以于1902年某日在刘鹗家中见到了从王懿荣府中转购来的甲骨。出于学术上的远见卓识和超前的思想意识，罗振玉极力鼓舞刘鹗将其所藏甲骨拓印出版，并亲自为其所藏甲骨文进行墨拓。他曾满怀感慨地说：“汉以来小学家若张、杜、杨、许诸儒所不得见也。今山川效灵，三千年而一泄其密，且适我之生，所以谋流传而悠远之，我之责也。”

在罗振玉的鼓动和亲自示范下，刘鹗的《铁云藏龟》才得以拓印出版。付印之时，罗振玉还专门写了一篇序言，认为，甲骨上的文字与篆书“大异”，其为史籀以前之古文字无疑。为此，“龟与骨乃夏商而非周之确证”。

《铁云藏龟》的出版，使甲骨文由“古董”一跃而变为可资研究的重要历史史料。可以说，刘鹗在甲骨学研究史上的功绩，与罗振玉的提示及帮助是分不开的。

罗振玉接触到甲骨文后，对于出土地点也轻信了古董商的谎言，认为在河南汲县和汤阴一带。由于没有弄清甲骨的真正出土地，研究受到了很大局限，并出现指导思想上的某些混乱。罗振玉在1903年还认为甲骨文是“夏殷之龟”，把此种文字的时代确定为夏、商两代。直到1908年，罗振玉经多方探寻，才得知甲骨文真正的出土地在河南安阳的小屯村，正如他在后来的著述《殷墟古器物图录》的序言中所说：“光绪戊申予既访知贞卜文字出土之地为洹滨之小屯。”1910年，罗振玉再次询问来自河南的古董商，进一步证实了甲骨的出土地“在安阳西五里之小屯而非汤阴”。

撞开殷商王朝的大门

随着甲骨出土地点被确认，以及甲骨文研究的深入，对甲骨文所在时代的认识也越来越清楚了。罗振玉修正了自己之前认为甲骨是“夏殷之龟”的观点，而确认为是商代之物。

也就在这一年，罗振玉应日本学者答林泰辅约请，写了著名的《殷商贞卜文字考》一书。此时的他已释读出一定数量的甲骨文单字，并“于刻辞中得殷帝王名谥十余，乃恍然悟此卜辞者，实为殷室王朝之遗物”。在这部著作的“序”中，罗振玉进一步考证小屯村为“武乙之墟”。

1911年2月，罗振玉委托他的弟弟罗振常到河南安阳访求甲骨，罗振常不负所望，在安阳小屯逗留了50天，不仅弄清了甲骨所出地的准确位置，而且搜求甲骨1.2万多片，分两次通过火车运往北京。

1914年，罗振玉通过对大量甲骨的进一步研究，从《史记·项羽本纪》“洹水南殷墟上”记载中得到启示，认为此地为“武乙之都”，并在新著《殷墟书契考释·自序》中又确定了小屯为“洹水故墟，旧称宣甲，今证之卜辞，则是徙于武乙去于帝乙”晚商武乙、文丁、帝乙三王时的都城。这个考释，无论是当时还是之后，都被学术界认为是一项了不起的具有开创性的重大学术研究成果。

1916年3月30日，从日本归国的罗振玉由上海赶赴安阳做实地考察，从其后来的著作《五十日梦痕录》中可以看到，罗振玉上午9点左右到达安阳并住进入和客栈，吃完饭，立即找了一辆车子去小屯。他在出土甲骨最多的地方做了实地考察后，还顺手捡了一块古兽骨和一捧无字甲骨——这是甲骨学者第一次将足迹印在古老的殷墟之上。有了现场勘察的实践经验与历史记载的沟通，甲骨文的释读开始有了突破性进展。

罗振玉回京之后，学者们不仅通过古董商，而且派人直接去安阳小屯收集甲骨，从而减少了甲骨资料的损失，并扩大了对甲骨文的搜求。

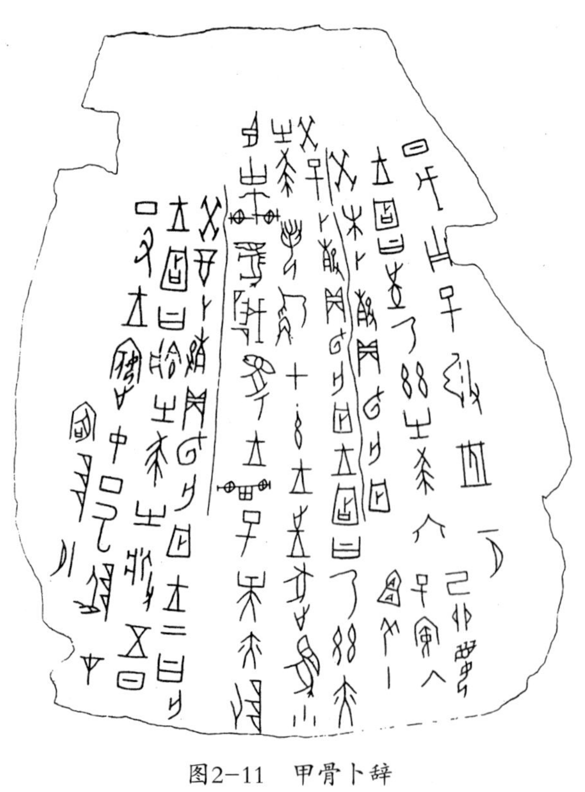

图2-11　甲骨卜辞

罗振玉除了考证其地为殷代晚期都城外，还将甲骨文中的人名与《史记·殷本纪》中的商王名做比较，发现其中大部分相同。他在1915年发表、1927年增订的《殷墟书契考释》一书中，总共释读了561个甲骨文单字，指出商王名号22个，外加示壬、示癸两个先公名号，并发现了王亥之名，这项成果成为他对甲骨学和殷商考古研究的重大贡献之一。

在此基础上，罗振玉还开始注意对整条甲骨文卜辞的通读，并提出了著名的“由许书（指许慎的《说文解字》）以上溯古金文，由金文以上窥卜辞”的治学方法。这个方法成为后来甲骨文研究者的重要法宝。罗振玉从1906年开始广泛地购藏甲骨，直到1940年去世，先后收藏甲骨达3万多片，并加以刊布和研究。由他编著的《殷墟书契前编》以及后来的《殷墟书契后编》《殷墟书契续编》和《殷墟书契菁华》，是殷墟正式发掘前零星出土甲骨的重要集录。正如甲骨学者王宇信所言，罗振玉的研究成果，“为有清一代‘小学’之一总结，它标志着以《说文》为中心的‘小学’的结束，代表着一个以地下出土的古文字资料为研究中心的新学科正在升起，并为后来甲骨学研究打下了坚实的基础，起着继往开来的巨大作用”。

如果说罗振玉通过对甲骨文的释读和研究使殷商的历史之门显出了一道缝隙，让学界同人得以窥视庙堂之间的些许影像，那么，王国维则把这扇封闭了3000年的殷商王朝的历史之门彻底撞开了。

王国维，字静安，号礼堂，又号观堂。1877年出生于浙江海宁。他7岁入私塾就读，16岁考取秀才。1898年2月，他离开家乡来到上海，在《时务报》谋求了一份司书、校对的差事。

在上海期间，王国维结识了罗振玉，不久即到罗振玉所办的“东文学社”学习日文，并于1900年去日本留学，由此扩大了他学习西方近代科学知识的眼界，罗、王的师生加兄弟之谊因此建立。1906年，罗振玉奉学部之命北调京师，王国维与之同行，其后的8年，罗、王两人几乎形影不离。在此期间，王国维曾出任清朝末代皇帝溥仪身边的“南书房行走”等职。

王国维早年对学术研究的兴趣相当广泛，自1902年在南洋公学虹口分校任职时起，便开始研究西方哲学，主攻康德、叔本华等德国哲学，并努力将学到的新思想用于总结中国文化发展的历史经验。从王国维留给后人的《观堂集林》中可以看到，他不仅对哲学，而且对文学、诗词、戏曲等都做过研究，取得了丰硕的成果。如他撰写的《红楼梦评论》《人间词话》

《宋元戏曲史》等都是盛极一时、颇有影响的学术著作。

1911年，辛亥革命爆发，清王朝宣告灭亡。不久，王国维随罗振玉携家眷东渡日本京都避居。在此期间，王国维开始了研究古文字尤其是甲骨文的学术生涯。由于有深厚的国学根基和自身的勤奋学习，以及缜密严谨的逻辑思维和论证方法，加上罗振玉有针对性地给予指导，同时又有罗振玉所藏的大量图书资料、甲骨文字、古器物及其拓片可以利用，所以在京都的几年间，王国维在古文字特别是甲骨文的研究上突飞猛进，取得了令人瞩目的成就，为他日后的顶峰之作铺平了道路。

1916年，王国维从日本京都归国，受聘为上海仓圣明智大学教授，主编《学术丛编》，并继续从事甲骨文字、金文及音韵、训诂等方面的研究。1917年2月，王国维撰成盖世名篇《殷卜辞中所见先公先王考》。同年4月，又撰成《殷卜辞中所见先公先王续考》。

图2–12　王国维《殷卜辞中所见先公先王考》及其《殷卜辞中所见先公先王续考》中论证商先公先王谱系所利用的由三个断片缀合的甲骨摹本（《殷契粹编》第112片）。其释文是：

乙未，彡兹𠭚上甲十，报乙三，报丙三，示癸三，大乙十，大丁十，大甲十，大庚十，小甲三，□三，且乙十。

在此之前，尽管罗振玉于1915年刊行的《殷墟书契考释》，已指出了卜辞中商王名号22个并发现了王亥之名，但遗憾的是他并没有对整个商王室世系从整体上加以研究，也未能找出其他资料加以论证，从而使殷代王室世系真正被确认下来。这个遗憾和空白最终由王国维在《殷卜辞中所见先公先王考》及《殷卜辞中所见先公先王续考》中予以填补并发扬光大。

王国维首先突破了罗振玉的局限和框框，将卜辞对照的文献范围，由《史记》一书扩大到《山海经》《竹书纪年》《楚辞》《世本》《吕氏春秋》等古代文献，并扩大到铜器铭文的范围之中。这种研究思路和方法，使他成功地发现了《史记》中误记或以通假字记载的一些殷商先公先王名号。在这两篇论文中，王国维从卜辞中考定殷代先公先王帝喾、相土、季、王亥、王恒、上甲、报丁、报丙、报乙、示壬、示癸、大乙、羊甲等13人的姓名及前后顺序，证实了历史记载的殷代王室世系的可靠性。

正所谓青出于蓝而胜于蓝，当《殷卜辞中所见先公先王考》稿初成之后，王国维即寄给罗振玉，请其斧正。罗振玉读罢，神情为之大振，惊为旷世之作。他在给王国维的回信中写道："昨日下午邮局送到大稿，灯下读一过，欣快无似。弟自去冬病胃，闷损已数月，披览来编，积疴若失。忆自卜辞初出洹阴，弟一见以为奇宝，而考释之事，未敢自任，研究十年，始稍稍能贯通，往者写定考释，尚未能自慊，因知继我者必在先生，不谓捷悟遂至此也……"从信中可见，罗振玉惊喜之情溢于言表，而王国维得到复信后，同样是"开缄狂喜"。

经过王国维研究考订，商代先公先王的名号和世系基本得到了确认，并在整体上建立了殷商历史的体系。因此，王国维登上了甲骨学研究的高峰，其所写的《殷卜辞中所见先公先王考》和《殷卜辞中所见先公先王续考》，被誉为自甲骨文发现19年来最具重大价值的学术论文，为甲骨学的研究和发展做出了划时代贡献。

甲骨文的研究虽不是自王国维肇始，但利用考古学上的新材料与旧文献的记载进行比较研究，相互验证，即用地下文物和文献相互印证的"二重证据"法，阐明殷商历史的真相，走上科学治史的道路，则由王国维启之。正是有了王国维这位旷世奇才的开创性功绩，殷商历史的大门才轰然洞开，湮没3000年的秘密得以揭开，从而直接引发了古代史，尤其是殷商史作为可靠的信史研究的革命性突破。

当年王国维曾用宋代晏殊、柳永、辛弃疾等人的词句，来表述古今之成大事业、大学问者，必须经过的三种境界，即"'昨夜西风凋碧树，独上高楼，望尽天涯路'，此第一境也。'衣带渐宽终不悔，为伊消得人憔悴'，此第二境也。'众里寻他千百度，蓦然回首，那人却在灯火阑珊处'，此第三境也。"此正是王国维在学术和人生之路上的追求。

关于王国维的功绩，正如另一位甲骨学研究大师郭沫若所做的评价："卜辞的研究，要感谢王国维。是他，首先由卜辞中把殷代的先公先王剔发了出来，使《史记・殷本纪》和《帝王世纪》等书所传的殷代王统得到了物证，并且改正了它们的讹传。"从而"抉发了3000年来久被埋没的秘密。我们要说殷墟的发现是新史学的开端，王国维的业绩，是新史学的开山。那样评价是不算过分的"。

更为重要的是，在疑古风潮大行其道的当时，王国维能以充分的证据证明司马迁的《史记・殷本纪》确是一部信史，这在很大程度上填补了由疑古派造成的古史空白。由此可见存于周秦之间的古代传说，并不是毫无根据。

殷墟之谜

继王懿荣、刘鹗、罗振玉、王国维等人之后，随着国内外收藏家、金石学者以及达官显贵、儒林雅士的重金索求，安阳小屯有字甲骨价格暴涨，一路狂升，竟达到了一个字二两银子的价格。由此，盗掘掠取甲骨，便成为当地村民尤其是古董商人牟取暴利、发家致富的重要途径。

短短的十余年间，安阳小屯等地的甲骨被从地下一批又一批地掘出，又一批又一批流散于民间和市场。盗掘的狂潮使价值连城的甲骨遭到极大破坏和损失，安阳殷墟遗址也变得千疮百孔，面目全非。许多具有科学考察价值的遗存被破坏，与甲骨共出的大量殷代遗物同样遭到毁坏和流失。更令人扼腕的是，由于外国人的染指，许多有字甲骨和文物流失海外，难以回归。

在这紧要关头，随着与地质学、生物学密切相关的西方田野考古学，经安特生等人在中国的示范和传播，一批思想敏锐的中国学者，很快接受了西方先进的科学方法，成为中国田野考古学的开拓者和实践者。

为获得更多的研究商代历史的文字资料和其他实物资料，更加全面地了解殷商都城及政治、经济、文化面貌，同时也为了尽快制止这批宝贵文化遗产遭到破坏、流失和劫掠，对殷墟的保护和以科学考古手段进行发掘，成为学术界的当务之急。

1928年5月，民国政府中央研究院历史语言研究所成立，“五四运动”学生北平游行总指挥，北大毕业后留学英、德等国七年的“黄河流域第一才子”傅斯年出任该所所长。

当时史语所尚处于筹备阶段，傅斯年就决定派河南南阳人董作宾（字彦堂），到安阳殷墟甲骨的出土地进行实地调查。当时，这个决定遭到了不少学者的反对，尤其是以罗振玉为首的大部分金石学家认为，经过30年对甲骨的搜集，埋藏的珍品已全部被发现，再进一步搜集是徒劳无益的。傅斯年与罗振玉等人的看法恰恰相反，并坚持已见。于是董作宾于1928年8月12日到达了安阳。

董作宾到达安阳，首先访问了当地几位士绅，包括彰德府中学校长、古玩店老板、以伪造甲骨但不认识甲骨文字而出名的蓝葆光等。通过访问，获得了大量关于甲骨盗掘、贩卖及贩卖渠道等情报。

此后，董作宾由一个向导带领，来到城西北的花园庄和小屯访问。据董作宾在报告中称：

> 花园庄有一私塾，塾师阎君金声，招待余等人舍，颇客气……余则私询儿童，有拾得甲骨上有文字者否？初见，不敢

> 言。继有一儿，由抽斗取出一片，小如指甲，上有二三残字，予给以当百铜元一枚。他生皆窃出，归家取之，共得五六片。阎君归，亦取来二三片，云是小儿捡得者，与钱二百，小儿欢跃以去。由学塾出，乃赴小屯村北，寻求甲骨出土地点。经小屯到村北，遇一少妇，询曰："汝村中小儿女，曾有捡得田中龟版龙骨，上有文字者乎？如有，可将来，予买少许。"妇曰："客或有之，姑少待。"旋取出甲骨一盘，中有碎片数十，皆有文字，且一望而知非赝品，付洋五毫。顷刻间，男妇老幼麇集，手捧碗盛者，环列求售……村人云，古董商时常来收买，能出高价，惟不要碎者。今之小块，盖土人发掘时所弃，而为小儿女拾得者也，故贬价售之……以铜元十枚之酬金，请霍氏之子女为向导，引余等至甲骨出土之地。地在洹水西岸，为一沙丘，与罗氏（振玉）所谓之棉田，张君所谓有禾稼之土迥异。岂彼等所至非此地耶？然此地有足作证据者，一为新近土人所发掘之坑十，一为予在坑边捡得一无字之骨版也。

通过调查得知，小屯地下埋藏的有字甲骨，并不像罗振玉等人所说的那样已被挖尽，而从当地农民盗掘甲骨留下的坑痕看，殷墟规模庞大，地下遗物十分丰富，进行科学的考古发掘是必要的，且意义十分重大。鉴于此情，董作宾立即向中央研究院历史语言研究所写了报告，并拟定了初步发掘计划。

接到董作宾的报告，傅斯年颇为惊喜，决定立即在小屯进行初步发掘。经与中央研究院总部多次磋商，成功得到了1000块银圆经费，这笔经费在当时积贫积弱的中国已是相当可观的数目。正是凭着这笔经费，由董作宾组织的6名考古队员，携带购买的测量、摄影及其他必需的物品，于1928年10月7日到达安阳，开始对小屯实施发掘。这是继瑞典人安特生将田野考古学在中国成功示范14年之后，由中国学术机关第一次独立进行的田野发掘。此次以寻找甲骨文为主要目的的发掘，不仅是殷墟科学发掘的开端，也是中国现代考古学的起点。

发掘工作前后进行了24天，共掘得40个土坑，揭露280多平方米的面积，掘获石、蚌、龟、玉、铜、陶等器物近3000件，甲骨854片，其中有字甲骨784片。董作宾作为这次发掘的负责人，手抄有字甲骨392片，并做了部分考释，这个成果与他前期的调查报告，共同在后来历史语言研究所创办的《安阳发掘报告》上作为第一篇文章刊载。这篇文章的发表，不仅结束了旧的古物爱好者“圈椅研究的博古家时代”，更重要的是，为有组织地发掘著名的殷墟遗址铺平了道路。

1929年春，中央研究院历史语言研究所正式聘请哈佛大学人类学博士、时为台湾“清华大学”国学院导师李济为考古组主任，并主持安阳殷墟的第二次发掘。

接到傅斯年的任命，李济立即赴开封和正在那里的董作宾见面协商发掘事宜，并预测下一步可能取得的成果。在阅读了董作宾撰写的报告，相互接触交流的基础上，李济对殷墟遗址有了进一步的认识，当即做出三个方面的设定：

一、小屯遗址明显是殷商时代的最后一个首都。

二、虽遗址的范围未确定，但有字甲骨出土的地方一定是都城遗址的重要中心。

三、在地下堆积中与有字甲骨共存的可能还有其他类遗物，这些遗物的时代可能与有字甲骨同时，或早或晚，当然要依据埋藏处多种因素而定。

根据以上设定，李济制订了第二次小屯发掘的计划并很快付诸实施。在董作宾密切配合下，李济率领考古队于1929年春季和秋季分别进行了第二次和第三次发掘，陆续发现甲骨3000余片，取得了令人振奋的成绩。

就在李济率考古队于1929年10月7日再次来到安阳殷墟开始第三次发

掘，考古人员踌躇满志，热情高涨，渴望一举揭开商王朝的隐秘之时，却发生了一个意外事件，导致发掘工作不得不暂时停止。

事件的大致起因是，中央研究院历史语言研究所在殷墟发掘之初，曾与河南省政府商定，所获甲骨器物暂存安阳中学。但考古队为研究方便，于第二次发掘之后，将部分甲骨和器物从安阳中学取出运回了北京。这个消息很快被安阳中学校长报告给河南民族博物院院长何日章，深受旧式挖宝思想影响的何日章听罢大怒，立即将此事直接呈报给河南省督军韩复榘，并添油加醋地说了一番不利于李济等考古人员的坏话。韩复榘本是个粗人，一听说河南地盘的宝贝被北京方面的人拿走，当场下令："河南是咱们的地盘，要挖宝，不用他们，咱自己来。"

有了韩督军的指令，何日章如同拿到了尚方宝剑，很快率领一干人马杀奔安阳小屯开始挖掘起来，同时勒令李济等外省人"立即收摊回京，不准在此随便盗抢宝物"。如此一来，堂堂的中央研究院考古人员成了盗宝者，而河南民族博物院的一干人马却成了捍卫真理的卫士。冲突自然是不可避免了。双方剑拔弩张，各不相让，争执双方各给自己的上司拍发电报，寻求支持。李济宣布发掘暂停，考古人员就地待命，自己与董作宾匆匆赶回北京，将发生的具体情况向傅斯年做了汇报。

鉴于已造成的矛盾与冲突，傅斯年不得不全力斡旋，力争协调中央政府和地方政府的关系。最后由中央研究院院长蔡元培出面呈请国民政府，打电报给河南省政府，请其继续保护和配合中央研究院的发掘工作，并让何日章无条件地停止挖掘，以免造成破坏。经过反复协商，双方终于达成了几条协议，大致内容是中央研究院在发掘的同时，应注意维护地方政府的利益，所获古物双方共同拥有等，一场冲突遂告一段落。

仰韶—龙山—殷商

1931年，殷墟开始进行第四次和第五次发掘。此时的发掘队员增加了一批朝气蓬勃的年轻学者。在李济具体指导下，有计划地将殷墟分为五个区，每区由一位受过训练且有经验的考古学家指导发掘。就在这两次发掘中，考古人员从实践中摸索出辨认版筑夯土的规律，这一点对于古代建筑多是夯土结构，而不是砖石结构的中国考古极其重要，对后来的中国考古学发展和对中华文明的认识产生了深刻的影响。

在发掘的五个区中，最令人瞩目也最让后代考古学者称道的是后岗村的发掘。这个工地的主持者是杰出的考古学家梁思永。

梁思永是中国近代史上风云人物梁启超的次子，1923年毕业于清华学校留美预备班，然后赴美国哈佛大学研究院攻读考古学和人类学。1930年夏季于哈佛大学获硕士学位后归国，加入中央研究院历史语言研究所考古组。同年秋，赴黑龙江发掘昂昂溪遗址。其间，转道通辽入热河进行考古调查。1931年春将黑龙江昂昂溪发掘报告写成后，赴安阳殷墟主持后岗区的发掘。

由于梁思永是真正受过考古学训练的学者，在田野考古发掘中，无论是思维方式还是技术，都比其他学者更胜一筹。发掘中，梁思永采用了西方最先进的科学考古方法，按照土质、土色、包含物来划分文化层，成功地区别出不同时代的古文化堆积——这便是中国考古史上著名的“后岗三叠层”，即“小屯、龙山和仰韶三种文化的堆积关系”。

这个方法一直被后来的考古学者当作圭臬沿用至今，其意义的重大已超出了殷墟发掘本身，它使中国考古学与古史研究进入一个崭新的阶段。就中国的田野考古发掘而言，梁思永是当之无愧的一代宗师。

1931年那个明媚的春天，梁思永于殷墟后岗主持发掘时，首次在中国大地上运用标准的考古学手段，依照后岗遗址不同文化堆积的不同土色，对地层进行划分，以超凡卓绝的天才，发现彩陶—黑陶—殷墟文化，以一定的顺序叠压在大地深处，安然地度过了几千年人类的生命年轮。这个重大发现，令以梁思永为代表的考古学家想起了安特生搞出的那个“中国文化西来说”的悬案。

很明显，彩陶文化代表着安特生在河南渑池发现的仰韶文化，那么黑陶文化是否代表着山东章丘城子崖的龙山文化？带着这个疑问，梁思永在接替李济主持城子崖发掘时，将殷墟和城子崖两地的黑陶文化做了比较，发现两者基本相同。

当他回到安阳殷墟后，在以后的几次发掘中，于殷墟同乐寨又发现了纯粹的黑陶文化遗址。

这个发现使梁思永坚信，后岗的仰韶文化—龙山文化—商文化三叠层，是按先后存在的时间顺序自然形成的。也就是说，先有仰韶文化，再有龙山文化，再有殷商文化。后岗三叠层的划分，成功地构筑了中国古文明发展史的基本时间框架，使死去的文明转世还魂，使干涸的历史长河重新流动起来，形成了一条清晰的人类文化发展史的大动脉。此举正如李济所言：城子崖的发掘使“小屯与仰韶的关系问题，渐次扩大为小屯、仰韶与龙山（城子崖）的关系问题”。而后岗三叠层的发现与确认：“殷商文化就建筑在城子崖式的黑陶文化之上。”这一发现，为推翻安特生“中国文化西来说”打下了坚实的基础。

当然，梁思永首次提出的仰韶—龙山—商文化的承接性历史框架，解决了中国文明史重大旧问题的同时，也滋生了许多新的问题，其中最为明显的是，这三个独立的文化系统并非紧密相连，环环相扣，中间尚有大的缺环和空隙，那么什么样的文化能连接和填补这些缺环与空隙呢？

1932年春，安阳殷墟进行第六次发掘，考古人员很快发现了殷墟宫殿基址。这个发现，无疑较单纯地发现甲骨更具科学考古价值。因为有了宫殿的出现，就进一步证明殷墟作为都城的可能性，这是甲骨文发现之后，又一个破天荒的突破。

从这次发掘开始，田野考古工作的重点由单纯寻求甲骨和器物，渐渐转变到揭示和研究宫殿基址上来。由于这些宫殿是在很长时期内陆续建造而成，旧的毁弃后新的又得以重建，前后交叠，已看不清原来的布局。随着发掘探沟与探方的展开，殷墟的神秘面纱才被一层层揭开。

1932年秋到1934年春，李济、董作宾、石璋如、郭宝钧等学者，又在殷墟进行了第七、八、九次发掘。这时考古学家的目光转向洹河北岸侯家庄的西北岗，并在这一带找到了梦寐以求的王陵区，而商王陵之所在从未见诸史书记载。

1934年秋到1935年秋，由梁思永主持的第十、十一、十二次发掘对已发现的王陵迹象紧追不舍，继续扩大战果。这时胸有成竹的考古学家们已经不再是局部试探，而是拥有了大面积揭露的胆魄，每天用工最多达到了500人。一连发掘了10座王陵，以及王陵周围的1200多座小墓和祭祀坑。发掘的大墓规模宏伟，虽经盗掘，丰富的出土文物仍举世震惊。

图2-13　殷商时期的甲骨文，一般多为卜辞，单纯记事者很少见。宰丰骨匕所刻乃是记载帝乙或帝辛时，宰丰受到商王赏赐的事情。这块牛骨所刻文字，已有精妙的间架结构，熔奇变的章法、布局于一炉，显示出卜辞的书法，在结构上重心安稳、错落有致，有疏密得当、夔展分明的艺术效果

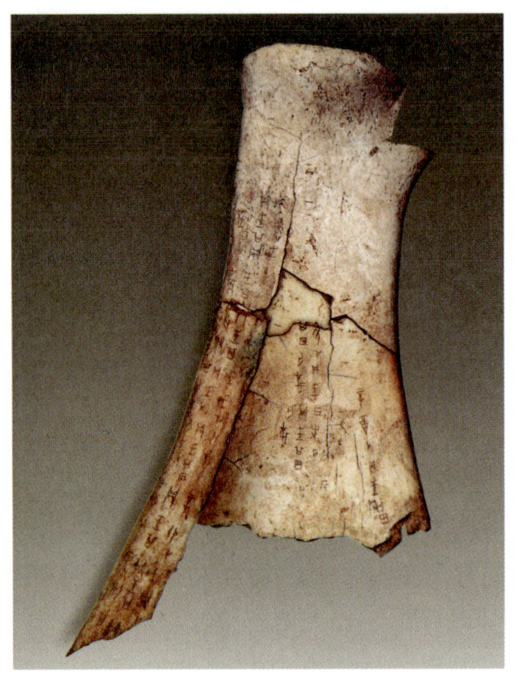

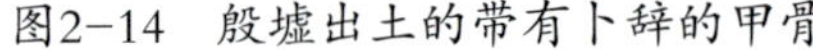

图2-14　殷墟出土的带有卜辞的甲骨

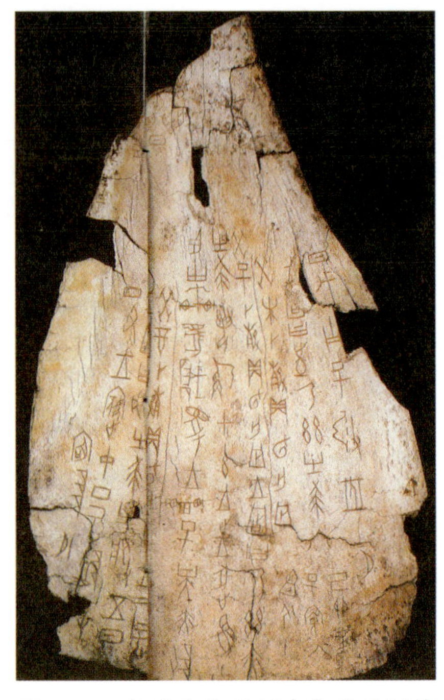

图2-15　殷墟出土的刻有卜辞的甲骨

1936年，继考古学家郭宝钧主持的第十三次发掘之后，梁思永主持的第十四次发掘，在寻求甲骨方面又取得了突破性进展。在著名的编号为127号商代灰坑中，共发现带字甲骨17096片，其中有300多块是未破损的整版甲骨。这一重大发现令学者们欣喜若狂，不仅因为发现带字甲骨数量惊人，更重要的在于整版甲骨往往刻有多组卜辞，这对于研究各组卜辞之间的区别与联系具有十分重要的价值。更为重要的是，这些甲骨出于同一坑中，说明相互之间有某种内在联系，比起零星出土的传世甲骨残片，在学术价值上显然更高一筹。

1937年春，考古学家石璋如主持了殷墟的第十五次发掘。到夏季，抗日战争全面爆发，殷墟发掘至此停止。

图2-16　中央研究院史语所于抗战前发掘安阳殷墟王陵区M1002大墓形制

自1928年起至1937年终，中央研究院历史语言研究所考古人员于10年间在河南安阳殷墟陆续进行了15次发掘，共获得甲骨24794片，虽然数量仍然和殷墟发掘前期流散于社会者不能匹敌，但由于是科学发掘所获，与前者相比就具有大不相同的价值。

安阳殷墟所经历的10个年头的发掘，完全是由中国考古学家按照科学的方法进行的。在当时社会环境极不安定、土匪肆虐横行、发掘工作时常需要武装士兵保卫的恶劣政治环境中，殷墟发掘仍然取得了极为辉煌的成果，中国古史上伟大的商代文明由此显耀于世，并为全世界人类所广泛瞩目。

殷墟15次发掘的大部分文物、资料，于1948年底随史语所人员运到了台湾，存放于台北南港“中研院”史语所文物陈列室。从此，殷墟的资料和研究人员天各一方，难以团聚。后来，在中国台湾的殷墟发掘资料由李济、董作宾、石璋如、高去寻等主持整理，先后出版了《小屯》《侯家庄》等多卷本考古报告集。

1950年始，殷墟重新恢复了系统的科学发掘，著名考古学家郭宝钧主持发掘了王陵区内著名的武官村大墓。随后，新组建的中国科学院考古研究所（后划归中国社会科学院）在安阳建立了考古工作站。在30平方公里的殷墟保护区范围内，田野考古勘探和发掘工作一直有计划、有重点地进行，每隔几年，就会有新的成果出现，并最终在洹河北岸发现了一座商代早期的都城，实现了殷墟发掘的又一次重大突破。

殷墟从发掘之初，就以无可辩驳的事实，证明了商代社会的存在和文化的高度繁盛。诚如李济所言："随着安阳发现的公开，那些疑古派也就不再发表某些最激烈的胡话了……安阳发掘的结果，使这一代的中国历史学家对大量的早期文献，特别是对司马迁《史记》中资料的高度可靠性恢复了信心。在满怀热情和坚毅勇敢地从事任何这样一种研究工作之前，恢复这种对历史古籍的信心是必需的。"

或许，正是怀有这样一种信心，商代前期的都城又一次浮出地面。

商朝第一都的发现

1950年，刚刚从战争的硝烟和炮火中摆脱出来的郑州人民，开始在废墟上建造新的家园。此时，郑州南小街小学一位叫韩维周的教师，于教课之余，经常到旧城四周新开挖的工地边转悠，目的是寻找地下出土的古物。当然，他寻找古物不是要做古董商，而是为了收藏和研究。

韩维周原为河南巩县马峪沟村人，早年就读于开封河南国学专修馆。毕业后，进入当时在开封的河南古迹研究会。这个研究会由中央研究院史语所与河南地方机关共同组建，委员长由河南省通志馆馆长张嘉谋担任，主任为李济，秘书长郭宝钧主持日常工作。成员有董作宾、关百益、刘耀、石璋如、赵青芳等人，其职责是负责河南地区的田野考古与文物保护工作。韩维周进入古迹研究会后，以技工身份多次参加安阳殷墟和豫北浚县大赉店、浚县辛村卫国墓地的发掘，同时学到了一些考古和文物保护知识。抗战全面爆发后，韩离开研究会，到一个乡村小学任教。抗战胜利后到县政府任参议，后到郑州南小街小学任教，一度出任过郑州文物保护委员会委员等。

正是基于这样的条件和职业习性，他在课余时间，经常到离学校不远的旧城施工工地转上几圈，看有没有文物出土。也就在这段时间里，他发现了许多以前未曾见过的陶片，尤其在郑州烟厂工地，发现了大量成堆的陶片和器物。韩维周将这些陶片和器物收集起来，按自己掌握的知识分析研究，认为器物和陶片的出土点可能是一个商代遗存。如果真是商代的遗存，那就非同一般，说不定会产生第二个安阳殷墟——他知道，安阳殷墟是商代晚期的都城，大约为盘庚迁殷后的都城，商代早期都城或主要活动地点还没有发现。想到这里，韩维周不敢怠慢，便迅速向刚刚成立的河南省文管会做了书面汇报。

河南省文管会接到韩维周的报告，迅速派出安金槐、赵金嘏、裴明相三位专职文物干部赴郑州调查。当三人来到韩维周住室时，只见满屋摆着各种各样的陶片，活像个陶片博物馆。韩维周的见识和对文物保护的责任感，让三人大为感动。

调查结果表明，郑州二里岗与南关外一带确实是一处商代遗址。河南省文管会得到此消息，高兴之余又多了一份谨慎，为做到更有把握，分别把调查情况报中央文化部文物局与中科院考古研究所，并请派专业人员前来复查。中央文物局和考古所接到报告，先后派专家到郑州做了实地考察，进一步证明二里岗一带遗迹是一处很重要的商代遗址，并认为这是河南甚至是整个中原地区继安阳殷墟之后，发现的又一处商代遗址，而且可能是比安阳殷墟更早的商代前期遗址。这一发现，很快引起了国内文物考古界的高度重视。

随着发掘的深入，相继发现了商代二里岗期的铸造青铜器、烧制陶器和制作骨器的各种作坊遗址。从遗址出土的陶制品种来看，这两处铸铜作坊之间似乎已有所分工。此外，还出土了一片类似安阳殷墟甲骨文的所谓“习刻文字”。这些商代二里岗期遗迹与遗物的发现，对研究郑州商代遗址的性质提供了重要的实物资料。

1955年秋天，郑州市城市建设局在郑州商代遗址东北部白家庄一带挖掘壕沟、铺设地下排水管道工程中，发现一片坚硬的夯土层和许多陶片。河南省文物工作队派安金槐前往调查，想不到这一查又发现了一条重要线索。

在人类没有发明烧制砖瓦之前，中国建筑的基本方法是夯土，亦称“版筑”。墓葬的回填土，也以夯砸实。所以，有经验的考古人员凡一见夯土，就知道不是夯土墙或夯土台基，就是墓葬了。至于陶片，则是历史的脚印，有了它们，考古学家们就可以依据其器型、纹饰等种种工艺特点，把大约一万年以来的人类历史的各个阶段区分开来，并确认某一文化层属于哪一历史时期。因而，当安金槐看到夯土、陶片后，认为是一座大墓，遂率领考古人员就地开挖10平方米探沟，以考察遗址布局。出乎意料的是，只见层层坚硬的夯土、清晰的夯窝，却未见夯土边缘。

为摸清地下情况，考古人员开始改为探铲钻探。至1955年冬，已钻探出商代夯土东西长100多米，其东、西两端仍继续在延伸着。这时，安金槐与他的同事才意识到，延续如此之长的商代夯土，已不可能是商代大墓中填打的夯土了。

图2-17 殷墟洹北商城出土的宫殿夯土台基

1956年春，安金槐等人在二里岗一带继续进行地下考古钻探调查。通过近半年的追踪钻探，惊奇地发现夯土层构成的南北长约2000米、东西宽约1700米，略呈南北纵长方形的遗址，原来是一座古老的城垣。且这个城垣遗址围郑州一圈，全长6960米，包含范围比郑州旧城还大三分之一。这是当时中国田野考古中发现的最早的一座商代城垣遗址。

1973年起，以安金槐为首的考古人员重新在郑州商城内进行全面考古钻探与试掘，以寻找商代宫殿建筑基址。通过两年多的努力，在面积约40万平方米范围内，普遍发现了范围大小不同的商代夯土基址建筑遗存。稍后，又在二里岗一带发掘出数十座商代大型宫殿夯土基址，并在宫殿区周围发现宫城夯土基址和水管道设施。稍后，在郑州商城内外发掘出一部分商代祭祀场地和祭祀后的窖藏礼器坑，并在窖藏坑内出土了大量珍贵的青铜礼器。

早于安阳殷墟的郑州商城就这样被神奇地发现了，以北京大学教授邹衡为代表的考古学家认为郑州商城就是湮没于历史风尘中3000年之久——商朝第一个王——“商汤建都于亳”的亳都。

亚细亚的黎明

1955年，为配合黄河三门峡大坝建设，由国家组织的黄河水库考古工作队陕西分队华县队，沿黄河三门峡段上游和渭河流域展开文物普查。当工作人员行至华县城西南、渭河支流西沙河东岸时，一个叫老官台的遗址引起大家的兴趣，通过表面呈现的文化现象可以看出，此处应为一处远古时代的遗址。1959年，工作队对老官台遗址进行田野考古试掘。在清理的两个灰坑中，出土了大量饰有划纹、绳纹、锥刺纹的夹砂粗红陶、细泥红陶、细泥黑陶和白陶等残破陶片。

经过对出土器物以及地层叠压关系进行研究，为新石器时代早期，时间早于仰韶文化。对此，考古工作者将渭河流域同一类型文化遗存命名为“老官台文化”。

1958年，甘肃省文管会组织的泾渭流域文物普查小组，来到天水市秦安县东北45千米处的五营乡邵店村外，在一个河道山坡上发现了部分属于仰韶文化晚期的遗迹遗物，认定此处“属于需要保护的文化遗存”。

1978年，甘肃省博物馆欲举办一次全省出土文物展览，缺少仰韶时期和更早的鱼纹彩陶。甘肃号称彩陶之乡，彩陶展览是重中之重，必须通过实际发掘搞一部分仰韶或更早的彩陶展出，才能服众。于是，经省文管会研究，派出一支由岳邦湖为首的省文物工作队赴泾渭流域进行调查、发掘。

当岳邦湖等考古人员辗转来到天水秦安县文化馆后，在仓库里看到了一组陌生的陶器，有黑宽带纹红陶钵、黑彩鱼纹红陶盆、光滑如新的彩陶罐等。经询问，几年前邵店村小学修操场、建围墙，挖出了一座古墓，墓中出土了一些陶器，有的被当地村民取回家养花种草，有的拿来喂鸡饲狗，剩下的一少部分被县文化馆干部韩永录收回保存。

岳邦湖当即意识到，这是寻找仰韶彩陶文化遗址的极其重要的线索。于是，由韩永录带领来到了五营乡邵店村外，收集到若干类似残破的陶片。经调查得知，这个地点就是1958年省文管会泾渭流域文物普查小组认定的“需要保护的文化遗存”所在地。

1978年8月，考古人员进驻秦安县五营乡邵店村外大地湾古河道两岸进行发掘。随着各种彩陶器物的出土，考古学研究认定，此处是中国新石器时代已发现的最早的文化遗址，与老官台文化年代相近，比广为世人所知的河南渑池仰韶村和陕西西安的半坡村遗址都要早。也就是说，这个遗址出土的陶器就是仰韶文化的祖先。随后，考古学家将这一支最为古老的彩陶文化命名为大地湾文化。

老官台、大地湾文化，仰韶文化、龙山文化，二里头遗址，郑州商城遗址，安阳殷墟商代晚期的王都、王陵，这些遗址、王陵与王都的发现，以及出土的与之相关的数以千万计的甲骨文字、青铜、玉制礼器、陶器，无不证明着中国文化源远流长而又独立存在的事实。

驳斥中华文化西来说

安特生及其同道对中国的考古发掘成果视而不见，仍在鼓吹中国的彩陶制作技术是先在西方成熟后才传入中国的“中国文化西来说”。由美国伊利诺伊大学斯塔尔等人编著，于1964年出版的《世界史》宣称：中国古代文明的起源晚于美索不达米亚，且是受后者影响而发展起来的，中国的青铜器出现在公元前1500年左右，炼铁技术是公元前1000年后从西方传入的。中国古代文明在商之后才迅速发展起来，商朝的年代为公元前1523年至公元前1027年，安阳地区出土的文物是唯一的物证。

对于外国人的这些观点，大多数中华儿女，特别是历史学、考古学家自然无法认同。20世纪30年代和50年代中期，曾参加过安阳殷墟发掘的中国考古学家梁思永、尹达等学者，专门著文就安特生所鼓吹的“中国文化西来说”进行批驳，但仍未消弭部分西方学者对中国文明起源、发展脉络的偏见。

另一位考古学大师李济，对西方学者的种族偏见、价值偏见更是给予了严厉批判。他曾在讲演中说道：“譬如讲到（中国的）年代，西洋人在选择两个可能的年代时，总要偏向较晚的一个。”例如武王伐纣的年代，“考古学家董作宾定在公元前1111年，而西洋人（以及少数中国人）一定要定在公元前1027年，一笔抹杀了较早的公元前1111年”。在周口店北京人的年代问题上，他们也是这样，“以便在讨论文化、人种和活动方向时，他们可以随意安排”。在安阳出土的青铜刀问题上，“一些美国的汉学家认为中国的铜刀子与北方的有关系，而在时代上，中国的比西伯利亚的晚。我相信这是他们把武王伐纣年代定在公元前1027年的主要依据。把中国拉下几十年，再把西伯利亚提早几十年，于是就可以证明中国文化是从他们那里来的了”。

然而，随着中华大地考古遗迹与各类遗物的发现发掘，特别是^{14}C测年技术的发明与应用，彻底了断了中华文明是原生文明还是外来文明的争论。

^{14}C测年技术是放射性碳素断代技术的简称。自1949年这项技术发明以来，已成为现代考古学应用最为广泛的一种测定年代的方法。简言之，一切死亡的生物残体中的有机物，以及未经风化的树木、骨片、贝壳等，都可以用^{14}C仪器测定出具体年代。学术界将这一技术的发明和应用称为“放射性碳素的革命”。为此，它的创始人利比荣获了1960年诺贝尔化学奖。

随着^{14}C测年技术在考古学界和地质学界广泛应用，一系列令人瞩目的成果得以问世，它使全世界几万年来的历史事件和地质事件，有了统一的时间尺度。如北美洲的威斯康星冰期的曼卡托分期年代，考古学家、地质学家原认为发生在25 000年以前，后通过对冰期堆积层中提取的5种树木标本的^{14}C测定，其年代只有11 000年左右。于是有科学家以此推断，“美洲的最初殖民，是在冰河北退后由亚洲经白令海峡迁移过去的，因为北美洲的这最后一次冰河的最后一个分期和欧洲北部属于一个时代，后者的年代曾被^{14}C测年所证实。这个问题的解决，无论是对史前考古学还是地质学而言，都是一件极其重要的大事”。

日本新石器文化的开始问题，有学者认为可以早到公元前3000年以前，但经过^{14}C测年之后，发现要短得多。20世纪上半叶，日本学者大贺一郎在中国辽宁省大连市普兰店河畔一个古代沼泽泥炭层中发现了几十粒莲子，当时认为这个泥炭层可能属于第四纪更新世时代，在10 000年之前。后来大贺一郎曾设法使他得到的莲子发了芽，整个学术界为之轰动。因为历史如此久远的莲子居然在泥炭中埋藏万年之后还能发芽，不能不说是个奇迹。但后来经过^{14}C的测定，大贺一郎发现的莲子不过距今1040年左右。在这个时间段之内，莲子发芽当然让人惊喜，但和以前认为的万年比起来，就不免让人感

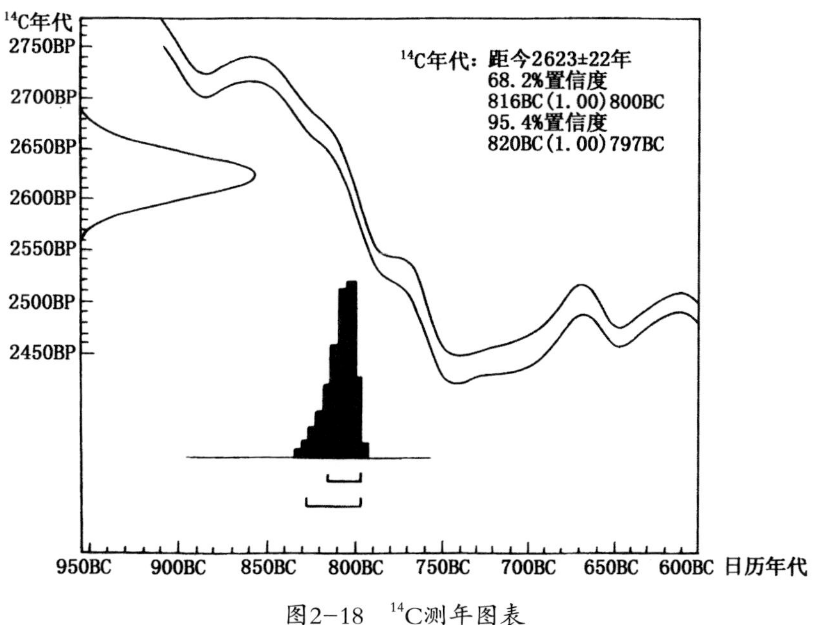

图2-18　^{14}C测年图表

到有些失落的滋味。

1979年之后，仇士华领导的^{14}C实验室开始大规模测验，几千个考古、地质年代数据被相继测出。如旧石器晚期文化问题，从前对北京周口店山顶洞人年代说法不一，大多数学者估计“距今十万年左右”，但经过^{14}C测年，发现只有19 000年左右。对争论不休的老官台、大地湾文化、仰韶、龙山、夏、商、周，以及之后的各代历史遗址中的含碳标本进行了大量的测定，建立起一个较详细的历史年代框架。而最令人瞩目的古代遗址测年如下：

老官台+大地湾文化：公元前6000年—公元前2800年左右

仰韶文化：公元前5000年—公元前3000年左右

龙山文化：公元前2500年—公元前2000年左右

二里头夏文化：公元前1880年—公元前1521年左右

郑州商城早商文化：公元前1600年—公元前1415年左右

安阳殷墟商文化：公元前1370年—公元前1036年左右

由于这些令人瞩目的成果，使中国不同地区的各种新石器与青铜文化，建立起一个时间关系的框架，同时也使中国的考古学，因为有了确切的年代序列而进入一个新的研究时期。

与此相关的是，经过世界不同^{14}C实验室测验，当年安特生提及的土耳其斯坦安诺文化，时间为公元前4000年—公元前3000年，比之仰韶与一脉相承的老官台—大地湾文化晚了1000年—2000年。而所谓的美索不达米亚，幼发拉底河、底格里斯河两河文明，最早的创造者是公元前4000年左右来自东部山区的苏美尔人。到了公元前3000年，苏美尔人在两河流域建立了众多城邦。所出土的众多遗物，^{14}C测年也大体在这个年代——这一新的科学技术的应用，以无可辩驳的事实，让那些故意贬低中华文明的不怀好意者不得不闭上嘴巴，并放下傲慢的架子，承认自己以前的错误，还华夏文明与中国古文化一个公道。

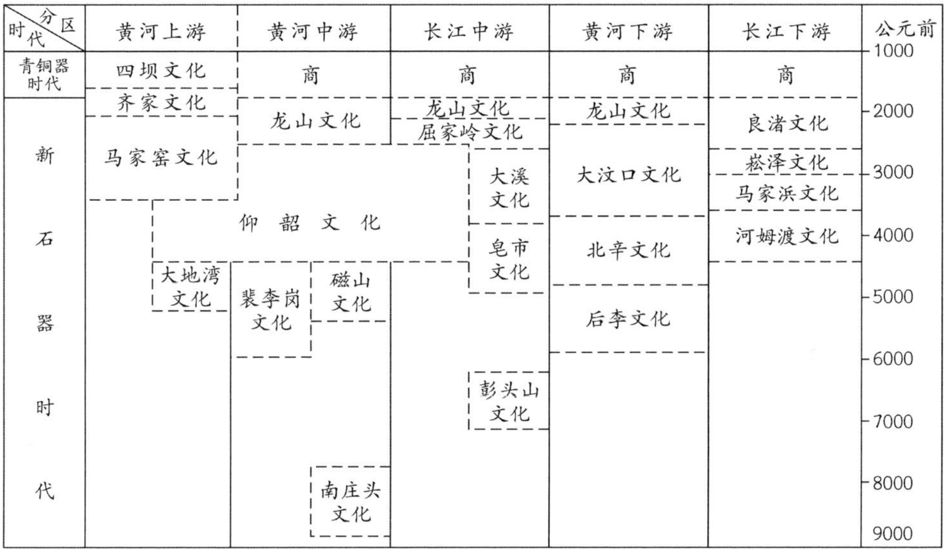

时代＼分区	黄河上游	黄河中游	长江中游	黄河下游	长江下游	公元前
青铜器时代	四坝文化	商	商	商	商	1000
新石器时代	齐家文化	龙山文化	龙山文化	龙山文化	良渚文化	2000
	马家窑文化		屈家岭文化	大汶口文化	崧泽文化	3000
	仰韶文化	仰韶文化	大溪文化		马家浜文化	
			皂市文化	北辛文化	河姆渡文化	4000
	大地湾文化	裴李岗文化　磁山文化		后李文化		5000
						6000
			彭头山文化			7000
		南庄头文化				8000
						9000

图2–19　常规^{14}C技术测定的黄河流域和长江中下游新石器文化的序列与年代。引自安志敏《碳–14断代和中国史前考古学》

亚细亚——太阳升起的地方，人类文明的发源地。

1995年，^{14}C实验室首席专家仇士华，发表了《解决夏商周年代的一线希望》的论文。这篇文章就如何利用^{14}C测年技术，结合其他科学研究，对中国历史上最令人迷茫的夏商周三代纪年的年代推算问题，大胆提出了所具备的条件和成功的希望所在。一年之后，“夏商周断代工程”正式开始了。

第三章 夏商周历史年代解密

尧舜禹真有其人吗?

中国古代史学家司马迁所写的《史记》，被誉为“史家之绝唱，无韵之离骚”。这部千秋名著，以“究天人之际，通古今之变，成一家之言”为主旨，以四项史源取材，五种体裁编纂，记载了中国自黄帝以来到汉武帝时期3000年的历史文化和民族风情，为后世留下了一笔丰厚的文化遗产，开创了中国史学崭新的时代，堪称中国史学史上一座无法逾越的丰碑。由此，司马迁获得了“史圣”称誉甚至“史学老祖”的声名。

然而，司马迁也为后人留下了一个难解之谜，或者说一个学术悬案。

中国有5000年的历史，自黄帝到夏、商、西周、东周、秦、汉、晋、隋、唐、宋、元、明、清、民国，一直到中华人民共和国成立，其文明绵延不绝，未曾中断，是世界四大文明古国中唯一没有中断的民族和国家。但司马迁《史记·十二诸侯年表》记载，中国有史以来的确切纪年为西周共和元年，也就是公元前841年。再往前，只记人和事，具体年代就只有大略推论。

这个遗憾和迷惑是如何造成的?

中国的历史，自东周以后，诸侯相兼，史记放绝，文献、典籍散失、毁坏严重。秦始皇统一六国，坑杀儒生，焚烧诗书，酿成了空前的文化劫难。

原本许多上古之人的传说和上古之事，到孔子的时代已模糊不清。从孔子到司马迁时代，历史的河流又流淌了400多年，远古之事自然就更难以考证确凿了。

在这种“并时异世，年差不明”的学术困境中，司马迁凭着史家的良知，在历史年代上，只能断到西周共和元年，即公元前841年，之前的史事只记载了一个模糊的框架而无确切纪年。如果按共和元年算下来，中国有确切纪年考证的历史，到今天也才只有2800多年，与号称5000年文明史相差近一半。这不能不说是中国乃至世界历史的重大缺憾。

继司马迁之后的2000多年来，无数历史学家、自然科学家如班固、刘歆、皇甫谧、僧一行、邵雍、金履祥、顾炎武、阎若璩、梁启超、章鸿钊、刘朝阳、董作宾、唐兰、陈梦家、张钰哲等鸿儒贤哲，从古代流传下来和不断发现的文献、甲骨文、金文、天文记录等透出的蛛丝马迹中，对东周之前的史实做了无数论证与推断。终因历史本身的纷繁复杂以及研究条件所限，总是难以如愿。

司马迁当年所推定的共和元年以前的历史纪年，依然是迷雾重重，难以廓清。中国5000年文明史的链条，特别是自黄帝以来至尧、舜、禹，到汤建立的商朝、武王建立的周朝等三代历史的确切纪年问题，便成为最撩人心弦、催人遐想的千古学术悬案。

1929年，被鲁迅称为“流氓+才子”的创造社成员之一郭沫若，曾大言不惭地说道：“《尚书》是开始于唐虞，《史记》是开始于黄帝，但这些都是靠不住的，商代才是中国历史真正的起头。”与郭沫若一股道上奔跑的马克思主义史学家范文澜，在其主编的《中国通史》中，将五帝、夏朝全部视为传说。在夏朝、商朝的年代之后用一个个“？”表示怀疑，将夏代遗迹统统视为假设。由毛泽东主席倡议、周恩来总理督编的权威性的《辞海》附录的“中国历史纪年表”，将中国古代确切纪年的起始年，定为同《史记》记载一样的西周共和元年。而1981年由人民出版社出版的大学教科书

《世界史·古代史》，所列“世界古代史比较表”，在公元前21世纪栏内，只有“禹传子启，夏朝建立”八个字。在公元前17世纪栏内，标注“商汤灭夏，商朝建立”八字。当年司马迁在《史记》中所列“五帝本纪”中的“五帝”，干脆被弃之不用。

正是中国学术界自己对本民族古代历史纪年的迷茫和纷乱，才导致了日本人“尧舜禹抹杀论”的出台，才有了西方人所认为的“中国文化西来说”。英国人罗伯兹在1993年出版的《世界史》中称：商代是美索不达米亚古文明以东的有证据的唯一文明，可能于公元前1027年为周朝所灭。“（西方学术界）一致公认，中国的文明史从商开始，长期以来这是研究中国历史的基础。因为中国只有公元前8世纪以后的纪年，没有更早的像埃及那样的纪年表。”

诚如著名考古学家李济所言，“在20年代初，即被称为中国文艺复兴的那个短暂的时期以来，知识界有很重要的一伙人自称是疑古派。这些不可知论者怀疑整个中国古代传统，声称所谓的殷代不管包括着什么内涵，仍然处在石器时代……随着安阳发现的公开，那些疑古派也就不再发表某些最激烈的胡话了……事实上，司马迁《史记》中《殷本纪》记载的帝系上的名字，几乎全都能在新发现的考古标本——卜辞上找到”，由此“重新肯定了2000多年前司马迁在《史记》中所载原始材料的高度真实性……”

早已觉醒并重新建立文化信心的中国人急起直追，于20世纪的盛世之年开始了行动。

2000年11月，新华通讯社向世界播发了这样一条消息：《夏商周年表》正式公布。

消息说：自司马迁作《史记》以来的2000多年间，一直困扰中华文明史的一个千古谜团，终于在现代科学研究面前有了较为清晰的答案。今天正式公布的《夏商周年表》，把我国历史纪年由公元前841年向前延伸了1200多年，使中华文明发展的重要时期——夏商周三代有了年代学标尺。而世纪之交得以完成这项任务，是中国科学界集中200余名相关领域的科学家，经过6年的努力完成的。这一成果终于凿破鸿蒙，为我国早期的历史建起了清晰的年代框架。

这份年表给出的数字是：

夏代始年约为公元前2070年；

夏商分界约为公元前1600年；

盘庚迁殷约为公元前1300年；

商周分界为公元前1046年。

年表还排出了西周10王具体在位年，排出了商代后期从盘庚到帝辛（纣）12王大致在位年。这一成果，不仅解决了我国历史纪年中长期未定的疑难问题，更为探索中华文明起源、揭示中华5000年文明史起承转合的发展脉络，打下了良好的基础。

中国最早的王朝

夏朝是中国历史上有记载的第一个王朝。夏代之前的历史，不仅社会生活一般状况极其模糊，连时间、地点、人物及世系等诸要素，也是云遮雾罩，难窥真颜。司马迁收罗各家逸闻传说，把那些远古的事迹加以梳理编排，统统归入《五帝本纪》，权当《史记》的卷首开篇。接下来就是对夏、商、周三代及其以后历史的描述。

按照《史记》的说法，夏的第一位帝叫禹，他的前面是舜和尧两帝，他们都是五位古帝的后代。据历史留下的文献资料看，尧号陶唐氏，都平阳，居地在西方；舜号有虞氏，生于诸冯，卒于鸣条，从地理位置看应属于东方。禹的父亲鲧，居地在崇，崇即嵩，应为河南嵩山一带。

禹原住在阳城，后都阳翟，这两个地方后世学者大都认为应在河南偏西地区。如果从五帝到尧、舜、禹这几位古帝对后世留下的影响来看，禹的名声最大。同许多古老民族都说远古曾有一次不可抗拒的天灾——洪水一样，据说在帝尧之时，也遇到了波浪滔天的洪水，搞得天下人民苦不堪言。为了治理洪水，让百姓安宁，帝尧让鲧来治理，结果9年而无功，洪水照样泛滥成灾。到了舜为帝时，改用鲧的儿子禹来治理，禹吸取了父亲失败的教训，改堵的方法为疏导、疏通之术，在外奔波13年，三过家门而不入，劳身焦思，终于使洪水的治理取得了前所未有的成功。于是天下太平，禹也就成为后世备受人们崇拜和赞颂的一位神人。

当时与禹同时治水的还有一位叫伯益的非凡人物，传说伯益最早发明了凿井之术，有了井，人们便可以离开经常泛滥的河流，到不受洪水所害的地方居住和生产，人身安全和农业的发展都有了保障。差不多也在这个时期，有一个叫奚仲的人发明了车，车的发明是古代社会生活中一项革命性成果，这个成果无疑对生产力的发展起到极大的促进作用。

按一般的说法，黄帝以下诸帝，部落联盟逐渐扩大，战争也变得频繁起来。到尧舜禹时期，存在着以黄帝族为主，以炎帝族、夷族为辅的部落大联盟，到了禹做大酋长时，对苗族的战争获得了较大的胜利，使当时势力最大、战斗力最强的苗族和黎族被迫退到长江流域，黄、炎族开始占有黄河中游两岸的中原地区。从流传下来的史料中可以知道，神农氏用石头做兵器，黄帝“以玉为兵”，到了禹的时候则用铜做兵器。如此迅猛发展的生产力，奠定了伟大灿烂的华夏文明的基础。

在流传下来的中国最早的史书《尚书》中，尧、舜、禹的帝位传承是采取“禅让”制度。当尧在位的时候，咨询四岳（姜姓，炎帝族），四岳推举虞舜作继承人。舜受到各种考验后，摄位行政。尧死，舜得以正式即位，而即位后的舜像先帝尧一样，也照旧咨询众人，选禹为继承人。舜死，禹继位。继位后的禹仍按过去的制度，将皋陶（偃姓，夷族）作为自己的继承人。皋陶未即位便撒手人寰，众人又推举皋陶的儿子、曾发明凿井术的伯益为继承人。禹死后，应该继为帝的伯益未能即位，禹的儿子启篡位自称为帝。从这次政变开始，原来的“禅让”制度被废弃，“公天下”从此变为“家天下”，这个历史性的重大转折，影响了以后几千年中国历史的政治制度。

自启篡位后，随着生产力的发展和私有财产的不断积累增多，启之后的政治集团和所属部落渐渐强盛于众小邦之上，而随着各种制度的日趋完善和巩固，原来的部落联盟渐渐向国家过渡，因而，中国历史上第一个国家——夏王朝形成了。

启的篡位称帝，使原有的“禅让”制度变为“世袭”制度。从历史记载看，夏代从禹开始至最后一位帝桀终结，共为17世，总年数为471年或431年，其世系表为：

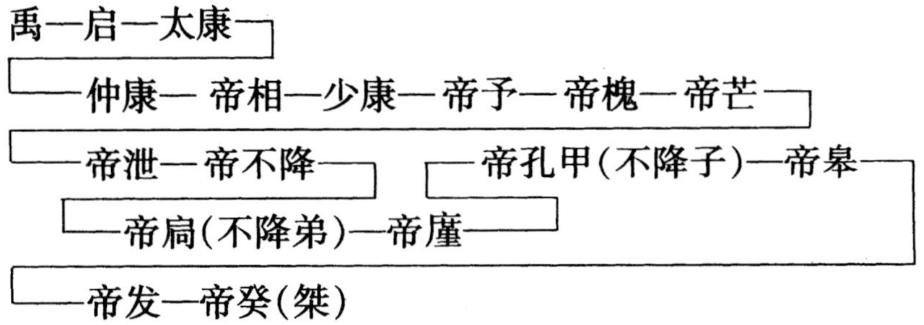

夏王朝对中国历史的进程产生了极大的影响，这是中国有史以来国家建立和文明产生发展的根基，后世人们对这一时期曾倾注了极大的仰慕之情。如最早起源、活动于西方的周族人，当他们夺得并占领中原之后，便称自己的国土为“时夏”，称自己的民族为“诸夏”。后来在“夏”字前加“华”字，这便是“华夏民族”名称的来源。这个名称直到几千年后的今天仍为中国人所称谓并为之自豪。

二里头遗址透露的隐秘

历史上的夏朝共有多少年？司马迁干脆不说。此后，历代学者的论述各不相同。“夏商周断代工程”开始后，解决的第一个问题，就是夏朝的起始之年。

专家们通过对近400种古籍进行普查和检索，发现夏代积年主要有两种说法：一是471年说，二是431年说。

综观471年和431年两种说法，发现中间相差了整整40年。对于这个不算太小的差距，中国历史上无数学者进行过研究与考证，大体上分两种解释：一是471年包括羿、浞代夏的“无王”阶段，而431年不包括“无王”阶段。二是471年自禹代他的前辈舜事开始起算，431年则起自禹执政的第一年，也就是禹元年开始起算，故有40年之差。

据文献记载，当夏王朝的历史进展到禹的孙子太康帝的时候，发生了著名的太康失国事件。太康相当荒淫，经常带着家眷到洛水北岸打猎，有时一连几个月不回朝听政。有一位叫后羿的夷族酋长利用夏民对太康的怨恨，出兵夺取了太康的帝位，号称有穷氏。后羿是当时最著名的射手，专喜欢打猎。后来他的亲信寒浞收买了羿的家奴将羿杀死，霸占了羿的妻妾和全部家业。再后来，太康的后辈少康纠集人马，攻灭寒浞，又夺回了太康失去的帝位，史称“少康中兴”。关于太康失国、后羿代夏、寒浞篡位、有穷覆亡、少康中兴的故事，《楚辞》中亦有记述。而且，在残存的《竹书纪年》中也可找到“羿居斟寻”之类的印证。可见后羿、少康故事真实地反映了夏王朝发展过程中部族间斗争的情形，远非后代人的观念所能伪造。有鉴于此，在关于夏代积年的最终取舍中，专家组学者们在反复论证后，决定采取471年说，即整个夏代积年自禹起，终于桀，其间包括羿、浞代夏的“无王”阶段。

专门针对中华历史纪年测算的夏商周断代工程启动后，对夏朝年代的推算，分设四个小专题，即：

早期夏文化研究

二里头文化分期与夏商文化分界

《尚书》仲康日食再研究

《夏小正》星象和年代

推算方法主要遵循下列三条途径：

一是文献中对于夏代纪年的记载。

二是对夏文化探讨的主要对象，即河南龙山文化晚期和二里头文化的 ^{14}C测年。

三是参照文献中有关天象记录推算。

最后，将这三项研究成果汇总起来，再把相关材料加以对比、交叉、考证，夏代纪年的框架，就相应地建立起来了。

二里头遗址

二里头文化遗址，是著名考古学家徐旭生1959年发现的。关于夏王朝是否存在的问题，在20世纪20年代，史学界争论颇为激烈。“疑古派”学者代表如顾颉刚等人，公开放言中国历史上所谓的“夏朝”根本不存在，而被吹得神乎其神、“三过家门而不入”的治水官员兼专家大禹，其实“是一条虫虫”，整个夏朝、商朝甚至西周早期，都不过是“史影里的传说”，根本不能相信。

就在“疑古派”兴风作浪，制造的“传说”理论“几乎笼罩了全中国的历史界”的关键时刻，以徐旭生为代表的鸿学硕儒，处乱不惊，起而反击，并明确指出：世界上任何一个民族最初的历史，总是用“口口相传”的方法流传下来。在古文献中保存有古代传说，而在当时尚未能用文字把它直接记录下来的史料，用这种史料所记述的时代，就叫作“传说时代”。中国的传说时代，上限尚不可定，或自炎黄时期，下限暂定在商代盘庚王迁殷以前。对“传说时代”史料的研究，首先应当对神话与传说认识清楚并加以区分——尽管两者之间相近，颇难截然分离，但绝不能混为一谈。

为此，徐旭生首次提出考古界要勇于探索夏文化，拿出切实的证据，并提出指导性意见：首先要明确“夏文化”一词包括两个含义，即夏族文化与夏代文化。两者既有区别，又有十分密切的联系。如果指前者，它的地域范围很有限，年代则包括禹以前，桀之后；如果指后者，它的地域范围较广，年代则始于禹，终于桀。文献中关于夏人活动区域的传说，是探索夏文化的重要材料。

正是怀揣打破“疑古派”笼罩、重建中华文明自信的学术理想，徐旭生不顾72岁高龄，开始了豫西之行，最终发现了举世闻名的二里头夏代帝王之都遗址。

很快，国家组织考古人员进行发掘，现在仍在发掘中。遗址出土了数以万计的青铜器、玉器、陶器等器物，以及几处宏大的建筑遗迹。部分学者认为，二里头遗址就是夏都斟鄩。

经“断代工程”使用^{14}C测年，二里头遗址的年代范围是公元前1880年至公元前1521年，从兴到废，时间跨度为359年。

二里头遗址由兴到废的历史长度，与文献记载的、已被夏商周断代工程专家组采用的夏代积年471年之说，尚有110多年的差距。有学者认为，二里头遗址揭示的文化，只是“后羿代夏”这一事件引起的夏代中晚期的夏文化，而非早期的夏文化，早期文化只能到河南龙山文化晚期中去寻找，才可能见到曙光。

根据文献记载，河南嵩山南北地区是夏人立国前后的主要活动区域，传说中的禹之居阳城、启之都阳翟、太康之都斟鄩，就在嵩山南北的登封、禹州、巩义境内。因此，嵩山南北地区的河南龙山文化和二里头文化，是探索夏文化上限的主要对象。工程专家组对二里头遗址的测年结果似早有预料，并决定对河南龙山文化晚期遗址，进行考古发掘和^{14}C检测。

通过对豫西地区禹县瓦店、登封王城岗、新砦等遗址的田野发掘，证明新砦文化二期上接龙山文化晚期（新砦一期），下连二里头文化一期，正填补龙山与二里头文化中间段的空白。经^{14}C测年，整个龙山文化晚期到二里头文化的年代跨度上、下限，为公元前2190年至公元前1521年，总积年为669年。

有了这两组数字做参照，接下来是最后一项——有关夏代天文记录的推算。

天文学家的测算

中国是天文学发展最早的国家之一，早在史前时代，先民们对寒来暑往，月圆月缺，植物的生长、成熟和动物的活动规律，就积累了一定的知识。最迟在新石器时代早期，中国先民就开始对日、月等天象进行观测。

1972年，在河南郑州市大河村仰韶文化遗址出土的彩陶片上，曾发现绘有天文图案，这些图案有光芒四射的太阳纹和肉眼极难看到的日晕图，有满月和蛾眉月彩绘，还有残存的北斗星象图等，这些图反映出先民们已积累了相当多的天文知识，并把它们绘制在陶器上。据专家考证，其图案绘于5000年以前。

1963年在山东莒县凌阳河大汶口文化遗址出土的灰色陶尊上，刻画着太阳与云气的形象图案，陶尊的年代距今大约有4500年，或许在这个时候，人们就根据日的升降、月之圆缺及某星在天空的位置来定方位、定时间、定季节了。当时，除日、月外，人们对红色亮星“大火”相当重视。“大火”，现代天文学称为“天蝎座α星”。传说在中国古帝颛顼时代，就设置“火正”之官，观察“大火”运行，用以指导农业生产。可以说，天文学在各门自然科学中是产生最早的一门学科。诚如恩格斯所说：“研究自然科学各个部门的顺序的发展，首先是天文学——游牧民族和农业民族为了定季节，就绝对已经需要天文学。”

中国早期天文学在“定季节”的同时，还伴有鲜明的占星术特点和强烈的政治色彩。《周易·彖传》说：“观乎天文，以察时变。”《周易·系辞上》也说：“天垂象，见吉凶。”这里说的天文就是天象，按中国古代占星家的理论和学说，宇宙天体与人间社会可相互感应，天象的变化乃是上天对人间祸福的示警。这种独特的文化心理不仅促使统治者垄断一切天文占验，而且使他们不得不辛勤地观测天象，以便寻找天象与人事之间的某种联系。

从传说中的黄帝开始，历朝历代都有占星家，这些人几乎都以他们各自的占星术对当时的政治产生过不同程度的影响。

历史上的占星家关注的天象主要有两类，一类属于奇异天象，另一类则是五星运动。

关于奇异天象的占验比较简单，因为某一颗星主掌某事都已形成一套固定的模式，于是占星家根据它们的变化特点，便可预测吉凶。

相对而言，五星的占验就复杂得多，不仅各星所具有的吉凶性质不同，而且它们的动态所反映的吉凶情况也不同，占星家们把已经掌握的五星在一个运动周期内的运动情况作为五星的常态，如果它们的运动与常态相违背，就可以依据不同的变化来确定吉凶。而中国古代天象记录，其数量之多、门类之全、系列之长也是世界其他国家难以匹敌的。

正是古人留下的这笔珍贵而丰富的文化遗产，才为夏商周断代工程提供了一条重要的研究途径。

不难理解的是，由于天象自身所具有的周期性，根据其运行规律，利用现代先进的科学手段，完全可以对文献记载中早已逝去的天象进行回推，这种推算方法在科学高度发达的今天，已达到了相当精密的程度，完全可以推算出这些天象发生的准确时间，从而帮助研究者解决历史年代学中，特别是夏商周三代年代学的某些难题。

夏商周断代工程启动之初，李学勤、席泽宗等专家就注意到天象的研究将在工程中起重大作用，因而参考国外的天象研究方法，专门列出了“仲康日食”“武王伐纣天象”“懿王元年天再旦”等研究课题或专题，并由工程首席科学家、科学史界的翘楚席泽宗具体负责在全国范围内选择有关学者，对各个项目进行分配，然后分头研究。

奇异的夏代天象

从文献记载看，夏代有“五星聚合”“仲康日食”两条天象记录，这两条记录可以通过科学的推算来考察夏代纪年。

据《太平御览》卷七引《孝经钩命诀》载：“禹时五星累累如贯珠，炳炳若连璧。”另据《古微书》载：“帝王起，纬合宿，嘉瑞贞祥。”

五星聚合是指五大行星在夜空中汇聚在很近的距离内，或如连珠，或如拱璧，异常壮观。这种特殊的天象，自然引起特别的关注与诠释。古人多认为，五星为五德之主，它的行度、动态与政治、灾祥有密切关系。“五星循度，为得其行，则天下太平，政和民安；乱行则有亡国革政兵饥丧乱之祸。”

由于五星聚合关系到天下兴亡，因此受到历代帝王的重视，并对社会文化生活产生了深刻的影响。在这种政治、文化背景下，许多五星聚合的现象被记录下来，并得以留传后世。

利用五星聚合的历史天象记录，讨论解决古史年代学问题，古今中外许多学者都曾做过尝试。随着电子计算机和天文力学理论的快速发展，计算行星在天体上的准确位置已不困难。因此，自20世纪80年代之后，天文学家对五星聚合的问题重新进行了系统的研究。如台湾清华大学历史研究所黄一农等学者通过具体的天文计算，系统地讨论了中国古籍中记载的8次五星聚合记录，尤其是夏、商、周三代的记录，从而对西周共和以前的古史年代提出了许多具有参考意义的新见地。

夏商周断代工程启动之后，关于“禹时五星聚”的天文记录推算，由中国科学院紫金山天文台徐振韬和南京大学天文系蒋窈窕两位天文学家负责。

夏朝建国的年代，按一般年代估算，在公元前2100年左右，两位学者应用美国ARC软件公司开发的先进软件，在围绕这个年代前后相差一二百年的范围内搜寻，结果发现有一次非常理想的五星聚合。这次特殊的天象，就发生在公元前1953年2月。

电子计算机显示，从2月中旬起，在黎明的东方地平线上，土星、木星、水星、火星和金星自下而上排成一列，非常醒目壮观，能给人留下极为深刻的印象。这种天象奇景一直延续到3月初。特别值得指出的是，在公元前1953年2月26日夜，五大行星几乎团聚在一起，相互之间的角距离小于4度，更增加了“五星连珠”的神秘色彩。据此，两位天文学家断言：“这个天象可能是人类文明史上发生的最难得的‘纬合宿’即五大行星团聚现象。它可能被认为是一种‘嘉瑞贞祥’，暗示‘帝王起’，要建立新的王朝。如是，则上列两条记录反映出夏朝建立时发生的天象，其绝对年代应该是公元前1953年。”

当然，这个推算是建立在文献记录绝对可靠、日历换算也绝对准确的基础之上的。现代研究证明，古代关于天文现象的记录，绝大多数是出自实际观测，应该是可靠的。就五星聚天象而言，也应是准确和可靠的，不存在后人伪造的情况。但也不能排除的是，由于政治上的原因，记录者出于对时局、灾祥的附会，或许会将天文现象发生的年月做些改动。再加上记录中出现的缺失和传抄过程中存在的错误，其绝对值也是难以保证的。因此，“禹时五星聚”天象记录推算出的公元前1953年只能作为估定夏代年代的一个参考基点，而不能作为定点。

如同上文所言，中国在遥远的古代就将天象观测作为一个国家极其重要的政事，每一朝代都设置位高的专官，专门从事这种观测工作。而朝廷对于天官的期望也往往很高，督促极为严格，若不认真观测，就很容易出乱子，天官本人也有被诛戮的命运。如在中国最古老的典籍之一《书经》中，有一篇叫《胤征》的文章，讲述了一位司天的天官，因玩忽职守遭到杀头的悲剧故事。由于这个故事发生的年代之早和具有的典型意义，给后人留下了深刻的印象。

夏代经过禹、启到太康时代，国势就有些不妙，而这位太康掌管朝政后，放情纵欲，不理朝政，既不关心历法，也不过问天官的工作，使国家政务和农事陷入了混乱不堪的局面。这种局面，终于遭到了以后羿为代表的武装集团的反对，并起兵夺取了国家政权。太康等兄弟五人在后羿军队的凌厉攻势之下，不得不放弃京都而出逃。

太康死后，其弟中康继位。为了吸取太康一朝的教训，中康对朝廷内外进行了整顿，不仅新设立了司天的职官羲和，还任命胤侯执掌兵权，很有些中兴的势头。正在这个时期的某一个朔日，突然发生了一件惊天动地的大事。

只见原本高悬天空光芒四射的太阳正一点一点地消失，顿时天色由灰变暗，由暗变黑，几步之内难辨人影。在野外游荡的鸡狗鹅鸭甚至微小的蚂蚁，都因急于寻找归宿以至在黑暗中团团乱转，路上的行人面对这突如其来的天象变化，个个惊恐万状，争相夺路而逃。

按照当时的认识和天命的宇宙思想，凡日食出现，预示着国家将有灾难发生，这个灾难可能会危及帝王的地位或者性命。只有帝王亲率众臣到殿前设坛焚香舍钱才能将太阳重新召回，灾难也可以避免。这个过程称为“救日”。

此时，宫中乐官眼看太阳一点点沉没，黑暗就要笼罩大地，焦急与惊恐之中迅速敲响了救日的钟声。洪亮急促的钟声穿过一层层富丽豪华的大殿，惊动了夏帝中康和文武百官，主管钱币的财官啬夫慌忙去库中取钱礼天，帝中康也匆匆出后宫上朝，率百官举行救日之礼。

就在朝廷上下一片惊恐与混乱并忙得不可开交之时，独不见负责司天的关键人物羲和。帝中康正为羲和没有提前报告日食之事大为恼火，又不见其前来行救日之礼，自是愤恨不已，情急中忙派人去找寻。意想不到的是，这羲和正醉卧屋中，发着鼾声做着美梦，外面发生惊天动地的大事似乎与他毫无关系。

中康闻知，气得脸色铁青，根据夏朝政典规定，凡不及时上报日食的天官“杀无赦”。于是，他咬牙切齿地高声喊道：“快把这个擅离职守、违背朝纲的昏官砍头！”

这一声命令，将正沉湎于酒色美梦中的羲和推上了断头台。

以上的故事，明确表述了夏朝中康时代的一次日食记录，也是全世界所知最早的一次日食记录。在流行的《古文尚书·胤征》中曾经这样较详细地记载了当时胤侯奉命征伐羲和的情形和理由：

> 嗟！惟中康肇位四海，胤侯命掌六师。羲和废厥职，酒荒于厥色。胤侯承王命徂征，告于众曰：嗟！予有众，圣有谟训，明征定保，先王克谨天戒，臣人克有常宪，百官修补厥后，惟明明。每岁孟春，遒人以木铎徇于路，官师相规，工执艺事以谏，其或不恭，邦有常刑。惟时羲和，颠覆厥德，沉湎于酒，畔官离次，俶扰天纪，遐弃厥司。乃季秋月朔，辰弗集于房，瞽奏鼓，啬夫驰，庶人走。羲和尸厥官，罔闻知。昏迷于天象，以干先王之诛。《政典》曰，先时者杀无赦，不及时者杀无赦。

与《古文尚书》相呼应的是，司马迁在《史记·夏本纪》中对这一事件的记载：“帝仲康时，羲和湎淫，废时乱日，胤往征之，作《胤征》。”

若将两文比较就可发现，后者对前文的“乃季秋月朔，辰弗集于房”等时间和日食现象没有记载。按常理推论，《史记》的可靠性很大，而《古文尚书》不足以完全置信。但《左传》“昭公十七年”条，曾在讨论若日食发生，应举行的典礼问题时，引用到这一段记载。由此可见，这次日食记录应是可靠的。依据《左传》所载“明之会是谓辰”，故“辰弗集于房”就应表明那一天确是发生过日食。

自梁代天文学家虞邝认为这次日食发生于仲康元年以来，历代天文学家如僧一行、郭守敬、汤若望、李天经等都利用不同的推算方法进行过推算，至20世纪80年代已有13种不同的结果。夏商周断代工程，同样注意到了这次日食记录，并委托中国科学院陕西天文台、南京师范大学物理系、南京大学天文系等单位的吴守贤、周洪楠、李勇、刘次沅等学者进行推算，以考察夏年。

经过研究分析，吴守贤等学者发现，在仲康日食的研究中，前贤们分别采用了两类完全不同的方法，一种是采用中国古代历数推步法，另一种是采用基于牛顿天体力学理论设计的现代日食计算方法。但不管采用哪一种方法，他们都或多或少地采用了中国历史编年史料的记载，而这些记载是否真实，往往正是历史学家有重大争议的。根据日食出现的规律，在同一地点两次日食发生的间隔时间平均约300年。由于仲康日食的天文要素记录不全，天文学家在推算时，就不可避免地要使用历史编年资料，在这样的背景和条件下，推算出的结果就很难统一和准确。

吴守贤等专家用现代方法，并使用最新的太阳和月亮历表对历代天文学家的13种说法进行核算，发现每一种说法都存在问题。现代计算的结果是，如果文献记载中所谓的“季秋”与“房宿”相对应，那么这个时代，就应是公元前14世纪—前6世纪，根本不在人们公认的公元前21世纪—前16世纪的夏年之间。夏代季秋之月太阳不在房宿，“季秋”与“房宿”这两个条件，只能有一条符合仲康日食。当然，日在何宿是看不到的，古人如杜预作《左传注》也不认为“房”就是房宿。因此，在两个条件中，非要选择其一的话，“季秋”的可能性比“房宿”要大。

于是，专题组将“季秋”设定在10月1日至12月18日之间，对洛阳地区公元前2250年至前1850年共400年间的可见日食进行普查性计算，得出符合季秋的大食分日食共有11次，其中发生在公元前2043年10月3日、公元前2019年12月6日、公元前1970年11月5日和公元前1961年10月26日的4次，可以作为夏初年代的参考。

至此，关于夏代年代学研究的三条主要途径：文献记载中的夏代积年；河南龙山文化晚期以及二里头文化的分期与^{14}C测年文献中有关天象记录的推算等已全部完成。

那么，夏代到底起始于何年，又终止于何年？

由于夏代总积年已被工程专家组根据文献记载，选定为471年。只要找出夏朝灭亡的那一年，再由这一年上推471年，便是夏朝的始年。

根据“工程”关于商代年代学专家们的研究结果，选定夏朝灭亡、商朝建立之年为公元前1600年。那么，以公元前1600年上推471年，则夏代始年应为公元前2071年。这个年代从考古学的角度看，基本落在河南龙山文化晚期二段（公元前2132年—前2030年）范围之内。因此，工程专家组为取整数，定公元前2070年为夏的始年。

至于这个夏商分界之年，也就是公元前1600年是如何推算出来的？这正是下面要回答的。

商王朝的兴衰

就在夏王朝建立并走向鼎盛的时候，在东方一个称为商的小国也在崛起。据司马迁《史记》载，商的始祖名叫契，母亲简狄是帝喾的次妃，这位简狄在沐浴时遇到一只玄鸟下了一个蛋，简狄拾起来吃了下去，从此怀孕，之后生下了契。尧舜时，契因帮助大禹治水有功，被封为司徒之职，其封地在一个叫商的地方，因而称商族。

契死后，他的儿子昭明继位，昭明死，其子相土继承其位，相土是一位武功烈烈的国王，而且他还发明了马车，其势力曾一度达到“海外”。《商颂·长发》中的“相土烈烈，海外有截”，指的就是契的孙子相土开创的辉煌业绩。烈烈者，威武勇猛、轰轰烈烈。海外者，疆土拓展到渤海、黄海之外。有截者，四海之外皆为之臣服也。

当商族迈入文明的门槛时，产生了一位重要商王叫王亥，相传，王亥发明了牛车，大大提高了车的功用，给人们的生产运输以及交通都带来了极大的方便。据记载，王亥曾驾着牛车，用帛和牛当货币，在部落间做买卖，后来当他到了一个叫作有易的部落时，曾受到盛情款待。但后来由于他淫有易之女，而被嫉愤的有易人所杀。再后来，王亥的弟弟王恒率人战败了有易族人，夺回了牛车，并占有了有易族的土地和财物。从这个故事可以看出，商在灭夏之前已是个兴旺发达的小国，随着农业、手工业尤其是商业贸易的发展，国势渐渐强盛，因而形成了以商代夏的趋势。

自王亥之后又过了好几代，商国又出了一位颇具雄才大略的人物，名叫汤。因为这位汤王在自己的统治区域内广施仁政，国势再度加强。汤王把自己的都城，从叫商的地方迁到一个叫亳的地方，然后开始做灭夏的准备。由于这期间汤王得到了两个极有才干的人物伊尹和仲虺辅助，许多部落被征服，商的国力更加强大，灭夏的条件渐已成熟。

夏的最后一个帝，名叫桀，是个暴君，当时居住在今河南西部一个叫斟郭的地方。汤在灭夏之前，首先灭掉了夏在东方的韦、顾、昆吾等三个附属国，然后倾全力发动了对夏桀的进攻。桀、汤之间经过11次激战，桀终于力不能敌，全线溃败。夏桀率领残兵败将逃到了一个叫南巢的地方，从此宣告了夏王朝的灭亡。

这一年是公元前1600年。

偃师商城的发现

殷商灭夏之年的推断，一是靠文献记载，二是靠田野考古发掘成果。在数十座考古发掘的商代遗址中，“断代工程”专家组把郑州商城和偃师商城作为主要研究、探寻的对象，这两座地下古城已发掘了几十年，发现了宫殿式建筑遗址，并出土了数以万计的商代文物。专家通过对出土遗物考察，并与其他发现、发掘的遗址比较，认为最早的商文化遗址、遗存，就是郑州商城和偃师商城。

郑州商城是1950年，小学教师韩维周发现的，经考古学家研究，多数认为属于商代第一个王都“亳”。意想不到的是，30年后，又在偃师地界发现了一个商代王都。

1983年春，中国社会科学院考古研究所汉魏故城工作队段鹏琦等人，在配合河南首阳山火力发电厂基建选址中，在偃师县城（今偃师区）西部，距二里头遗址6公里的地方发现一段夯土城墙，随即进行大规模钻探和局部解剖发掘。经过几个月努力，确认西、北、东三面城墙位置、走向、长度、夯筑结构，由此判定城的形状为长方形，其中南北最长达1700米、东西宽约1215米，总面积200万平方米。城墙宽度一般为17米至21米，最宽处竟达28米，但未发现南城墙。据段鹏琦等考古专家推测，此段城墙已被洛河水冲毁。

与此同时，考古人员在北城墙中部发现“城门”一座，以及由此“城门”向南的大道，并在城内发现数处大型建筑夯土基址群，应是宫殿区。经过对城墙及附近试掘，发现大量具有商代郑州二里岗时期文化特征的遗物，由此初步推断该城的年代与郑州商城早期相当。

令发掘者为之激动和振奋的是，有一条低洼地贯穿城址，显然是早年一条干涸的河道，当地土著世代相传唤作“尸乡沟”。《汉书·地理志》河南郡偃师县条下明确记载：“尸乡，殷汤所都。”这个“尸乡”，就在偃师商城所在地域，而偃师商城很可能就是商代前期商王汤，率众攻灭夏朝之后所营建的都城“西亳”。

既然此处是真正的第一个叫“亳”的王都，那么郑州商城就不是第一，或压根儿就不是称作“亳”的王都了。

偃师商城的发现，如一声震耳的春雷在学术界炸响，国内外许多报纸刊发了消息，其中《参考消息》报道说中国的克里特岛被发现了。日本《读卖新闻》头版头条特字号刊出成汤西亳就是偃师商城的新闻。一时间，被震蒙了的学术界不得不重新检索、思考自己的观点。北大教授邹衡提出了偃师商城并非汤都“西亳”，而是太甲流放的“桐宫”，即“早商离宫”说。而直到“断代工程”开始之后，关于这座商城是殷汤之“西亳”还是“早商离宫”的争论尚未结束。

在双方争论不休之际，“断代工程”专家组决定以^{14}C测年见分晓。有点出乎意料的是，郑州商城和偃师商城的始建年代基本相同，都在公元前1600年左右。既然如此，工程专家组决定不再拿偃师商成当“西亳”或“离宫”说事，二者只当作已发现的最早商城或商文化来断代即可。

学者们对传世文献资料进行搜集、整理，发现先秦及汉代文献中，关于商代积年的记载有十几种之多。但过滤下来，只有三说较可信。

一为《鬻子》的576年说；

二为古本《竹书纪年》记载陈梦家解释的552年说；

三为另一种解释的526年说。

由于“工程”专家已从“武王克商研究”这一课题成果中，选定周武王灭商之年为公元前1046年。以这个数字为定点，分别上推三说的商代纪年，可得到公元前1622年、公元前1598年、公元前1572年三组数字。

这三组数字，与此前对郑州商城和偃师商城始建年代的^{14}C测年时间段，即公元前1600年左右基本吻合。

工程首席科学家研究决定，商的始年就在这个框架中取舍，并首选与郑州、偃师两座商城最靠近的公元前1598年。为取便于记忆的整数，定为公元前1600年。

公元前1600年，是为商灭夏的分界之年。这也就是为什么夏代始年定为公元前2070年（1600年加夏代积年471年，取整数为2070年）的原因。

不断迁都的殷商王朝

夏朝灭亡后，汤率部回到了亳都，自称武王，中国历史上一个以商代夏的新时代开始了。

许多历史记载都说商经常迁都，汤打败夏之前就先后迁都8次。灭夏后迁过5次，直到盘庚迁到殷（今河南安阳）才不再迁都。

商后期又称殷，或殷商并称。从记载中看，商王朝的领土大约同夏统治的区域相似，介于今山东、山西、河南、河北之间，而权力所及的地区可能达到了今陕西、辽宁甚至朝鲜半岛，这些地方可能是夏朝权力伸不到的。

至于商为什么前后十余次不停地迁都，是由于本民族的习惯，还是遇到了不可抗拒的天灾人祸，或者是出于商业贸易交流方面的考虑？史书少有记载，后世也多靠猜测推断，未有定论。当然，司马迁也没有说清楚。

汉代张衡曾概括道：“殷人屡迁，前八而后五。”这里说的“前八”是指成汤建国前之八迁，“后五”则为成汤建国后之五次迁徙。关于成汤之前八迁的具体去处，已无明确的文献记载，现代史学巨擘王国维曾对此做过考证，指出了“八迁”的具体方位，但没有得到学术界的共识和考古学上的证实，自然难成定论。成汤之后的“五迁”，虽有文献记载，但又不尽相同，如可信度较高的三种文献《尚书·序》、古本《竹书纪年》和《史记·殷本纪》，其记载就有差异，参见下表：

商王 \ 都邑 \ 典籍	《尚书·序》	古本《竹书纪年》	《史记·殷本纪》
商汤	亳	亳	亳
中丁	嚣	嚣	隞
河亶甲	相	相	相
祖乙	耿	庇	邢
南庚	（无说）	奄	（无说）
盘庚	殷	殷	先都河北，后渡河南，居汤之故居

由于文献的说法不同，自汉代之后的研究者也就众说纷纭，难有一致的结论。当然这个争论主要是相对各王迁徙的具体方位而言，对总体上的“后五”并无非议，还是给予肯定的。不过这后来的五次迁徙同前八次相比，有其性质上的不同。前八迁是商族建立王朝前氏族部落之流动迁移，后五迁则为殷商王都的迁徙。按《竹书纪年》的说法：“自盘庚徙殷至纣之灭，七百七十三年，更不徙都。”虽然学术界对这个七百七十三年之数是否真实表示怀疑，但都基本相信，商代自盘庚迁到殷之后，直到商王朝灭亡这一历

史时期，再也没有迁过都城了。

对于盘庚迁殷之事，司马迁在《史记·殷本纪》中有过描述：“帝盘庚之时，殷已都河北，盘庚渡河南，复居成汤之故居，乃五迁，无定处。殷民咨胥皆怨，不欲徙。盘庚乃告谕诸侯大臣曰：‘昔高后成汤与尔之先祖俱定天下，法则可修。舍而弗勉，何以成德！’乃遂涉河南，治亳，行汤之政。然后百姓由宁，殷道复兴，诸侯来朝。以其遵成汤之德也。”

“帝盘庚崩，弟小辛立，是为帝小辛。帝小辛立，殷复衰。百姓思盘庚，乃作《盘庚》三篇。”

关于《盘庚》三篇这颇有历史研究价值的文章，司马迁没有转载，却在《尚书》中保存了下来，并成为研究殷人特别是盘庚迁都的唯一的重要依据。

据“工程”文献专题组学者们的研究，现在看到的《盘庚》三篇，虽然其中加入了某些后代的言论，但其基本内容为殷代史实似无疑义，其史料价值之高也是学术界所公认的。三篇均为盘庚告谕臣民之辞，共计1200余言，其篇幅之长为商代遗文之最，文章详细记录了盘庚迁殷前的准备工作以及迁殷后的政策措施。从三篇的记载可以看出，盘庚的这次迁殷几乎遭到了举国上下王公大臣和普通百姓的强烈反对，在强大的阻力面前，盘庚显示了他不达目的决不罢休的帝王气概。对于贵族大臣的“傲上”和“离心”，盘庚在迁殷前提出了严厉的指责：“荒失朕命”“汝不忧朕心之攸困”“乃不生生，暨予一人猷同心”“不暨朕幼孙有比，故有丧德”“汝有戕则（贼）在乃心”（《盘庚》中篇）……这一连串的指责表明，当时商王朝面临的处境是很危险的，如果不听盘庚的命令后果极其严重。于是，在盘庚向贵族大臣们三番五次地“敷心腹肾肠”的劝说、动员、威逼、利诱之下，臣民们才不得不随他一同从河北渡河南，来到洹水南的北蒙叫殷的地方定居下来。

盘庚一意孤行，强迫臣民迁徙的原因，自汉之后产生了许多不同的推测和说法。有的说是为了“去奢行俭”，阻止贵族的进一步腐化堕落，颇像今日所说的“反腐倡廉”。有的说是为了躲避水灾水患。有的说是出于对“游耕”“游农”的考虑，即当一个地方的地力耗尽之后，为了改换耕地，不得不常常迁徙。也有的根据《盘庚》三篇的诰辞，得出《史记》记载的“九世之乱”是促使这次迁徙的根本原因。由于当时王权与贵族之间的矛盾已不可调和，时刻面临着篡位、夺权等危险，为避免更激烈的王位纷争和政治动乱，盘庚才不得不做出迁徙的抉择。当然还有人说是为了更有效地统治华北平原和伊洛盆地的王畿地区，并通过王畿地区，驾驭整个中原地区和四土方国，安阳殷地正是理想的城址。

无论盘庚迁殷的真正原因是什么，这个举动本身却成为整个殷商乃至中国历史上的重大事件。这个事件标志着“商人屡迁”的动荡生活的终结，同时也使长期处于低迷衰退中的商王朝重新出现了“殷道复兴”的局面。或许，正是由于这个局面的出现，才有了后来包括盘庚在内的8世12王历经270余年而灭亡。

在这270多年的时间里，社会经济和铸冶工艺得到了迅猛发展。但到了最后一个叫纣的王统治时，商的国势已是江河日下，大厦将倾。

这个叫纣的昏王，本来是个文武兼备的人，凭着他的能力可以使商王朝再度中兴，但他没有那样做，反而极度的残暴、骄奢、淫乱，搞一些酒池肉林之类的场所，与后妃放荡逍遥，弄得天怒人怨。“弗惟德馨香祀，登闻于天；诞惟民怨，庶群自酒，腥闻在上。故天降丧于殷。”延续了几百年的殷商再也没能承递下去，历史上著名的牧野之战，终于使商王朝彻底覆灭。

纵观商的历史，自契到汤凡14代，从汤灭夏到纣凡17代30王（汤子太丁早死，不计在内）。总积年有496年、629年等不同的说法。其世系表为：

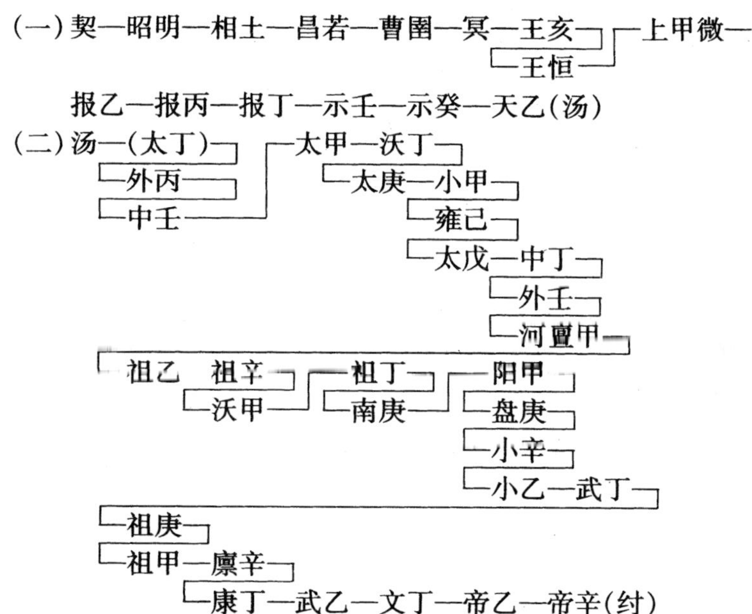

盘庚迁殷的年代

商朝的盘庚王迁殷，是历史上的重大事件，也是“断代工程”解开的又一个历史之谜。盘庚迁殷到底发生于何年？司马迁只说了个大概，没有指出具体年月。这个缺憾如上所述，非太史公不为也，是不能也。

盘庚工迁殷到商朝灭亡的总年数，见于司马迁的《史记·殷本纪》、正义引《竹书纪年》。《竹书纪年》云：“自盘庚徙殷至纣之灭，七百七十三年，更不徙都。”这个“七百七十三年”的记载，不同版本有所不同。明嘉靖四年汪谅刻本、群碧楼藏明嘉靖王廷喆刊本，以及清乾隆武英殿刻本作“七百七十三年”。武昌书局翻王廷喆刻本，以及日本泷川本皆作“二百七十五年”。金陵书局本作“二百五十三年”。

由此看来，这个“七百七十三年”的记载显然有误，大多数学者改作

“二百七十三年”。但这样改动，如香港中文大学著名历史学家饶宗颐教授所论，“亦乏依据，盖其确数靡得为详”。这就是说，单从文献上难以判定275年、273年、253年三说之正误。

这个时候，“断代工程”专题研究人员，已通过考古遗迹和天文历法、甲骨、金文等交叉考证研究，推算出周武王克商之年为公元前1046年。如采用275年说，则盘庚迁殷当在公元前1320年；如采用273年说，则盘庚迁殷在公元前1318年；如采用253年说，则盘庚迁殷在公元前1298年。

自1928年以来，有数十座宫殿遗址、十余座陵墓和十多万片甲骨以及数以千万计的铜、石、玉、陶、骨、角、蚌、牙等器皿，在30平方公里的殷墟范围内发掘出来，其数目之多、种类之齐全，是其他任何遗址都无法匹敌的。殷墟的发掘不仅对中国新史学和中国考古学的兴起产生了直接的重大影响，而且对中国历史的断代研究起到了不可替代的奠基性作用。为此，夏商周断代工程开始后，专门围绕殷墟文化设置了“商代后期年代学研究”的课题。

事实上，20世纪50年代中期，北京大学考古系教授邹衡，根据中华人民共和国成立前殷墟遗址的地层及其出土的陶器，把小屯殷商文化分成了早、中、晚三期，并把它与郑州二里岗商文化连接了起来。1959年，中国科学院考古研究所安阳工作队根据大司空村和苗圃北地出土的材料，将殷墟文化分为早、晚两期，即大司空村一期和二期。到了60年代，邹衡又根据中华人民共和国成立前后殷墟遗址、墓葬出土的陶器和铜器，重新把殷墟文化分为四期七组，并参考各期所包含的甲骨文和铜器铭文初步估计出各期的绝对年代。即：

殷墟文化一期，约相当于甲骨第一期以前，或属盘庚、小辛、小乙时代。

殷墟文化二期，约相当于甲骨第一、二期，即武丁、祖庚、祖甲时代。

殷墟文化三期，约相当于甲骨第三、四期，即廪辛、康丁、武乙、文丁时代。

殷墟文化四期，约相当于甲骨第五期，即帝乙、帝辛时代。

由于殷墟中发现了大量甲骨文，且这些甲骨文又可以根据商王来区分时期，因此，也就可以依据陶器与甲骨文的共生关系来确定殷墟各期的文化。

经“工程”专家组^{14}C测年，殷墟文化四期年代跨度为，最早为公元前1370年，最晚为公元前1036年。“工程”专家组人员对武丁王元年已研究出结果，确定为公元前1250年。考虑到盘庚、小辛、小乙一代三王总年数合理性，“工程”专家组认为以253年说较妥。

由周武王克商（伐纣）的1046年上推253年，则盘庚迁殷当在公元前1298年。为取便于记忆和计算的整数，定为公元前1300年。

接下来要叙述的，就是在“工程”中处于大厦基石地位的、至关重要的武王克商（伐纣）之年是如何推算出来的。

西周王国的崛起

殷商作为中国青铜文明的巅峰时期，奴隶社会已高度成熟，那成千上万片刻字甲骨和雄尊巨鼎，撩拨着后世人类的缕缕思绪，那恢宏如林的王陵和殉葬坑中的累累白骨，更促使人们去追溯3000多年前这个强大王朝的轨迹。这曾是一个光被四表，协和万邦，具有光荣与梦想的繁荣鼎盛的王朝。这是一个天地互为经纬，人鬼交相感应，智者明君贤相和莽夫昏君奸佞共存、腥风飘洒、血泪飞溅的东方大国。如同世间的万事万物都有它的生老病死一样，作为在历史长河中显赫了5个多世纪的辉煌王朝，当传到纣王的时候，已是日薄西山，气数将尽，只待某日某时那震天撼地的崩溃之音轰然响起。

殷纣王，这个中国历史上几乎家喻户晓的最为臭名昭著的一代“名”王，原本是一位多才多艺、英武强健的帝王，但同时也是一个极端自负、目空一切的莽夫。在他执掌国政后，尚武轻文，好勇斗狠，酷爱美女，宠信奸佞，刚愎自用，嗜血成性。在朝歌城台上那歌舞升平和血雨腥风相互交织的迷雾与玄机中，殷纣王最终领略了近600年殷商社稷的绝唱。

据相关的史料和传说，作为商朝最后一个帝王的纣，执掌权柄后，恣意妄为，腐化堕落，恶贯满盈。他大造离宫别馆，在殷墟都城外的朝歌又劳民伤财建造了一个专门贮藏金银珠宝的高大的“鹿台”，在矩桥兴建了一个专门贮存粮食的仓库。为了满足自己寻欢作乐的欲望，他派人搜寻天下美女，贮存于自己的床前帐下，可谓妻妾成群，歌伎盈门，同时命乐师制作靡靡之音，日夜歌舞不休。更为甚者，他以酒为池，悬肉为林，命宫女歌伎们赤身裸体追逐其间，供自己和宠妾妲己开心取乐。他甚至荒诞到剖开孕妇的肚子，看胎儿在腹中如何养育的境地。当他听说一位老人不畏水寒，在天寒地冻之日敢在水中行走的趣闻，便命手下的酷吏把老人抓来，砍断其腿骨，看他与一般人有何不同……百姓怨声载道，诸侯众叛亲离。对此，商纣王非但不醒悟，反而变本加厉，制定了许多残酷的刑法，如“肉脯”，即把人杀了切成肉片晒成肉干；“肉醢”，即把人杀了剁成肉酱。还有“蛇坑”等酷刑，专门对付那些敢于指责他的臣子。最为残酷的是，他别出心裁地发明了一种“炮烙”之刑，即把一个空心铜柱子烧得通红，然后将受刑人绑到铜柱之上，致使受刑人被烙焦而死，其状惨不忍睹。史载一位叫梅伯的大臣生性耿直，对纣王淫乱和残酷的行为极为不满，曾冒死进言，结果纣王大怒，让一旁的卫兵把梅伯押上铜柱，准备施以“炮烙”之刑。朝廷的大臣在惊恐之中，一齐跪下替梅伯求情，在群臣哀怜声中，纣王才收敛了一点怒气。为不再让大臣们随便诽谤自己，也为了杀一儆百，纣王又命人把梅伯推出去砍掉脑袋，剁成肉酱，包成包子，用盘子盛上，分给每个大臣食用。从此，对于纣王的所作所为，满朝文武无人再敢轻易进言，只有重臣比干仍痴心不改，一连进谏三天。最后，纣王勃然大怒，厉声呵斥道：“你凭什么敢在我面前指手画脚？都说你的心有七窍，我倒要看看你的心是什么样子。”于是，纣王惨无人道地叫人剖开比干的胸膛，把他的心掏出来，用盘子托着让大臣们观看。

鬼侯、鄂侯、西伯侯（姬昌）是纣王所封的著名的三公。鬼侯有一位端庄美丽的女儿，为讨好纣王，便将女儿进献入宫。想不到此女不喜淫荡，而且对纣王的所作所为流露出极大的厌恶，这自然引来了杀身之祸。一天，纣王要与她寻欢作乐，她予以拒绝，纣王大怒，不但将其杀死，还杀了她的父亲鬼侯，并剁成肉酱。鄂侯见纣王滥杀无辜，出面极力为鬼侯的冤情争辩，纣王更为恼火，索性将鄂侯也一杀了之，并将其尸体砍碎，晒成肉干用来示众。

姬昌得知，不寒而栗，暗自叹息。不料走漏了风声，被纣王知道，便把他抓起来囚禁在羑里监狱欲令其死。姬昌的儿子伯邑考为了搭救父亲，带着珍宝求见纣王，纣王不但没有赦免姬昌，还把伯邑考一同抓起来问罪。后来，由于纣王的宠妾妲己调戏伯邑考不成，恼羞成怒，便对其谗言陷害。纣王大怒，命人把伯邑考杀掉，剁成肉馅，做成人肉包子让人给姬昌送去令其吃掉，为保住性命，万般无奈的姬昌不得不装聋作哑，将包子吃掉。纣王见姬昌吃了用自己儿子的肉做成的包子却不知晓，认为姬昌并非圣贤。不久，姬昌的大臣为营救姬昌出狱，在各处搜求美女、财物、宝马良驹以献纣王。纣王见此，高兴之余，顺势赦免了姬昌，放其回到周原故地。

纣王滥施酷刑，诛杀无辜，堵塞言路，弄得庙堂之上人人自危，君臣之间离心离德。面对大厦将倾的危局，纣王不但不思悔改，反而穷兵黩武，不断用兵向外扩张。商王朝已是日暮途穷，面临着灭顶之灾。

与此同时，在沃野千里的黄土高原上却吹拂着和煦的春风——一个历史几乎与殷商民族同样古老的民族正在崛起。从先王弃开始的周族历经坎坷磨难，惨淡经营。在“重农慎狱，敬天保民”的旗帜和号令下，周族全体上下患难与共，休戚相关。同时，扶弱济困，主持公道，使周族赢得了众多方国的尊敬。周族的见贤思齐，求才若渴，又使四方人才趋之若鹜，纷纷来附。

被纣王囚禁了7年的姬昌大难不死，侥幸脱离虎口，回到自己的国家后，励精图治，开始了灭商的大计。他请来了大智大勇之才吕尚做他的助手，并尊称吕尚为太公望。姬昌于生前的最后7年，在吕尚的帮助下，第一年调解了虞（今山西平陆县东北）、芮（今陕西潼关西北）两国的纠纷，从而提高了姬昌在诸侯心目中的威望，自动来附者有40余国，使周族在政治、外交上取得了极大的优势。第二年，周出兵讨伐犬戎。第三年攻打密须。犬戎在周的北边，密须在周的西边。姬昌用武力征服了这两个商的属国，解除了后顾之忧，于是便放心大胆地开始向东方推进。第四年伐耆（今山西长治西南），第五年伐邘（今河南沁阳西北）。当周的东部小国相继被消灭之后，第六年伐崇，把战争推进到殷的心腹地带。经过一个多月的艰苦奋战，崇国被灭，最终使周族形成了“三分天下有其二”的局势，并渐渐完成了对殷都离宫朝歌的包围。在这种情况下，姬昌审时度势，毅然决定把都城由岐迁至丰，为灭商做了最后的准备。遗憾的是，就在大功垂成之际，周文王不幸死去。继位的武王姬发继承父亲的遗愿，决心完成姬昌的未竟之业。

此时商纣王的荒淫残暴日甚一日，域内域外烽烟四起，诸侯纷纷叛离，东南两处，刻无宁宇，殷商王朝的大厦已是风雨飘摇，几欲沉坠。

眼看伐纣的条件业已成熟，但武王还是没有轻举妄动，商王朝毕竟经营了数百年，可谓“百足之虫，死而不僵”。武王和群臣对面临的形势做了冷静、客观的分析后制定出正确的策略，首先把都城由丰迁到镐，积极做灭商的准备，然后率大队人马，东观兵于孟津，进行了一次军事演习和检阅。此时有800多个诸侯小国前来参加盟会，周武王赢得如此众多的盟国，深知人心所向，大势所趋，殷商的灭亡已为期不远了。

又过了两年，武王得知纣王更加昏庸暴虐，杀比干，囚禁箕子、太师疵，朝野上下人人自危，最后连少师疆也抱着乐器连夜出逃。贤臣良将一个个离去，纣王成了名副其实的孤家寡人。周武王认为时机已到，于是亲自率兵车300辆，勇士3000人，甲士45 000人，大举伐纣。周师从镐京出发，一路浩浩荡荡向东推进，在殷商离宫朝歌郊外的牧野与前来援助的方国联军会合，并召开了誓师大会。在这次大会上，武王以激昂凌厉的语气，愤怒声讨了殷纣王的主要罪恶，借此激发士气，鼓舞斗志，同时表达了奋勇歼敌、志在必得的信心和勇气。当殷纣王听到周军会师牧野、兵临朝歌的消息后，惊恐之中不得不从爱妾妲己的怀里踉跄走出，匆忙拼凑起17万人马，号称大军70万，亲自指挥，到牧野迎战。

中国历史上规模空前的牧野之战开始了，周武王命令师傅吕尚率勇士数人前去挑战。只见吕尚如老鹰奋击长空，大有一口将纣王吞入腹中之势。随后，武王以精锐部队"虎贲（勇士）三千人，戎车（兵车）三百辆"为先导，如疾风暴雨般向商军冲杀过去。商纣王的军队原本就是以奴隶为主拼凑而成，平时受尽压迫和虐待，对殷纣王朝早已恨之入骨。在这种情形下，面对周军的凌厉攻势，商军不堪一击，随之在阵前哗变，纷纷掉转戈头，与押送他们的商兵头领厮杀起来。号称拥有70万之众的商军，顷刻间土崩瓦解。商纣王见大势已去，转身逃回城中，登上鹿台，眼望从四面潮水般涌来的周军，知道自己已无逃脱的可能，在弥留之际，对封宫官朱升说出了自己的后悔之言："朕悔不听群臣之言，被谗奸所惑，今兵连祸结，莫可救解。朕思身为天子之尊，万一城破，为群小所获，辱莫甚焉。欲寻自尽，此身尚遗人间，犹为他人作念，不如自焚，反为干净。你取柴薪堆积楼下，朕当与此楼同焚。"朱升听罢，满脸披泪，不忍行动。纣王双目含幽，进一步说道："此天亡我也，非干你罪。你不听朕命，反有忤逆之罪。当听朕言！"朱升听罢，只好寻些干柴于楼下，举火点燃。片刻，只见浓烟冲天，风狂火猛，作恶多端的商纣王于鹿台宫中自焚身亡。

周人及其友军赢得了战争的胜利，商都朝歌内的百姓满怀喜悦地迎接周武王的到来。灭商的第二天，周武王命人扫除道路，重整河山，举行了一次即位仪式，并隆重宣布：按上天旨意，周革殷命，政权更迭，当今是周家天下。自此之后，周为天下共主，一个新兴的王朝在华夏大地诞生了。

战鼓何时敲响?

武王克商无疑是中国古代历史上一次重大事件，这个事件标志着商王朝的灭亡和周王朝的建立，是无可争议的商周两个朝代的分界线，事件本身也是一个极具典型意义的历史年代学课题。从年代学研究的角度看，这一分界线的推定，对其前的夏商而言，是其总纪年的起点，对其后的西周来说，可直接影响到列王年数的估算。因而这个定点的确立，被誉为整个夏商周断代工程中最为重要和关键的一环。

由于武王克商有重大而非凡的影响力，所以传世文献对这一事件的叙述比较丰富，同时史料中还含有若干历日和天象的记录，这就为古今中外的学者利用文献和天文历法知识推定武王克商之年提供了理论上的依据和可能。但是，武王的军队何时出征，决战的鼓声何时敲响，鹿台的大火何时点燃……这一切，学者们的推算仅仅“从理论上说”是可行的，而实际问题的解决要比单纯的理论推算复杂、困难得多。因为传世文献对武王克商这一事件的记载虽丰富但不完整，而且真伪难辨，甚至相互抵牾和歧异，从而造成历代学者对材料的理解各不相同，推算时所采用的方法、角度也大相径庭，所推出的结果也就有了很大的悬殊。

关于武王克商之年问题，现代著名学者、甲骨文研究的先驱董作宾认为，早在战国时期就已有人尝试解决了，但学术界一般认为，最早从事这一问题研究的当推西汉末年的刘歆。公元前7年，刘歆制定了著名的《三统历》，并根据《三统历》推算出武王克商之年相当于公元前1122年。这一结论在此后2000年间影响至深，几乎成为正统。如宋代邵雍《皇极经世》、刘恕《通鉴外记》、郑樵《通志》、元代金履祥《通鉴前编》等皆从其说。尽管刘歆的推算并不可靠，但学术界还是公认他制定的历术开推算武王克商年代的先河，给予后世学者很大的启示。正如现代史家范文澜在《中国通史》中所做的评论：“刘歆造出一整套的历学理论，又造《世经》，凡经传古史所记大事的年、月、日都用《三统历》推算得到说明。这对古史年代的探求是一种贡献，虽然准确性并不很大。”

继刘歆之后，关于武王克商之年的研究，一直是言人人殊，难有一个统一的结论。在北京师范大学国学研究所彭林教授的主持下，学者们将搜集到的各种文献，编辑成《武王克商之年研究》一书出版。书中总结出44种说法，年代最早的为公元前1130年，最晚的为公元前1018年，前后相差112年。显然，历史上真实的克商年只有一种结论。那么真正的克商之年该怎样推定呢？

为此，夏商周断代工程首席科学家经过缜密的考虑和筹划，确定了两条途径。一是通过关键性考古遗址的分期与^{14}C测年、甲骨文日月食以及文献记载的综合研究，缩小武王克商之年的范围；二是在以上范围内，通过金文排谱和对武王克商的天文学推算，寻找克商的可能年代，最后加以整合，选出一个最佳年代。

武王伐纣天象与历史事件一览表

公历日期（公元前）	干支	天象	天象记载之出处	事件	事件记载之出处
1047		岁在鹑火（持续了约半年）	《国语》	孟津之会，伐纣之始	《史记·周本纪》
1045.12.3	丁亥	月在天驷 日在析木之津	《国语》		
1045.12.4	戊子	东面而迎岁（此后多日皆如此）	《淮南子》	周师出发	《三统历》 《世经》
1045.12.7	辛卯	朔	《武成》		
1045.12.9	癸巳			武王乃朝步自周	《武成》
1045.12.21	乙巳	星在天鼋（此后可见5日）	《国语》		

续表

公历日期（公元前）	干支	天象	天象记载之出处	事件	事件记载之出处
1045.12.22	丙午	望（旁生魄）	《世俘》		
1044.1.3	戊午			师渡孟津	《史记·周本纪》
1044.1.6	辛酉	朔（既死霸）	《武成》		
1044.1.9	甲子	岁鼎	利簋铭文	牧野之战，克商	利簋铭文 《武成》 《世俘》
1044.2.4	庚寅	朔 星在天鼋（此后可见20日）	《国语》		
1044.2.19	乙巳	望（既旁生霸）	《武成》		
1044.2.24	庚戌			武王燎于周庙	《武成》
1044.3.1	乙卯			乃以庶国祀馘于周庙	《武成》

于是，“工程”各课题组的考古学家与天文学家、历法学家、甲骨学家等集体行动起来。

通过对沣西遗址、琉璃河燕国墓葬、早期晋国都邑，特别是天马—曲村晋侯墓地等周代遗址、墓葬考古发掘、分期与年代^{14}C测检，结合在陕西临潼发现的“武王征商簋”青铜器和存世的数百件铜器，以及器上镌刻的金文，连同史籍记载的周代发生的天文星象，特别是“懿王元年天再旦”天象进行推算并交叉验证。结果落在了公元前1050年至公元前1020年范围之内。

最后，根据《国语·周语》伶州鸠对周景王所说的伐纣天象“岁在鹑火，月在天驷，日在析木之津……星在天鼋”等四条相互关联的信息，用最先进的天文电子软件进行回推计算，得出了公元前1044年与公元前1046年两个年份。“工程”专家组经过反复权衡，根据两个年份与各方研究符合的条件多寡，终将公元前1046年确定为武王克商之年。

正是因为商周牧野之战这个至关重要的定点的确立，才陆续往前推算出盘庚迁殷为公元前1300年，殷商开国为公元前1600年，以及夏王朝始年为公元前2070年。

晋国风云

周武王之后，继位的分别是成王和康王，在这两个王执政的40多年间，人民休养生息，社会安宁，天下太平。

史载成康之世刑措40年不用，其国势达到了整个周王朝的全盛时期。可惜好景不长，继短暂的成康盛世之后，周王朝日渐衰落。又经过几代，到周厉王时，各种矛盾越发尖锐，国家到了崩溃的边缘，而当政的周厉王又偏偏是一位极度专制的君主，除暴虐、骄横之外，还重用奸佞小人掌管朝政，搞得朝野内外乌烟瘴气，天下民众痛苦不堪。在忍无可忍的情况下，民众只好集合起来举行武装暴动，周厉王一看这阵势，知道颓局难挽，索性渡黄河逃走，这个行动堪称是古代世界上第一次大规模的国人革命行动。

周厉王出逃后，一去不复返，最后死于一个叫“彘”的地方。那么厉王在位多少年？或者说厉王元年是历史上的哪一年？要破这一悬案，“工程”专家组认为，除其他的辅助材料和证据，必须从古老的晋国首都寻找主要答案。

公元前1046年早春，周武王率师伐纣，取得胜利。随着周王朝建立，在安抚殷商遗民的同时，采取“选建明德，以藩屏周”的政策，即分封周武王的同宗、亲戚和功臣，让他们建立诸侯国，形成拱卫周王室的屏障。最早得到分封的诸侯有周公家族的鲁、召公家族的燕和姜太公家族的齐等。

据《史记・晋世家》等文献记载，当武王与其后邑姜（姜太公尚的女儿）

欢会之时，梦见天帝对自己说，我命你生个儿子，名虞，将来把唐国封给他。那里是参宿的分野，叫他在那里繁育自己的子孙。不久，邑姜果然怀有身孕，当胎儿出生后，手上竟有一个虞字，故起名为虞。因为这孩子是武王的第三个儿子，按照伯、仲、叔的排法，又称为叔虞。

武王在位约4年死去，成王即位，由周公（姬旦）摄理政事，不久即发生了管叔、蔡叔之乱。周公奉成王之命，出兵征伐，历经3年终于平息了这场战乱，之后便有了晋国始封地的出现。有一天，年幼的成王与叔虞戏耍玩闹，成王削一片桐叶为珪赠予叔虞说："以此封若。"身旁的史佚听罢，立即请求成王择吉日封立叔虞。成王不以为意地说："吾与之戏耳。"史佚反驳说："天子无戏言。言则史书之，礼成之，乐歌之。"

于是成王遂封叔虞于唐。因唐国在河、汾之东，方百里，故曰唐叔虞。姓姬氏，字子于。以上这个颇有点离奇的说法，在《吕氏春秋》《说苑》中也有类似记载，只是《说苑》将史佚换成周公罢了。削桐叶为珪的故事或许是附言，但成王封唐确是事实，年幼的成王也许不会想到，他的一句戏言竟然成就了周朝境内最为强大的北方雄邦——晋国600年皇皇伟业。

叔虞死后，他的儿子燮父继位，改称晋侯，同时把唐国也改称晋国。这一国号一直延续到公元前5世纪，三家分晋，由韩、赵、魏取而代之。

当然，唐作为晋国政治中心的时间并没有600年。据文献记载，晋国早期因战乱灾祸曾几度迁都，公元前585年，晋景公听从了韩献子的建议，把国都从故绛迁到了新田（新绛），新田从此成为晋国最后200年的国都。关于晋国搬迁的次数和诸都的地望，自汉以来，异说颇多，杂乱渺茫，世人已无法确切地得知了。直到20世纪50年代，随着田野考古学兴起，这个困惑世人两千多年的谜团才逐渐解开。

晋国都城一泄其秘

1952年秋，山西省文教厅副厅长崔斗辰率领随从，骑毛驴在晋南山区考察，当路过曲沃县侯马古镇西郊白店村时，在路边的断崖上发现有很多散乱的陶器瓦片。崔斗辰有儒学功底，年轻时曾当过中学教师，抗战初期曾一度出任过浮山县县长，嗜好古物并有一定鉴别能力，见此情形便下驴捡起地上的陶片仔细察看，认为年代甚古并隐含着极其重要的文化信息，或许与古晋国遗址有关。想到这里，崔斗辰把几块典型陶片携回太原交给省文物管理委员会，谈了自己的猜想。未久，文管会根据崔斗辰的指示派员来到侯马白店村勘察，果然发现此处是一处重要的古代遗迹，但是否属于晋国遗址有待进一步调查认定。1955年，侯马镇独立建市，山西文管会考古人员杨富斗等人受命参加中央城市设计院对侯马自然环境、历史地理等综合条件考察。就在这次考察中，在白店、西侯马、宋郭、牛村等地的断崖上，发现了东周时期的文化层并引起国家文物考古界高层的注意，侯马晋国遗址调查、发掘、研究的序幕由此拉开。

1956年春夏，文化部文物局派出文物专家顾铁符率领一支由全国10家文物单位组成的考古队，会同山西文管会开赴晋南进行文物调查。经过勘察、钻探，确认侯马是“一个遗存相当复杂，十分重要的古代遗址”。文化部文物局对此高度重视，会同中国科学院考古研究所，商请在京的历史学家及考古学家赴现场了解情况。根据发现的遗迹、遗物，结合地形、地望，顾铁符等专家认为这里极有可能就是史书上记载的晋景公由故绛迁往新绛的都城——新田。

《左传·成公六年》载：“晋人谋去故绛，诸大夫皆曰：‘必居郇瑕氏之地，……’韩献子……对曰：‘不可，……不如新田，土厚水深，居之不疾，有汾浍以流其恶，……’公说，从之。夏四月丁丑，晋迁新田。”

此为公元前585年4月13日之事，新田成为晋国最后的首都。

韩献子有幸言中，晋国首都迁往新田之后，晋公室励精图治，积极开疆拓土，国势日盛，由最初“方百里”的蕞尔小国，逐渐拓展至包括今山西全境，外连河南、陕西、河北、山东四省部分地区的广阔地域，一跃成为春秋时期最强势的诸侯国，作为“春秋五霸”之一，持续时间最长，达一个半世纪。正是在这个新兴都城宫殿连宇的舞台上，上演了赵氏孤儿、魏绛和戎、悼平复霸、六卿倾轧、三家分晋等一系列血雨腥风、波澜壮阔的悲壮话剧。

自景公迁都至公元前376年，晋国在新田共历经13代国君，凡209年。赵、韩、魏三家卿大夫分晋之后，苟延残喘的晋国最后一个国君被驱逐出宫，此地属魏，其政治、军事、经济地位一落千丈，终致衰落颓败，整个都城和地望湮没于战国争雄、秦汉兴替的硝烟风尘之中不复与闻。

山川有灵，大地有性，迷失了两千余年的晋国都城在中华人民共和国成立之初再度向世人一泄其密。为抢救这份珍贵的文化遗产，谋流传而悠远之，当年10月，山西省文管会设立了侯马工作站，正式组织人员对遗址进行发掘——这是全国第一个地方专业工作站。鉴于侯马遗址的重要性，1960年，国务院下发了《关于加强侯马地区古城遗址的勘探与发掘工作的通知》，文化部将侯马地区的考古工作列为全国重中之重，抽调中科院考古所、中国历史博物馆、文博研究所、文化部文化学院以及河南、山东、江西等文物部门的考古人员前往援助，山西文物部门同时抽调各县文化馆共20余名干部前往参加。其精良的队伍，强大的阵容，为中华人民共和国成立以来历次考古发掘所罕见，而国务院就一个地区的考古工作下发通知，在整个20世纪考古发掘史上空前绝后，侯马遗址重大的历史文化价值，在政府与国人心目中得到了充分彰显。

此次发掘共有上百人参加，场面蔚为壮观，号称全国首次“考古大会战”，发掘面积近20万平方米。这是国内发现规模最大、遗存最丰富的青铜时代铸铜遗址。发掘出土的铸铜陶范5万余件，其中1000多件上有精美花纹。陶范从大到小，大到有一人多高的编钟，小到空首布、车马器等，门类极多，各具风骚。在各类器物中，又以铜鼎、铜编钟闻名于世。整个遗址的生产规模、工艺技术和艺术风格，具有鲜明的时代和地方特色，反映着当时晋国青铜工业和物质文化的卓越成就，并彰显出晋国雄厚的经济实力和技术创造能力。而作为一个古代都城不可或缺的组成部分，铸铜遗址的发现发掘，从另一个侧面证实晋国后期都城——新田，就在今日的侯马。

侯马盟书透露的信息

当考古界沉浸在侯马铸铜遗址“考古大会战”喜悦之中时，想不到一年之后，侯马盟书横空出世，海内外专家学者的目光骤然投向晋南这块古老神秘的土地。

1965年12月中旬，离侯马呈王古城2.5公里处的秦村，侯马电厂基建施工正在进行，山西省考古所侯马工作站派出陶正刚、张守中等专业人员配合工程勘探，而曲沃农中的一批学生也在施工现场进行勤工俭学劳动。整个工地机器隆隆，人声鼎沸，学生们在一个边角取土时，发现土中埋压着一些薄薄的、大小不等、形状不一的石片，上面隐约有一些细小的符号。出于好奇，学生们你一片、我一片地装进口袋，准备回校后仔细把玩。此时学生们并不知道，这些石片的出土意味着什么。

中午收工的时候，一位老师遇到从另一边走来的陶正刚，顺便提了一句学生们在土坑中发现小石片之事。陶正刚闻听，大惊，急忙让这位老师把一位拿石片的学生叫到面前查看。只见石片有手指般长，像一把小刀，上面密密麻麻地写满了朱色文字，很像一篇文章。尽管陶正刚一时不能识别字意，但上面所写是古代文字却是无疑，认为此事非同小可，遂通过老师把同学召集起来，说明出土石片是极其重要的文物，必须得到保护，不得私藏和损坏云云。学生们一听这些东西竟然是极其重要的文物，震惊之余全部将口袋中的石片交到陶正刚手中。上交的石片长短不一，有的像小刀，有的呈圆形，像一叶地瓜干。陶正刚数了数，正好60件——这就是后来被编为第16号坑的第一批盟书，其中包括被编为三号后来被郭沫若认为是整个侯马盟书总序的一件国宝级标本。

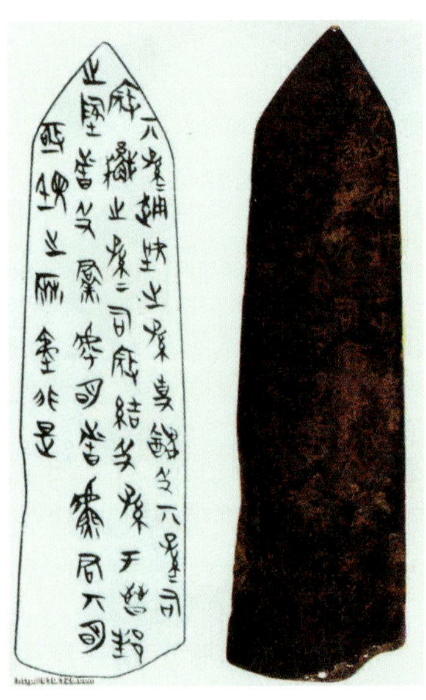

图3-1　侯马盟书

图3-2　侯马盟书

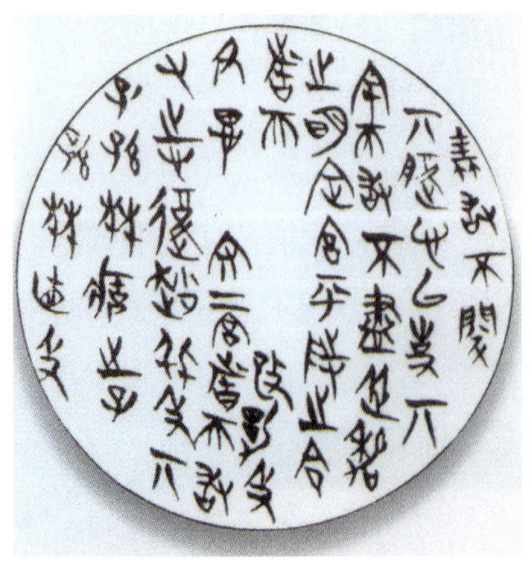

图3-3　侯马盟书摹本

学生们走了，陶正刚怀揣60件带字石片独自来到发现石片的土坑旁，仔细观察坑的形状和土层，不时拿出石片辨识字迹，越来越感到此事的重要。自公元前6世纪以降，铜器铭文尤其是长篇文字已极少见，简册文字在南方易于保存，时有发现，而中原自西晋河南汲县魏襄王墓中出土过一批竹简并整理出《竹书纪年》和《穆天子传》等湮没日久的逸书外，时间的长河又流淌了千余年，见诸文字的先秦资料仍少得可怜。晋国作为东周时期的泱泱大国，铜器铭文或文物上的文字资料竟出奇地少见，已发掘的侯马晋国晚期遗址，特别是铸铜遗址，揭露面积之大，出土文物之多，世之罕有其匹，但很少见到文字资料出土，这种现象令发掘者心中郁闷又徒叹奈何。想不到一年之后，考古人员梦寐以求的文字终于现身于世，且式样之特殊，数量之多，篇幅之大，世之罕见。当前来换班的张守中来到工地土坑旁时，陶正刚手捧布满文字的石片仍沉浸在亢奋与激动之中，尚未开口叙说出土经过，热泪竟刷地流了下来。

侯马出土朱书文字的情况很快传到了太原与北京，文物专家谢辰生、山西省文管会主任张颔共赴侯马查看标本。由张守中对部分出土文字进行摹写，张颔进行简单考释，谢辰生携部分标本、摹本和释稿返回北京汇报。文物局局长王冶秋看罢又惊又喜，立即转呈中科院院长郭沫若鉴定。郭沫若经过一番研究，很快做出结论，认为朱书文字就是古籍《左传》《国语》《史记》中经常提及，而后人难得一窥真颜的盟书。

侯马盟书的发现很快传遍文物考古界并引起巨大震动，陶正刚等人受命对秦村电厂工地展开了大规模勘探与发掘。至1966年初秋，发掘工作全部结束，共发现祭祀坑401个，清理326个，其中3坑埋有卜筮文字，40个坑出土盟书，总数在5000件以上，有文字可以辨识者650余件，每件字数少者仅10余字，多者达220余字，一般皆在30字至50字之间。大多数为朱书，少部分为墨书，皆用毛笔写在石片上，字体属小篆，一字多形，异体字多，繁简体并行，假借、古体字时常出现，富有独到的艺术风格。据考古人员推测，书写者很可能出自晋国祝、史一类的刀笔吏之手，亦可见当时使用毛笔书写已很普遍，这对流传甚广的所谓秦代大将“蒙恬造笔”的说法做了彻底的否定。

盟书出土后，著名古文字学家张颔对其进行了数年研究，将其内容分为6类12种，后来考古学家谢尧亭参考各家分类意见分为6类，即宗盟类、主盟人誓辞、委质类、纳室类、诅咒类、其他类。盟书主要记载晋定公十五年

（公元前497年）到晋定公二十三年（公元前489年），晋公与赵、韩、魏、智氏等卿大夫联手，以赵简子为首共同诛灭另两家卿大夫范氏、中行氏之事。《周礼·司盟》有“掌盟载之法”注曰：“载，盟誓也，盟者书其辞于策，杀牲取血，坎其牲，加书于上而埋之，谓之载书。”春秋战国之时，诸侯和卿大夫为了巩固内部团结，打击敌对势力，经常举行这种盟誓活动。盟书一式二份，活动结束后，一份藏在盟府，一份埋于地下或沉在河里，以取信于神鬼。从张颔等人的研究成果看，侯马盟书誓辞中无不体现出主盟人赵简子为打击敌人，联络本宗，招降纳叛，多次召集同宗与投靠他的异姓反复“寻盟”的言行和举动，且盟誓次数频繁，持续时间较长，埋藏盟书的土坑有先有后并有打破叠压关系，此点在考古发掘中有明显体现。据史书记载，以赵简子为首的集团与对手的博弈时间长达8年之久，所涉地域除今山西大部，还波及河南、河北西部地区，双方经过数次血战，范、中行二氏终被诛灭。

盟书还给研究者一个极其重要的关键性提示，这便是赵简子主盟的地点就在“晋邦之地”“晋邦之中”。这个记载以确凿的证据向世人公示，侯马盟书不但是晋国由故绛迁都到新田以后的产物，且埋藏之地就是晋国最后一个都城——新田。

寻找晋国早期都城

就在铸铜遗址发掘之时，考古人员对已发现的侯马古城遗址进行全面的复查勘探，并详细测绘了牛村、平望、台神与马庄等几座古城平面图，并有小规模发掘。经过吴振禄、杨富斗、陶正刚、梁子明、田建文、谢尧亭、王金平等几代考古学家数十年的努力，在以侯马为中心的汾、浍两河之间，揭示晋国晚期遗址面积达45平方公里，探明和发掘的遗迹共有40余处，发现发掘10座西周到春秋时期古城遗址。从城址规模、地望，以及出土器物的文化内涵等方面推断，除白店古城为晋景公迁都之前的营聚点或居邑外，其他9处都应是晋都新田宫署及其附属遗址。其中最著名的为侯马西北郊的平望、台神、牛村等三座古城，三城呈“品”字形，边角有叠压关系。平望古城夯土台基可分为三级，属于超大型宫殿格局，据发掘者推断，应为晋国的公宫。公宫乃晋国君臣商议国事，颁布政令之处，《左传》多次言及晋公与诸大夫“盟于公宫”，这个“公宫”当指此处。与平望古城相邻且略有叠压的牛村古城，经探明东城墙全长1390米，南城墙宽1070米，一般墙基厚8米至9米，中间至今雄立于表土之上的夯土台基，有可能为史上记载中的“固宫”。正是这3座“品”字形城址，构成了晋国后期200余年经国之业的政治中心。就筑城的先后顺序而言，平望古城是最早的宫城，另二城则是在此基础上扩建而成。这一现象恰好见证了晋国霸业从发轫、鼎盛，直至最后衰亡的历史过程。

稍后发现发掘的呈王、北坞、马庄3座较小的古城，或为国之宗庙，或为卿大夫私家势力盘踞的窠臼，而其他3座更小的城址，当为士大夫所居之所。遥想当年（公元前497年），晋国六卿矛盾激化，不可一世的范氏家族，联合中行氏，发私人武装围攻赵氏家族之宫，迫使赵氏家族首领赵简子弃宫北走晋阳。据考古人员推测，呈王、北坞、马庄3城，分别为赵氏、范氏、中行氏3家所拥有的可能性极大，那惊心动魄的搏击拼杀，这3座城池当是最直接的见证者。只是2000多年岁月飘零，风雨剥蚀，无论是古老的大城还是小城，皆成残垣断壁于旷野中形影相吊。往昔的繁华，钟鸣鼎食的盛景，连同宫帷帐下那关系着天下风云的烛影细语、血雨腥风已成为历史的烟尘渺不可及，只有一堆黄土顶着四散飘零的荒草，在无声地提示着那个已经逝去的诸侯大国曾经的辉煌。

晋侯墓地的发现

夏商周断代工程启动后，在“西周列王的年代学研究”这个课题中，专门设置了“天马—曲村遗址分期与年代测定”这一专题，由北大考古系教授、天马—曲村遗址发掘者之一刘绪具体负责研究。

按照刘绪的解释：夏商周断代工程之所以设置这一专题，除了天马—曲村遗址像琉璃河、丰镐等西周遗址那样，有比较完整、全面的可供^{14}C测年的系统样品外，它本身的文化从西周早期一直到春秋初年都是连续发展的，特别是发掘的几百座中小型墓葬，含碳标本极其丰富，西周早、中、晚各期一应俱全，这就为^{14}C测年提供了可靠的依据。另外一个显著的特点是，包括天马—曲村遗址在内的晋西南，经过几十年的考古调查与发掘，至今未发现商代特别是商代晚期的遗存，而西周早期的文化却突然冒了出来。因为没有商代晚期的文化，西周的文化遗存就更容易确定，同时也减少了一个大麻烦，这就是避免了一件器物或一个文化现象出现，有人说是商代晚期，有人说是周代早期的争论。从考古发掘来看，商代晚期和周代早期的文化遗存不容易分辨，而事实上当西周建立王朝之后，不可能将商人全部杀光，只要人活着，原有的文化就不可能马上消失，必然沿着惯性延续一段时间。在这样一个新旧交替的阶段，要准确地划分哪是商代晚期、哪是周代早期是相当困难的。天马—曲村遗址的特殊性就在于，只要出现器物，一看便知是夏代还是周代的，同时也不存在先周文化的混乱情况。至于出现的文化面貌是周代哪一个时期的，可以参照出土的各种器物和现象进行研究、讨论、印证，但必须首先排除商末和先周的干扰，这便是天马—曲村遗址发现、发掘在历史年代学上的独特之处和重要意义。

既然天马—曲村遗址最早的西周文化很容易辨别，那么这种文化就应该接近晋国也就是唐的始封年代。如果接近了唐的始封年代，距武王克商这一重大历史事件就应该接近或相距不远了。又因天马—曲村遗址是离周朝的首都丰、镐最近的一个封国都邑，它的文化面貌跟丰、镐遗址的文化就更容易接近。事实上，从两地的考古发掘来看，所出的器物等文化遗存也是相同的。这样就有了更进一步的意义，即天马—曲村遗址的文化可牵涉和限制武王克商这一历史事件的定年。也就是说，天马—曲村遗址中最早的西周文化，用^{14}C测年所得的数据，不能早于武王克商之年，如果早于这个时间段，就证明原来学者们推算的武王克商之年的推算是错误的，因为晋（唐）国是在武王克商、周朝建立之后才就封的。同理，该遗址最早的西周文化也不能晚于武王克商许多年，至少不能晚于成王在位的年数。由此，天马—曲村遗址在考古学文化上就将武王克商之年死死地卡在一个有限的时间范围之内了。

技术测年专家对天马—曲村遗址出土的兽骨、人骨等遗物进行^{14}C测年，早期一段的中值在公元前1020年至公元前970年左右。而商王朝最后一座都城殷墟最后一个文化分期——第四期，^{14}C测年为公元前1080年至公元前1040年左右；武王克商后召公的始封地——北京琉璃河遗址第一期一段的墓葬遗物^{14}C测年为公元前1040年至公元前1006年左右。此前发现的沣西遗址分期与^{14}C测年和由殷墟甲骨月食推断的武王克商年范围，大都集中在公元前1050年至公元前1020年之间。有了这样两个条件，再结合先秦文献，可使这个论据更加充分。也就是说，真正的武王克商之年就在公元前1050年至公元前1020年这30年之间的某一年。

最终，夏商周断代工程专家组结合天象、出土金文等研究，得出武王克商之年为公元前1046年。

这个商周分界之年坐标的建立，如大海中夜航的灯塔，映照身后的彼岸和前方的航程。天马—曲村遗址的发现与研究，为这座灯塔的树立打下了坚强的基石。

晋国列侯排序

作为早期晋都的天马—曲村遗址，由于自汉以来历史学家已不知具体地望，致使这座曾显赫一时的古代都邑在地下埋没长达2000余年无人知晓。正是由于这个缘故，在1986年考古人员正式发掘之前，该遗址从未被盗掘，成为中国大地上已发现的西周、春秋国都遗址中唯一完整的幸存者。如此罕见的典型性遗址，无论是对晋文化还是对整个华夏文明的研究，都具有极其重要的意义。但自1986年之后，遗址被盗墓贼贪婪的目光所注意，在盗墓猖獗的情况下，由文物局批准的考古队对天马—曲村遗址墓地进行了多次大规模抢救性发掘。

这些大型墓葬的发掘，让世人看到了一批又一批湮没2000多年的珍贵文物的同时，也使人们透过迷蒙的烟尘，真切地感悟和洞悉西周时代晋国的历史风云——

姬叔虞封唐后，在位年限大体与周成王相始终。叔虞死后，儿子燮父继位，改称晋侯，同时把唐国改称晋国。据《史记·晋世家》载，西周至春秋初年晋侯世系为：

1唐叔虞—2晋侯燮—3武侯宁族—4成侯服人—5厉侯福—

6靖侯宜臼—7釐侯司徒—8献侯籍（苏）—9穆侯费王—11文侯仇

|

10殇叔

从文献记载看，晋国的历史在穆侯之前，似无大事发生，自穆侯之世，一个潜在的政治危机已悄悄深入晋国的权力中心。

晋穆侯在位的第四年（公元前808年），娶姜氏为夫人。穆侯七年（公元前805年）他率兵从周王室之师共讨条戎、奔戎，这是晋国历史上可考的第一次对外用兵的记载。古本《竹书纪年》说：“王师及晋穆侯伐条戎、奔戎，王师败逋。”既然王师败逃，晋师必不能独胜。就在这次战役不久，穆侯夫人生下长子，因穆侯战败不悦，故取名曰仇。穆侯十年（公元前802年），又出师与戎狄战于千亩，并取得了胜利。恰巧这年穆侯夫人又生下了次子，穆侯因该战成功，遂借着胜利的喜悦，为自己的次子取名为成师，也就是能成其众之意。面对长子和次子寓意完全不同的名字，晋大夫师服不无忧虑地说：“国君给儿子命名，太稀奇了！因为命名是用来制订义法，以义法来产生礼节，用礼节来完成政治，用政治来匡正人民，政治上取得了成效才会使人民服从。相反，如果变更了礼节和义法，那么国家将会发生祸乱。相爱的配偶叫‘妃’，相怨的配偶叫‘仇’，这是古人命名的方法。如今给太子取名叫‘仇’，而把少子取名为‘成师’，这是祸乱的预兆。太子将来一定会被废黜的啊！”师服接着说：“太子叫仇，仇的意思就是雠；少子叫成师，这个大号就是成就事业之意。名，是自己起的；世界万物，是自己定的。现在长幼之名相反相逆，此后晋国能不发生内乱吗？”师服的不祥之语不幸应验，当穆侯在二十七年（公元前785年）寂然死去后，晋国就出现了内乱。晋国的嫡长继承制第一次被打破了，不过这次内乱不是发生在太子仇和少子成师之间，而是在穆侯之弟殇叔和太子仇之间爆发。

穆侯死后，太子仇（晋文侯）没有能继位做上国君，而穆侯之弟殇叔以弟继兄成为晋国的统治者，这表明了殇叔在穆侯生前已经掌握了相当的实权，具有相当大的势力。

太子仇不得继位，避难出奔他国。过了4年，于公元前781年率领家徒私属卷土重来，成功地杀了叔父殇叔，夺回了政权，是为晋文侯。这次内乱从表面上看，对当时晋国社会各个方面的影响并不算太大。但是，在政治变革的层面上，在晋国敲响了奴隶制社会的主要支柱——宗法制丧钟的第一声，开晋国后来长期内战的先河。

晋文侯在位35年（公元前781年—公元前746年），他在晋国历史上是一位杰出的君主，其统治晋国时，西周王朝已濒临崩溃的前夜。公元前771年，周幽王荒淫无道，废掉了太子宜臼，欲立庶子伯服，宜臼奔逃至申，申侯一气之下联合郎、犬戎等攻下镐京，杀死幽王和伯服，拥立太子宜臼为平王。此时犬戎进驻泾渭，侵扰京师。战火后的镐京残破不堪，周王室难以在关中立国，决定东徙成周。这时晋文侯率晋军入陕，与郑武公、秦襄公合力勤王，稳定了东周初年的局势。

周平王嘉文侯之功，作《文侯之命》，这篇文诰至今被保存在《尚书》之中。

平王在文诰中盛赞了自己的开国先祖文王和武王功德光明伟大，并认为他们的成功是因为当时的公卿大夫能够辅佐、指导和服侍自己的君主。同时赞扬晋文侯是促成他安于王位之人。勉励文侯能像文、武时代的贤哲那样勤事王室，继承其列祖列宗之余烈，治理好自己的国家。为表达自己的感激之情，平王还赐予晋文侯“柜鬯一卣；彤弓一，彤矢百；卢弓一，卢矢百；马四匹”。这些弓矢车马是征伐不廷之臣的象征，晋文侯不负所望，在公元前760年又诛杀了非正统的携王，结束了周王室达10年之久的二王并立局面，此时的晋文侯俨然周初的周公旦一样，成为再造周命的功臣。

晋文侯仇执掌国政时，相当于周幽王与周平王时期，晚年已入东周。文侯死后，晋国内战迭起。之后继位的昭侯、哀侯、小子侯、侯湣等，或被杀，或被虏，几乎没有建造陵墓的可能。再之后的晋武公及其以后诸公，死后或葬曲沃，或葬别处，故天马—曲村墓地能够入葬的只有文侯仇之前的诸位侯王。从已发掘的情况看，整个天马—曲村墓地东西约150米，南北约130米，共发现8组17座晋侯及夫人墓。参加晋侯墓地发掘的刘绪、徐天进、雷兴山、罗新等考古人员，根据出土器物特征以及青铜器铭文中所见部分晋侯名字的考释，结合各地已知周代墓葬资料，总结出若干从早到晚演变的规律，并以晋侯墓地各组墓葬与之比较，发表了对晋侯墓各组序列的排比意见。可推定出8组晋侯墓的墓主，依次是：

第一组M9、M13晋武侯宁族及其夫人。

第二组M6、M7晋成侯服人及其夫人。

第三组M33、M32晋厉侯福及其夫人。

第四组M91、M92晋靖侯宜臼及其夫人。

第五组M1、M2晋釐侯司徒及其夫人。

第六组M8、M31晋献侯籍（苏）及其夫人。

第七组M64、M62、M63晋穆侯费王及其夫人。

第八组M93、M102晋文侯仇及其夫人。

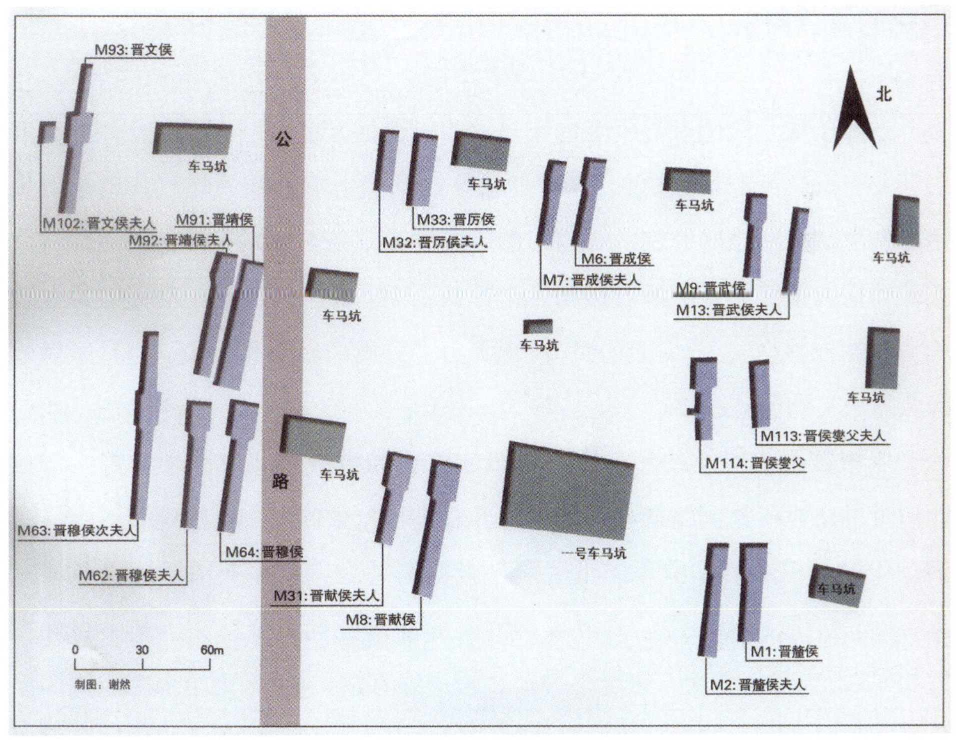

图3-4　晋侯墓地平面示意图

很显然，以上所见8组17座墓，分属于8代晋侯及其夫人，其中包括1位晋侯有两位夫人的墓葬。同样明显的是，同西周晋国所存在的11位侯相比，又缺少3位侯的墓葬。故此，自从晋侯墓地发掘资料公布之后，围绕晋侯墓地的墓位安排和墓主到底是谁的推定问题，学术界展开了长期争论。一个比较公认的结论是，早期两位晋侯没有葬在天马—曲村家族墓葬区，而是葬于别处，具体位置尚待以后的考古发掘。被文侯仇诛杀的殇叔自然不能进入这个墓地，很可能被草草埋入城外的荒野草丛之中了。

神秘的晋侯稣钟

1992年秋，刚刚平静一点的天马—曲村遗址又进入一伙盗贼，并顺利潜入晋侯墓葬区M8号大墓中。狡猾的盗墓贼利用地形地物，先将墓室东南角用炸药爆破成一个竖井状的坑道，然后顺坑道下挖至椁室东南角的底部，紧接着再向西横穿一个圆洞直接到了棺椁的足端。正当盗墓贼顺洞而入并在墓中疯狂劫掠器物时，被当地村民发现，由于村民的制止和报警，盗墓贼携带部分珍贵文物仓皇逃离。

鉴于该墓惨遭洗劫和破坏，经国家文物局批准，北京大学考古系与山西省考古研究所共同组成考古队，对此墓进行抢救性发掘、清理。就在这次清理中，在椁室的东南角出土了两件青铜编钟。编钟呈灰褐泛黄绿色，基本无锈蚀，形制为甬钟。两件甬钟的正面钲部分别镌刻铭文，其中一件有铭文7字，为“年无疆，子子孙孙”；另一件有铭文4字，为“永宝兹钟”。从出土的情形看，这两件甬钟显然有它的同伴，并和它的同伴组成一套完整的编钟系列，而这套编钟的其他几件已被盗墓贼席卷而去了。正当考古人员为编钟的流失悲愤不已、扼腕叹息之时，中国文物史上一个罕见的奇迹出现了。1993年12月，上海博物馆从香港古玩市场将天马—曲村遗址M8号大墓中被劫走的编钟全部抢救回来，这个行动的主要组织者就是马承源。

自20世纪80年代开始，一些不法分子勾结海外走私团伙，大肆走私盗卖出土文物，致使大批国宝流失海外。1992年，上海博物馆馆长马承源因公务去香港，出于职业习惯，经常趁工作空隙到香港古玩市场逛逛。也就在这看似轻松的浏览中，他发现许多内地出土的珍贵文物明码标价出售，有不少属于国宝级文物，这种状况让他感到极其痛心和内疚。自此，他暗下决心，如果条件允许一定要想办法把这些流失的国宝抢救回内地。在回上海前，他将这一想法告诉了在香港的许多朋友，并让他们留意古玩市场的动向。

1993年，香港中文大学张光裕教授给马承源打来电话，告知香港古玩市场有人正在出售一批刻有文字的青铜编钟，大小共14件，但一时还搞不准是真品还是赝品。马承源闻讯，让张光裕设法搞到编钟照片和编钟铭文拓片传真过来察看。张光裕不负所望，想尽办法将所需一切搞到手并传往上海博物馆。香港的古玩市场属于远东地区最大的市场，多年的运作形成了一个不成文的规矩，即商铺老板把东西给第一个人看了以后，如果对方明确表示不要才可以给第二个人看。第二个人表示不要再给第三人看，以此类推，绝不能同时给几个人看。张光裕在电话中对马承源说，据这家古玩铺一伙计透露，此前台北故宫博物院有人来看过这批东西，日本人也来看过，但都拿不准是真是假，不敢买，特别是钟上的文字更让他们觉得可疑。按照一般规律，大凡公开展览和公布过的西周青铜器铭文，都是和器物本身一起铸造出来的，不是器物造好后再在上面凿字。而这套编钟300多个字明显是后来用锐器刻凿而成，因而让台北故宫博物院与日本方面的收购人员疑惑丛生并最终放弃收购。

马承源看罢从香港寄来的照片和铭文拓片，凭借几十年文物工作经验，感觉到这批编钟非同小可，有可能是货真价实的国宝级文物。为慎重起见，从文字结构、布局、笔体等方面进行详细观察研究，发现上面的文字的确是后来刻凿上去的，只是他认为后来镌刻的文字，不足以证明器物与铭文是赝品。上海博物馆是国内数一数二的大馆，内藏丰富，馆内藏有一件外人并不知晓的西周青铜器盨，上面的铭文就是刻画而成，且刻画的痕迹与铸造的痕迹完全是不同的两种风格。除了这件青铜盨，馆内还藏有一件秦孝公时代的商鞅方升，俗称商鞅量。著名的秦国“商鞅变法”统一量制时，商鞅发布的一篇命令就刻凿在量器上。这些刻凿的文字有一个难以察觉的秘密，笔画拐弯的地方，由若干直刻连成，而不是一刀刻到底，显得有些笨拙，这是一种古老、独特的刻法。这种刻法自汉代以后就消失了，原因是工匠使用的工具更加锋利，一个笔画可以从头到尾一笔刻出。马承源认为，香港这套编钟的文字刻凿风格与上述两件器物相同，是一道一道，断断续续地刻凿而成，若不熟悉这种古老刻法的人，就会以为器物与文字是后人假造的。

有了这样一个初步推断，马承源又将编钟的照片和铭文拓片拿给上海文物部门的几位鉴定专家反复察看比较，大家认为这套器物属于真品的可能性极大。其理由是，除了文字的刻凿风格，还有一个现实生活常识，造假者是以追求金钱利益为目的，很难有如此大的胆量，完全违反以前西周青铜器的铸造习惯，造一篇几百字的铭文用刀刻凿上去。于是，几名鉴定专家认为这套编钟当属真品无疑，且是中国青铜器史上极其罕见的重宝。马承源决定立即请示上海市政府领导人，以上海博物馆的名义出资迅速将编钟购回，这一请求很快得到批准。因1993年的香港尚未回归祖国，要办理去香港的签证需要几个月甚至更长的时间，为了避免节外生枝，马承源电告张光裕教授，让其代表上海博物馆和卖方进行价格谈判。

由于香港古董商被中国台湾、日本等地的客人相继冷落，对这套编钟的真实身份起了疑心，急于出手，双方谈判较为顺利，最后以100万元港币成交。据行家估计，如果卖方当时弄清了铭文的内容和编钟的真实身份，这个价格只能购买其中最小的一件，甚至连一件也买不到。由此可见马承源的眼光和在处理此事中的精明果断。

编钟到手后，张光裕教授将其一件件包裹好，乘飞机直接送到上海博物馆，流失的国宝终于又回到了祖国的怀抱。

图3-5　从香港购回的14件晋侯稣钟

14件编钟在上海博物馆秘室被打开时，仍保持着出土时的原貌，铭文绝大部分为厚厚的土锈所掩盖。经上海博物馆文物保护和科学考古实验室清理剔除，铭文全部显露。这14件编钟明显分成两种类型，第一类为大钟，第二类为中小型钟，两类钟的纹饰和特有的旋、斡等皆不相同。由于有以上的差别，而且不了解原有的排列顺序，因而马承源等研究者对铭文产生了种种推测，或以为铭文不全，所缺尚多；或以为铭文并不按钟的大小次序镌刻；也有的认为全铭为一篇铭辞等。马承源等研究人员在对各编钟文字做了反复研究、释读后，按照文辞先后排出编钟序列，而后检验各钟的音阶是否和谐。检验结果发现，第一组8件钟，大小成编，五声音阶，具有两列八度音。第二组6件钟，也大小成编，五声音阶，只是最后缺少相协的尾音。显然，同第一组相比，第二组缺少最后2件编钟。两组编钟何时何地出土？最后2件编钟匿藏何处？成为一个令人思索而不解的谜。

正当马承源等人困惑不解时，一个新的巧合出现了。北大考古系教授邹衡来上海开会并应邀到博物馆参观从香港购回的编钟。邹衡一见，即被眼前的编钟镇住了，这与晋侯墓中发掘出土的2件编钟是何其相似，难道二者有内在的联系吗？经过对器物观察以及与马承源等人交谈，邹衡认为天马—曲村M8号大墓中那残存的2件编钟，与眼前这套编钟很可能是一个整体。这个意外插曲，令在场的专家学者兴奋不已。鉴于此情，马承源很快与北京大学考古系和山西省考古研究所取得联系，迅速得到了相关发掘资料和照片，从这些资料中可以看出，2件小编钟的铭文也是刻凿而成，由此可证与上海博物馆所购编钟为同一个系列，且编钟的大小、铭文完全可以排列连缀起来。若将晋侯墓出土的2件编钟与购回的第二组编钟连在一起，正好也是8件一组。上海博物馆请音乐专家对2件小钟进行测音试验，其音阶与同组的另6件钟相协，这就更加证明两组16件编钟共同出自天马—曲村遗址M8号大墓。按郑玄注《周礼·春官·小胥》载："半为堵，全为肆。"一肆为两列八度音，是基本单位，二肆16件为一虡，这是西周晚期的礼仪用器制度，可见天马—曲村遗址M8号大墓出土的编钟为一虡之数。

由于马承源、张光裕等人的共同努力，使这批极其珍贵的文物不致失散和流入境外，且两组编钟终成完璧。编钟的回归，在创造了文物收藏史上一个奇迹的同时，也为后来夏商周断代工程在西周王年的研究中提供了重要依据。

根据天马—曲村遗址M8号大墓出土的材料推断，这座墓的墓主是晋侯稣，而此墓所出编钟的铭文中也有"晋侯稣"的记载，但《史记》所载晋国历代王侯中，没有一位叫"稣"的人。《世本》及三国时代的历史学家谯周皆称晋献侯籍为"稣"。据李学勤、李伯谦等专家考证，"籍"和"稣"相通，因而司马迁所载的晋献侯籍就是编钟铭文中的晋献侯稣，编钟也被学术界称为晋侯稣钟。

两组16件编钟共刻铭文355字，是中华人民共和国成立以来出土青铜器中最长的一篇铭文，而铭文中所记的7个历日和5个纪时词语，在已著录的西周青铜器铭文中前所未见，更彰显了器物的价值。当14件编钟材料和马承源的释读甫一公布，立即在学术界引起轰动，学术界争论日久的西周月相和西周王年的研究随之有了突破性进展。

稣钟揭开厉王隐秘

晋侯稣编钟铭文中有“惟王卅又三年”字样，这个“王”指的是西周晚期的周天子，晋侯稣就生活在这一时期。根据司马迁《史记·晋世家》记载：

> 靖侯十七年，周厉王迷惑暴虐，国人作乱，厉王出奔于彘，大臣行政，故曰“共和”。
>
> 十八年，靖侯卒，子釐侯司徒立。
>
> 釐侯十四年，周宣王初立。
>
> 十八年，釐侯卒，子献侯籍立。献侯十一年卒，子穆侯费王立。
>
> 穆侯四年，取齐女姜氏为夫人。七年，伐条。生太子仇……

通观整个西周晚期在位超过33年的“天子”，只有周厉王和周宣王，而当周宣王十六年的时候，晋献侯稣已死亡，由此可见编钟铭文所说33年，绝不在周宣王时代，只可能在周厉王时代。按照李学勤、李伯谦等专家的推断，铭文中的晋侯稣系厉王即位后追称，编钟的一部分原是他随厉王出征作战的战利品，后来将之配成了全套，作为纪念。因俘获的编钟不会有事先铸好的文字，于是后来加以镌刻，称号也依刻字时的身份而改变了，这就是编钟铭文为什么不是与钟体一次性铸成而是后来刻凿的原因。晋侯稣钟的“卅又三年”，应为周厉王时期的年数。为了检验这个推定的正确性，测年专家对天马—曲村遗址M8墓中出土木炭样品进行常规法^{14}C年代测定，为公元前816年—公元前800年。《史记·晋世家》所载晋侯籍（稣）卒于周宣王十六年（公元前812年），其年代与测年结果相吻合，因而可以推断晋侯稣钟的“卅又三年”当属周厉王时期。

既然编钟铭文“卅又三年”已定为厉王时期，根据《史记》记载，由于周厉王“迷惑暴虐，国人作乱，厉王出奔于彘，大臣行政，故曰‘共和’”。文献记载中明确的历史纪年始自共和元年，即公元前841年。那么厉王在位之年又是多少呢?

据《史记·周本纪》的说法，周厉王在位共37年，而今本《竹书纪年》又说厉王在位不足30年。文献的抵牾与矛盾，令后来的研究者无所适从，但用晋侯稣钟铭文加以校正，可知厉王在位应超过33年，从而否定了今本《竹书纪年》厉王在位不足30年的说法。根据史书记载共和当年称元之说，周厉王三十七年当为公元前841年，三十三年当为公元前845年。结合晋侯稣钟“二月甲戌朔，既望辛卯十八日”等铭文日历和纪时语，进一步佐证晋侯稣钟“卅又三年”，就是公元前845年。

由于周厉王三十七年（公元前841年）奔彘，至此，可定厉王元年为公元前877年。

这是晋侯稣钟为中国年代学所做出的又一重大贡献，也是天马—曲村遗址与晋侯墓地发现、发掘的一项具有现实意义的重大科研成果。这项成果的产生，为整个夏商周断代工程三代年表的最终建立，做出了独特的贡献。

由于厉王的出逃，使得周人无君，天下无主，在诸侯的推举下，由召公、周公二相共同代行王的职权，历史上称这个时期为共和政治，而召、周二公行政的始年称为“共和元年”。也就是从这一年起，中国的历史有了确切纪年。若以公元纪年计算，这一年为公元前841年。

厉王死后，太子静继位，是为宣王。

宣王自小就历经艰苦磨难，即位之后，认真听取召穆公虎和众公卿的意见，努力治理政事，一时颇有中兴气象。遗憾的是，当周王朝的历史到宣王一代，外患实在太多太大，西北有强劲的戎部族侵扰，东南有夷族劫掠，南面有楚部落的进逼，虽然在召公和宣王共同努力下，最终把他们一一平定，但周王朝的国力也大大地衰弱了。

宣王之后，继位的是中国历史上臭名昭著的幽王，民间久传不衰的“烽火戏诸侯”的故事，便是他的“杰作”。

幽王即位之时，周王室已是危机四伏，内忧外患、天灾人祸不断袭来，周王室大厦即将倾塌。但这位幽王似乎并不把这凶兆险境放在心上，专事寻欢作乐，尤其在得到了一个叫褒姒的女人之后，更是骄淫无耻，荒诞暴戾。当他一意孤行地废去申后和太子宜臼，另立褒姒的儿子伯服为太子后，激怒了申后的父亲申侯，这位申侯一气之下约集曾国和犬戎，联合发兵攻周。气数已尽的周王室力不能敌，镐京被破，幽王在败逃中被杀死，西周王朝宣告灭亡。

幽王死后，鉴于镐京在战火中化为瓦砾灰烬，无法再作为都城，申侯便在自己的国土上立太子宜臼为王，是为周平王。

21年后，周平王在晋文侯帮助下取得了天下共主的地位，并以周公早年所建的东都洛邑为京畿之地，号令天下，后人始称东周。平王四十九年（公元前722年），是鲁隐公元年，相传这一年孔子始作鲁国史《春秋》。周平王元年，历史进入了春秋时代。

在这个时代中，周王室虽然还有天下共主的名分，但政治重心渐渐转移到列国霸主的身上。中国的历史进入了一个急剧动荡、频繁变革的新时代。

周朝历代君王表

谥名	姓号	在位时间
周武王	姬发	前1046年—前1043年
周成王	姬诵	前1042年—前1021年
周康王	姬钊	前1020年—前996年
周昭王	姬瑕	前995年—前977年
周穆王	姬满	前976年—前922年
周共王	姬繄扈	前922年—前900年
周懿王	姬囏	前899年—前892年
周孝王	姬辟方	前891年—前886年
周夷王	姬燮	前885年—前878年
周厉王	姬胡	前877年—前841年
共和		前841年—前828年
周宣王	姬静	前827年—前782年
周幽王	姬宫湦	前781年—前771年

第四章 三星堆传奇

“龙窝”发现宝器

民国十八年（1929年）阴历二月，位于四川腹地的川西坝子迎来了明媚的春天。平日里靠天吃饭，从土里刨食的农民们，抓住这大好时机，开始紧张地修筑田埂，挖渠引水，准备春耕春播，插秧栽苗。成都市以北90里的广汉县太平场（后改为中兴乡）真武村的燕道诚一家同乡邻们一样，由冬季每日吃饭睡觉，改投到紧张而繁忙的春耕春播之中。

阴历二月初八这天，燕道诚老汉一大早起床，洗漱完毕，将身上的长衫和头上的礼帽对着镜子整了整，提了早已备好的礼物跨出房门。当他来到儿子燕青保房前时，大声冲屋内喊了句：“青保，起床了没？今儿个可别忘了给田里车水呵！”今天，燕道诚一大早起床，是一位老友的小儿子要举行婚礼，特邀请他出席婚宴。燕道诚二话没说便置办了礼物前去贺喜。燕道诚坐着鸡公车，精神抖擞地向县城奔去。已届40岁的燕青保吃过早饭，喊上14岁的儿子牵了牛，扛了锄头，向院墙外十几米的一条堰沟旁走来，准备车水灌田。

自从燕家搬到这块美丽富饶的台地上定居，为灌田方便，就在水沟旁安了一部龙骨水车，车与沟之间有一条大约两米长的小水渠相连，车下是一个被当地百姓称作“龙窝”的水坑。此坑每到冬天闲置时便遭淤泥堵塞，待春天灌田时必先予以清除，龙骨水车方能正常运转，车出的水也才能“哗哗啦啦”地流向田地。

这天，燕青保与他的小儿子来到水渠边，用了半个时辰多一点的工夫，就将“龙窝”掏成。龙骨水车在人力踩踏下慢慢腾腾地运转起来，清凌凌的水顺着铺好的渠道“哗哗”地流向了肥沃的稻田。

日头偏西的时候，老秀才燕道诚从城里回来了，望着水渠流淌的水有几分混浊，又低头看了看“龙窝”，便对孙子道：“这‘龙窝’太浅，水供不上嘛！都刮到泥底了，咋搞的，快去叫你老子把这个窝窝再往下刨一刨。”说着从口袋里掏出几块婚礼上的喜糖给了孙子。孙子兴冲冲地向家中跑去。不一会儿，燕青保扛着锄头来到了“龙窝”前重新操作起来。

老秀才燕道诚站在沟边一棵歪脖子柳树下，慢悠悠抽着烟卷观望。只见燕青保弯腰弓背，挥动锄头连续挖出了十几撮箕稀泥，“龙窝”明显加深加大。待他举起锄头想加把劲再挖深些时，锄头刚一落地，就传出“砰”的一声闷响，两手虎口被震得麻酥酥的。青保心想，是不是遇到了一块顽石，便换了个角度再次扬起锄头劈将下去，而这次又是“砰”的一声响，除两手再度被震得麻酥酥之外，翻起的污泥还溅了自己一身。将锄头抬起来察看，只见刃锋掉了一块。

“这是咋回事，难道是遇到地鬼了不成？”青保有点恼怒地小声骂着，不再用力刨掘，而是变换战术在周边慢慢清理起来。大约过了半个时辰，一块长约5尺、宽3尺，比普通桌子面大得多的石板显露了出来。

燕青保望着巨石，转身对树下的儿子说道：“小子，这里有块石板，面光得很，拿回家可用得，赶紧过来帮我撬。”

儿子忙跑过去将锄柄按住，青保腾出双手，把住大石板的边缘，嘴里喊声“给我起来吧！”，两膀一用力，大石板带着泥水“哗”地一下被掀起，直棱棱地立在了“龙窝”边。

燕氏老少三代目光移到石板下方时，不禁大惊失色，一个个瞪大了眼

图4-1　燕家挖出的玉瑗

珠，张着嘴，半天没有缓过神来。只见石板之下，是一个长方形的深坑，坑中堆满了一件件大小不一、形态各异、色彩斑斓的玉石宝器。

“宝……下面是宝贝啊！”燕道诚好半天才于惊愕之中喊了一声，随后情不自禁地弯下腰去，伸手抓起了一件玉瑗和一件玉琮。两件器物在夕阳余晖照耀下，放射出青幽幽的光，直让人觉得眼前异彩纷呈，雾气迷蒙又晕眩缭乱。

燕道诚手持宝器警觉地向四周瞥了一眼，只见不远处有几个农民正扛着工具走了过来。为防暴露秘密他便将手中的两件玉器重新扔入坑中，急忙压低了声音说道：“快，快，赶快盖上。”

燕青保与儿子顿时心领神会，那扶着石板的手在松开的同时轻轻向身前一用力，硕大的石板又“扑通”一声回归原位。随着一片泥浆“哗”地溅出，满藏奇珍异宝的神秘土坑被重新遮盖了起来。土坑刚被盖上，远处的几个村民就走到了近前。

燕氏三代心中紧张，却故意低头装作忙着什么，想以此避开可能遭遇的纠缠。对方一个个含着长长的烟袋，顺着田埂慢腾腾地斜插过来，一边和燕道诚打招呼一边问道：“水咋停了，是龙骨车坏掉了？”

燕道诚表面上装出几分热情地应道：“呵，呵，是有点小毛病，有点小毛病……”

说着，又低头摸起锄头，做出一副忙碌的样子刨起沟槽来。这时有一人突然看到“龙窝”里那块裸露着一多半的石板，略作吃惊地说道：“咋有这么大的石板，埋在地里多可惜啊，撬出来弄回家磨刀用，趁大家都在，我们哥儿几个帮着把它弄出来好了。”说罢摩拳擦掌地就要动手。

深夜挖宝

眼看对方拉开架势，燕道诚的头“嗡”的一声，心一下蹦到了嗓子眼儿，脉管的血液在呼呼地流窜奔腾。他结结巴巴地应对道：“呵，呵，放在这里有用，现在不拿，灌完田再说，灌完田再说……青保啊，快拾掇拾掇休工回家了。”他边说边做出一番不耐烦和欲收工的样子。

旁边的几人见燕氏三代不再和自己搭腔，顿觉无趣，无精打采地离去了。眼看几个人渐渐远去，燕道诚才长长吁了一口气。他脱掉礼帽，用手理了理稀疏的头发，发现额头已沁出了湿漉漉的汗水。“好险哪，差点被他们看破了暗道机关。”

燕道诚小声说着，从长衫的衣兜里摸索出一支香烟点上火吸起来，由于刚才的紧张和惊慌，夹烟的手指不停地颤抖。此时他没有想到，一扇封闭了3000多年的古蜀王国的大门，向这个世界悄然洞开了。

过了好长一会儿，燕道诚怦怦乱跳的心逐渐平静下来。他伸手抚摩着孙子的头压低声音神秘地说道：“爷爷告诉你，下面坑里埋的是玉器，这些东西肯定是稀有的古物，很贵重，说不准地下是一处古墓，坑中的东西就是为这坟墓陪葬的。我琢磨着在这堆玉器下面还会有更贵重的金银财宝哩……”接着他又对燕青保吩咐道：“把石板埋好，收拾东西赶紧回家，免得在这里招人现眼，待天黑之后再来挖掘。”说完，他收起几件工具同孙子一步三回头地先行回到家中。

夜里，燕氏一家在一炷燃起的香火前，于激动兴奋中一边对这坑神秘的珍宝做着种种猜测，一边压低了声音，焦躁不安地商讨着，在什么时间行动和如何行动的计划。待全家人大眼瞪小眼地总算熬到了二更时分。只见窗外北风飕飕，天空阴云密布，大有下雨的征兆。昏暗的灯光下，燕道诚将含在嘴里的烟头用两根蜡黄色手指捏下来，轻轻放在脚下踩灭，小声地说了句：“时候不早了，青保，再去探探动静。”

青保一声不吭地站起身向外走去。只一会儿工夫，便又回到了屋里，压低声音说："外头静得很，没有人走动，动手吧。"

燕道诚转头望了望窗外，略作沉思，终于下定了决心。香火缭绕、灯光摇曳中，只见他两眼喷着欲望之火，将手臂往空中用力一挥，声音低沉略带沙哑地说了个重重的"走"字。屋子里早已整装待发的男女老少如同听到了出征的号令，一个个神色庄严，面目凝重地"刷刷"站起，各自抓了工具向外走去。

夜色笼罩下的月亮湾田野，四周分外空旷寂静，一盏马灯如同跳跃的鬼火忽明忽暗地照着那块已重新裸露在外的大石板。很快，大石板被青保父子合力掀开移到了一旁，土坑和坑中的珍宝显露出来。燕道诚提着马灯负责照明和指挥，青保父子蹲在坑边将掏摸出的玉石器一件件小心谨慎地放于箩筐中。面对燕氏祖孙三代暗夜中这番鬼打墙一样的动作，两位放哨的女将按捺不住心中好奇，不再顾及自己的职责，悄悄凑上前来瞪大了眼睛瞧个明白。面对惨淡的灯光下整整一坑形态各异并散发着幽暗光泽的器物，燕道诚的媳妇儿禁不住失声叫道："哎呀我的老天，真的有这么多宝贝哎！"燕道诚低声呵斥了几句，老夫人自知失言，赶紧溜到一边不再吭声，尽职尽责地放起哨来。

大约到了三更时分，坑里的器物全部被掏拿干净。尽管灯光暗淡看不太分明，但总体上还是有一个大概的了解。所出器物几乎全部为玉石器，此前燕道诚所期望的金银器始终没有露面。于心不甘的他，让青保拿了锄头将坑中边边角角又仔细搜寻了一遍，仍未发现金银一类更加贵重的宝物。对于这个结局，燕道诚多少有些遗憾，但事已至此，不便继续耽误工夫，便和家人匆匆忙忙将挖出的器物连背带抬陆续弄回家中。

当笨重的大门吱吱呀呀地关闭后，一家人顾不上饥寒交迫与身心疲惫，于惊喜中聚在灯下检点刚才的收获，计有璧、璋、圭、圈、钏、珠、斧、刀及玉石器半成品共400余件，摆放在一起差不多占了半间屋子。出土器物中最小的只有指头般粗细，最大的一副石璧直径将近80厘米。当擦去上面附着的泥土后，各种器物鲜亮如新，光彩夺目，精美诱人。

为预防不测，避免事情泄露引起政府、村民以及土匪强盗的窥视，从而惹来杀身之祸。精明的燕道诚当即决定，将这批器物在家中院内选四个地点和猪圈内分别挖坑埋藏。于是，燕氏祖孙于家中几个角落悄然行动起来。待将几个深坑一气挖成并把所有的器物掩埋妥当之后，家中的公鸡已叫了三遍，东方幕翻出鱼肚白，天就要大亮了。

燕道诚满脸严肃和神秘地向全家人宣告：从今之后，无论遇到什么人、什么事，都不许将燕家挖宝、藏宝的秘密泄露出去，平时一定要小心防范，万不可麻痹大意，否则家法伺候。鉴于“隔墙有耳”的古训，即使自家人在一起也不要轻易谈及此事，最好是当作什么事也没有发生一样，从心中忘掉它，从脑瓜子里洗掉它，从意识里铲除它。至于这批器物要在燕家院子埋藏多久，最终作何处理，其他人闲事少管，休得过问，待自己考虑成熟后再作打算。这个铁定的旨意下达后，整个燕家老老少少都闭上了嘴巴，一如既往地劳作和生活，不但对外守口如瓶，即使自家人在一起闲谈也没有人主动去触及这个敏感的话题，此事似乎真的从燕氏家族的记忆中抹去了。

眼看大半年时光过去了，通过仔细观察，他发现周围的乡民依旧像平时一样安详平静，在同自己或整个燕家交往中，也依然保持着老腔老调老习惯老动作，毫无出格的表现。在确信没有引起外人注意和警觉的情况下，他便放下心来，开始着手第二步行动。

按照燕道诚对家乡这块土地的了解，此地挖出藏宝坑绝非偶然。早在清代的时候，这一带就不断有古物出现，出土的器物以玉石器居多，但偶尔也有小件的青铜器出土，只是没有引起外界广泛的注意。据老人们代代流传的说法，此处在遥远的古代，是蜀国国王鳖灵的都城，后来一场特大洪水灾害将都城冲毁掩埋了，从此这里成了废墟。再之后成了人们耕种的土地，并一直延续至今。

不管这个传说是真是假，燕道诚有一种预感，他于“龙窝”发现的这个器物坑既不是孤立的，也不是偶然的，一定还有其他的器物坑秘藏于这块土地的某个角落，并且一定会埋藏着令世人为之怦然心动、梦寐以求、价值连城的金银翡翠，或更神秘、更值钱的奇珍异宝。在这个念头和思路指导下，他决定将“龙窝”中发现的那个坑再好好地翻腾一遍，看看到底有没有金子、银子暗藏在里边。于是，在一个夜深人静的时刻，在燕道诚的指挥下，儿子燕青保再次来到院外继续掏挖“龙窝”中的那个土坑。

一个夜晚下来，“龙窝”土坑被掘开之后他又向四周掏了几个大窟窿，依然没有找到心中渴望的宝物。

面对这一结果，燕道诚并未灰心，根据自己的设想和推理，又在院外的稻田选择了几个地点，像在赌桌上押宝一样指挥自己的儿子暗中挖掘。为做到神不知鬼不觉，燕青保白天猫在家中蒙头大睡，每到夜晚二更时分，便悄悄带着工具溜出家门。但几个月下来，仍是竹篮打水一场空。

此一番折腾，令燕道诚心灰意懒，信心顿消，燕青保为此还得了一场大病，全家惊恐不已。于是，他便断了继续寻珍挖宝的念头，转而开始琢磨将家中埋藏的玉器尽快脱手。

在这个新思维的指导下，一个月之后，燕道诚独自走出家门，来到成都少城路古董市场（今人民公园一带）悄悄潜伏起来，暗中观察摸底，探听各路古董的行情。

此时的少城路古董市场，乃整个中国西南部最大的旧货集散地征玩城，除四川本省外，相邻的云南、贵州、西藏、青海、陕西甚至甘肃等地的古董商，都携大批在当地收购的真古董与假冒伪劣产品来此交易，各种瓷器、木器、玉石器、铜器、金银器等琳琅满目，应有尽有。燕道诚来回转悠了几次，渐渐瞅出了点儿门道，认为时机已经成熟，便借着夜幕回到月亮湾，掘开家中埋藏的土坑选了几件上等玉器，神不知鬼不觉地来到成都少城路兜售。

古董商碰了钉子

尽管燕道诚是读书人出身，且做过师爷和未上任的县知事，见多识广，但毕竟隔行如隔山，对于古董市场以及商人们之间的尔虞我诈缺乏了解，难免上当。

当他将怀中几件玉器冷不丁亮出时，眼前那个信口开河、坑蒙拐骗的古董商当即两眼放光，激动起来。当他发现燕道诚在生意场上并不是行家里手后，一边不失时机地套近乎，一边拼命压价。燕道诚经不住对方的花言巧语，很快云里雾里地将所带玉器以极其低廉的价格抛出。

古董商得到这批玉器，很快以天价转手倒卖，众多的业内行家突然看到这批玉器，惊叹不已连呼稀世之宝，纷纷追索探寻它的来源。当最后得知这批宝物来自四川广汉县时，唯利是图的古董商怀揣一夜暴富的妄念，蜂拥而至，四处打听玉器的拥有者和知情人。

燕道诚以读书人特有的狡黠，在古董市场上只暴露了广汉县地名，未进一步说出中兴场或更具体的月亮湾，甚至自己的家庭住址与姓名。这一手让古董商们在广汉县城和四周费尽心机，吃尽苦头却总得不到确切情报。在屡次探索无果的情形下，古董商施展邪招歪术，开始大规模制作赝品，号称广汉最新出土的玉器投入市场，进行鱼目混珠蒙骗钱财。一时间，广汉玉器在古董商和古玩家之间被炒得沸沸扬扬，真的假的都成为市场内外关注的焦点、追逐的目标和猎获的对象。在这股真假难辨的强劲旋风中，不知有多少人为此一夜暴富，又不知有多少人受骗上当，钱财顿空。

在巨额利润诱惑下，古董商们并未放弃对真正货主的搜索追寻，随着各种渠道和信息不断打通，终于有人打探到了燕道诚一家挖宝藏宝的秘密，并亲自登门收购。燕氏一家开始尚能守口如瓶，故作糊涂，推托躲避，最后经不住利益的诱惑，终于吐出真情，将上百件精美玉器从家中猪圈里扒出，以低价大肆抛售。

一时间，来燕家收购玉器者络绎不绝。尽管当时买卖双方都是在暗夜里秘密交易，但这批价值连城的宝物还是很快流散出去，或落入古董商之手；或经古董商转卖外国人，而外国人又转移到国外；或被骗子骗去流散于社会而下落不明。

聪明狡猾的燕道诚面对古董商饿狗扑食一样狂奔而来，突然有些不安和警觉起来。他深知这批东西的来路不是光明正大，怕树大招风，弄不好要引来灾祸，遂遮遮盖盖，不敢再明目张胆地向外抛售。每有古董商登门，他压根儿就不承认自己卖过玉器，在摆脱不掉对方纠缠的情况下，便谎称自家的确有过几件与众不同的石头，但那是自己的爷爷早年到外地谋生，于岷山附近的狭谷中，一场大水过后，偶尔拣了几件特殊、好看一点的带回了家中。多少年来，这几件石头一直扔在家中并没有引起重视，直到前些日子有一古董商下乡收购古物，偶尔发现了此石，以微薄的价钱收走了，自此之后燕家再也没有半块玉石之器了……

被迫献宝

天下没有不透风的墙，燕家的秘密被驻扎在广汉县文昌宫的川军第二混成旅旅长陶凯知晓了。陶旅长亲自带领一帮官兵，以检查防区军务为名，顺道来到了中兴场月亮湾燕家。燕道诚一看广汉地盘上的活阎王、威名显赫的陶旅长突然大驾光临，尽管彼此相识，但心中还是情不自禁地“扑腾”一下。

燕老汉不愧是在官场上混迹多年的老油子，表面上镇静自若，不露一丝破绽。待寒暄过后，略作交谈，果然不出所料，陶旅长直言不讳地提到了玉器并要“借”几件把玩一番，以过好古之瘾。同时还真诚地表示要找明白人看看成色，如果真的是上等玉器，自己愿意出高价买下；倘是赝品，就如数归还。

燕道诚闻听陶旅长的一番话，心想，你这位混账旅长也太会算计了，如果我给你真的，你非要说是假的，用调包计还过来一堆赝品，我岂不是哑巴吃黄连——有苦难言。

想到此处，燕道诚强打精神，大着胆子想以打发古董商那样以“捣糨糊”等老策略搪塞过去。想不到陶旅长是有备而来，看到燕道诚支支吾吾东一句西一句，天上地下没头没尾地胡吹海侃故技重演，脸色立即大变，压低了声音，将脖子伸长了，头轻轻凑上前来，柔中带刚地说道：“燕师爷，你也算是在官场混过多年的老前辈了，按官场规矩，什么时候、在什么人面前装傻，都是有个界限的。常言道，有来无往非礼也，今天我陶某撇开繁忙的公务专程登门拜访，总不能让我两手空空打道回营吧。”

陶旅长说着目露凶光，语气咬钢嚼铁般生硬。燕道诚一看这阵势，心中蓦地打了个冷战，知道躲过了初一躲不过十五，这位活阎王既然来了，就不会轻易放过小鬼，还是按识时务者为俊杰的古训，索性卖个人情吧。想到此处，他一咬牙，强作笑颜道：“不瞒您说，孝敬旅座的那一份儿，我都给您留着呢。刚才人多嘴杂，我没敢说出实情，您先喝口茶润润嗓子，我这就去拿来。”说罢转身进了里屋。

不一会儿，燕道诚两手捧着一个红色的布包满脸堆笑地走了出来，待来到堂厅将包放到一张红木茶桌上，故作慌张地用眼的余光冲四周望了望。陶旅长心领神会，屏退左右护卫人员，径自将包慢慢打开，那原本有些灰暗的屋子立即华光四射，通透明亮起来。陶旅长“啊”了一声，情不自禁地起身伸长了脖子瞪大了双眼。只见他面前摆放着玉璋、玉琮、玉刀等5件器物，件件玲珑剔透，精美异常。

“不成敬意，请旅座笑纳，哈哈哈！”燕道诚一改刚才担惊受怕、沮丧晦气的神情，穿着长衫的手臂冲空中一挥，划了个优美的弧线，颇具潇洒意味地说着。

陶旅长故作惊讶状，打着圆腔道："哎呀，您看燕知事，这说哪儿去了，一家人不说两家话嘛！礼重了，礼重了，哈哈哈。"

陶旅长打着哈哈将器物重新包好放入腰间，遂立即告辞。待一行人走出燕家大院，宾主就要分手时，陶凯又突然想起了什么，转身拉着燕道诚的手，半低着头，两道透着寒气的目光逼视着对方的脸，压低了声音说道："燕知事，我们都是官道上的人，明人不做暗事，你实话对我说，这些东西到底是从哪里弄出来的？"

燕道诚听罢，顿感愕然，嘴里哼哼哈哈地说着"这个……这个嘛……"，很快又将心一横，牙一咬，铁青着脸冷冷地说："陶旅长，看来你真是一个不到黄河心不死，不见棺材不落泪的人啊！明人不做暗事，事到如今，对您我也就不隐瞒了，就在那块稻田的下面，家里人种地时刨出来的。"说着，抬起下巴，冲远处轻轻点了一下。

"呵，呵。"陶凯听罢点了点头，表示心领神会，随后提高了声音道，"不要烦劳燕知事再送了，请回府，请回府吧……"说话间，转身跃上副官早已备好的高头大马，抖动缰绳，率领手下官兵趾高气扬地沿江岸绝尘而去。

经华西协和大学美籍教授、地质学家戴谦和（D. S. Dye）鉴定，陶凯得到的是古蜀遗物，具体年代应在三四千年前的商周之间。陶旅长一听，这几件器物竟是三四千年前的老家伙，大喜过望，和手下商议，要打着剿匪的名号，继续挖宝。陶旅长先后派出一个工兵营和一个加强连约450人的队伍进驻月亮湾，对外宣称要在雁江一带设卡堵截悍匪朱小猪等作恶分子为民除害。在加强连架起的机枪与刺刀包围圈中，工兵营官兵以燕家大院为中心，在方圆几公里的范围内，老鼠打洞一样偷偷刨掘起来。

令陶凯没想到的是，部队进入月亮湾的第三天，就有消息传到了广汉与成都，谓陶旅长在月亮湾与雁江两岸掘了蜀王鳖灵的坟，得了两口袋金珠玉贝，还有十几棵摇钱树，等等。广汉驻军第二混成旅刨坟掘墓、劫财盗宝之事，很快成为社会各界议论的焦点。这个颇具刺激性的盗宝话题，在大街小巷流动了一阵子之后，很快灌进了陶凯的上司、川军第二十八军军长邓锡侯，又称邓汤元，外号“水晶猴子”的耳中。

这“猴子”刚刚听到风声，就立即让师长陈离把陶凯弄到军部询问实情。邓锡侯将陶旅长招来准备教训一番以杀其威。陶凯一看上司的表情，知道事已泄露，想强撑着抵赖死不承认，又深知这位“水晶猴子”的聪明与厉害，便支支吾吾不知如何是好。邓锡侯板着脸将这位毕恭毕敬的下级臭骂一顿，令其立即将兵撤回，做好善后事宜，同时要尽可能地消除不良影响。陶凯自是答应照办。返回广汉驻地后，迅速下令月亮湾的部队，将所挖洞穴全部原样回填，人员立即撤回驻地，算是对挖宝事件草草了结。

当陶旅长率部于月亮湾挖宝的传言，在广汉、成都闹得沸沸扬扬之时，戴谦和也得到了消息。这位洋教授闻听极为震惊，心想这埋藏重要文物的地方理当采取科学的手段进行发掘，怎能任凭一帮军阀胡掘乱刨？为弄清真伪，他决定亲自到广汉月亮湾看个究竟。如果事情果如传言所说的那样，自己将做些劝说工作，或在劝说无效的情况下尽可能地搜集些情报，以便向有关方面反映并予以阻止。

戴谦和等三人在陶旅长及其一大批官兵陪同护卫下，或乘车或骑马或步行，浩浩荡荡来到了月亮湾。在陶凯所部工兵营翻腾出的土中，捡到了若干颇有研究价值的陶片和零碎的小件玉石器。待检索已毕，将该拍照的地方做了实地拍摄，而后又在陶旅长陪同下来到燕家进行访问。

当听说他此前送给陶旅长的5件玉器转送戴谦和教授鉴定是距今3000多年的商周遗物，而这些遗物对研究古代历史、地理都极其重要时，燕道诚好像突然找到了失散多年的知己，从家中一个地窖里，掏出了几件玉刀、玉璧、石斧、石环等器物，嘴里嘟囔着非要请戴谦和鉴定，实则是想在洋人与陶旅长面前炫耀一番。戴谦和接过器物细心察看后，认为同前几件属于同一文化类型，并进一步推测为商周礼器。也就是说，这几件东西不是普通人家所用的普通器物，而是古人祭祀天地鬼神时专用的一种能沟通天地的特别宝器。

戴谦和一番考察之后，将获得的宝物送到他的好朋友、华大博物馆馆长、美籍教授葛维汉（D. C. Graham）手中。葛氏是人类文化学教授，早年毕业于哈佛大学人类学系并留校任教多年，研究古物与古人类遗迹是他的本行，且造诣颇深，20世纪20年代末期来华，在川南叙府（今宜宾）一带传教，同时做些田野科学考察工作。华西大学成立后，受他的好友、时任华大美方校长约瑟夫·毕启博士的邀请来到该校任教，后来兼任了华大博物馆馆长之职，自此更加注重对边疆地理的考察与古器物收集。因戴、葛二人同在华西大学共事，几次结伴外出到川西搞过田野调查，遂成为要好的朋友。

葛维汉以华大博物馆的名义，接收了戴谦和交来的玉石器，对此视若珍宝，爱不释手，以极大的热情和精力投入研究之中。在此之前，葛维汉见过并亲手摩挲过许多玉石器，但从没见到如此精美之器物，遂于震惊中产生了现场考古发掘的念头。

拉开发掘序幕

葛维汉多次向戴谦和请教，以弄清广汉玉器出土情况，并会同华大博物馆副馆长林名均对所拍的照片做了详细研究，初步认为“月亮湾一带很可能是一处重要的古代遗址”。同时他预感到在出土器物坑的近旁，必有其他遗物埋入地下。如果找到并挖出，可作为这个器物坑和掩埋器物的旁证，加以考察研究。

为更详尽地了解这处遗址与出土器物的内在联系以及文化性质，葛维汉以《广汉遗物之富于考古价值》为题向华西大学校本部打报告，要求率领几名教职员工亲赴月亮湾玉器出土地点，做一次实际考察，通过对这一地域的考察研究，尽可能地弄清缘由，得出合乎历史真实的结论。

这个报告很快得到校方批准，葛维汉决定筹集经费，做一次科学的考古发掘，尽快解开埋藏玉器之谜。民国二十三年（1934年）春，葛维汉终于成功组织人员开始对月亮湾进行发掘。这年的阴历三月初四、初五两日，葛维汉、林名均等华大博物馆的四位教授，携带测量器、绘图板、水准器、卷尺、铁锹、铲、锄、粗制毛刷、竹篾等发掘器物，连同十几名训练有素的发掘工人一起乘车来到了广汉。

此前，燕氏父子对私自挖掘的情形莫衷一是，燕道诚言坑中玉器的排列方式是“由小到大，分为三道，一列坑左，一列坑右，一列坑面，形如长方坑之装饰”。而燕青保则言坑中玉器形状及放置情况是“大小不等，迭置如笋，横卧泥中”。这个说法显然与葛维汉听到的不合，到底孰是孰非，只有再请燕道诚出面回忆并抉断。

当几人来到燕家找到燕道诚，请求其回忆那天晚上挖玉器的具体情形，以及玉器在坑内的布置状况时，燕氏摇了摇头，晃了晃脑袋，抬起手用袖子擦了把有些昏花的眼睛说：“当晚由于老天黑得伸手不见五指，还刮着寒风，下着小雨，马灯的光亮既小且暗，加上当时怕被人望见，心惶惶的，只顾向外掏东西，没顾得详细观察器物之间有啥子联系。再说它们联系不联系与我们挖宝有啥子关系，我只要把宝掏出来就对了。不过隐隐约约地还是有些印象，这个坑肯定是长方形的，坑中的玉石器整体堆放情况，似是圆形的器物如玉璧、石璧等，都是从大到小重叠在一起的，在坑的周边环放着一圈石璧，其他器物的堆放情形就模糊不清了。再说这事都过去几年了，我的身体也一天不如一天了，人老了，头昏了，也就懒得特意去记了。”

葛维汉等发掘人员听了这个模棱两可的描述颇不甘心，又找来燕青保询问，对方的回忆跟燕道诚不相上下，同样稀里糊涂说不清楚。

事实上，由于当时的心境和燕氏父子本人缺乏考古学方面的训练，以及从心底里滋生了不乐意去记那些事的情绪，对坑中玉石器情形的回忆，只能供考古人员做个参考，但不能当作结论搞成铁案。不过，按燕氏父子的说法，此坑连同大批器物的出现，至少给研究者留下了三个未解之谜。

一、这个坑是谁挖的，在什么时间挖的，为何不是其他形状，而偏偏挖成长方形？

二、坑里的玉石器为何要重叠堆放，横卧泥中或环坑一周？

三、这些大大小小的石璧，到底代表着什么意思，做何种用途？

为解开这一连串的谜团，葛维汉、林名均决定先将燕道诚挖出器物又回填的那个坑，重新掘开看个究竟。

此时坑边溪水暴涨，林名均只好指挥工人将欲发掘的一段用泥石断塞，并将坑之两边掘开，使溪水改道经坑边流过。后借助燕氏田溪中所设龙骨车将水车干，慢慢寻找到当初发现遗物的原址开始发掘。

经发掘后，发现其为一长约7英尺、宽3英尺、深1英尺多的土坑，坑中旧藏遗物已全部被燕氏取去。林名均等“仅得玉圭之残块两片及残缺小石璧数件而已”。因当年器物被取出之后，为寻找金银珠宝，燕青保又在坑中向四周乱挖一气，使考古人员再看到这个坑时，就显得有些杂乱和不伦不类。尽管如此，原坑的轮廓还是能辨别出来。由于坑中受到严重破坏，整个坑壁已难觅到器物挤压停靠的痕迹，当年那些器物到底如何排列组合，也只有听燕氏父子的一面之词了。

面对这个已遭破坏的神秘的器物坑，葛维汉和林名均在此徘徊思考了很久，初步认定这个土坑是一座墓葬或者是一个祭祀坑。既然如此，像这样高规格的墓葬或祭祀坑就不是孤立的，它一定有相关配套的其他设施与器物。在这一学术理论指导下，葛维汉决定就土坑四周布网发掘，尽量搜寻与之相关联的遗迹遗物。

于是，若干年后被命名为三星堆遗址的首次科学发掘，于1934年这个阳光明媚、油菜花遍地的春天正式拉开了序幕。

根据考察的情况，葛维汉与燕道诚做了一番交涉，决定先在燕氏当年挖掘的坑边开两道探沟，视发掘情形再做下一步的打算，发掘事宜由林名均具体指挥。关于此次发掘的详情，林名均在随后发表的考古报告中做了这样的叙述：

> 吾人预掘之工作地段，为小溪之左右两岸，惟溪南即紧接燕氏私宅，其人迷信风水，不允于其宅外发掘，乃就溪北葫豆田坝及溪底二处作为目标。于是先沿溪开一长四十尺广五尺之第一坑，经时四日，深达七尺。其地表面为近代之黑土层，平均深度约有三尺，其中所含陶片及破损陶器最为丰富，且有若干石器及其残块混入其间，吾人发掘所得，皆在此层之内。以其土层辨别为红色，故葛氏疑其为古代之一陶窑。再次则为未曾翻动之黏土层，带黄褐色，以探锄击洞视之，亦无遗物发现，知再掘无益于事，乃停止第一坑工作改掘溪底。
>
> …………

由于此时川西平原匪患严重，再加上一批古董商人眼看自己的财路随着几个洋人的到来被封堵，于心不甘又颇不服气，便与地痞流氓勾结，四处散布流言，称月亮湾埋有古蜀国的开国之王——鳖灵王开金堂峡口的宝剑和他的坐骑等宝物，而县政府与二十八军第二混成旅军政要员挟洋人以自重，并与洋人勾搭，出卖祖宗，将近千名驻军开赴月亮湾秘密挖宝。陶旅长的挖宝大军敞了蜀王的坟，得了宝剑和一匹镏金马，挖出了两口袋金珠玉器与十几棵摇钱树。而蜀王的坟一旦被挖开，月亮湾甚至整个中兴场和广汉的风水将遭到彻底的破坏，四方乡邻百姓即将大祸临头云云。

这一番蛊惑煽动，使原本文化程度低下，整日在巫术与魔法阴影中苦度时日的劳苦大众，由最初的嫉妒变为眼前的恐惧，由恐惧演变为对县政府与驻军的愤怒，再由愤怒的火星迅速燃起了仇恨的烈火。在烈火的燃烧中，劳苦大众怀揣着关乎自己生死存亡的恐惧，开始主动与各路地痞、流氓、土匪及大胆的刁民勾结，秘密成立了一个“广汉民团乡勇爱国护宝总指挥部”，开始与驻守的军队、团丁展开游击战。

在如此民怨沸腾、险象环生的境况下，发掘队被迫于3月26日撤出工地，整个发掘过程为短短的10天。关于这段有些出乎意料的发掘经过，林名均在他的报告中这样说道：“二月六日发掘工作开始，然附近无知乡民，竟妄造谣言，谓吾人掘有金马，时邻境匪风正炽，恐因此发生不测，且夜间必须步至八九里以外住宿，为避匪患，众皆为苦，故甫十日即行结束。”

此次发掘，在沟底和溪岸，共开探方108平方米，出土、采集了600多件器物，全部移赠华西大学博物馆保存。

揭开古蜀文明一角

1936年，葛维汉于《华西边疆研究学会会志》第六卷发表了历史上第一份广汉古蜀文化遗址的考古发掘报告——《汉州发掘最初报告》（*A Preliminary Report of the Hanchow Excavation*）。报告将月亮湾发掘出土的器物、纹饰与河南安阳殷墟、河南渑池仰韶村、奉天沙锅屯出土器物做了比较，大胆而科学地提出了“广汉文化”学说，并断定这一文化的时代上限为新石器时代晚期，下限则为周代初期，也就是在公元前1100年左右。同时极富预见性地指出：

> 这次发现的器物，至少对研究古代东方文化的历史学者们提供了三种情况。第一，随葬器物可以帮助我们了解古代的葬俗、社会

和宗教习俗。第二，玉、石器以及器物上的纹饰，颇能引起考古学家的兴趣。第三，出土的大量陶片，为研究四川古代陶器提供了重要资料。

我们已经指出，那个令人瞩目的发现是在一个挖掘七英尺长、三英尺深的墓坑内出土的，而且几乎所有的墓葬大小大致如此。玉刀、玉凿、玉剑、方玉以及玉璧等礼品，周代时均系死者的随葬品，玉珠也为死者的随葬物。如果我们假设它是古墓这个结论正确的话，我们认为在四川古墓中发现的器物，大约为公元前1000年的时期。

墓坑里发现的器物有绿松石、绿石或粗糙的穿孔玉珠。从玉珠的两端进行钻孔，接近玉珠半心处的孔径较小。另外还有80多件小青玉片，因为考虑到它们一般作为装饰品粘牢在木制或皮制品上，没有串联或缝入的孔洞。这些玉刀、玉剑、玉凿等显然是祭祀用的。周代实行祭祀天地大典时，方玉象征“地”，玉璧代表“天”。

……目前的这些资料，也只能停留在暂时假设阶段，待将来找到更多的考古证据，以及广汉收藏品极为详细的第一手材料与中国其他地区的早期收藏品比较后，再来改变或确定结论。我们考虑广汉文化下限系周代初期，大约公元前1100年；但是更多的证据可以把它提前一个时期，其上限为金石并用时代。我们这次在四川广汉县遗址发现的玉器、随葬物和陶器系年代很早的标本。

葛维汉的报告发表后，在中外学术界引起了广泛的关注，这是历史上首次将广汉月亮湾作为一处古代文化遗址进行命名和剖析，并较详细地论述了出土器物与这一遗址内在的文化联系，揭示了掩埋者的意图和秘密，将隐匿于历史深处虚无缥缈的古蜀文明掀开了一角。

广汉发掘的消息传到日本，令在革命低潮时期流亡日本的郭沫若兴奋不已。很快，林名均和葛维汉收到郭沫若由东京发来的信函，要求赠予广汉发掘的全部照片和器物图形加以研究。郭当时正在做甲骨文研究，林、葛二人此前与郭有过几面之缘，接信后一一照办。郭收到后，于1934年7月9日回信向林名均、葛维汉表示谢忱，并畅谈他对“汉州遗址”的看法，信曰：

林名均先生：

很高兴接到你和葛维汉先生的信。谢谢你们的好意，送给我如此多的照片、图片以及戴先生发表在《华西边疆研究学会会志》上的文章，并且告诉我有关发掘的详细情况。你们真是华西科学考古的先锋队。我希望将来你们能取得更大的成绩，研究古代的遗迹和建筑、雕刻、坟墓和洞穴。这一工作将产生丰硕的成果。与此同时，我也希望今后会有一系列的发掘以探索四川史前史，包括民族、风俗以及它们与中国其他区相接触的历史。这些都是十分重要的问题。我很遗憾，我不能归国协助你们的发掘。

你们在汉州发现的器物，如玉璧、玉璋、玉圭均与华北、华中发现者相似。这就是古代西蜀曾与华中、华北有过文化接触的证明。“蜀”这一名称曾先发现于商代的甲骨文，当周人克商时，蜀人曾经前往相助。此外，汉州的陶器也是属于早期的类型。你们认为汉州遗址的时代大约是西周初期的推测可能是正确的。如果将来四川其他的地方尚有发掘，它们将显示出此文化分布的区域，并提供更多的可靠的证据。

根据你们的要求，我将我写的两本有关中国考古学的书送给你们，并且请书店直接将最近出版的一本送博物馆，另一本送葛维汉先生。以后如有新作，我也将再送给你们。

现在我很忙，就此搁笔。

祝你们取得更大的成绩。

沫　若

1934年7月9日

就在华西大学葛维汉、林名均等学人憋足了劲准备再次赴广汉月亮湾发掘并做进一步研究之时，震惊世界的抗日战争全面爆发了。在大炮呼啸、血肉横飞境况中，发掘工作被迫中断。后来随着形势不断变化，华西大学的洋教授一个个退出了历史舞台，先后情愿或不情愿地返回了自己的国家，发掘月亮湾的机会一去不复返了。

自全面抗战起到1948年底，月亮湾经过了一场又一场激烈动荡、翻云覆雨的发掘与劫掠活动。中华人民共和国成立后混乱中的广汉文化与月亮湾的考古发掘，又在硝烟散尽的中国西南地区，以长江后浪推前浪的姿态，开始了新一轮流淌奔腾。

1956年春，四川省文管会田野组，先后在涪江流域和温江专区做地下文物初查工作，其中温江专区的调查，由文管会的王家祐与省博物馆的考古学家张甸潮主持。借此机会，王、张二人怀揣着一个尚有些朦胧的梦想再赴广汉月亮湾，在燕家院子四周做了较为详细的勘察。

上交宝物

当此之时，老秀才燕道诚已经作古，燕青保主持家政。来勘察的王家祐与张甸潮借住在县城文化馆一间平房里，要到月亮湾工作，来往需步行三十几里，交通和生活十分不便，每当遇到风雨天气，更是倍觉困难与艰苦。面对此情，燕青保主动邀请王家祐与张甸潮住进自己家中，二人推辞不过，便于几个风雨之日吃住于燕家。每到晚上，王家祐与年过六旬的燕青保对床而眠，长夜倾谈，一幕幕往事像流水一样从记忆深处淌出。二人越谈越投机，越谈越过瘾，越谈越觉得相见恨晚，几个晚上下来，竟成了铁哥们儿，达到了无话不谈、心心相印的境地。

王家祐在交谈中得知，燕家仍有一部分精美玉器深藏不露，便主动做燕青保的工作，告诉他现在已经是新中国、新社会了，整个中国大陆地区已经是“天翻地覆慨而慷”了，那些被压迫被奴役，整天在土里刨食的苦难深重的农民兄弟，已变成了国家的主人。新中国制定了专门的政策，凡一切出土文物都归国家所有，任何个人不得私藏和倒卖。当年在月亮湾挖出的那批玉石器，如果继续匿藏不交就与新的国家法律相悖。

王家祐的一番话使燕青保幡然醒悟，决定从即日起，将家中所有的藏宝都掘出来如数交给新生的人民政府。

燕青保说到做到。第二天一大早，王家祐尚未起床，燕青保便借着黎明的光亮拿了铁锨来到猪圈。约半个时辰的工夫，便从猪圈的壕沟里挖出了一个石头做成的猪食槽。把槽的封盖打开，里面露出了深藏20多年之久的器物。

时天已大亮，燕青保喊来王家祐进行验看。王氏来到猪圈，只见猪槽内盛放着玉琮、玉瑗、玉璧、玉磬等极为精美的几十件文物，又惊又喜。未久，由王家祐牵线搭桥，器物全部交给了省博物馆收藏。这是1929年燕氏父子在土坑中挖出的那批著名的玉石器中的最后一批，也是最为精美的一批。至此，燕家声称再无一件私自存留的玉器了。

为了验证当年燕氏父子所挖玉石器，在中国存留的数量和保存情况，20世纪90年代，四川省文物考古研究所与华西大学博物馆、北京故宫博物院等几家藏有“广汉玉器”的单位联系，对各自的藏品进行整理、鉴定。令人大跌眼镜的是，几家单位所有收藏的玉石器加起来，真品仅为40余件，只相当于当年总数400多件的1/10。

再后来，四川方面又同台北故宫博物院联系，请求其对院内收藏的“广汉玉器”进行鉴定并告知实情。台湾方面给予了全面配合，得到的结果是，只有2件玉璋属于真品，其他全部为赝品——也就是说，当年燕氏父子挖出的那批玉石器，90%已通过各种渠道流散到国外或佚失了，这个具有悲剧意味的结局，令知情者无不扼腕叹息。

1963年9月，四川省博物馆和四川大学历史系考古专业师生组成联合发掘队，来到广汉月亮湾燕家院子附近进行发掘。这是燕氏父子发现玉器坑34年以来，首次由中国人主持对三星堆遗址的重要组成部分——月亮湾遗址进行正式的科学发掘。此次具体的组织和指导者理所当然地归属于美国哈佛大学博士、时任省博物馆馆长兼四川大学考古教研室主任的著名考古学家冯汉骥。同时，四川大学历史系考古专业的15名学生全部参加了此次发掘。

此次发掘共开掘12个探方和1条探沟，发现房屋3组，墓葬6座，陶片3万多片，出土了几百件玉石器、骨器、青铜器残片等极富研究价值的文物。同时，在3个探方的第二层中，分别发现了一些零星的青铜器残块、孔雀石、铜炼渣等遗物，并发现1块沿边附有铜炼渣的粗陶片。经考古人员初步推断，当是坩埚的残片，遗憾的是没有发现炼炉的遗迹。按照原定计划，发掘于同年12月3日结束。

遗憾的是，后来省博物馆在迁址的过程中，由于内部混乱与人为毁坏，月亮湾发掘的器物被弄得七零八落。由四川大学考古教研室马继贤等师生费尽心血，历经一年整理出的极其珍贵的发掘资料，像抗战全面爆发之后著名的“北京人”头盖骨化石一样，从此下落不明。

发现青铜人头

岁月如梭，直到1980年，三星堆的考古发掘才再次被提到了议事日程。1980年至1986年，三星堆展开了多次田野考古发掘，每次都能取得丰硕的考古成果。考古发掘进一步证明三星堆和月亮湾一带方圆6000平方米内，出土的文物和房屋遗址具有相同的特征，应是古蜀文化遗址的两个有机组成部分。而地下形成的16层文化堆积经^{14}C测定，最早年代为距今4800年左右。根据这一数据，结合其他发现、发掘的文化特征，主持发掘的考古学家认为，三星堆遗址丰富的地层堆积可为四川新石器时代晚期到夏商周三代5000年文明史的考古研究建立一个年代学体系，并成为古蜀文化断代分期的分水岭和试金石。

1986年6月，月亮湾和三星堆遗址的田野考古发掘期限已满，发掘队宣布撤离工地。没有人想到，就在这个节骨眼上，震惊寰宇的考古大发现爆发了。

1986年7月18日上午，三星堆附近砖厂的几个民工在挖窑土的时候，偶然挖出了一把宽约20厘米、长约40厘米的玉刀，以及其他很多玉石器。

陈德安等考古人员火速赶往现场，发现挖出的器物除完整的玉戈、玉琮等，另有十几件玉器在挖掘与争抢中已被折断、捣碎后扔入坑边和四周的稻田，一时难辨是何种器物。另有一些明显经火烧过泛白的碎骨渣，散落于四周和土坑之中。

从土坑所揭露的痕迹初步观察判断，地表下面一定还有大量的器物和人骨。而如此精美的器物与骨渣同出，说明此处很可能是一处与遗址有关的大型贵族墓葬。如果真的是古代贵族大墓，并且与三星堆遗址有关，其文化内涵与学术价值就不可估量了。陈德安立刻向上级做了汇报，得到明确指令“可以进行抢救性发掘”后，震惊世界的考古发掘大幕即将拉开。

当天下午，南兴镇组织当地各村民兵，与考古人员共同组成一支监护队伍，昼夜对现场看守保护。陈德安派人到镇上买来竹竿和凉席，在土坑上方搭起棚子，以防日晒雨淋对地下文物造成损失。

1986年7月19日，在中国西南部乃至整个长江中上游地区发掘史上，最为辉煌壮观的考古发掘开始了。

关于此次发掘的具体情形，许多年后，已近知天命之年的考古专家陈德安回忆道：

> 首先在已暴露的部位布探方两个进行发掘，考古人员不顾夏日的酷暑，冒着蚊虫的叮咬，夜以继日地工作。大家用锄头、小手铲、竹签等，一点一点地挑，一遍一遍地刮，可谓名副其实的“刮地皮”。

7月23日，探方内文化层清理完毕，两探方已露出坑的边缘，坑内暴露出夯土。考古人员在距地表深60厘米至75厘米的黄色泥土中，刮出了一个长方形、具有三条道沟痕迹的五花土。黄色的生土和棕红、棕褐、浅黄、灰白相杂的五花夯土，以及文化层以下的原生土区，分界线十分明显，考古人员欣喜之情溢于言表。摄影师江聪及时上高梯摄下了这个重要现场。绘图员立即绘制平面图，以期完整记录发掘过程，以便为日后研究提供详细的发掘资料。根据以上情况，考古人员初步推断这是一座规模颇大的“蜀王陵”。

考古人员非常激动，按照所暴露的五花土范围继续下挖。为避免地下文物招致损坏，考古人员只能改换小手铲和竹签一类的小工具发掘。由于地下的夯土是经过无数次夯打而成，又黏又硬，清理起来特别费劲儿，考古人员吃尽了苦头，个个手上都打起了血泡。

7月25日，再扩方1个，原计划中的5个探方全部布置妥当。下午，未等夯土清理完毕，坑东南部经火烧得泛白的骨渣堆顶部暴露出来，骨渣的表面还放有陶尖底器、陶器座、铜戈、铜瑗，以及玉石器残块，器物看上去均被火明显地烧过。这些发现无疑透露出一个新的信息：这个坑应属于祭祀坑一类的性质，而不是大家期盼的所谓“蜀王大墓”，看来以前的推断是错误的。

7月26日，坑内夯土大致清理完毕，当考古人员对夯土下方一层被焚烧的骨渣陆续清理时，一件件全身长满了绿锈的大型青铜龙虎尊、青铜盘、青铜器盖等具有商代前期风格的青铜器皿相继出土。面对新鲜、奇特、庞大的器物，所有在场的人情绪立刻高涨起来。刘光才等几个参加发掘的民工，亢奋加茫然地瞪大了眼睛高声叫嚷道：“下面肯定还有更好的东西，快挖，快挖，看看到底都有些啥！”说着便以冲锋陷阵的姿态欲把脚下的祭祀坑弄个天翻地覆。

在场的陈德安见状，忙上前阻拦道：“不要胡来，大家都要按程序一点点地挖，谁也不能犯神经，把事情搞砸了。”

陈的话音刚落，只见在坑内西部躬身伏首一直默默收集骨渣的另一外号“铜罐”的民工杨运洪，冷不丁地尖叫起来：“人头，人头，陈老师，我挖出了人头！”说着两手向外一扬，一屁股坐到了地上。

这一声叫喊，几乎使所有在场的人都打了个哆嗦。陈德安惊魂未定，火已在胸中腾地燃烧起来。他快步上前，想朝“铜罐”的屁股猛踹两脚，以

图4-2　三星堆祭祀坑出土的青铜纵目人头像初露

示对其“扰乱军心”的惩罚。待来到近前，蓦然发现一个硕大的青铜人头倒放在一边。与此同时，众人“哗”地围了上来，看到了这一奇观。

“都不要动！”陈德安顾不得再用脚去教训“铜罐”，高喊一声，把右手向后一挥，先是做了个阻止的动作，然后和陈显丹等考古专业人员，蹲下身详细观察起来。

只见出土的这个青铜人头跟真人的头大小相等，头部为子母口形，蒜头鼻，高鼻梁，表情温和，慈祥端庄，眼睛中透着朝气蓬勃的神采，具有很强的写实艺术风格。可惜自颈部以下残损，由颈中看进去，整个头像内部中空，筒壁发现有残留的泥芯，也就是通常所说的内范或内模。陈德安与其他考古专家等围着这具青铜人头经过画图、测量、拍照等一连串程序之后，怀揣惊喜与迷惑之情，小心地将其取出坑外。

意想不到的是，这件人头如同暗夜中前来报告消息的哨兵，预示着庞

图4-3　三星堆祭祀坑出土的圆头顶、戴椎髻的青铜人像正面

图4-4　三星堆祭祀坑出土的圆头顶、戴椎髻的青铜人像侧面

大的部队就在身后。根据这一启示，考古人员集中精力开始有针对性地发掘。接下来，一件又一件青铜人头像神话中的英雄豪杰一样，以不同的姿态和风貌相继破土而出。有的头戴平顶帽、脑壳之后拖着一根梳理整齐的独发辫；有的头戴双三角尖头盔，蒙着一个神秘的面罩，其形象看上去严肃威武，虎虎而有生气。

图4-5　三星堆祭祀坑出土的圆头顶、戴椎髻的青铜人像背面

见多识广的考古人员，面对这一张张陌生而神秘的面孔，既惊喜又困惑，恍惚觉得自己不是在丽日中天的人间从事发掘，而是进入了志怪小说中神秘莫测的天宫或地狱，开始与天兵天将或阎王小鬼共存共生，共同迎接一场不可预知的崭新生活。

7月27日0点，由陈显丹、张文彦率领的一组发掘人员开始接班发掘。此时，蒸笼一样的酷暑渐已退去，薄薄的雾霭裹挟着淡淡的微凉在天地间飘散开来。浩瀚无垠的苍穹繁星密布，宽敞明亮的银河，横贯寰宇直通遥远的天际。弦月高挂，星光灿烂，天地分外清新辽阔。

凌晨2时多一点，发掘人员正各就各位用竹签一点一点地挑土，参加本组发掘的民工杨运洪突然发现有一个竹皮状的黄色物体在灯光照射下闪闪发光。他顿时来了精神，握紧手铲，顺着这根“竹皮”的延长方向用力剜动起来。过了一会儿，杨运洪发现眼前的黄色物体并不是刚才所想象的“竹皮”，而是一根金属物。

金腰带破土而出

这根金属物看上去有些像铜皮，但上面没有绿锈，也比以前所见到的青铜明亮光滑很多。因一时无法弄清这件物体的底细，杨运洪没有及时向带班的陈显丹汇报，只是照旧默不作声地继续铲挖。随着泥土不断铲除，黄色的物体越来越长，上面开始显露出雕刻的花纹，花纹的前方又显露出一尾栩栩如生的鲤鱼，紧接着一只鸟又露了出来，看样子这件物体还在不断延伸。

这一连串的景致，杨运洪觉得纳闷，心中暗自问着："这是啥子东西，咋有这样的花花图？"在好奇与不解中他一时兴起，低吼一声："我看你还能伸到成都去？"说罢，他挥动铁铲，三下五除二又向前推进了一大截。正埋头操作的陈显丹听到杨运洪刚才那一声低吼，转过身轻轻问道："'铜罐'，看到啥了？"

经陈显丹这一问，杨运洪才猛地想起目前所从事的这份职业与挖泥烧瓦大为不同，遂以攻为守地回答道："陈老师，我掘出了一根东西，不知是啥，上头还画着鱼和鸟。"

陈显丹听罢，大惊，急忙起身前来察看。只见一件如腰带宽的黄色物体，发着明晃晃的亮光，蛇一样伏在地上，弯弯曲曲有一米多长。物体的另一端仍插在泥土里，不知其形状与长度。从已显露出的部分看，这件物品是用纯金制成，不仅上面有花纹及鱼和鸟的图形，更重要的是，在延长部位还有人的头像。就考古学家而言，无论发现发掘出什么器物，对上面的文字和

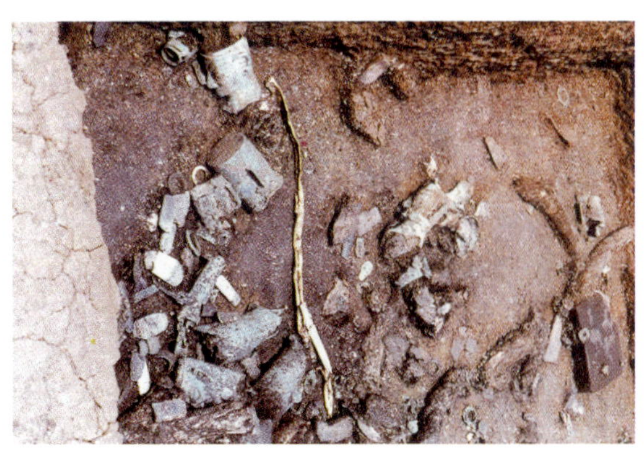

图4-6 "铜皮"大部露出地面

类似文字的符号，以及各种图像都极为看重，因为透过这些密码，更容易触摸到远古历史的脉搏，接近历史的真实，从而揭开历史烟尘中湮没日久的史事。多少年来，无数考古发掘的事实已经证明了这条铁律。可以想象，将这些神秘的图案刻在一根纯金的物体之上，这就意味着并非等闲之物，内中所蕴含的重大学术价值不可限量。

但为了安全起见，陈显丹顾不得教训对方，灵机一动，装作满不在乎的样子说："没得啥，一块铜皮，不重要的，你先把它用土埋住，到这边来挑吧。"

按陈显丹的想法，先故作满不在乎把这件器物埋起来，待拖到天亮再想法提取，比现在深更半夜挖出要安全得多。想不到此时所有的人都已围过来观看这件黄色物体。见陈显丹下令掩埋，有一民工不解地问道："陈老师，这个东西这么黄，这么亮，是不是金子做的？"

陈显丹心里一惊，暗自说声"坏了，被这帮家伙识破了"，还是强行稳住有些慌乱的心，摇了摇头辩解道："哪里是什么金子，一块普通的铜皮，这亮光都是灯光照出来的。"

"你说得不对，要是铜的为什么身上不长绿锈，是黄色的？其他的铜器都有锈，是绿色的。你是在骗人吧？"对方也学着陈显丹的样子摇了摇头，颇不服气地高声争辩起来。其他几位民工也凑上前来，跟着高声吵嚷道："眼见为实嘛，这铜和金子还能分不出来？陈老师是在骗人，胡日鬼哩！"说着就要将这件器物强行拉出，验明正身。

一看这阵势，陈显丹冷不丁打了个寒战，一道凉气"嗖"地沿着脊背蹿到头顶。为掩饰刚才的慌乱，他抬腕看了看表，见指针正指向凌晨3点12分。此时，三星堆与月亮湾连片的原野，已是万籁俱寂，大雾弥漫，四方静得让人心中发毛，脊背发凉。考虑到此时整个工地既无军警保护，又无先进的通信设备与外界联系，为出土文物和考古人员的人身安全考虑，陈显丹不得不采取相应的措施，以防万一。

只见他微笑着对几位民工说："这铜器长锈与不长锈的，是两种不同的金属物，你们要不信，叫陈德安老师来看看。"说罢，他对身旁的助手张文彦使了个眼色，大声道："你去把陈德安老师叫来看一看，快去快回。"

年轻灵活的四川大学考古系学生、发掘队员张文彦，正为刚才的阵势暗暗捏着一把汗，听陈显丹如此一说，立即心领神会，说了个"好"字，跳出土坑，撒开双腿向考古人员驻地飞奔而去。

大约3分钟后，张文彦从驻地返回工地，不动声色地和陈显丹成犄角之势，站在了坑外另一处高坡上。又过了大约5分钟，陈德安率领几位考古人员和技工气喘吁吁地跑来了。陈显丹见援军已到，危机得以缓解，遂精神抖擞地带领陈德安等人仔细察看坑中的黄色物体。

根据显露的遗迹，"二陈"和其他考古人员当即认为，这件非同寻常的器物是用纯金制成的已无可置疑。从器物的长度和上面分布的图案推断，可能是古蜀王国某一位国王或高级贵族使用的一条金腰带。

鉴于这件器物的特殊性、神秘性和重要的学术价值，"二陈"认为事关重大，必须请示上级并请派武警保卫守护。

金杖——王权的标志

陈德安赴成都报告后，省考古所的赵殿增、朱秉璋、沈仲常，以及省文化厅和省文管会等几名业务干部，乘坐一辆面包车一路疾行赶到了三星堆发掘工地。此时，整个发掘现场已被公安、武警控制。

一切安排妥当，考古人员开始发掘"金腰带"。在一片惊愕与欢呼声中，"金腰带"闪着光芒破土而出。经测量，器身全长1.42米，直径2.3厘米，净重约500克。

经仔细观察，发现原来推断的"金腰带"不正确，从残留的痕迹看，此物是用金条捶打成金皮后，再包卷在一根木杖之上而成为一个整体。出土时内层木芯已朽，但尚存碳化木渣，可知内有木杖。因发现时金皮已被压扁变形，其长度、宽度都与现代人的腰带相似，故“二陈”等考古人员认为是蜀王的“金腰带”。实际上，这件器物是一柄金杖。

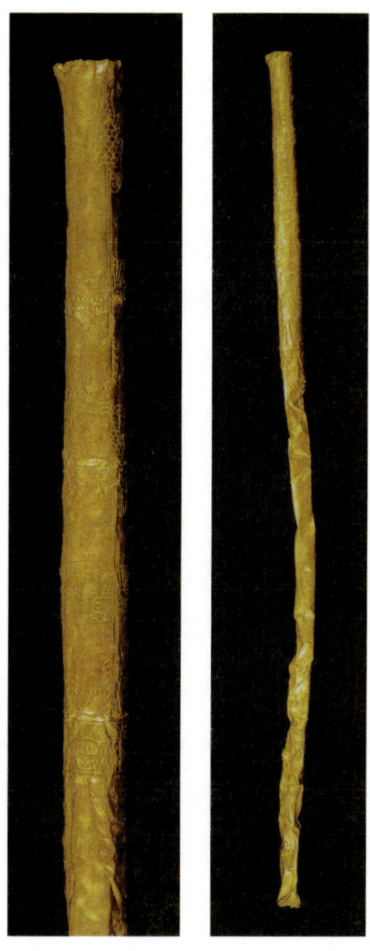

图4-7　三星堆祭祀坑出土的代表最高权力的金杖

关于这根金杖的性质和用途，有的学者认为具有巫术性质，是一种法器，不是实用器。有的学者认为是图腾式的族徽标志。而几位发掘者认为是古代蜀国象征王权的权杖。因为中国夏、商、周三代王朝都用“九鼎”象征国家权力，古代蜀国则以金杖标志王权，金杖成为古蜀王国政权的最高象征物。同时，也从另一方面说明，古代蜀国具有与中原同时期文化不同的来源与内涵。三星堆出土的金杖，是中国境内发现的商代最大、分量最重的金器，表示王权神授、绝无仅有的稀世珍宝，其工艺之精湛，内涵之精深，令人叹为观止。

在发现这根纯金权杖之前，世界考古学界、史学界、文艺界等，许多颇具权威的大佬曾有过定论，认为权杖这样的器物，从其产生的文化背景和文化用途判断，中国甚至整个远东地区都不可能存在。只有中东、近东和西方才有可能出现，或者说这种权杖只是古埃及法老和希腊神话中的万神之祖宙斯的专利品。然而在中国西南地区的三星堆遗址，还是出土了象征王权与神权的金杖。这以无可辩驳的事实，彻底地推翻了原有的那些定论。

金杖出土之后，三星堆器物坑的发掘仍在有条不紊地进行，一件件珍贵器物在考古人员手中相继出土，共发掘清理器物几百件，大体可划分为青铜类、玉器类、石器类、陶器类、海贝类、金器类。

根据出土遗物大都被火烧过，或埋藏前被打碎过，以及器物坑的中间和两边都有坑道等特点，陈德安、陈显丹等考古人员初步断定，这是古蜀人专为诸神崇拜举行仪式所留下的祭祀坑，并在后来撰写的发掘简报中，将此坑正式命名为一号祭祀坑。

突遇二号坑

无独有偶，就在陈德安押运一号祭祀坑出土文物回成都之时，当初挖窑土挖出宝贝的砖厂副厂长又来到考古队驻地，对留守负责的陈显丹道："陈老师，我们的人发现了坑里的东西，这土就没有取成，现在你们东西也挖了，东西也弄走了，这会儿该给我们找个地方挖点土了吧。"

"这满地都是珍贵文物，你要我上哪给你找地方？"陈显丹有些不耐烦地道。

"哎，陈老师，这可是你们许下的愿啊！东西挖出来又弄走了，你们心里舒服了，我们这几十口子人家有父母老小，还等着把砖烧出来换钱吃饭哪！"对方的脸也跟着沉了下来，软中带硬地道。

陈显丹听罢，微微一笑："这个嘛，我们是许过愿，你看这地下到处是文物，如何是好？这样吧，你们在一号坑周边选块荒地把土取了，此事就算彻底了结了。"

"好，好！"副厂长答应着，走了。

8月14日下午，砖厂民工杨永成、温立元二人负责在陈显丹划出的位于一号坑东南约30米处取土。当挖到距地表约1.4米深时，杨永成一锄头劈下去，发出“砰”的一声闷响，杨的手掌与双臂被震得发麻。

“哎哈，啥子东西这么硬？”杨永成不解地自问着。

身边的温立元将头伸过来看了看杨永成刨的位置道：“是不是又碰到铜宝贝了？”

杨永成微微一笑道：“哪会这么巧，要是真的挖出铜人，报告考古队陈老师，可以得到200块钱奖金呢，上次挖的那个坑，‘铜罐’等人就得了钱的。”

“那就快挖下去看看，说不定老天爷真的开眼，好事就让咱俩给碰上了呢！”温立元说着，扬起锄头，用足了力气，“嘿”的一声向下劈去。随着“咔砰”一声脆响，一个如真人头般大小的青铜人面像被刨了出来。

见此情形，温、杨二人先是“啊”了一声，接着瞪大眼睛俯视脚下的土坑。只见刨出的那个青铜人面像，眼睛、鼻孔清晰可见，整个面部花花绿绿的似乎涂了颜色。在青铜人面像之下，有一个硕大的筒状的青铜器也露出了边沿。在其旁边，另有几件青铜器隐约可辨。

图4–8　二号坑器物出土情形

图4–9　纵目人头像破土而出

“哎呀，真的是个宝贝窝子啊，快向陈老师报告吧，晚了，这奖金可就没咱们的份了！”温立元满脸激动地提醒着。

于是，二人迅速将出土的器物埋好，收起工具，争先恐后地蹦到坑外，箭一样向考古队驻地蹿去。

此时已是下午6点多钟。陈显丹听罢，难以抑制内心的激动，转身就向外跑去。其他考古队员听到风声，也跟着向工地飞奔。

现场很快勘察完毕。毫无疑问，这是一个与一号祭祀坑类似的器物埋藏坑。

面对这一突发事件，陈显丹极其冷静、理智地当场做出决定，下令将已暴露的坑口立即回填。当填到预定程度后，在最上层做出几个不同的标记，以防有人在暗中捣鬼，偷偷发掘盗宝，老考古队员戴福森等在坑边看守。陈显丹与川大学生张文彦，分别赴成都和广汉向省、县领导报告，要求正式发掘。

8月21日，举世震惊的考古大发掘正式开始了。

在发掘清理的过程中，发现坑的东南角暴露出一个大型青铜物体的一部分。因这件器物倒置于坑角，高过埋入坑内所有器物而首先露出地面。顺着露出的部分挖下去，是一块两边向里卷曲的光面铜皮。这件铜器宽近1米，下挖至半米时仍不见底部。现场的发掘人员见状无不惊奇莫名。

很快，考古人员将坑中硕大无比的青铜器全部清理出土，这时大家才看清，原来是一个巨大青铜面具，下颌中部已被打破，其中一块吊在嘴边。据陈显丹等现场专家推测，这个面具可能是附在某个建筑物或图腾柱上的图腾标志。

图4-10　三星堆遗址二号坑出土的象牙

图4-11　三星堆遗址二号坑出土的金面青铜人头像

图4-12　三星堆遗址二号坑出土的青铜面具

图4-13　三星堆遗址二号坑出土的金面罩

继大面具出土之后，紧接着，是一根又一根直至数十根象牙面世。在象牙层下方，满坑的珍宝令人目不暇接。高大、精美的青铜尊、罍，装扮各异的青铜人头像，大小不等的人面像，眼睛外突的“纵目”人面像，身躯断开的青铜立人像，以及闪闪发光的金面罩、金面青铜人头像与神奇的铜树等，令人惊诧万分，如坠梦境。那温润的玉环、玉璧、玉璋、玉戈等玉石器，一件件，一样样，犹如打开了蜀国宝库的大门，光彩夺目，令人整个身心如同置于神秘莫测的天宫圣殿与阴阳两界魔窟仙洞之中。

史影里的古蜀国

唐朝开元天宝年间，诗人李白曾发出过这样的浩叹：“蜀道之难，难于上青天。蚕丛及鱼凫，开国何茫然。尔来四万八千岁，不与秦塞通人烟……”由此可知，这两位名字叫蚕丛和鱼凫的古蜀开国之君，在建立国家的时候是何其茫然混沌，令后人难以猜测。

据历代史家不断对古蜀人留下的蛛丝马迹考证，古蜀国滥觞于夏商之际，灭于战国晚期，前后相继达1600年之久。共经历了蚕丛、柏灌、鱼凫、杜宇、开明等数代王朝。从流传的文献资料看，古蜀立国的国名与传说中最早驯化野蚕有关。另外，有的学者根据殷商甲骨文考察，认为“蜀”字的造型不仅与蚕有关，而且也与龙和蛇之类的动物有关。甲骨文中的“蜀”字写作“”，其面部长着像螃蟹一样的眼睛，长长的眼球突出于眼眶之外，与三星堆两个器物坑出土的纵目面具极其相似。而下面弯曲的“虫”身则与甲骨文中的“龙”（）、“虫”（）、“蛇”（）的写法相近。因此，三星堆两个器物坑的发掘者陈显丹等学者提出，不能简单地理解“蜀”字下面的“虫”字，从三星堆纵目人面像上铸造的卷曲身体来看，“蜀”字下面的虫身亦可理解为龙身或蛇身。

那么，以蚕命名的蜀族的历史是如何开始的呢？这个久远的创世纪的起源问题同其他一切民族一样，只有借助于传说和神话并结合考古资料才能进行一个大概的诠释。

开国何茫然

在传说中，自很久以前的盘古开天辟地之后，在中国大地上相继出现了3位分别掌管天地人事的天皇、地皇和人皇。而当时的天下被分为青州、雍州、冀州、梁州、兖州、徐州、扬州、荆州、豫州九大州。现四川区域在当时属梁州和冀州管辖之内。其三皇中的人皇氏有兄弟9人，分别执掌天下九州。在人皇的后裔中有个叫黄帝的人。此人“生而神灵，弱而能言，幼而徇齐，长而敦敏，成而聪明”，智勇双全，威力无比，属于古代神话传说中的大腕级人物。这位黄帝自小脑后就生有反骨，并有发动政变争做天下共主的野心。成年后为实现这个野心，真的发动政变并率部与其他部落开始四处争夺地盘。就在相互征伐厮杀的混战中，黄帝率领手下的男兵强将打败了不可一世的蚩尤，统一了黄河流域广大地区，成为华夏民族的始祖。

按文献通常的说法，黄帝在今四川茂州叠溪这个并不太出名的地方，娶了蚕陵氏之女嫘祖为妻。这个称为嫘祖的女娃，小名叫邛，又名皇娥，不仅美丽，还是一个了不起的大发明家。她15岁时就发明了一种养蚕织锦的方法，是整个人类社会在这方面有资格获取专利证书的第一人。依据“老子英雄儿好汉”的遗传基因，无论在哪个方面都很酷的黄帝和嫘祖结合后，很快生下了两个称得上是人杰的英雄儿子，分别取名青阳、昌意。这两个儿子后来都被派往今四川之地，开始了工作、生活和战斗的光辉历程。老大青阳降居在今四川西北地区的湔江一带，后与当地女子婚配。

老二昌意降居在今四川西部的雅砻江一带，后与居住在今茂县与汶川之间的蜀山氏之女产生了爱情并结婚。生有一子，取名颛顼。后来，颛顼与另一个草莽英雄共工争夺天下共主的位子，并将共工击败于不周之山，总算如愿以偿地坐上了第一把交椅。颛顼死后，托变为北极星，他的子孙后代仍封于蜀，世世代代相传为王。

关于以上这个远古传说，司马迁在《史记》中曾做过这样的记述：“黄帝居轩辕之丘，而娶于西陵氏女，是为嫘祖。嫘祖为黄帝正妃，生二子，其后皆有天下。其一曰玄嚣，是为青阳，青阳降居江水；其二曰昌意，降居若水。昌意娶蜀山氏女，曰昌仆，生高阳，高阳有圣德焉。黄帝崩，葬桥山。其孙昌意之子高阳立，是为帝颛顼也。”按《史记·五帝本纪》索引的说法，司马迁所提到的江水、若水，据考证皆在蜀地，可见玄嚣与昌意都与蜀这个地区有着紧密联系。

颛顼崩亡后，虽然肉身已如草木一样枯萎衰败了，但他还是非常想念自己曾工作、生活和战斗过的四川盆地，梦想那已失去的天堂，在不甘和极不情愿的追思中，又来了个灵魂附体，摇身一变成为一条蛇悄悄地爬回了蜀地。后来又将档案中的颛顼帝偷偷篡改为一个年轻的鱼凫的名字，从而蒙混过关，重新当起了蜀国的国王。这个故事见于《山海经·大荒西经》。原文这样叙述道："有鱼偏枯，名曰鱼妇（凫）。颛顼死即复苏。风道北来，天乃大水泉，蛇乃化为鱼，是为鱼妇。颛顼即复苏。"在这短短的记述中，作者提到了两次，说鱼妇（凫）就是颛顼死后复活变化而来的。在这个变化过程中，当然还有一些奇特的天象异兆相伴并出，以显示其神秘和不可知性。除《山海经》外，这个故事还被收入《吕氏春秋》《大戴礼记》《史记》等典籍，可见颛顼变鱼凫之事流传之久远。

在系统记载蜀地传说的作品中，西汉时蜀人扬雄所著的《蜀王本纪》时代最早，也更接近事实本身。其书有云："蜀之先称王者，有蚕丛、柏灌、鱼凫、开明，是时人萌（民）椎髻左言，不晓文字，未有礼乐。从开明以上至蚕丛，积三万四千岁……"

据后世学者考证，四代王的总年数显然不正确，应是不断传抄流传过程中出现的讹误，因而后来的《太平御览》在引用此段时就做了一番煞费苦心的考证，并根据考证结果改为"从开明以上至蚕丛凡四千岁"，比原来的记述一下子缩短了三万年。

除《蜀王本纪》外，另一部还基本完整地记载四川古代历史的文献著作，首推东晋常璩的《华阳国志》。在这部著作的《蜀志》部分中，常璩论述道："蜀之为国，肇于人皇，与巴同囿。至黄帝，为其子昌意娶蜀山氏之女，生子高阳，是为帝喾。封其支庶于蜀，世为侯伯。历夏商周……周失纪纲，蜀先称王。有蜀侯蚕丛，其目纵，始称王。死，作石棺、石椁，国人从之。故俗以石棺、椁为纵目人冢也。次王曰柏灌。次王曰鱼凫……”

《蜀王本纪》和《华阳国志》均称有关蜀国的开国领袖为蚕丛氏，只是活动的具体年代与地域没有明确记载，仅《古文苑·蜀都赋》章樵注引《先蜀记》说：“蚕丛始居岷山石室中。”唐代卢求《成都记》也曾说过“蚕陵，即古蚕丛氏之国也”。两书所记蚕丛氏活动的地区大体相符，可见蚕丛氏主要活动在今茂汶一带。自20世纪30年代以来，茂汶一带发现了大量的古代民族墓葬。这是一种被考古学家称为“石棺葬”的特殊墓葬。当地流传有羌人住居的传说，而同样流传着的还有在羌人未到来之前，该地居住着被称为“戈基”的居民。据称，他们的生理特征是“纵目”“有尾”。这些戈基人后被从北而来的羌人打败而迁走，留下了大量的“石棺葬”。这段史实反映在羌族最早的史诗《羌戈大战》和《嘎尔都》中。按照这两部史诗的说法，作为原生长在青海高原上的游牧民族的羌人来到岷江河谷后，受到了先在此处定居的戈基人的驱赶与顽强抗击。为了争夺这块肥沃的地盘，并在此长久立稳脚跟，羌人与戈基人展开了争夺大战。

据《嘎尔都》这部史诗所说，当羌人战胜戈基人后，双方首领歃血为盟，保证今后互不侵犯，共同开发利用岷山河谷。从此两个民族不断融合，逐渐形成了日后庞大的蜀山氏部落群和后来雄霸一方的古蜀王国。在今茂、汶一带有关石棺葬的传说，与上述史诗的内容基本相合，也与前引蚕丛氏“石棺石椁为纵目人冢也”的记载相合，蜀人来自羌人的演变并在岷山一带繁衍生息确有一些事实的影像可供观瞻，只是其年代难以考证。

当然，蚕丛氏并没有永久地在汶川一带生活，张守节《史记·正义》引《谱记》有“蚕丛国破，子孙居姚、嶲等处”一语，已明确透露出后来的境况。只是作者未加以说明这个蚕丛国何以被破和被谁所破，从而留下了一个悬而未决的谜团。后世有的学者认为是被殷商王朝所破，有的说是为周武王所破，有的说是由于内乱被自己人所破，也就是说堡垒是从内部攻克的。但不管以何种原因，被哪家从内部还是外部所破，以蚕丛为领袖的方国曾遭遇过残酷的战争是可能的。正是由于这场血腥味颇浓的战争，蜀人被迫开始了大规模的流亡与迁徙。

按照《华阳国志》等史籍的说法，蜀族的首领自开国鼻祖——蚕丛之后，接下来是柏灌，再接下来是鱼凫。但这个鱼凫王好景不长，后来也同他的祖宗蚕丛一样，演出了一场国破族亡的悲剧。有关这场悲剧的原因亦有多种说法，就古籍记载而言，只是寥寥数语，可做如下排列：

《蜀王本纪》："鱼凫田于湔山，得仙，今庙祀之于湔。"

《华阳国志》："鱼凫王田于湔山，忽得仙道，蜀人思之，为立祠。"

《太平御览》卷八百八十八引《蜀王本纪》："（鱼凫）王猎至湔山，便仙去，今庙祀之于湔。"

鱼凫国破之悲剧发生的真正原因，有史家说鱼凫王是被从南边来的杜宇王率部所灭。有的说是在岷山河谷为了争取更大的生存空间，鱼凫王率领部族在湔江与当地濮人不断发生战争，因"时蜀民稀少"，终于战濮人不过，被对方强行驱逐出境，便有了后世史家"得仙""忽得仙道""仙去"的记述。还有一种观点认为，鱼凫国破的根本原因，是与发倾国之兵参与周武王伐纣而遭到了周的暗算有关。这一问题历代学者争论了几千年仍没有得到一个圆满的结论，不过对鱼凫国破这一事件还是公认的，既然鱼凫国破并已不再为王，那下一步就该轮到杜宇王粉墨登场了。

年年啼血动人悲

有关杜宇王的事迹，《太平御览》卷一百六十六引《蜀王本纪》在叙述完鱼凫得道成仙之后，接着说道，"后有一男子名曰杜宇，从天堕，止朱提。有一女子名利，从江源井中出，为杜宇妻。乃自立为蜀王，号为望帝，移居郫邑"。

《华阳国志》云：“后有王曰杜宇，教民务农，一号杜主。时朱提有梁氏女利，游江源。宇悦之，纳以为妃。移治郫邑，或治瞿上。七国称王，杜宇称帝。号曰望帝，更名蒲卑。自以功德高诸王，乃以褒斜为前门，熊耳、灵关为后户，玉垒、峨眉为城郭，江、潜、绵、洛为池泽，以汶山为畜牧，南中为园苑。会有水灾，其相开明，决玉垒山以除水害。帝遂委以政事，法尧舜禅授之义，遂禅位于开明，帝升西山隐焉。时适二月，子鹃鸟鸣，故蜀人悲子鹃鸟鸣也。”

其实，常璩弄出的那个所谓鱼凫王“忽得仙道”与杜宇帝“升西山隐焉”的故事，实际都是被迫移交政权，与“尧幽囚，舜野死”之说相似。现代研究表明，氏族公社时期的首领是由群众推选交替的，不一定是由本人主动择人授权，更没有父死子承的事。不过群众归心的人，必然是本氏族内的人，只有发展到几个氏族联合建成一个公社时才会有氏族交替的事情出现。可以想象的是，杜宇能教农，就会受大众拥戴，前酋长不能不退位。后来的开明能治水，又会受大众的拥戴，杜宇亦不能不退位，退位是他们必然的归宿，所以杜宇到了晚年便大权旁落了，只是在旁落之后，较前几位国王更加悲壮和令人怜悯罢了。

那么，杜宇的位子是如何被挤掉的呢，挤掉之后又是怎样的一种命运？

据《蜀王本纪》载：“望帝（杜宇）积百余岁。荆有一人名鳖灵，其尸亡去，荆人求之不得。鳖灵尸随江水上至郫，遂活。与望帝相见。望帝以鳖灵为相。时玉山出水，若尧之洪水，望帝不能治。使鳖灵决玉山，民得安处。鳖灵治水去后，望帝与其妻通。惭愧，自以德薄不如鳖灵，乃委国授之而去，如尧之禅舜。鳖灵即位，号曰开明帝。”

后世有学者解释，谓《蜀王本纪》文中之“尸”字，与殷墟甲骨卜辞中“尸方”之“尸”相同，与“夷”“人”音同字通，从而把故事中“死而复活”的神话色彩冲刷殆尽。很显然，这个叫鳖灵的人是怀揣着一种不可告人的目的由楚国来到蜀地，并演绎出一连串精彩故事的。

关于鳖灵来自何处的问题，有些学者释荆为楚，但现在看来此“楚”不应当是楚族而是楚国，也就是说鳖灵是从楚国入蜀的。而他为何要由楚国入蜀，是否只身亡命入蜀等，又是后世学者试图解开的一个谜团。有学者根据鳖灵在当了蜀王之后，便自号为开明氏这一点推断，认为其不会是只身入蜀，必有家族若干人同来。来蜀的原因，最大可能是鳖灵随着政治野心的膨胀，策划指挥了一场政变，在这场政变中举邑叛楚。由于不可避免地要受到具有强大军事力量的楚国皇家军队的讨伐，鳖灵的叛乱同样不可避免地要以失败告终。在败局已定，或者在败局未定之前鳖灵就做好了潜逃的准备。大敌当前，鳖灵在做了种种伪装后，率族人躲过了楚国军队的围追堵截，一路辗转到达蜀国。当时的蜀国之王，实际只掌管川西大平原的黄土丘陵地区。平原以外的山区部落，只是蜀国的附庸，只有经济联系，并非政治隶属。在这种情况下，鳖灵率族人到达蜀国后，先在今乐山市地面立稳脚跟，当渐渐解除了后顾之忧后，才到郫邑去晋见杜宇。这样说的证据是，《水经注》南安县云“县治青衣水会，襟带二水矣。即蜀王开明故治也”。足见鳖灵当年不但率族奔蜀，而且还在今乐山市一带建成过蜀国的附属部落。当鳖灵来到郫邑之时，便抓住蜀国君臣面临的最紧迫也最头痛的水患问题，用楚人治理云梦泽之法游说杜宇。

就地理位置而言，当年杜宇所管辖的成都平原是个冲积、洪积平原，西北高，东南低，地面平坦，坡降3%到5%的幅度。岷江上游每当春夏山洪暴发之际，自灌口汹涌冲出，弥漫整个平原地区，故地表堆积物不断增厚。东部一般厚30米，西部则厚达100米，最厚处300余米。现代考古学家在平原地区所发现的古文化遗存多在地表以下，正是这种原因所致。当年这种洪水四溢，到处奔泻的状况严重妨碍了居民们的生产与生活。鳖灵来自水灾频繁的江汉平原长江沿岸地区，此地的文化与较偏僻的蜀地相比，当更加发达和进步，这里的人通过不断对长江水系与云梦泽的治理，早已积累了丰富的防洪排涝经验。当鳖灵到达成都平原时，目睹了洪水之灾，而杜宇王朝又苦于无法治理。在这种情况下，鳖灵的适时来访，很容易被对方接纳并授权于他，使其率族并许调动部分蜀民治水。心怀阴谋和梦想的鳖灵巧借这一历史性契机，大显身手，在深山密林中“决玉山”以开沟通渠，使高地的洪水得以畅通并分流到大江大河之中。按《水经注·江水》所载：“江水又东别为沱，开明氏所凿也。”也就是说当年是鳖灵率人开渠引岷江水入沱江以达到分洪的目的，为了使沱江畅流，鳖灵再率部族与蜀人凿金堂峡，让更大规模的洪水得以宣泄，从而达到了“民得陆处”的可喜成果。

当治水成功、水患消除之后，国人的生产和生活都安定下来，鳖灵自然得到了人民大众的爱戴，成了功德昭著、威望兴隆、如日中天的英雄人物。相比之下，老蜀王杜宇则有些猪八戒照镜子——自找难看，里外不是人了。在这种强大落差和鲜明对比下，鳖灵取代杜宇已是大势所趋，只是选择什么时机和采取什么方式的问题了。于是，鳖灵在一帮幕僚和他老婆的紧密配合下，弄出了一个天下皆知的桃色事件。这一事件就是《蜀王本纪》记载的杜宇趁鳖灵外出治水之机，跟鳖灵的夫人行通奸之事。

其实，所谓杜宇这一“风流韵事”，在当时的华夏君臣父子之间实在是屡见不鲜，如把这种事情放到“西僻戎狄之国”的小邦之中，更是如同喝一碗凉开水那般平常。但由于此时国人从心理上已抛弃了老迈无用、腐败无能且面目丑陋的老男人杜宇，而像墙头上的乱草一样，随着疾风的吹来全部倒向了意气风发、豪情满怀的新领袖鳖灵，老蜀王杜宇也就随之沦落到无人问津的境地了。国人的这种集体有意识或无意识的倒戈，正好落入了对方事先设好的圈套，从而引发了倒杜的热潮。于是在鳖灵的胁迫、群臣的劝诱以及天下百姓的叫骂、责难中，杜宇交出了蜀国最高的权力。从此，杜宇从豪华的王宫中突然蒸发，仓皇出逃到野外的深山密林，躲在一个密室里，当起了亡国之君。而鳖灵以胜利者的姿态登上了蜀国的政治舞台，成了新一代领导人，开始了新一轮治国安邦的伟大事业。

杜宇流亡之后，沉浸在痛苦中不能自拔，越来越觉得自己受了冤枉和委屈，尤其是被自己的人民所误解，更加重了他内心的痛苦与悲哀，不久便在极度的悲愤、忧郁中死去。杜宇死后化为一只杜鹃鸟居住在岷山之中，每逢阳春三月，就张开翅膀飞到蜀人中间，字字血、声声泪地不住呼喊着“没干，没干，我没干……”

在他如泣如诉的呼唤声中，蜀国人民渐渐从迷惘中觉醒，顿悟这杜宇与鳖灵的夫人并无行苟且之事。蜀国黎民百姓也对自己过去的言行表示悔悟，不禁思念起这位当年曾带领大家兢兢业业地从事农耕，勤劳致富奔向美好生活的老国王来。为此，《蜀王本纪》曰：“望帝去时，子规鸣，故蜀人悲子规，鸣而思望帝。”《太平寰宇记》引《蜀王本纪》说：“望帝自逃之后，欲复位，不得，死化为鹃，每春月间，昼夜悲鸣，蜀人闻之曰：‘我望帝魂也。’”由于这段意外插曲，后世留下了“子规（杜鹃）夜半犹啼血，不信东风换不回”“杜宇冤枉积有时，年年啼血动人悲”等诗句。几千年来，人们借着这些诗句，对杜宇这个饱受误解的流亡国王，表达伤怀之情。

古蜀国的覆亡

鳖灵取代杜宇成为新的蜀王后，仍定都郫邑，号开明，又号丛帝，建立了开明王朝，其“后世子孙八代都郫”。今郫县境内仍有蜀人为纪念杜宇和鳖灵修建的祠堂，名曰“望丛祠”。望丛即望帝与丛帝之意，可见杜宇、鳖灵在蜀人心目中已有明确的先后排序的君王地位。按史书记载推知，鳖灵上台建立开明王朝在公元前666年左右，相当于春秋中期。此后的300多年间，是古蜀王国发展的重要阶段，也是最为辉煌的时期。在这种辉煌荣光的照耀下，开明王朝最终完成了古国—方国—帝国的转变。

从历史的角度看，与杜宇相比，鳖灵显然是一位更富远见和更有作为的政治家。他刚一上台，就从血腥的宫廷斗争的旋涡中拔出，将主要精力迅速转移到开疆拓土、建功立业方面上来。他亲自统率他的儿子和部族将士南征北战，东伐西讨，很快打拼出一块比杜宇时代辽阔几倍的疆域，并将周边各部族更紧密地联合到以自己为中心的蜀国阵营中来。到了春秋战国交会的时代，蜀国已是雄踞西南的一个幅员辽阔的泱泱大国了。也只有到了这个时候，其疆域才形成了真正意义上的“东接于巴，南接于越，北与秦分，西奄峨嶓”的辽阔局面。

据《华阳国志》载：鳖灵渐老之后，不能再亲自统兵征战，便把王权授予自己的儿子卢帝，令其继续展开对周边国家的攻伐。为了从强秦手中夺取更多的地盘，卢帝按照老子的愿望，率领蜀国大军出师北伐，并一度创造了司马迁所记载的“攻秦至雍”的辉煌战果。

雍在今陕西凤翔，是当时秦国的首都。蜀国在杜宇时代虽然取得了“以褒斜为前门”的势力，但毕竟还没有跨过秦岭。而此时的秦国正是春秋五霸之一秦穆公在位，综合国力处在急剧上升阶段，出现了“并国三千，开地千里，遂霸西戎”的大好局面。就是这样一个处于强势进攻姿态下的秦国，竟被开明氏率领的蜀军一气攻到了都城，蜀势之强劲也就不难窥知了。正是凭着这样的气势与实力，开明王朝最终奠定了“据有巴蜀之地”的大国地位，并在战国初年相当长的一个历史时期内，与在西北部崛起的强秦保持了国与国之间的平等又相互制衡的关系。《华阳国志》曾曰：“周显王之世（公元前386年—公元前321年），蜀王有褒、汉之地。”这说明开明二世的地盘已到了汉中接近咸阳了，蜀国的鼎盛气象由此可见。

这种英勇豪迈、气吞山河的气象延续到开明十二世时，整个蜀国已看不到长江后浪推前浪的盛景，而是一派江河日下、风雨飘摇的颓败之象了。相反的是，北部的秦国自商鞅变法之后国富兵强，实力迅速增长，已成为地方数千里、带甲百万众的头等强国。在这种欣欣向荣的局面下，秦国君臣滋生了荡平天下、统一宇内的野心，从而不断向外扩张。就当时的情形论，经济、文化已经高度发展的中原固然是诸国争夺的焦点，但具有重要战略地位的巴蜀同样也是秦国要铲平的对象。于是秦国君臣制定了一方面东击三晋，另一方面图谋汉中、兼并巴蜀的战略决策。在如此严峻的形势面前，蜀王非但不痛改前非，亡羊补牢，采取应对补救措施，以挽救大厦之倾斜，挽狂澜于既倒，反而搞得朝廷上下内讧不断，鸡飞狗跳，四方百姓怨声载道，甚至揭竿而起，公然与朝廷分庭抗礼。蜀国的灭亡已成不可逆转的潮流了。

随着蜀王越来越贪恋酒色，倒行逆施，以及朝廷内外乱象纷纭、政局动荡的加剧，许多“灾异”之说也跟着在朝野内外蔓延开来。据《华阳国志》载：开明十二世时，武都出现了一个由男人变成的女人，既美丽又妖艳，其实是山精变来的，蜀王便将其纳为后妃。或许因为这“人妖”有着男人和女人都缺少的万种风情，末代蜀王将三千宠爱集于她一身，对其百般迷恋，以至她死后还要为其大张旗鼓地做个纪念碑式的形象工程以作永久怀念。

周显王二十二年（公元前347年），蜀王派使者朝秦，秦惠王为达到彻底灭亡蜀国的目的，利用蜀王贪图美色和金钱的弱点，用计引蜀王落入自己的圈套，让其为秦国入侵军队开道，终使蜀国覆亡。关于这个圈套的具体情形，《水经·沔水注》引来敏《本蜀论》记载：“秦惠王欲伐蜀而不知道，作五石牛，以金置尾下，言能屎金。蜀王负力，令五丁引之成道。秦使张仪、司马错寻路灭蜀，因曰石牛道。”

这个离奇的故事当然不可能是历史的真相，但后人会从这“春秋笔法”的记载中看到一个历史真相的轮廓。这个轮廓显示的是秦人用计从蜀人那里得到了伐蜀的必经之路这一至关重要的军事情报。既然石牛道的情报已被虎视眈眈的秦人所掌控，处于优势地位并呈战略进攻姿态的秦军伐蜀已成为水到渠成的事情，剩下的问题就是寻找师出有名的借口和最佳的进攻时日了。

周慎靓王五年（公元前316年）秋，秦大夫张仪、司马错、都尉墨等统领大军开始沿石牛道一路往南，杀气腾腾地向蜀地扑来。此次征伐的目的正如秦国重臣司马错、田真黄等臣僚所言：“蜀有桀、纣之乱，其国富饶，得其布帛金银，足供军用。水通于楚，有巴之劲卒，浮大舶船以东向楚，楚地可得。得蜀则得楚，楚亡而天下并矣。”这就是说，伐蜀不仅可以得到巴蜀地区富饶的物资、充足的人力，而且还可以取得一块东向伐楚的重要基地。这一高瞻远瞩、避实就虚的策略，为秦惠王所赏识，并终于做出了南下伐蜀的具有重大历史战略意义的决定。

蜀王派五丁力士所开的石牛道，由今陕西勉县西南越七盘岭进入川境，至今广元朝天驿入嘉陵江河谷，是历代由汉中入蜀的主要交通大道。面对秦国大兵突至，蜀王得知消息后仓促下令应战，并亲自率兵在葭萌（治今广元市老昭化城）迎击。想不到两军初一交手，蜀军大败，丢盔弃甲退至武阳（治今彭山），蜀王在溃败中被秦军所杀（《蜀王本纪》作获之）。蜀的丞相、太傅和太子都败死于白鹿山（今彭州市北30公里）。

据司马迁的记载，“冬十月，蜀平。贬蜀王更号为侯”。灭蜀之后，“（张）仪贪巴、苴之富，因取巴，执王以归”。

后来的史实证明，司马错等人的战略决策是完全正确的。蜀国灭亡，出现了“蜀既属，秦益强，富厚而轻诸侯”“秦并六国，自蜀始”的政治战略格局。

秦统一巴蜀之后，初立巴、蜀二郡，后分巴、蜀二郡再置汉中郡，共3郡31县。自此，北至秦岭，东至奉节，南至黔涪，西至青衣，包括今阿坝、甘南、凉山等州部分，以及鄂西北在内的广阔地区，都置于秦的郡县制度统治之下。继之，秦国的制度政令逐步推行到巴蜀地区，促使青铜时代的古蜀文明，逐步融汇于铁器时代的中国文明之中。

旧的古蜀王国死去了，一个新的大一统时代到来了。

是人头还是兽面

既然古蜀的历史已有了一个雾中楼阁般、隐隐约约的转承组合系统，下一步就要看三星堆遗址两个祭祀坑出土的文物，是否与这段历史和这个系统相匹配。也就是说，这些文物与古蜀历史上的蚕丛、鱼凫、柏灌、杜宇、开明等为王的时代有无内在的关联。如果没有，当作别论；如果有，属于哪个时代，相互间是一种怎样的关系，如何对号入座，并找到自己的最佳搭档等。

1987年5月26日，经四川省考古研究所修复专家杨晓邬等人的共同努力，对三星堆遗址一、二号祭祀坑出土器物进行了清理和修复工作。按照四川方面的规定，此次修复的器物主要是受到社会各界特别关注的青铜大立人像、大面具、纵目人面像、青铜人头像以及尊、金杖等器物。通过各方修复专家的密切配合与通力合作，修复进展顺利，在4个多月的时间内，就将两个祭祀坑出土的保存较好的主要文物，最大限度地恢复了原貌。

三星堆遗址两个祭祀坑共出土了54件青铜纵目人像及面具。这些面具看上去奇特古怪，整个造型似人非人、似兽非兽，因而两坑的发掘主持人“二陈”在共同撰写的《发掘简报》中，最早把这批器物称为“青铜兽面”“纵目兽面像”“青铜纵目兽面像”等。这一提法公之于世后，很快受到了张明华、杜金鹏、高大伦等学者的质疑，并认为这些面具的形象压根就不是兽，而是活灵活现的人，应该称作“人面像”才合乎事实本身。这种面像的形式是从河姆渡文化的太阳神徽、良渚文化的祖神徽演化而来并更加图案化和人形化的。著名考古学家杜金鹏

图4-14　修复出土器物

还指出，良渚文化里的一件所谓“兽面纹”的上半部，原本就不是什么鬼兽，而是一个明显戴皇冠的人的形象。学者高大伦认为杜氏的这一说法更合乎历史的真实，并进一步补充说这种人面是从河姆渡“双鸟负阳图”演化而来。这个观点得到了许多学者的认同，因而为“二陈”最早所称的“兽面”变为“人面”，做了阶段性的、更加符合理性的诠释。

在这些人面像中，有的两个眼角向上翘起，如同竖眼一般；有的眼球向外高度突出，如同战场上的指挥员架上了现代化的俄罗斯高倍望远镜。如在二号坑发现的15件人面像中，均为半圆形，根据形态可分为3个型号，其中造型最神奇怪诞的就是那件被当作古蜀王“背椅”或“宝座”，并轰动一时的眼球向前突出16厘米的巨大青铜面具。

关于这件通高65厘米、面部至两耳尖宽138厘米的纵目面具的性质，有的学者开始把这件器物往已大体划定的历史框架中乱装猛塞，并根据《华阳国志·蜀志》中“有蜀侯蚕丛，其目纵，始称王”的记载，认为这就是蜀人的始祖神——蚕丛的影像。文献记载中所谓的“纵目”，应是古代蜀人对自己祖先形象的追记，即采取极度夸张的艺术手法塑造的蚕丛纵目的图腾神像。这一形象，是人类对自然界和自身的认识尚处于原始水平时期，对其祖先神化加工的生动写照，就犹如女娲造人以及伏羲女娲人首蛇身的传说形象一样。

有学者根据《山海经》所谓天神烛龙“直目正乘”的记载，认为这件青铜纵目面像并不是什么所谓的古蜀始祖——蚕丛，而很可能就是《山海经·大荒北经》中记载的“烛龙”。这部古代地理名著，除记载民间传说中的地理知识外，还保存了许多远古的神话传说。如在一段故事中这样说道：大约在距今6000年前，西北方的钟山上有一条巨龙，它的身躯很长很长，一伸腰就能达到千里之外。它的样子很怪，浑身通红，虽是蛇身，却长着人的面孔，但眼睛不是横着长，而是竖立起来。

这个人面蛇身的怪物经年蜷伏在钟山脚下一动不动，不吃、不喝、不睡觉，也不怎么呼吸。但只要它什么时候想起来呼吸，普天之下就会立即刮起飓风，搞得飞沙走石，日月无光，弄不好还会像当今的原子弹爆炸一样，造成房倒屋塌、天崩地裂的恐怖局面。不仅如此，这家伙的眼睛又大又亮，一睁眼就能把天外的阴极之地全都照个通亮，这个时候的天外就变成了白天。待它一闭上眼睛，天外立刻又成了伸手不见五指的黑夜。只要它吹口气，天外就立刻会变成狂风呼啸、冰雪漫天的寒冬。它只要轻轻地吸口气，天外又变成了炎炎似火、酷热难忍的夏天。真可谓达到了通天入地、偷天换日的神奇境界。由于它能像蜡烛一样发出光亮，人们便称它“烛龙”。又因为它能照亮天外阴极之地，所以又叫它“烛阴”。

烛龙的眼睛何以如此厉害？《山海经》说它“直目正乘”。“正乘”之意，语焉不详，历来颇多分歧，但对“直目”，大多数注家都赞成晋代学者郭璞的说法，即“目纵”之意。从“烛龙”的眼睛联想到三星堆二号坑出土的这件特大号青铜人面像，有的学者便开始颇为自信地认为，这就是烛龙“直目”的真实写照，也是三星堆遗址为什么在出土的器物中有不少龙的形象的原因。如出土的大型青铜立人像左衽上的龙、青铜爬龙柱形器上的龙，以及青铜神树复原后上面那条长达3米多长的巨型盘龙等，都应与烛龙这个神物有关。

另据当代学者王兆乾等人的研究，认为神话传说中的火神、光明之神和南方之神祝融音读与烛龙相近，因而烛龙又可视为祝融。也有学者认为三星堆二号坑出土的十几件眼球突出的青铜人面像，既不是烛龙，也不可能是祝融，就是传说中的蚕丛及其部族的高级官员。

当然，考古人员还注意到一个不可忽视的事实，和这个被称为蚕丛影像的蜀人老祖宗同时出土的，还有一件鼻梁上装配有“龙”或“蛇”的青铜纵目人面具，此件器物堪称整个出土青铜器群中的绝品。这件面具宽78厘米，通高82.5厘米，在额正中的方孔中，补铸有高达68厘米的夔龙形额饰，耳和眼采用嵌铸法铸造，角尺形的一双大耳朵向两侧充分展开。最奇特的是一双

图4-15　青铜纵目面具

眼睛，呈柱状外突的眼球向前长伸约10余厘米。鹰钩鼻子，大口微张，舌尖外露，下巴前伸。出土时尚见眼、眉描有黛色，口唇涂有朱砂的印痕，估计应是这个青铜家族的一位高级神灵。

由于这件文物在构思和制造过程中都被赋予了极具伟大的天才的想象力，使它在各类面具形象中异军突起，光芒四射。尤其是额上那道长长的直立的冠饰，犹如一道灿烂夺目的旗帜，壮美挺拔，迎风招展。只要站在它的面前，似能听到“哗哗”摆动的天籁般神圣高洁的声音。而那完美的造型设计以及精湛的制作工艺，又使这件器物显得威震四座，气盛八方，凛凛然有天神空降人间的神秘震撼之感。如此大胆狂放，具有穿越时空的丰富想象力的造型艺术，不只是在蜀地前所未见，即便是与中原乃至整个世界同期的青铜艺术相比也是闻所未闻，前所未见的。

举世无双的青铜巨人

三星堆出土文物修复后，曾在北京故宫搞过一次展览，布展人员特地将一件形体高大的青铜立人像安排在整个展厅的中央位置。

这件青铜立人像出土于二号器物坑的中层，身高122厘米、冠高10厘米，连座通高达2.62米，重180多公斤。出土时从腰的下部断为两截，下层方座底部残损。经修复专家杨晓邬妙手回春的修复，基本保持了原貌。据陈德安等考古学家推断，此像铸造历史距今已有3000多年。如此巨大的青铜人像，在中国出土的商周器物中可谓前无古人，其精湛的铸造工艺，也为中国美术史和青铜冶铸史所罕见。这尊青铜立人像不仅填补了中国青铜文化在这方面的一项空白，而且就时间论，比古希腊的德尔菲御者铜像、宙斯或波塞冬铜像还要早四五百年以上。即使在古埃及等世界文明古国中，也从未发现时间如此久远、体量如此巨大的青铜人像。1972年，在意大利亚契市海湾发现了两尊希腊青铜武士像，使整个欧洲为之狂欢。14年后，三星堆大型青铜立人像横空出世，使整个世界为之瞩目，并再度引起了全人类心灵的强烈震撼。这是迄今为止中国发现最大的远古青铜人像，也是世界上同时期古文化遗存体积最大、艺术水平最高的罕见的绝品之一，是中国乃至整个世界青铜艺术发展史上的一座无法逾越的奇峰。

图4-16　青铜大立人出土场面

图4-17　青铜大立人像

从外观上看去，这件罕见的青铜大立人像，身躯修长挺拔，头戴回纹筒形高冠，身穿窄袖与半臂式套装三件，前裾过膝，后裾及地，长袍上阴刻两组龙纹。有专家推测，这套打扮可能就是商代祭祀时穿着的“衮冕服”。大立人的左肩向右斜挎一条“法带”，目光炯炯，直视天下。小腿和手腕上戴有镯子，赤脚，一双大手做“掐指一算”状，透视出神秘威严、变幻莫测、法力无边的魔力，大有视天下苍生如草芥、揽天下沉浮于股掌之中的气势。在3000多年以前，中国古代的君王都具有多重身份，既是号令天下的一国之君，又是统率全国大、小巫师的群巫之长。这个国君平时做一些统治国家，压榨剥削劳动人民的事情。战时则统率三军出征，用劳苦大众的鲜血保住他的统治地位。如遇天灾人祸或祭祀祖先、社祭、军祀时，则亲自出马，举行隆重的祭礼，以保统治阶级的地位平安与迷惑人民大众不要揭竿而起，毁了自己的安宁与幸福。基于这样一个历史事实，有学者认为这尊立人像代表的是政教合一的领袖人物，也就是蜀王兼群巫之长的形象。

也有学者认为这一青铜大立人像，应是宗庙内祭祀先王及上帝特设的偶像，其作用是沟通天地，传达天神的旨意。著名考古学家俞伟超在大立人像赴北京展出之前，于四川省考古研究所修复现场，对这件刚刚修复完成的器物亲自做了考察后，对陪同的林向、赵殿增、陈德安、陈显丹等三星堆的发掘者与研究者们曾这样说道：“大铜人站在祭坛上，大家都会推测他是一个神祇。但究竟是什么神祇，似乎难以琢磨。我看，如果把大铜人双手所持之物的原来面貌弄清楚，则神祇的属性就容易搞明白。这个铜立人双手皆握成圈状，握的方向又表示出所持为一长形物品。如做仔细观察，其双手所握之物的断面大体呈方形。在当时存在的物品中，只有琮的形态与这种情况最为符合。由此可推测，铜人双手原持一大琮，如为玉琮，则埋藏时可能取下而置于他处，如为仿玉木琮，则就会因腐朽而不存了。三代之时，礼天用璧，祭地用琮。铜立人既然手持大琮，当为祭地之神，可知大铜人本身也就具有地神的性质。”在这个推论的指导下，俞伟超建议发掘者和修复者一道，仔细查找玉琮的踪迹，以便确认这一推论的可能。遗憾的是直到所有的器物都修复完毕，也没有发现可以和这件青铜大立人相关联的玉琮出现。

通天神树

三星堆遗址二号坑共出土了8棵被称为神树的青铜器物，这些树有大有小，但均被砸烂并经火烧，大多残缺不全。最大型的被称为一号的神树，修复专家杨晓邬与他的助手们经过3年多呕心沥血的修复，总算比较完整地呈现于世人的面前。此树通高3.95米，整株树分为底座、树身、龙三部分。圆圈形的底座上有3个拱形的足如同树根状，主干之上有3层树枝，均弯曲下垂，树枝尖端有花朵果实，每一枝的枝头上都站立有一鸟，全树共9只鸟。树的顶端因为残缺，不知顶部的具体情况。但从残缺的顶部仍能看见有一个巨大的果实，推测树的顶部也应该有一只鸟站立，因为它的结构与其他枝头的结构在整体上相同。神树的主干外侧有一条身似绳索的残缺的青铜龙，由树冠

图4-18　青铜树

沿着树杆蜿蜒而下，那弯曲的身子总长度达到了5米。龙身是用铜管扭成绳索状而成的，直径约18厘米，呈由天而降之势。整个形象看上去大气磅礴、雄壮威武。那高昂的龙头与扭曲的龙身，给人以腾云驾雾、自由流动于天地间之感。这棵神树是中国国内出土青铜器中体量最大的一件，同时也是全世界范围内体量最大的青铜文物之一。

据修复专家杨晓邬说，在一号神树的修复过程中，开始并不知道树干与那条残缺的青铜龙有何种关系，待各自修好后，神树怎么也不能单独立起来，非要有个支撑架才能立稳。经过一番观察，发现神树的底座和树干有几块多出的小铜片，望着这几块小铜片，杨晓邬突然意识到可能与刚修复的那条巨型龙有内在的关联，于是赶紧和助手把那条青铜龙搬过来核对，结果发现树与龙正是相互配套的一件器物。待把龙配上之后，神树站立后便不再倒下。这个时候杨晓邬才明白，这条攀在树上的巨龙除了它的文化内涵和寓意外，在技术工艺上明显地起到了保持树的重心稳定而不倒的作用，单是这一方面的铸造技术，就是一项了不起的发明创造和技术成就。后来经过多个实验室配合研究，神树的树身采用分段铸造法制成，运用了套铸、铆铸、嵌铸、铸接等手法，可谓青铜铸造工艺的集大成者。从现代美学的角度看，神树造型结构合理，布局严谨，比例适宜，对称中有变化，对比中求统一，整棵树虽由多段多节组合而成，但观之仍有浑然一体、天衣无缝之感，完全称得上是神工鬼斧、巧夺天工，达到了登峰造极的艺术境界。

除排序为一号的大型神树外，那棵中型神树的下半部分保存得比较完整，只是上部已基本残断无存，仅有一根枝头上有鸟造型的树枝大致可以复原。树的底座呈山形状，应表示神树长在神山上，上面刻有太阳和云气纹。座圈的三面各铸有一方台，上面有跪坐人像，人像双手不知握有什么东西。估计此树原高度也应在2米以上。小神树共有4棵，但均因残缺太甚，无法修复了，不过从残件上可看出这些树的树干呈辫绳状，树座盘根错节，浑然一体，树枝端头造型应为人首鸟身像，有学者把它喻为人们常说的“连理枝”。

关于这大大小小的青铜树所体现的主题和用途，著名考古学家俞伟超在铜树的修复之时，曾受四川方面的邀请到成都做了亲身观察，并对当地学者发表了自己的看法。据俞伟超云：三星堆祭祀坑大量出土物中，最引人注目的就是这两棵大铜树和一个大型铜立人像。这不仅是因为它们形体高大，形象奇特，更在于其含义难明，可以引起很多遐想。据初步推断，二者都应是当时土地崇拜的体现物。三星堆的早期蜀文化既然存在着很多商文化的因素，当时的蜀人同商人一样崇拜社树就成为很可能的事情。“社祀”是一种祭祀土地神的活动，古代的农业部落因为见到粮食是从土地中生长出来的，为了祈求农业丰收，所以普遍崇拜土地神，并把这种土地之神叫作“地母”。社树就是一种地母崇拜的体现物。当时的蜀人，既然已经以农业为生，当然会出现这种地母崇拜。况且以后的东汉时期，四川又是铜质摇钱树最流行的地区，这自然潜藏着一种历史文化的传统。如果把这几方面的情况结合在一起考虑，把三星堆大铜树推定为社树的模拟物，看来是问题不大的。

对于俞伟超的看法，考古学界没有太多的争论，只是有不少补充或另外一个系统的全新论述。如参加三星堆发掘的敖天照则认为，这几棵神树应是“早蜀先民宇宙观的实体模式，也是太阳崇拜的实物写照，与古代民族普遍存在的自然崇拜有关。《山海经》和《淮南子》曾有扶桑和若木的记载，三星堆祭祀坑出土的一、二号铜树，就是栖息神鸟的扶桑和若木。扶桑在东方太阳升起的汤谷上，若木在西方太阳落下的地方。天上的10个太阳，由10个神鸟运载。1个在空中，9个在枝头……这就是远古时代人们认为宇宙有‘十日’的神话传说，即太阳崇拜在三星堆遗址出土的青铜大神树上的具体体现。用这种方式以祈求太阳适时出没，风调雨顺，五谷丰登，人畜兴旺”。

关于敖天照所说的扶桑与若木的提法，早在20世纪70年代，史家郭沫若曾有过一番论述。当三星堆二号坑出土青铜树的消息披露不久，就有一大批学者以老郭的这篇文章为底本，再次推断、论证青铜神树所牵涉的扶桑与若木等问题。不过如同古人所云，姜还是老的辣。就学术水平而言，后来者似乎都未超出当年老郭论述的范畴。

除郭沫若所说的扶桑之外，在古代还有“建木”与“若木”两种树的说法，并且与四川之地有着不可分割的关联。据传在“都广之野”这个地方，有一棵树名叫建木，此树有枝叶、花卉和果实，还有龙蛇等动物。它的位置恰好处在大地的正中央，即所谓“大地之中”。一些名叫“众帝”的神人通过这棵树上天下地，此树由此成了登天之梯。关于这个“都广”的具体位置，学术界大多认为就是现在的成都平原，或更大胆地说是广汉的三星堆一带。而传说中的若木，生长在建木的西边，和扶桑树一样，也是树枝上有10个太阳。那太阳的光华普照大地，大地万物在这光明的照耀下得以生长。

扶桑、若木、建木，这三棵古代神话传说中的神树到底代表着什么，它们与三星堆出土的青铜神树又有着怎样的一种关联？学界至今没有一个统一的定论。

权力的魔杖

曾被误认为是“金腰带”而风靡一时的金杖自一号坑出土后，经清理、修复后，全长1.42米，直径2.3厘米，净重约500克。从制作工艺看，系先用金条捶打成金皮后，再包卷一根木杖而成。出土时金皮已被压扁变形，木杖因年代久远早已荡然无存，只是金皮内尚存炭化的木渣，依此推测原来内里应有木杖。

这根金杖之所以引起学者们的高度重视，除了本身是用黄金做成的器物之外，最为珍贵和富有研究价值的是在杖的一端，有长46厘米的一段图案。这段图案经修复专家杨晓邬用特殊的化学药品清洗除污，极清晰地发现图案共分三组：靠近端头的一组，为两个前后对称，头戴五齿高冠，耳垂三角形耳坠的人头像，一副笑容可掬的样子。另外两组图案相同，两只两头相向钩喙似鱼鹰的鸟，在展翅飞翔，背上各有一支射进鱼头的箭——对于这个图案，学者们有两种不同的解释：一是认为表示箭贯穿了鸟身又射中了鱼头。再是认为那不是箭，应叫“穗形物”，并进而推测当时的农业已有了水稻种植。

由于金杖图案的鱼和鸟紧密地联系在一起，有学者认为，表现的应是分别以鱼和鸟为祖神崇拜的两个部族，两个部族联盟组合成了传说中的鱼凫王朝。另有学者认为，图案中的鱼和鸟本身就是鱼凫的图画阐释，也就是鱼凫氏及鱼凫王朝图案与图画性质的徽号和标志。据《蜀王本纪》记载：“蜀之先称王者，有蚕丛、柏濩、鱼凫、蒲泽（即杜宇）、开明。”其中柏濩、鱼凫、杜宇都崇拜鸟，并以鸟为图腾。鱼鹰即鱼凫，纹饰图案的意义可能是通过巫术作用，祈求捕捉到更多的鱼。鱼凫时代的经济来源以捕鱼为主，出土的金杖应是与鱼凫时代有关的具有巫术性质，兼具象征古代蜀国王权的权杖。

四川学者屈小强在将这根金杖与中西亚文明做了对比后认为，以杖作为王权或神权的象征，虽然在古埃及文明、爱琴海诸文明以及西亚文明中是司空见惯的文化现象，却毕竟不合中华古文明的传统。中国夏、商、周三代王朝都用“九鼎”象征国家权力。夏代开国，“禹铸九鼎”。从此，易鼎成为权力转移的同义语，并有“楚子问鼎”“问鼎中原”一类的成语典故传世。而古代蜀国为什么不用鼎而是以金杖标志王权，并当作古蜀王国政权的最高象征物，这可能是古蜀王族毕竟与中原华夏族关系较远（虽可能同属北蒙古利亚小种族），不是中原王朝的支裔或封侯的关系。因而，在政权象征问题上，便没有按中原方式去做。这个现象说明古蜀国具有与中原同时期的文化不同的来源与内涵。而权杖所反映出的异域文化因素，则有可能再次证明古蜀社会的对外开放程度，证明古蜀王族可能引进了古埃及文明、古西亚文明的某些政治制度，只是这些引进形式多于内容罢了。

屈小强的这一论断，学者刘少匆明确表示不敢苟同。刘氏认为屈小强是只知其一不知其二。真正的历史事实是，古代中国并非无权杖之说。中国人用杖，由来已久。杖，既是一种生活用具，也是一种装饰品。《山海经·海外北经》，就有“夸父追日，弃其杖，化为邓林”之说。《山海经·海内经》说都广之野“灵寿实华”，这灵寿木就是做杖的好材料。《汉书·孔光传》中有“赐太师灵寿杖”的说法。古蜀人来自山区，用杖助力，更是一种必要的器具。而中国历代王朝，都有赐杖与老臣的惯例。如《礼记·曲礼》曰：“大夫七十而致仕。若不得谢，则必赐之几杖”“谋于长者，必操几杖以从之”。而不同身份的人，手杖的装饰和长度都各不相同。戏曲中，皇家使用的“龙头拐杖”虽是道具，长度就和三星堆所出金杖差不多。至于包金拐杖、包银拐杖、木杖、藤杖、竹杖……品种甚为复杂。而杖首杖身装饰各种花纹，各种造型，更是珍贵手杖所必有。否则，怎么表示自己的身价？既然可以表示身份，当然可以代表权力。因此，用金杖象征至高无上的权力当是一个不争的事实。

为此，刘少匆还举例说，据古玉研究专家古方考证，在江浙一带的史前良渚文化的大墓中，就有包括玉戚、玉冒、玉镦等仪仗玉质附件出土。这些出土的附件连起来，就是一件完整的玉杖。如江苏武进县寺墩遗址三号墓的平面图上，明确地显示玉戚上部约6厘米处的“玉格饰”和下部44厘米处的“带槽玉器”，应属同一玉戚的上下两个附件。考古工作者对各部件进行了装接复原，就形成了一件长68厘米，有柄首饰（即玉首）和柄尾饰（即玉镦）的完整器物，这件特殊的玉器就是墓主人生前用以显示自己地位的权杖。这一考古证据至少可以说明，中国之权杖古来有之，且是土生土产的，不一定是受西亚文化的影响。

当然，寺墩遗址墓葬中出土的玉杖与三星堆出土的金杖，在形式和性质上都有区别。前者是方国的国君，后者是一个联合王国的君王，将金杖称为王杖，恐怕更为确切。同时可以认为，鱼鸟象征吉祥，箭翎则表示威武，这正是金杖作为权力象征的应有之义。但有人认为，这支金杖的图案，有鱼有鸟，当印证是鱼凫王所执掌。但直到目前，尚无任何实物能证明鱼凫王朝的族徽是由鱼和鸟组成。金杖上的图案，第一组当然是王者之像，但第二组、第三组，从顺序上看，是先鸟而后鱼。这种排列方式则很难解读成鱼凫，而应读成凫鱼才对，但历史上的蜀国又没有凫鱼这一名称的国王。所以，要说这根金杖为鱼凫氏所用，理由还欠充分。

关于刘少匆对鱼和鸟这两件图像所做的结论，有学者认为这是刘氏本人只知其一不知其二的表现和明证，并表示这柄金杖上的图案毫无疑问就是鱼凫王的象征和整个族属的族徽的铁证。由此提醒刘少匆不要忽视或视而不见的是，在三星堆二号坑与金杖同时出土的还有一件青铜大鸟头。这件器物通高40.3厘米，头顶原似有冠饰。出土时，发现其钩喙口缝和眼珠周围皆涂朱砂，原本是一只彩色的雄鹰。鹰颈下端有三个圆孔，估计是做固定用的。从制造形式上看，有可能是神庙建筑上的饰件，也有可能是安装在什么物体之上作为仪仗用途的象征标志。无论是文献记载还是远古传说，作为远古时代图腾遗存及自然崇拜、神灵崇拜、祖先崇拜之物，鸟与蜀人有极为密切的关系，几代蜀王直接以鸟为名，足证此点。而三星堆文物中众多的鸟形器物及纹饰图案，更从考古发掘的角度提供了有力的实证，反映出古蜀先民的鸟崇拜观念。

有相当数量的学者认为，三星堆二号坑出土的青铜大鸟头，其造型与鱼鹰（鱼凫）的造型十分接近，应是蜀王（鱼凫）的象征，也有蜀族的族名、徽号之意蕴。结合遗址出土数量巨大的鱼凫造型的勺把即鸟头勺把这种情况，并综合其他各种因素进行分析，认为三星堆古蜀国最繁荣的时代属鱼凫王朝时期。如再联系到广袤的蜀文化分布区域内，大量出土鱼凫造型的勺把这种情况，可推测三星堆古蜀国鱼凫王朝时期的势力，已达到了一个相当广阔的范围。根据三星堆文化稍后时期的汉中平原出土、不乏带鱼凫造型意味的青铜器群的研究，有学者认为汉中平原一带是三星堆古蜀国的东北边界，当盛极一时的三星堆古蜀国突然消亡之后，鱼凫氏的一支就迁徙到了此地，开始了新的生活。

毁于援周伐商

既然三星堆古城的前世今生已有了较为清晰的线索，那么，在古蜀人类历史上曾辉煌盖世的三星堆古城，又是如何走上毁灭之路的呢？

遗憾的是，古代文献没有点滴记载，专家学者只能根据考古发掘资料透露的点滴信息，谨小慎微地进行探索追寻，以希望有新的发现与突破。若按三星堆遗址主要发掘者陈显丹的观点，三星堆古城是毁于古蜀人参与周灭商的一次军事行动。

按陈氏的说法，从古文献中，可以看到古蜀人不仅与夏人发生争战，而且在商王朝统治时期也常与商人发生冲突。因此，在商王朝的甲骨文中留下了一些只言片语。从三星堆遗址发掘的情况来看，至迟在二里头文化（学术界普遍认为是夏文化）时期，蜀族就与中原有文化交往。商、西周时期交往更为密切。一号祭祀坑出土的器物中，除金杖、金面罩、青铜头像、部分玉璋等具有强烈的地方特点，为商文化所不见外，其他如尊、罍、盘等青铜容器与玉璋等都和商王统治区域内出土的商代前期器物的形制、花纹基本一致。在祭祀礼仪上，蜀人用“燔燎”法可与殷墟甲骨卜辞中“燎祭”相印证。甲骨卜辞中的“至蜀”“征蜀”“伐蜀”所指的蜀，应就是川西平原的蜀。这个川西平原的蜀与商是仇敌，但与西北部的西岐是要好的盟友。

由此，陈显丹认为，西岐是周人的领地，当时周人也常与商人发生恶战，周、蜀自然成了朋友和盟军。因此，周武王在与商纣王的决战中特邀蜀军前往参加，蜀军答应后，迅速在预定的甲子日前赶到了集结地应是可能的。历史上著名的牧野决战前，周武王和他的弟弟周公统兵车300辆，勇士3000名，及西南盟军蜀、巴、庸、羌、微、卢、彭、濮等国的精锐之师，在牧野举行誓师大会。誓言说：我的朋友们，纣王的军队虽然很多，但天帝就站在你们的前面，你们必然会打胜的。你们不要害怕，但也不要掉以轻心，拿起你们的戈，举起你们的盾，勇往直前吧！誓毕，周武王率军与商王的17万大军在牧野（今河南淇县西南）之地进行了生死决战。

周朝的胜利，可以说主要依靠了四川境内几个方国的军队，特别是巴、蜀的军队功不可没。因此，当时的史官在《尚书·牧誓》中这样赞誉道：“武王伐纣，实得巴蜀之师，巴蜀之师前歌后舞，令殷人倒戈。”

陈显丹结合文献《逸周书》推断出结论：“就在周与蜀等国联合灭掉商王朝之后，蜀国的厄运到来了。由于蜀军参战将士对胜利果实的分配不满，加上蜀王不愿受周武王的支配，两国之间便产生了新的矛盾。周王朝认为，商王朝虽已消灭，但蜀国却是一个强国，而又不肯臣服于周，将来必是一大隐患。因此，周武王在克商的第37天，突然派兵袭击蜀军。蜀军毫无准备，被周武王的军队打得七零八落，溃不成军。蜀王手下的霍侯、佚侯等主要将领和其他46名各级军官被生擒，损失车辆辎重达1000多辆，士兵死伤者无数，蜀军元气大伤。周朝自周厉王以后，由于朝野内外矛盾加剧，天下开始大乱。位于西南的蜀国首举反周大旗，并率先称王称帝，以至各国仿效，纷纷割据，自立为王。在楚、秦、晋、韩、赵、卫等国称王时，蜀又改王称帝，并东伐西征。一会儿与楚国交战，一会儿又与秦军对垒，乃至蜀王的江山，曾被楚国的开明氏所取代，直至若干年之后被秦所灭，成为华夏大国的一部分。”

蜀亡于水

针对陈显丹这一说法，四川大学教授林向明确指出，三星堆古城既不是毁于杜宇攻击的战火，亦不是终结于援周伐商的军事事件，而是毁于一场特大洪水的侵袭。据林向回忆，考古人员在现场发掘的某一天，四川省水利研究所的几名工程师特地来工地参观考察，当他们站在壕沟边听完林向的介绍后，面对发掘后特意留下作为研究之用的巨大“关键柱”久久审视不去。在这根“关键柱”的剖面上，可以看到整体为16层的文化堆积中，第7层是个明显的分界层，这是厚20厘米至50厘米的洪水淤泥层，顶面呈水平状，底面则随第8层的顶面形状而倾斜，呈凹凸不平状。发掘时，考古人员清楚地观察到这一淤泥层在壕沟及其周围存在，颜色为青黑色，纯净而几乎没有什么包含物，只是在底部发现过一柄长24厘米的柳叶形铜剑。在这一层之上，1层至6层分别是现代耕土层到东周层，下面的8层至16层。根据地层叠压与陶器形态分析，可分为四期：

第一期，时代相当于新石器时代晚期。

第二期，时代相当于夏、商之际。

第三期，出土一组有特色的陶器，如小平底罐，鸟头把勺高柄豆形器、杜鹃、绵羊等，还有一个被反缚的无头石人像，相当于商代中期。

第四期，富有特征性的文化发展到鼎盛，相当于殷末周初。建筑遗址分属于第三、四期，整个漫长的文化堆积看上去在第7层突然产生了断裂。

由此可以看出，这根“关键柱”的剖面所透露出的文化堆积突然中断的信息，可能与不可抗拒的特大洪水有关。对此，林向专门与前来参观考察的水利专家就这一问题进行了讨论。按水利专家的说法，成都平原的东北部属于沱江水系，东向穿越龙泉山的金堂峡，峡谷长12公里，最狭处不到150米。而平原西部，水系的上游素有“西蜀天漏”之称，雨量集中在夏秋季节。每当暴雨成灾，东向穿峡的径流量可大于3000立方米，所以至今峡口的金堂县常发生水灾。加之金堂峡常有壅塞的危险，两岸山岩属于侏罗纪蓬莱镇砂岩与泥岩石层，最易风化崩坍，又恰有一条东向的断裂带通过，存在着每千年发生一次大于5级地震的危险性，更加大了水道堵塞的可能。一旦金堂峡被阻，就可使广汉、德阳、新都一带低洼处成为洪涝泽国。

从文献记载看，古代蜀国确有自己的洪水传说，同时由于水的原因而发生了政变，并导致了改朝换代，甚至迁徙都城的重大事件发生。杜宇时代就发生过一次特大洪水，并有了“其相开明，决玉垒山，以除水害，帝遂委以政事”“帝升西山隐焉，时值二月子鹃鸟鸣，故蜀人悲子鹃鸟鸣也”“开明王自梦郭移，乃徙治成都”等记载。尽管古代史学家常璩等人对这种包含真实历史内核的神话传说往往加以篡改，但至少可以从中看到三个方面的事实：一、杜宇时洪灾极为酷烈，《蜀王本纪》说“若尧之洪水”，民不能“陆处”。二、因灾而变，改朝换代，开明乃荆人鳖灵，等于是“异族王蜀”。三、杜宇下台是被迫的，蜀人才会悲子鹃。过去，史家总说蜀史可信成分不多，今见这根“关键柱”，可作为一件历史史实来证明文献记载并非空穴来风，事实胜过了雄辩。

按林向的研究成果推断，三星堆遗址出土的大量青铜鸟头，钩喙的鸟头与杜鹃的形象相同，还出土了一件陶塑展翅的杜鹃鸟。这一连串的现象并非偶然，结合那根“关键柱”所透露的远古信息，可以这样认为：三星堆古城的最后放弃不是发生在鱼凫时代，而是晚于鱼凫的杜宇时代。在这个时代里，代表古蜀文明权力中心的三星堆古城被洪灾所困，当杜宇王所属的四方部族领地被洪水淹没，村寨被冲垮，三星堆古城在洪水的冲击浸泡下，即将面临灭顶之灾时，不得不率领举国民众弃城出逃。其后，古蜀国的这个权力中心都邑，便转移到现成都市区的金沙遗址中去了。

若林向的说法成立，则三星堆古城最后一幕场景应是这样的：

大雨滂沱，电闪雷鸣，连续不断的暴雨仍在不住地下着。这场雨对三星堆古城的老国王杜宇与统治之下的四方族人而言，是一场末日之灾。夜里，杜宇躺在宫中那潮湿的床榻上，听着洪水在城墙外面不断拍打撞击的声音，心中充满了焦虑与不安。这种声音越来越壮阔响亮，越来越令人心慌意乱、胆战心惊。直觉告诉他，岷江上游的狂涛巨澜正以万钧雷霆之势向三星堆古城冲压而来。这一夜，杜宇几次披衣坐起，来到大殿门口，望着漆黑的雨幕不时闪过耀目的电光和随之爆出的隆隆雷声，在心中不住地祈祷和哀叹。

翌日清晨，老态龙钟的杜宇在近臣的服侍陪伴下，忧心忡忡地登上了城楼。就在登城的过程中，他感觉原本坚实的城墙此时已经像浸泡在水里的蛋糕一样有些酥软了。惊恐中他不禁问道："上个月我们祭祀过几次天神、雨神和水神了？"

负责国家祭祀仪式的大臣立即上前躬身禀报："我们一共祭祀十几次了，前一段每3天祭祀1次，这几天改为每日1次。"

杜宇听罢，将那早已昏花的眼睛转向城外，望着在雨水泥泞中背筐挑担、四散奔逃的草民百姓，又望望城内四处涌动的水流和一个个脸上布满了惊恐之色、精神即将崩溃的纷乱的人潮，绝望地垂下了头。刚才答话的那位臣子看到主子一副忧郁的表情，心中泛起了一股酸楚，感到面临局势的危难与自己责任的重大。他忙凑上前来既表现自己又推卸责任地说道："依臣之见，这些太庙里的神灵好像一点也不中用了，是不是被娇宠坏了，或者是中什么邪了，在我们急需他们鼎力相助时，他们却像死了一样，一点表示都没有，索性给点颜色瞧瞧，看它们还敢不敢发邪？"

"不许胡说！"杜宇用沙哑的语调打断了这位臣僚的话，停顿片刻，又突然想起了什么，轻轻地对陪同的众臣僚们说道："走，大家一起到太庙去看看这些个神灵到底是咋了。"言毕，在群臣的簇拥下，他走下城楼的瞭望台，向城内的太庙走去。

太庙那高大的殿堂里，香烟缭绕，雾气迷蒙。只见一尊尊、一排排、一列列由青铜铸成，神态各异、大小不一的神偶、神物和由各种玉器组成的祭品，错落有致地摆放在不同的位置，呈现出一派众神荟萃的天国景象。

老杜宇先是在群神面前跪拜、祈祷了一番，然后起身围着庙堂转了一圈，心怀怨恨与愤懑之情暗暗想道，眼看我的蜀国就要国破家亡了，这些神偶一点救援的表示都没有，看来确乎是不甚灵验了，还是赶紧想别的办法自救吧。

回到宫殿之后，寻找新的居住地和迁都的想法终于被杜宇提了出来，众臣在表示全力拥护的同时，认为应迁往成都平原的腹心地带，而不应该再回到平原西北边祖先们居住的山地里去了。假如再回到那里，对于已经熟悉了平原农耕生活的部族来说，无疑将面临着更多、更大的灾难。杜宇听罢，表示赞同，遂吩咐臣僚速派人到成都腹地去联系其他部落，寻找新的居住地，并令全城的官员和百姓做好大搬迁的准备。

洪水依然没有退去的迹象，而且来势更加凶猛。在越来越混乱危急、诸事纷杂的局势中，主持搬迁的大臣向杜宇禀报道："那些用于祭祀的国家礼器是否全都带走？"杜宇蹙着眉头想了想说："带走一点象征性的神物就可以了，其余的留下，在我们撤出这座城之前要举行一场盛大的祭祀，把这些不中用的偶像烧了。"

众臣僚对老国王的话语，纷纷表示理解与赞同。是啊，即使再伟大的神灵，也要为天下苍生服务，如果不为天下民众服务，那么将不再被人民尊称为神灵。

这天上午，折腾了十几个昼夜的狂风暴雨，总算有了短暂的停歇，笼罩在滚滚乌云中的三星堆古城迎来了一个短暂的喘息机会。但几乎所有的人都清楚地知道，这是又一场更大暴风雨来临之前的预兆，这片刻的安宁根本无法阻拦城外的洪水以更凶、更猛、更快的速度和更为浩大的流量涌向这座已岌岌可危的古城。

就在这个危机四伏、灾难临头的空隙里，一场特殊的祭祀在满城哀怨与愤怒的目光中悄然开始了。在一块高高的台地上，一头头无法带走的战象和牛羊等牲畜被宰杀，以慰劳全城的将士和有功的官员。一件件青铜神偶和玉石礼器，被从太庙里搬出，一堆堆散发着潮湿与霉味的木柴被架了起来。大火终于点燃了，呈麻花状的滚滚浓烟伴随着霉烂的气味冲天而起，径直插入低低悬垂着的铅灰色云层。古城的上空，不祥的大鸟扑扇着黑色的翅膀在天地间低低盘旋，不时发出一阵阵恐怖、凄厉的哀鸣。

火堆旁的台地上，两个宽大的土坑在苦力们挥汗如雨的抢挖中很快完成。烈烈火光映照下，土坑外的武士们在如狼似虎地吞吃了烤熟的大象肉、牛羊肉之后，开始举起铜锤、铜刀、铜棍、石头等一切可用以撞击与切割、分裂的工具，咬牙切齿地打砸和焚烧着从太庙里搬来的各种青铜礼器。平日里躲在太庙高高的殿堂之上养尊处优的神偶们，面对这突如其来的灾难却神通顿失，束手无策，一个个缄默不语，任凭众武士的刀劈、锤砸与焚烧。

几天之后，滔天洪水夹带着滚滚巨浪动地而来，在江河震荡、山呼海啸中，汹涌澎湃的浪头伴着声若巨雷的音响撞开了高大坚固的城门，折断了城中高大的旗杆，席卷荡平了城中的大街小巷、殿宇茅舍。瞬间，三星堆古城变成了一片泽国，水中漂浮着屋顶的茅草和婴儿的衣衫……

3000多年之后，考古人员在三星堆遗址，发现了这次特殊祭祀留下的两个土坑，以及壕沟中那一层青黑色的沙砾淤泥。

又过了十几年，在成都平原腹心地带，人们又发现了杜宇王朝自三星堆迁徙之后，在这里建造的另一座新的都城——金沙遗址。

金沙：古蜀国的承续

2001年2月的一个下午，在一个工地意外发现一挑铜人、玉器，成都文管会得知消息后迅速派文物科科长弋良胜和成都市考古队勘探研究一部副主任冯先成前往处理。

弋、冯二人赶到金沙工地后，同警方一道维持秩序，保护现场，并迅速和成都市考古研究所有关人员取得联系。当所长王毅、副所长蒋成得知情况后，感到事关重大，当即派副所长江章华带领考古队勘探二部主任、当年曾参与著名的三星堆祭祀坑发掘的朱章义偕同副主任张擎，连夜返回成都处理这一突发事件。

又一个“三星堆”面世

第二天一大早，江章华等从绵阳连夜返回的三人和考古所的另外两名工作人员一同来到了现场。只见在人群围观的中心部位开挖出了一条长约20米、宽约6米、深约5米的壕沟，壕沟内外一片狼藉，壕四周的剖面上有三处明显的象牙堆积，壁上还残存有大量的玉器、石器，沟底散落着石璧、玉璋、玉琮残片和为数众多的象牙。很显然，这是一处重要的文化遗迹。当这一切安排妥当后，接着组织市考古所技工和从当地招募的近200名民工开始清理散土中的文物。仅一天工夫，就从散土中清理出金、铜、玉、石、象牙、骨器等精美文物400多件。此后近两个月的时间，又清理出金冠带、太阳神鸟金箔饰、金面具、金箔蛙形人等极为珍贵文物1300余件。由于大多数器物被损坏，器物的定名、拼接、整理工作极其困难。考古人员经过多次努力，还是以最快的速度将第一批文物拼接成功，为了解金沙遗址出土文物的概貌以及遗址性质的最终定性提供了有力的实物证据。

鉴于金沙遗址发现宝藏的消息在社会风传开来，成都市委宣传部指示市考古队和市公安局于2003年4月4日，就金沙遗址的清理和发掘等情况，召开新闻发布会，向国内外媒体公布阶段性成果，并组织媒体到现场做了参观考察。会后，各家媒体除发表了派出记者撰写的文章外，还在显著位置以大字号标题转发了新华社发出的电文：

又一个“三星堆”惊现成都

新华社讯　四川广汉三星堆遗址以其神奇而辉煌的古代文明令世人瞠目，如今，又一个堪与三星堆遗址并驾齐驱的“金沙遗址”在成都西郊现身惊世。4月4日，记者从有关方面召开的新闻发布会上获悉，目前考古工作者已在此发掘出土1000多件极其珍贵的玉器、金器、青铜器、象牙器、石器等，其中有属“国宝”级的文物数件。会后，记者在发掘现场看到，200多名考古人员与民工正在紧张发掘。据介绍，现共布探方50多个，发掘面积达4000多平方米。目前的发掘工作仅是冰山一角……

随着这一消息的公布，金沙遗址立即进入世人的视野并在国内外引起了强烈震动，人们以极大的热情与好奇将目光投向成都平原以及那个被称作金沙的城郊一角。遥想当年，三星堆遗址初露峥嵘，特别是1986年两个大型祭祀坑的发现与一大批青铜器的横空出世，在震惊寰宇的同时，也让见多识广的考古学家大开眼界、大长见识又大伤脑筋。成都平原突然出现的这批如此高度发达的青铜文明究竟是如何产生和发展的？这个文明为何到了商代晚期在毫无历史迹象和记载的情境中突然断裂消亡？消亡之后它的孑遗又去了哪里……诸如此类的种种谜团，使无数专家学者于困惑之中在学术界掀起了一场空前的探讨热潮。在为期十几年连续不断的论争中，尽管各种不同的观点、不同的猜测、不同的论证不断抛出，但参与论争的所有专家、学者都曾近乎一致地预言：“三星堆文明在商代晚期因某种外来的不可抗拒的力量突然断裂消亡之后，他的孑遗如同在滔滔洪水中漂流而去的诺亚方舟，永远地离开了成都平原，再也没有回来。这个辉煌盖世的文明可谓是孤峰独立，一骑绝尘，整个成都平原甚至长江流域再也没有与其相匹敌的古代文明了……”

意想不到的是，随着金沙遗址地下宝匣的突然打开，此前各路专家的一系列论证、预言、神话甚至胡话相继宣告破灭，一件件鲜活的出土文物以叮当作响、清脆震耳的铁证，昭示着三星堆文明在突然消亡之后，并没有从蜀地这块热土上蒸发，而是从广汉悄然迁徙到了成都平原的腹心地带，继续维系和延续着这一文化血脉，并以其独特的风骚和更具魅力的文化气象迎来了古蜀文明第二个奇峰。面对金沙遗址这座突兀而起、诡谲奇异的文化昆仑，凡参与考察的专家学者们在大感惊讶与惊叹的同时，不得不开始重新思索一个无法绕开的命题——三星堆文明是如何兴起与消亡的，它和金沙文明到底是怎样的一种内在联系？金沙文明真的是三星堆文明的孑遗吗？

太阳神鸟再现人间

随着金沙遗址被发现的消息公布，考古人员对此展开了持续不断的大规模发掘，遗址的文化内涵以及与三星堆遗址的关系，也越来越清晰明了，林向等考古学家的预言与推断，在一点点地得到证实。

自2001年下半年开始，成都市考古所的考古人员，又对出土玉石器、铜器、象牙等器物的地点进行了普遍调查。与此同时，考古队还集中精力，对遗址范围内的摸底河南侧金沙村一带进行了文物勘探与考古发掘，并对摸底河北侧的黄忠村、龙咀村周围，及沿河地带进行了大规模考古钻探、文物勘探和考古发掘。

经过两年多的努力，到2003年9月，考古人员进行文物勘探的工地达66个，共分布探沟1700余条，钻孔5000余个，布置5米×5米的探方2200余个，发现各类遗迹单位近3000个，商周时期文化堆积面积近35万平方米。基本弄清了遗址的大型建筑基址区、祭祀区、一般居住区、墓地等几大功能分布区，对遗址的性质、时代等也有了较清晰的了解。发掘钻探可知，整个金沙遗址面积达到了5平方公里以上。

从考古人员勘探和考古发掘的阶段性成果可知，金沙遗址有着严格的布局结构。遗址的东部是宗教仪式活动区，遗址的中南部是居住活动场所，遗址的中部则是居住区和墓地，遗址的北部，是先后进行过两次大规模发掘的黄忠遗址，其主体遗存的时代为商代晚期至西周时期，据考古人员推断应是金沙遗址的一个重要组成部分。

发掘成果表明，遗址内文化现象极其丰富，共发现房址、窑址、灰坑、墓葬等近千座。其中有10余座房址长度在20米以上，最大的一座六号房址长度为54.8米，面积达到了500多平方米。这些大型的建筑布局都遵循一定的规律。据考古人员分析可能属于同一组建筑，而这组建筑极有可能就是金沙遗址宫殿区的一部分。无独有偶的是，这一地区的位置分布与三星堆遗址两个祭祀坑和内城宫殿区的分布格局完全一致。发掘人员由此推断，这可能是一处与三星堆遗址性质相同的大型的商周时期蜀文化中心区域，是三星堆古城毁弃之后古蜀国的又一都邑所在。

从金沙遗址出土的文物数量来看，可谓数目众多，种类丰富，已出土金器、铜器、玉器、石器、象牙、骨器、漆器等3000多件，另外有数以万计的陶器和陶片。其中仅出土的金器就高达90余件，器物种类有金面具、金冠带、蛙形金箔、太阳神鸟金箔、鸟首鱼身金箔、金喇叭形器、金盒形器、鱼形金饰及大量金器残片等。在这些出土物中，以金冠带、太阳神鸟金饰、金面具最具特色和文化价值，器物制作工艺达到了极高的水平，堪称同时期金器加工工艺的经典之作。

图4-19　金冠带，现藏金沙江博物馆

最引人注目的金冠带为一圆圈形，直径约59厘米、宽约4厘米、厚0.02厘米。此器物表面錾刻四组图案，以其中的一人面纹为中心，分布两侧的图案完全对称。每组图案由一鸟、一鱼、一箭和人头图案组成，纹饰构图简洁，主要使用錾刻技术，间或采用了刻划工艺。考古人员发现，金带上的图案和錾刻工艺与三星堆遗址一号坑出土的金杖上的图案几乎完全相同，因而可进一步说明金沙遗址和三星堆遗址的关系极其密切，属于一个连续的文化系统。

为此，成都市文物考古所所长王毅通过研究对比后，曾明确对外宣称："这条金冠带不是一般的装饰物，它肯定是当时此地最高统治者戴在头上，象征着特殊权力和地位的装饰物。金冠带上的花纹也不是普通的图纹，而是这个民族或统治阶层的特殊徽记，具有特殊含义，并非一般人可以使用，这种花纹在其他的考古发掘中极少发现。金冠带上的鱼、鸟纹饰与三星堆遗址最高权力的象征——金杖的图纹惊人相似，这几乎可以肯定金沙遗址的主人与三星堆的统治者一样，同属于蜀王，而不是隶属于三星堆统治者的藩王。而两种文化也同属一个文化系统，并且两个遗址之间必然存在着某种特殊的联系。尽管具体联系的情况一时尚难以确定，但可以初步推断这个遗址的主人肯定是古蜀国的最高统治者之一，与三星堆的统治者地位相当。”

至于这条堪称绝品的金冠带出土的具体情形，据当时发掘的考古人员张擎事后回忆说：“金冠带的出土使我们激动不已，但也让我们深感后怕，因为这条金冠带出自雨水管道的回填土中。要知道这些回填土是挖掘机从沟中挖出，又堆放在人来人往的露天地方，待管道修好后，再由人工进行回填夯筑，我们就是从杂乱的回填土中发现了它。现在想来，这件宝物没有在中间的流动过程中被不法分了趁火打劫，能完整地保存下来，真是不幸之中的万幸啊。”斯言甚是。

图4-20　立在金沙遗址的中国文化遗产标志

遗址内出土的另一件堪称神品的金器——太阳神鸟金箔，器身为圆形薄片，空心部分是图案，外径12.5厘米，内径5.29厘米，厚仅0.02厘米，重20克。从外形上看，与现代剪纸工艺制出的物品极为相似。据器物的发掘者朱章义、张擎等考古学家的研究认为，中心镂空的圆形代表太阳，其外侧12道弧形代表太阳的光芒，整个器体形象地表现了运行中的太阳特征。在器物外缘与12道太阳光芒之间又镂空出4只飞鸟，鸟的形制相同，均引颈伸腿，首足相接，张开的喙微微下钩，逆时针同向飞行。中心的太阳及光芒和周边的4只鸟，共同组成了一个圆形的极具动感的图案，因而又被称为“四鸟绕日”图。其构思新颖，极富现代气息，在商周时期出土的文物中属于极其罕见的神品，达到了同时期工艺技术的顶峰。2005年8月17日，国家文物局正式公布采用成都金沙“四鸟绕日”金饰图案为“中国文化遗产标志”。

关于这件器物所代表的文化内涵，学术界基本倾向于“太阳崇拜”说。远古时期的人类对太阳的东起西落，还没有像现代人这样具有科学认识。他们看到能在天空中飞翔的只有鸟，因此认为太阳的东起西落，是鸟背负着在天空中飞行，而且由一只鸟来背负着又大又热的太阳飞来飞去，一定感到很累，所以想象中应有多只鸟轮换着背负才比较合理，于是便有了白天和黑夜。《山海经·大荒东经》记载：“汤谷上有扶木，其叶如芥，一日方至，一日方出，皆载于乌。”通过这个记载可知这件器物表明了古蜀人对太阳的认识和崇拜。

金沙——大时代的终结

金沙遗址出土的铜器均为小型器物，大多不能独立成器。据考古人员分析判断，应是大型铜器的附件。而在发掘中发现的少量铜尊圈足残片和大型铜异形器残片，则暗示着在未来的发掘中极有可能出土大型青铜器。此次出土的器物主要有铜立人像、铜牛首形饰、铜戈等。其中青铜立人像高约20厘米，重641克。人体立于座上，头戴有13道光芒的太阳帽，长辫及腰，脸形瘦弱，两耳有穿孔，双手握于胸前，手腕上戴一铜饰物，腰系带，内插一物。其造型特征与人物形象和三星堆二号祭祀坑出土的大型青铜立人像极其相似，这一鲜明特征再度反映了金沙遗址与三星堆遗址在文化脉络上惊人的一致性。

除金器与青铜器外，金沙遗址出土玉器1000余件，这在所有出土文物中占有十分重要的地位。主要器类有玉琮、玉璧形器、玉璋、玉戈等，尤以十节玉琮、玉璋、玉人面等最有代表性。这批玉器表面色泽艳丽，呈现出红、紫、褐、黑、白等多种颜色，极富层次变化，打磨极其细腻规整，表面异常光洁，堪称玉器中的极品。令考古人员格外注意的是，有几件玉琮在出土时，射孔中均填满了沙子。在太阳的光照下，沙子金光闪闪，异常明亮。考古人员联想到“金沙”的得名或许就是由于古河道中有沙金的缘故吧。

图4-21　金沙遗址出土的大型玉琮

最令发掘者难以忘怀的是2001年2月12日上午。那是一个阴沉沉的天气，考古人员张擎手拿微型摄像机正在聚精会神地拍摄发掘人员从散土中清理翻查出来的文物。9时30分左右，一位技工突然喊道：“来，来，快来这里拍一下，我发现了一件宝贝呢！”张闻声立即赶过去，只见这位技工手拿一件东西，正轻轻抹着上面的泥土。仔细一打量，原来是一件青色的大号玉琮。张擎见状大惊，急忙对正在现场检查工作的成都市考古所所长王毅喊道：“王所长，快过来，不得了了，这里发现宝贝了！”王毅闻听急奔而来，从技工手中小心翼翼地接过玉琮一看，脸上立即露出惊喜之色。他捧在手中一边观察一边情不自禁地说道：“旷世珍品，旷世珍品啊！”赞叹声中，众考古人员纷纷围了上来，共同目睹了这件宝器的旷世风采。

只见这件青色的玉器为十节玉琮，高约22厘米，重1358克。青色，上下共分十节，外方内圆，上大下小。玉器上共雕刻出40个神人面，每一个人面均雕刻出冠饰、眼睛和嘴，冠饰和嘴上还雕刻有比发丝还细的微雕。这件器物和长江中下游地区新石器时代的良渚文化玉琮十分相似，但也有一定的不同之处。从整体上看，良渚玉琮有粗犷之感，一般内壁较为粗糙，打磨不精，而这件玉琮却精雕细刻，内壁打磨十分光滑，看上去比较内敛。特别令考古人员感到不可思议的是，著名的良渚文化是长江下游地区的一个新石器时代文化，而金沙遗址则是位于长江上游的一个商周时期遗址，两者之间的时间差异达1500年到2000年，在地理位置上也相隔数千公里。如此大的时间、距离之差，其中间的文化传承关系是直接的还是间接的，颇令人费解。据王毅、朱章义、张擎等考古人员后来考证，这件器物的制作者可能不是金沙遗址的古蜀人，而是良渚文化的先民。也就是说，这件器物在商周时期已经是一件拥有1000多年历史的文物了。至于这件器物是如何历经1000多年而保存下来，又是如何辗转数千公里而流传到成都平原，并经古蜀人之手埋藏于金沙遗址之中，则成了一个难解的谜团。

图4-22　金沙遗址出土的石雕跪坐人像

同三星堆遗址有所差别的是，在发现大量精美玉器的同时，金沙遗址还发现了近700件形态各异、用途不同的石器，品种主要有璋、璧、虎、蛇、龟、跪坐人像等。据发掘人员研究，这些器物大多已不具有实用性，而与祭祀宗教活动密切相关。尤其是跪坐人像和动物形石刻圆雕作品，造型优美，栩栩如生，是中国目前发现的时代较早、制作最为精美并和祭祀活动有关联的石雕艺术品。其中几件跪坐人像，高15厘米至25厘米不等，总体形象是头发中分，长辫及腰，双手反缚并有绳索捆绑。两耳穿孔，嘴部和眼眶涂抹鲜艳的朱砂，如同现代女性一样吊耳环、涂口红，表情各异。

据分析推断可能是奴隶或战俘的象征。令考古人员大感兴趣的是，这几件跪坐人像均出土于金沙遗址的祭祀区，并和玉器、铜器等一起出土，说明它们同样是作为祭品被埋于地下的。这一祭祀的形式，又可说明成都平原已具有了高度的文化和文明程度。而同一时期，中原地区商周王朝的王和贵族们杀人祭祀还是一种普遍现象，这在甲骨文中有很多的记载，考古发掘中也发现大量的实物，二者的文化差异如此之大，是学术界在此之前所未曾想到的。

就整个金沙遗址的发掘而言，除发现各种大小不一的器物外，更重要的是发现了远古时代的建筑遗存，其中在位于摸底河北岸的黄忠村“三和花园”工地内，一次性发现了17座大型房屋建筑基址。房址均为木（竹）骨泥墙式建筑，多数为长方形排房。这些排房在建造时，一般是先开挖墙基，再做其他各部件的安置，墙体多采用木骨泥墙或加立柱的方法。由于时代过于久远，晚期破坏比较严重，发掘时墙体和地面均已不存，仅有墙基槽和柱洞尚依稀可辨。

那些被埋在黄土之下数米，开口都在第5文化层之下的6座房址，布局较有规律，均为大型排房建筑，虽然因发掘场地限制，有3座房址未能发掘完毕，但可以肯定这6座房址为同时规划和修建的一组建筑。

这一组建筑基址的发掘总面积在1000平方米以上，是西南地区所发现的最大的一组建筑群。从几十年的考古情况看，以木骨泥墙为主体的宫殿式建筑基址在西南地区极少发现，据发掘者推断，这种成组的大型排房建筑绝非一般平民所能拥有，只有古蜀国最高统治阶层才有能力组织人力、物力来修建这一工程浩大的建筑物。结合金沙村出土的大量同时期祭祀用品和专用祭祀场所分析，这一组建筑基址很可能是金沙遗址的中心宫殿区，也就是当年古蜀国的国王临朝听政、发号施令，以及群臣朝议的国之地。

九歌

随着金沙遗址的发现与发掘的进展，三星堆遗址与出土文物也更加引起世界性关注。

2003年5月10日，新华社对外播发了这样一条消息：

金沙江再次震惊世界

中华人民共和国成立以来四川省规模最大的一次科学考古发掘——金沙遗址考古发掘工作再次取得突破性进展，3000多件珍贵金器、玉器、石器、青铜器、象牙器和数以万件陶器、陶片的出土震惊了社会各界。该区域占地200亩的地下，已探明有数万平方米的文化遗存堆积，神秘的金沙遗址的地下分布情况正逐步明朗。

据考古专家称，金沙遗址极有可能是三星堆文明衰亡后在成都地区兴起的一个政治、经济、文化中心——古蜀国在商代晚期至西周时期的都邑所在。通过对金沙遗址的发掘与研究，对建立成都平原先秦考古学文化序列和对巴蜀文化的深入研究，以及破解三星堆文明衰亡之谜等具有重要的学术意义。据初步研究结果表明，古蜀国统治者在成都附近的活动从原来认为的2500多年，向前推进到3000多年之前。

另据可靠消息，由于金沙遗址近期不断地有惊世发现，已引起国际社会和联合国教科文组织的极大关注，国家文物局近日已决定将金沙遗址和三星堆遗址联合申报世界文化遗产。四川省和成都市政府部门已决定重新投入经费启动已停止几年的三星堆遗址的勘察与发掘，并对原出土的文物进行全面修复和展出。金沙遗址的发掘和保护也将按照三星堆工作站的模式，在此处建立长期的考古工作站和兴建一座大型遗址博物馆。

或许，这是一个自1986年三星堆两个祭祀坑发掘以来，向外界传递的一个最令人振奋，也是最自然和正常的信号。这标志着几十年来，在与文物相关各方经历了如此多的风霜雨雪、明争暗斗的角逐拼杀之后，一段非正常的悲怆苍凉的历史有可能宣告终结，从而在法制规范与建设和谐社会的大背景下，走上以国家利益为最高目标的理性、祥和、自然的坦途，但愿这一美好的愿望能在新的世纪光照中成为现实。

第五章

破译《孙子兵法》

银雀山奇缘

1972年4月，位于山东省临沂县城南一公里处的银雀山，一群工人在城关建筑队负责人朱家庵带领下，在银雀山的上半部，挥动手中镐头噼里啪啦地凿石刨土。

突然，一个人送外号“驴”的建筑工人感到自己挖的部位有些不对劲儿，便停下手中镐头，怀着好奇四周察看。待他换了铁锹，将可疑处的碎土乱碴一点点扒开，眼睛蓦地一亮：在刚才刨凿的坑中，有一个长方形竖穴边沿显露出来。尽管这竖穴填塞着泥土碎石，但从外部遗留的印痕可以看出不是天然形成，像是人工开凿而出。

因为这一偶然发现，“驴”的眼睛亮了几秒钟，又渐渐黯淡下来。在他看来，这不是一件什么了不起的大事，只是平常一点意外而已。这一带，星罗棋布地散落着许多古墓葬，这些墓葬由于年代久远，有许多已经被无意挖掘或有意被盗，尚有零星的墓葬土堆还能看得见、摸得着，但多数已失去了地面标志，而不为世人所知。像眼前这类竖穴，当地百姓在刨土掘坑时多有发现，已是见怪不怪，统统以烂坟圹子相称。

一个上午过去了，“驴”挖掘的竖穴离地表已深约1.5米。此时，不仅坑壁完全暴露在外，随着镐头劈将下去，坑底开始传出异常的声音，一块块质地细腻的灰白色黏土逐渐被挖了出来。这一奇特现象依然没有引起“驴”的重视。在他的心里，不管白泥还是黑泥，反正都是烂坟圹子的污泥垢土，统统掘开扔出去，以尽快把自己的那份活儿干完。

直到下午3点多，建筑队一个叫孟季华的老设计员无意中转了过来，方才改变了这座古墓的命运。

“驴”看这个老头不同于往常，颇有些悲愤的模样，并不理会。那孟老汉更不想跟这个全队出了名的犟驴一样的光棍汉啰唆，接近坑边，便想绕道走开。刚一转身，被什么东西绊了个趔趄，惊悸之余，放眼环顾，突然发现了一大堆白色的土碴。

“咦，咋有这玩意儿？”孟老汉心中问着，怔愣片刻，突然意识到了什么，急忙迈步来到坑口，眼睛为之一亮，脱口喊道：“哎呀，这不是座古墓吗？‘驴’呀‘驴’，别再挖了，我去跟文物组那帮家伙说一声，看他们咋办吧！”

满身热情加激情的孟老汉走下山来，骑上停放在草丛中的脚踏车，一路急蹬来到临沂县文化局文物组，跟该组业务骨干刘心健说明情况。刘心健听罢觉得有点意思，便和另一位业务干部张鸣雪一同骑车随老孟到银雀山看个究竟。

银雀山并不高，跟一个土岭差不多。在银雀山东南边，还有一个相似的小山岗，名曰金雀山。当地《城区略图》记载：“城南二里有二阜，东为金雀环，西为银雀环，挺然对峙，拱卫县治。”

此时的银雀山已今非昔比。自1958年始，整个临沂城掀起一股挖掘矿石的风潮，金、银二山是首选之地，几年工夫，两山已是千疮百孔，窟窿密布。1972年，临沂地区卫生局决定在银雀山上半部兴建办公楼。工人们对高低不平的石头坑进行清理挖掘，准备做楼房地下室基槽。就在这次清理中，意外挖到了墓穴。

刘心健、张鸣雪来到“驴”挖掘的地方略作观察，只见坑的下面明显是一处古墓，就其大小而言，在临沂城周边地区属于中上等的类型。至于墓葬的年代，是秦汉还是唐宋，以及是否被盗，价值如何，一时尚无法断言。不过据先前发掘的经验判断，银雀山是一个比较大的汉墓群集中地，想来汉墓的可能要大一些。但不管是不是汉墓，既然已经发现，就要做相应的清理发掘。

此时，在场的所有人都没有想到，这座看起来并不显眼的古墓，几天之后将引爆一场轰轰烈烈、震惊寰宇的考古大发现。

开始发掘

这是一座长方形竖穴式墓葬，墓坑直接在山冈岩石上开凿而成，墓壁直上直下，没有发现其他墓葬惯有的斜坡墓道。墓室南北长3.14米，东西宽2.26米，地表至墓底深度为3米。不知是因为年代久远还是其他原因，墓室上部有较大面积的残损，正是因为这残损，才导致室内集积了约有半米厚的污泥浊水。从残损部位处可见，在墓坑与椁室之间曾填入大量质地细腻的灰白色泥土。这种泥土俗称白膏泥，它的作用主要是隔绝墓室与外部空气，防潮防腐，保护墓室，特别是保护棺椁内尸体和器物长久不朽。

尽管墓室残破，渗入了积水，内部的器物明显受损，但对墓主人棺椁似乎影响不大，若用镐头敲敲椁板，尚能听到“咚咚”的声音。只是这声音并不清脆，绵软中透着沉闷，表明这上等木材已经腐朽。

发掘人员将零星的碎石、散土清理后，做的第一个大动作就是起取木椁顶层盖板。将棺椁板盖的大部分揭开后，望着污水中一堆乱七八糟分布的文物，刘心健喊来“驴”和他的几个同伴，先用几个铁桶将墓坑内的积水舀出一部分。然后由刘心健、杨佃旭沿着椁箱自上而下、自南而北，一层层起取。随着时间推移，先后有鼎、盆、壶、罐、盘、俑等陶器，以及耳杯、盘、奁、木盒、六博盘、木勺等漆木器出土。

到了下午4点30分左右，杨佃旭发现一个陶盆，立于边箱东北角的泥水中，由于相距较远，难以提取，便找来一根绳子拴在腰上，让“驴”和他一个同伴在后边拽住，身子大幅度倾斜于边箱中。待稳定后，双手伸出，手指捏住陶盆边缘用力往上一提，盆子底部受到其他器物挤压，竟“啪”的一声断为两截。懊丧中的杨佃旭心痛地“哎——”了一声，调换了个角度，准备提取其他器物。身旁的刘心健见此情形，急忙劝说道：“老杨，你还是把那半块盆子拿出来吧，要不编号不好编。”

竹书显露

杨佃旭闻听此言觉得有理，回到原来位置，伸手提取残留的半块陶盆，但提了几次都没有成功。由于器物底部连泥带水看不分明，杨佃旭不敢硬取，只好找来一把木勺，将残存的积水，一点点向外舀刮。

随着水的流动与减少，厚厚的淤泥如同粉条作坊中的淀粉，渐渐凸显出来，随葬器物也比先前看得分明。原来这半截陶盆被一件歪斜的椭圆形木盒和一件彩绘筒形漆耳杯覆压着，木盒与漆耳杯又同时和一堆乱草状的物体相连。由于泥水混杂其间，只看到黑乎乎一片，难以详细分辨。

按杨佃旭推断，这一堆乱草状的物体，似乎和先前提取的南半部，一个盛栗子、核桃之类瓜果的竹筐相似，或者说这就是一个竹筐，只是不知什么时候，竹筐已被压扁，目前和泥水挤成了一堆并有些腐烂罢了。

既是竹筐，按照一般常识，其世俗的价值就不是很大。但既然是田野考古发掘，就要按科学规则办事，价值再小也要取出来。想到这里，杨佃旭弓腰伸臂，将面前那堆已粘在一起的器物稳稳地揽于手中。只见他运足了力气，“嘿”的一声喊，几件连体器物被一齐从泥水中托将出来。正在旁边舀水的刘心健放下勺子转身接过，本想一次运出坑外，又觉过于笨重，犹豫片刻，决定将那件连在一起的小木盒和漆耳杯单独分离出来，这样向外搬运就方便一些。

只见刘心健将器物放到眼前一个土台上，左手按住一堆烂草状的东西，右手抓住盒、杯二器，张口呼吸，气贯丹田，双臂一较劲儿，嘴里喊声：“给我开啊！”

随着“噗”的一声响，手中的物体瞬间断为两截，那个木盒和漆耳杯如愿掰掉。有些意外的是，那看似一堆乱草状的物体，在力的作用下随之断为两截，一截仍附身于盒、杯二器；一截则散乱不堪地四散于地下的泥水之中——此时此刻，无论是刘心健还是杨佃旭，抑或还有上面的王文起、张鸣雪等人，万没想到这一堆乱草状的器物，正是后来举世震惊的、包括千年佚书《孙子兵法》在内的绝世珍品——竹简书。

由于刘心健的错误判断和操作，致使原本一个好好的整体分裂与散乱，为后来整理工作和学术研究，埋下了灾难性的伏笔。当然，就这批价值连城的珍宝而言，这个令人扼腕的结果，仅仅是一个不妙的开端。随着发掘的不断进展，尚有一连串的劫难还要在这块多灾多难的土地上反复上演。

刘心健将一堆零散器物分几次托举出墓坑，由王文起等人传递给张鸣雪，再由张氏装入坑边的平板车中。就在这次传递中，竹简的命运又雪上加霜，被弄得乱上加乱，整个坑内、坑外，遍地都是残断的竹简，灾难性恶果进一步加剧。

此时，处于墓坑边箱最前沿的杨佃旭，又从污泥中摸出了几件漆器与几枚铜钱。漆器和刚才摸出的基本相同，铜钱经刘心健察看，是西汉文景时期的“半两”。这种“半两钱”，在以往发掘的古墓中多有发现，因为其多，用世俗的眼光看就很“不值钱”，但若用学术眼光看，却有其独到的价值，尤其在断定古墓年代方面，有着其他器物不可替代的重要地位和作用。

正因如此，刘心健才意犹未尽地对杨佃旭喊道："老杨，再摸一摸，看还有没有，这钱重要着哩！"

听对方如此一说，杨佃旭嘴里"噢、噢"地答应着，双手又在边箱泥水里摸索起来。就在这时，荡动的泥水从靠近箱壁的地方缓缓冲出一块薄薄的、约有3寸多长、草叶样的竹片。这竹片如同一叶小舟，在宽阔的河面上轻轻荡漾。这个细小的插曲意外地引起杨佃旭的注意，冥冥中似有一种不可言状的神秘力量使他的眼睛为之一亮。似乎得到神的启示，杨佃旭下意识地将竹片顺势捏在手中，并借助箱中的积水将污泥冲刷一遍，而后随手递给了身后的刘心健。

刘心健突然接到半截小竹片，第一个感觉是属于哪个陪葬核桃筐掉下的残渣，这种毫无价值的东西，杨佃旭打捞上来，纯属多此一举。这样想着，刚要扔掉，又突然想起三天前老局长威严的"哪怕是一片草叶，也要给我拿回来"的训示，心中蓦地打了个冷战，暗想眼前这东西不正是一片草叶吗？既是草叶都要拿回去，那就照办吧，否则屁股可能要挨板子。

想到此处，他刚要松开的手又缩了回来，眼望半截竹片端详起来。他朦朦胧胧地意识到，眼前这半截竹片并不像核桃筐的残渣余孽，究竟是什么东西？一时无法弄清。

在这个意识驱使下，刘心健急转身，对仍趴在边箱提取器物的杨佃旭喊道："老杨，你再摸一摸，看还有没有刚才那个像草叶一样的东西？"

杨佃旭"噢、噢"答应着，伸手在原来的地方摸索了一遍，扭头说道："没有，啥也没有，我看你没喝酒像喝了酒一样。"说罢便不再理刘心健，继续提取其他器物去了。

刘心健拿着半截竹片爬出墓坑，正当他欲借着阳光仔细端详，要弄个究竟之时，突然看到不远处，一前一后走来两个人。待这二人来到近前，刘心健一眼认出了其中一人，随即喊了声："老毕，你们怎么来了？"

对方打着哈哈走上前来，刘心健忙向前与来者握手，并向坑外其他几位介绍道："这是省博物馆的老毕……"于是，大家暂停了发掘，在墓坑内外寒暄起来。

突然来人

来人是省博物馆文物组工作人员毕宝启、吴九龙。

因毕宝启过去和刘心健有过业务上的联系，算是老熟人，因而，一见面双方便热情地寒暄起来。毕宝启简单说明来临沂的目的，刘心健便热情地邀请二人道："既然来了，你们今天就别走了，干脆和我们一块儿发掘吧。"

满脸写着疲惫的毕宝启对眼前这个墓没有多大兴趣，便推托道："我们还没有同地区的领导见面，明天再说吧。"说着，就要招呼吴九龙告辞。

此时，吴九龙正对着墓坑外一堆被刘心健扔掉的乱草样的东西好奇地观看，听到毕宝启招呼，顺手将那乱草样的东西捡起了两根，轻声说："老毕，我怎么看着这东西像是竹简，找点水冲一下，看看有没有字。"

说着，他来到一个破水桶边，用一块小布片在水桶里蘸了水，慢慢擦洗那两根竹片上面的淤泥与水锈。当他的手指携带布片，在竹片上最后一次划过时，眼前蓦地一亮，竹片上真的显露出一行黑色字体，吴九龙禁不住"啊"了一声。惊愕之中，他强按住狂跳的心，瞪圆了眼睛，仔细辨别面前的文字。上面是带有篆意的隶书"齐桓公问管子曰……"七个字。

按吴九龙所掌握的历史知识，这上面的几个字并不难懂。齐桓公乃春秋时期五霸之一、齐国最高领导人。管子则是这个国家一人之下、万人之上的宰相。这七个字，说明君臣正在进行一场对话。关于这场对话的内容，很可能写在其他的竹简中。想到此处，吴九龙对毕宝启与刘心健等人说："不得了了，这墓里挖出宝贝来了，是竹简，有字，上面有字！"

几个人闻听，大惊，立即围上来，瞪大了眼睛，争相观看吴九龙手中的竹简。毕宝启看罢，满脸的疲惫荡然无存，情绪高昂，神态激动地说：“没错，是竹简，是竹简！”他一边说着，一边像突然想起了什么，对众人道：“这墓中突然出现两根竹简残片，绝不是孤立的，也不是偶然的，应该有它的同伴，有它必然的时代背景，快找找，看还有没有。”

话音刚落，吴九龙几步上前，来到刚才捡拾竹简的地方。蓦然发现，原来那看似一堆乱草的东西，竟全部是竹简残片！——这堆残片，长短不一，混合于污泥中，如不仔细辨别，很难认出这就是价值连城的竹简书。

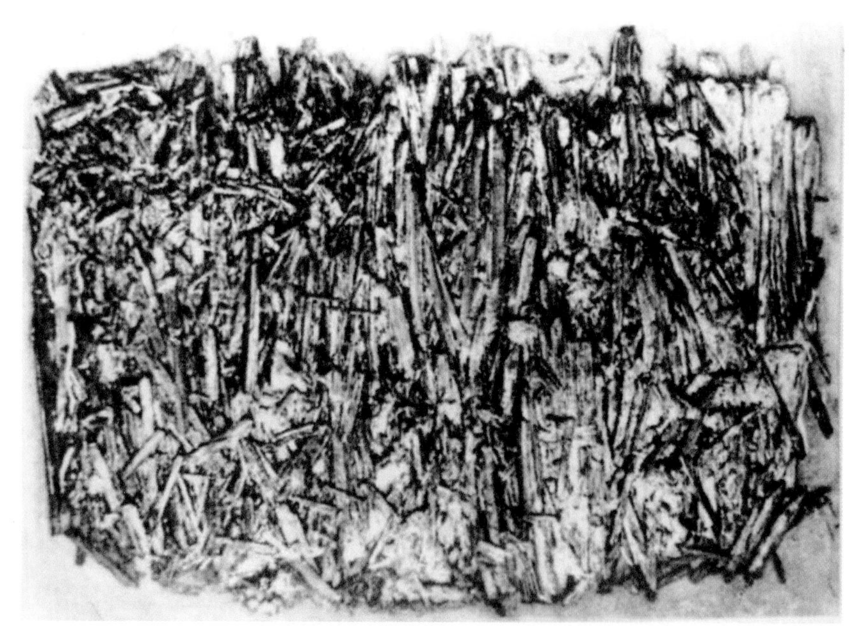

图5-1　银雀山汉墓竹简出土时形状

“快来看，这一堆全是竹简！”吴九龙大声喊着。众人“哗”地围过来，嘴里叽里咕噜地说着什么。待一阵骚动过后，吴九龙弯腰将那一堆散乱的竹简小心谨慎地捡起来，悄悄放于坑外由张鸣雪守护的两轮地排车中。为进一步证实竹简真伪，并了解其中的内容，刘心健快步来到平板地排车旁，又从那堆腐草状的竹片中随便抽出长短各一枚，来到不远处的铁桶边，学着吴九龙的样子，用水擦去污泥，眼前又出现了“齐威王问孙子曰……”“晏子曰……”等文字。

这表明眼前这一堆乱草状的竹片，应全部或大部书写着文字，记载着一篇或数篇古代文献。由于时代久远，这些出土文献无疑具有重大学术价值。

望着手中的竹简，他们感到事关重大。和县文化局领导及省博物馆领导汇报后，经省、县双方人员商定，于第二天开始联合发掘。同时，鉴于这墓葬所出竹简的重要价值，由临沂方面和当地驻军联系，请求派出一个排的兵力，对墓坑特别是出土文物进行警戒、保护。

联合发掘

4月16日上午，省、县双方组成的联合发掘组进入工地，临沂军分区根据当地政府请求，令直属独立营派出一个加强排，荷枪实弹开赴银雀山，对墓葬进行日夜守护。

按照此前双方商定的计划，墓室发掘主要由吴九龙、毕宝启、蒋英炬三位省里来的考古学家负责，县里的刘心健等人员则负责排水、传递器物、维持秩序等二线工作。当一切正常运转后，当天下午2点钟左右，吴九龙等发掘人员在边箱西南角发现了一批竹简。鉴于上次被折断的教训，发掘人员找来一块大木板，由吴九龙、蒋英炬二人轻轻插入竹简下部，然后将竹简和泥水一块儿托举出来。这一看似简单的做法有效地避免了悲剧重演。

当竹简被托出之后，为验证真伪，蒋英炬从中间提取一枚查看。经用水冲洗，竹简上面赫然出现了“而擒庞涓，故曰，孙子之所以为者”十几个墨书隶字。

“这文字与孙膑有关，是不是我们发现了《孙子兵法》？”蒋英炬脱口喊了一句。

图5-2　一号墓出土的汉简

众人一听，精神大振，围上前来议论纷纷："上回刘心健抽出的那枚竹简就有孙子二字，这回又有孙子，上面的文字既有庞涓，又有孙子，那么这个孙子应该就是人们比较熟悉的孙膑，如果这批竹简记载的不是《孙子兵法》，也当与孙膑有关，若果真如此，这批竹简将具有不可估量的重大学术价值。不得了，不得了啊！"大家议论着，猜测着，一时群情激昂，干劲儿倍增，仅用一天时间，就将边箱的器物全部清理完毕。

正当大家为此次发掘成果庆贺之时，在同一天，远在千里之外的湖南长沙，几十名考古人员正云集马王堆一号汉墓的墓坑，打开了庞大厚重的棺椁，保存完好的千年女尸随之横空出世。这一偶然性的巧合，揭开了新中国成立以来又一轮震惊中外的考古发现的序幕，不仅给刚刚复苏的中国文物界带来了剧烈冲击，同时也吹响了中国20世纪"考古中兴"的号角。

由于银雀山汉墓（此时根据出土器物等初步断定为汉墓）重大考古发现被证实，前来增援的蒋英炬和其他发掘人员把棺内器物清理完毕后，准备连夜回济南复命。临行前，征得临沂方面同意，他们将已经抽出的那枚记载孙子与庞涓之事的竹简带回，以做实物证据请领导过目。出于安全考虑，蒋英炬专门派人到医院买来一支玻璃管，将竹简装入管内后密封。

发现二号墓

就在蒋英炬回到济南的第二天，银雀山挖地基的"驴"等几位工人，在墓坑的周边清理时，偶然发现另外一个墓葬坑的痕迹。

根据"驴"等上报的情况，毕宝启、吴九龙、刘心健等再次前往银雀山察看，证实这确是一座古代墓葬。由于银雀山只有一层薄薄的植被，植被下面就是巨石，墓坑是凿石而成，上面的覆土显得格外松软。正是这种特殊情况，才让"驴"等工人轻而易举地发现了这座匿藏千年的古墓。

考古人员根据此墓墓坑与已发掘的墓葬只有几十厘米之隔的现象推断，二者可能有一定关系。尽管在发掘前不能确定为夫妻合葬墓，但就这种葬式论，发掘人员把此前的墓坑编为一号，未发掘的编为二号。

当例行的测量、画图、照相等一系列工作完成之后，接下来就是起运椁板。就当时的情形而言，整个中国物资极端匮乏，而作为革命老区的沂蒙山区更是贫穷到了极点。多少年后，据吴九龙回忆，这个后来震惊中外的考古发掘，发掘人员竟连一双薄薄的手套都无条件配备，更遑论其他诸如排水、起吊等机械设备。而重达三四百斤的椁板，只有依靠人力抬出3米深的坑。

此时的吴九龙、毕宝启等发掘人员，正弯腰伸臂抓住椁板，瞪眼咬牙向外腾挪。由于墓坑深邃、狭小，抬椁板人员必须站在椁箱之外，脚下几无立足之地。加之白膏泥粘足，又弄得大家寸步难挪。十几名发掘人员费了九牛二虎之力，总算将庞大笨重的椁板弄出了坑外，而后一个个喘着粗气，又将注意力移向椁内。

椁内同样布有边箱，其中的器物同一号墓基本相同。由于泥水浸泡，显得凌乱不堪，待发掘人员小心谨慎地将污水排出后，各器物的轮廓基本显示出来。出于对一号墓发现竹简这一事实的考虑，吴九龙、毕宝启等发掘人员初步判断，二号墓也可能有类似竹简出土，只是数量多少的问题。

当椁板揭开，污水排掉后，吴、毕二人首先观察是否真的有竹简随葬。环视一圈，发现边箱东南角有异样，很有可能匿藏着大家梦寐以求的无价珍宝——竹简书。为最大限度地保证东南角这批想象中珍宝的安全，吴九龙、毕宝启决定先从边箱的最北端开始清理。他们密切配合，按照严格的考古程序，先后于污泥中提取了若干件陶鼎、陶盆、陶壶、陶俑等陶制器物。在两件形态各异的夹砂灰陶罐中，有一件肩部刻有“召氏十斗”四字。这四个字立即引起发掘人员的注意，并成为后来研究该墓墓主的重要材料。

在清理过程中，吴、毕等考古人员发现了一个不同于一号墓的特殊现象，这就是出土的陶器，几乎分散于整个边箱，由于通高都不超过30厘米，体积相对较小，并未占多大的空间，边箱的大部分空间都被漆木器所占。由于泥水的浸蚀，漆木器有部分脱皮、变形现象，但总体完好，尚称珍品。当清理工作推进到南半部时，接连发现了38枚“半两钱”，钱币的出土，为墓葬的时间断代再次提供了珍贵佐证。

竹简再次出土

“半两钱”清理过后，面对的就是那堆想象中的竹简。为一次性提取成功，并做到万无一失，动手前，吴九龙、毕宝启详细研究了一套清理方案，并按方案做了各种准备。当一切就绪后，具有决定意义的发掘开始了。

吴、毕二人身子趴伏在椁室中，手里各拿一把小铁铲轻轻地刮着淤泥。一刻钟之后，第一枚竹简露了出来。紧接着，第二枚、第三枚相继映入二人的视线。约一个时辰，众人期待已久的秘密——32枚竹简全部凸现出来了。这批竹简外观完整，排列有序，静静地躺在椁箱中，似在等待有缘者的相会。

边箱清理完毕后，吴九龙、毕宝启又同其他发掘人员一起打开了棺盖。一切都在意料之中，墓主尸骨早已腐烂，性别难以确定，但从棺内残留的木枕、漆奁和一面铜镜均在棺的南头来推断，可知墓主是以头向正南的方式入葬的。至此，银雀山一号、二号古墓全部发掘完毕。接下来要做的，就是对出土器物的整理、保护与研究，并尽快弄清两座古墓的年代、性质、墓主是谁、具有何等身份，以及神秘的竹简都记载了什么内容等。

从总体上看，银雀山汉墓竹简出土数量之多，内容之丰富，以及残损之严重，都是十分罕见的。银雀山汉简整理小组通过对竹简认真释文并加以分类校勘，将其重点内容分为以下两个部分：

第一部分　周秦诸子

1.《六韬》十四篇

2.《守法守令》等十三篇（简本只得十篇，包括《墨子》《管子》等篇）

3.《晏子春秋》十六篇

4.《孙子兵法》十三篇

5.《孙子》佚文五篇

6.《尉缭子》五篇

第二部分　佚书丛录

1.《汉元光元年历谱》

2.《孙膑兵法》十六篇

3.《论政论兵》之类五十篇

4.《阴阳时令占侯》之类十二篇

5.其他之类（如算书、相狗、作酱法等）十三篇

银雀山两座汉墓一次性出土类别、字数如此之多的先秦古籍，这是自西晋太康二年（公元281年），在河南汲县经盗墓贼不准（fǒu biāo）盗掘的那座古墓出土《竹书纪年》等大批竹书之后的近1700年间，最为重大的一次发现。

据史载，汲冢出土的古籍，大部分又重新散失。而银雀山汉墓出土竹简，大部分得到了整理与保存，特别是大批兵书的出土，其意义当更为独特和重大。自宋之后的1000多年来，学术界许多大师、巨擘都曾把《六韬》《孙子兵法》《尉缭子》《管子》《晏子》等古籍，统统说成是后人假托的伪书，压根儿不能当作真正的学术著作来研究。

银雀山汉墓发现的大批竹简书，以无可辩驳的事实证明这批古籍至少在西汉早期就已存在并开始广泛流行的事实。尤其是失传长达1700多年之久的

《孙膑兵法》的面世，使学术界聚讼千余年的孙武、孙膑是否各有其人或各有兵法传世的历史悬案豁然冰释。

《孙子兵法》书写与墓主年代

墓葬的年代已经确定，所葬竹简产生的年代，下限究属汉初哪一阶段，学术界尚有争论。吴九龙、毕宝启执笔的《银雀山汉墓发掘简报》（简称《简报》）称："根据竹简中有汉武帝元光元年历谱，据此推断其产生年代，下限最晚亦在汉武帝即位的第七年（公元前134年）。"

但有学者认为这样论述不够确切，其时间跨度太大。在这批汉简中，有105枚、计1000余字的《孙子兵法》残简。通过对这些残简的研究，可以深入思考许多问题。将竹简《九地篇》残文与传本相校，可发现汉简本作"卫然者，恒山（下缺）"，传本此句作"率然者，常山之蛇也"。前者不避汉文帝刘恒名讳，则可知其产生年代，非但不在武帝元光年间，而且跨越了汉景帝在位期间的16年（公元前156年—前141年），上溯到文帝刘恒即位（公元前179年）之前，即西汉王朝开国或吕氏专权时期，这就比《简报》的推断提前了许多年，而这个推断似乎更接近事实本身。

除此之外，还有一个较明显的证据是，从出土竹简字体来看，其抄写年代当在秦到文景时期。这又比《简报》的推断提前了若干年。从另一个侧面也可以看出，汉简本《孙子兵法》的抄写年代，比早期著录《孙子兵法》的《史记》《叙录》《汉书·艺文志》，都要早几十年至200余年。可知汉简本《孙子兵法》更接近孙武手定的原本，因而也得以让现代人类首次有机会窥知西汉早期《孙子兵法》一书的真实情形。

一号汉墓出土的具有重大研究价值的《孙子兵法》竹简书，其整简和残简近300枚，计2600多字，超过宋代刻本《孙子》全文的三分之一。通过校释，竹书《孙子兵法》与宋本《孙子》内容基本相符，但也存在明显的差异，从各方面的研究结果看，竹书更符合孙子军事思想。

至于所发掘的银雀山两座汉墓的主人，由于缺乏完整的、具有说服力的资料，考古发掘者与汉简整理小组人员，都难以做出确切的判断。

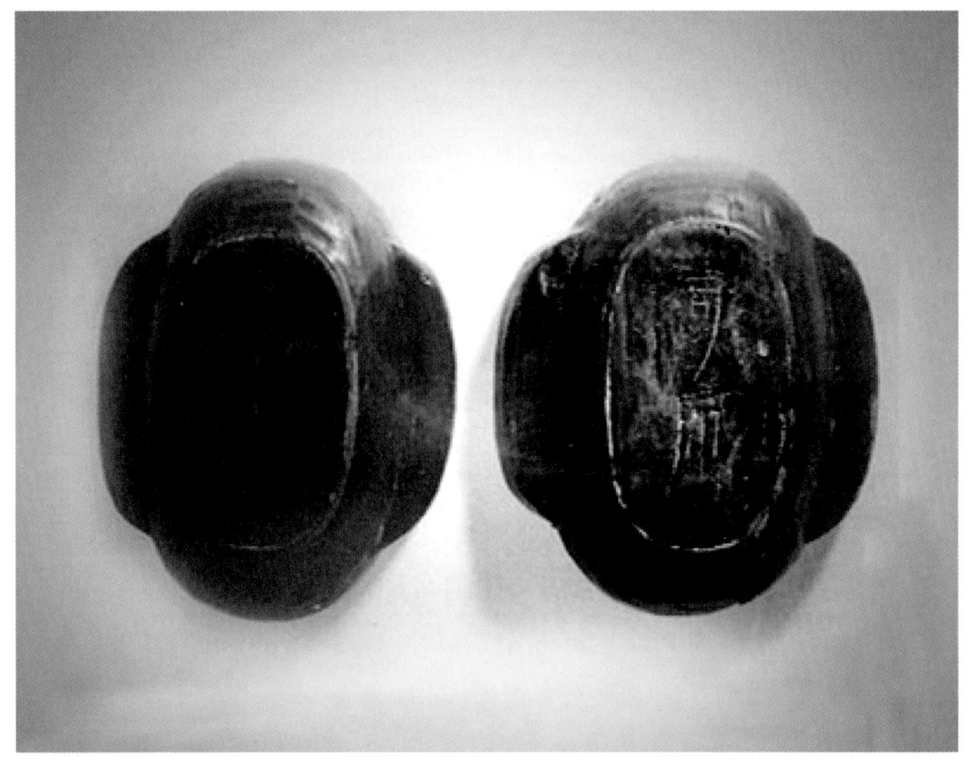

图5-3　出土耳杯的杯底刻有“司马”二字，似乎传达出墓主人的信息

在一号墓出土的两个耳杯底部，刻有隶书“司马”二字，刻工较粗，据吴九龙、毕宝启等估计，这个“司马”应是墓主人的姓氏，不会是官衔。因为按照一般习惯，不会把官衔随意刻在器物上。但从墓葬出土的大批兵书来看，可以推断墓主当是一位关心兵法或与军事有关的人物。

二号墓出土的陶罐上，其肩部刻有“召氏十斗”四字，据吴九龙、毕宝启推断，“召氏可能是墓主姓氏，但从1951年湖南长沙西汉刘骄墓曾出土署有‘杨主家般’四字漆盘的情况来看，也可能是赠送人的姓氏”。

整理人员根据银雀山一号和二号两墓出土的陶器、钱币、铜器、漆木器等器物的形制、纹饰、风格等特点以及墓坑形制等分析，可断定这是两座西汉前期的墓葬。特别是鼎、盒、壶等陶器组合的出现，进一步证明了这一推断。两座幕出土的“半两钱”及一号墓出土的“三铢钱”，更是确定这两座墓葬年代的有力佐证。

据《汉书·武帝纪》记载，建元元年（公元前140年），始铸“三铢钱”，到建元五年（公元前136年）“停罢”，流通的时间仅为短短四年，由此可以进一步断定，一号墓的年代，上限不会早于建元元年。在这座墓葬里既出土了“半两钱”，而没有发现武帝元狩六年（公元前117年）始铸的“五铢钱”。由此可以推断，墓葬年代的下限不会晚于元狩五年。即一号墓的确切年代，当在公元前140年至公元前118年。

考古人员在二号墓发掘中，还发现了一份完整的《汉武帝元光元年历谱》，这同样是判断墓葬年代的重要依据。

通过两位天文历法学家的研究，初步断定，出土的这部分残简，就是汉元光元年历谱。根据《汉书·武帝纪》记载，建元六年次年，改为元光元年。这份历谱，即汉武帝建元七年。

银雀山二号墓出土的《汉武帝元光元年历谱》，是考古史上所发现的中国最早、也是最完整的古代历谱，历谱中还附记了与农事有关的节气时令征候等，它较《流沙坠简》著录的汉元康三年（公元前63年）历谱，要早70余年。有了《汉武帝元光元年历谱》作为标志，年代上限应断定为汉武帝元光元年（公元前134年）。即银雀山二号墓的年代，当在公元前134年至公元前118年，起始年代比一号墓晚了6年。

在此之前，对汉代太初以前所用的历法究竟是什么样子，由于缺乏实例，始终是一个未解之谜。银雀山汉墓《汉武帝元光元年历谱》，为建元六年尚未改元时，所制翌年（公元前134年）的实用历，不但可以校正以往推算的历史年代，千年来沿袭之谬误，而且为学术界提供了研究古六历的重要实例，对研究整个古代历法，具有其他文献不可替代的重大作用和价值。

随着这一消息的发布和在世界范围的传播，人们惊奇地发现这批文化瑰宝里有相当一部分古籍，不仅对生活在20世纪的现代人类是久已失传的佚书，即使是两汉时期的司马迁、刘向、班固等学术巨擘，也无缘一见。

这批竹简在悄然无息地掩埋了两千多年之后又横空出世，洞开了一个湮没日久的古老神秘世界，曾呼风唤雨、显赫一时的晏婴、伍子胥、孙武、孙膑等风云人物，又携带着历史滚滚风雷，再度跃入现代人类的视野。

田氏崛起

故事还要从春秋时期的齐国说起，齐景公执政之初，强大的晋国和凶悍的北燕，分别向齐国的阿、鄄、河上之地杀掠而来。齐国虽出兵抵抗，但终因对方攻势过于凶猛而败退。眼看敌军步步进逼，齐师无力阻挡，搞得朝野震动，四方不宁，刚过了几天好日子的齐景公，更是满面焦虑，深为不安。就在这样的危难之中，丞相晏婴向齐景公推荐了田穰苴。

田穰苴以大将军之职，对军纪做了一番肃整，率部出征，很快抵达前线阵地。晋军眼看这位新上任的将军田穰苴指挥大军杀奔而来，慌忙连夜逃遁。燕军一听强大的晋军不战而逃，自己也不愿睁着眼跟这位活阎王较劲找死，于是亦引军渡河北归。穰苴趁势率部追击，斩敌首万余级，燕军大败，齐军很快收复了失地。

大军凯旋，齐景公拜田穰苴为大司马，令其掌握国家的重要兵权，其他有功人员的官职各有加封。自此以后，田穰苴又被称为司马穰苴。若干年后，田穰苴的军事思想由田氏家族的后人——已夺取齐国最高领导权的齐威王令学者整理成书，是为《司马兵法》。

晋、燕两国军队败北，齐景公甚为得意。相邻的莒（jǔ）国在交往礼节中有所冒犯，齐景公大怒，决定出兵攻伐莒国，教训一下那位不知天高地厚的小国之君，对其他邻国起到杀一儆百的作用。

战争之初，齐景公派一位名叫高发的将军率师征伐。莒国君主主动弃首都，率部退奔纪鄣城拼死抵抗。见齐军久攻不下，齐景公便改派老谋深算、久经战阵的田书为将，再度对纪鄣城展开围攻。

田书，字子占，为正宗的田氏家族后裔，是齐国上大夫田无宇的儿子，与田穰苴属同族兄弟。田书在继承父亲的政治谋略和军事才能的基础上加以发扬光大，年轻时即被齐景公拜为上大夫并得以重用。尽管现已年近花甲，但宝刀不老，仍经常统兵打仗，尽军人之职。

纪鄣城虽小，但设防完善，兵精粮足，易守难攻。田书通晓兵法，尤长于谋略制敌。兵临纪鄣后，他充分利用地形地物，白天轮番做表演性质的佯攻，以麻痹和疲惫敌人，使其渐渐放松警惕。几天之后一个月黑风高、伸手难见掌的夜晚，田书令兵卒利用一名织妇所献绳索，缘绳登城。但刚刚登上60多人，绳索突然发生断裂，部分兵卒如同地瓜一样噼里啪啦从高耸的城墙上摔将下来。这个意外事件，惊动了城内的敌人。在这显然无法于短时间内继续登城的紧急关头，田书果断命令城外的军队击鼓呐喊，城上60多兵卒也立刻响应。一时，城上城下里应外合，鼓声、喊声震天动地。正在熟睡的莒国君臣突然在暗夜里闻听外面如此大的响动，误认为是齐军已经破城并向城中掩杀过来，于失魂落魄中连忙命人打开西城门，老鼠搬家样迅速逃窜。齐军一举占领了纪鄣城，取得了本次伐莒的胜利。

莒国溃败，齐景公又赢得了一次在诸侯面前抖威风的机会，自然格外高兴。他不但下令将一个被称作乐安的地方作为采食之邑赐给田书，又赐了一个孙氏的姓氏给田书，以彰其功。——从此之后，田氏家族中，自田书之后都改姓孙氏。这也就是后来的孙武、孙膑等著名兵家之所以姓孙的源头。

孙武奔吴

大司马田穰苴和上大夫田书，因作战有功，在得以加官晋职，封地、赐姓、赏爵的同时，还联合起来操握兵权，控制军队，有遮天盖日之势，朝野为之侧目。

田氏家族的敌对势力——齐国贵族高氏、国氏、鲍氏等政治集团感到了一种强大的压力与威胁。为打破这种被动局面，高、国、鲍三个家族摒弃前嫌，组成暂时政治联盟，以战略进攻的姿态，向田氏家族实施政治打击。

与此同时，三族联盟暗中勾结齐景公夫人燕姬，让其在景公面前大吹枕边风。燕姬不负重托，在同景公一番云雨过后，于轻声慢语中略带杀机地说道：“如今田氏家族兵权在握，尾大不掉，君令不行，如此下去，很快将暴发政变。到那时，齐国就不再是姜家的齐国了……”

齐景公被燕姬三寸不烂之舌哄得晕头转向，最终做出了“宁信其有，不信其无”的决定，下令将田穰苴削职为民，宣布孙书离休，立即离开首都，回到乐安自己的采邑去蹲着。与此同时，凡与田氏家族沾亲带故的各色人等，无论官职大小，一律调离国家机关，远离权力中心。

这一顿不问青红皂白的拾掇，使田氏家族呕心沥血建立起的权力大厦在一夜之间轰然倒塌。面对主公的昏庸和政敌的幸灾乐祸，田穰苴悲愤交加，忧郁成疾，不久便撒手人寰。

田穰苴的猝死，在朝野内外特别是田氏家族引起极大震动。已赋闲在家的孙书，深知田氏家族处境艰难，说不定哪一天会遇到灭门之灾。经过一番深思熟虑，孙书将他的儿子孙武叫到面前，以忧伤的语气说道：“阿武呀，如今孙氏家族已进入低潮，我们的对立面已成洪水决堤之势，快要将孙氏家族这片庞大的政治森林淹没了。但是，洪水总是要流走的，森林是会长久留下并不断生长的，我家族需要保存实力，把根留住。现在你走吧，到别国去，远走高飞，在那里养精蓄锐，打拼出一块新的地盘，以迎接国内二次革命高潮的到来……”

此时，已是24岁的孙武面对父亲忧郁的神情和期待的目光，说了声“孩儿遵命”，俯身顿首叩拜。当他站起身时，父子二人相对无语，泪流满面。

孙武腰佩长剑，站在一辆高大宽敞的战车里，携带四名卫士与两位姬妾，离开了自己祖辈的封地——齐国乐安，踏上了去吴国的大道。

他所要去的吴国位于长江下游，亦即许多年之后以苏州为中心的大片地盘。吴国原为一个蛮荆人为主的卑湿小国，春秋中晚期，终于以辽阔的疆域、强大的军队和丰富的物产，一跃成为南方的军事强国。差不多就在这个时间段的早些时候，孙武踏上了吴国的土地。

多少天之后，当那高大的战马拉着高大的战车，映衬着孙武高大的身躯以及身边姬妾那柳条状曲线形的剪影，在灿烂温柔的夕阳沐浴下，来到吴国境内穹窿山下时，孙武令驭手勒住战马，像一位将军观察即将出生入死的战场一样，手搭凉棚，面对暮色中葱郁浩茫的群山沟壑，用他那极富磁性、略带沙哑的声音大声说道：“我有一种预感，命运的扭转将从这里开始，走上前去，让我们在这几百里云霄雾霭中开辟出一块属于我们的天地吧！”——自此，一行人就在这浩瀚苍茫的穹窿山驻扎下来。

接下来的日子，孙武和他的追随者，在连绵的山野、茂密的丛林、偏僻的乡村，开始了具体的实践活动。随着工作不断深入，形势逐渐好转的根据地在不断扩大。为了对正在兴起的革命大业尽可能地多做一些贡献，孙武在艰苦复杂的组织和领导工作之余，对齐国的开国元勋姜子牙、一代名相管夷吾和本家的叔叔、著名将领、军事家田穰苴等英雄大腕儿修身齐家治国平天下的理论与实践进行广泛深入系统的研究，结合穹窿山实际发展历程中的经验和教训，写出了《兵法十三篇》这样的光辉篇章。

一晃五个年头过去了，孙武和他的追随者在穹窿山地区组建了一个规模浩大的游击兵团，游击队员由当初的几十人发展到7000余人之众，号称万人兵团。正当孙武怀揣着满腔热情、崇高的理想、坚定的信念号召他的追随者团结起来，以摧枯拉朽的战斗力和爆发力，荡涤吴国境内一切污泥浊水之时，一个人的意外闯入，使正乘风破浪的航船悄然无声地改变了航向。

——来者是楚人伍子胥。

孙武校场斩姬

伍子胥原为楚国人士，受到奸臣迫害追杀，逃往吴国，他发誓要搞垮楚国，以报仇雪恨。彼时寂寞忧郁的伍子胥在一次外出打猎时，意外结识孙武，二人相见，聊起彼此的经历。伍子胥痛说自己流窜到吴国，准备发动一场伟大的革命战争，将楚政权一举推翻的崇高理想和远大志向。待二人在酒桌旁推杯换盏，酒过三巡，菜过五味，并经过了几乎所有酒场所具有的窃窃私语——和风细雨——豪言壮语——胡言乱语——默默无语等五大程序后，两人变成了生死之交的好哥们儿。

三天后，伍子胥离开穹窿山。回去之后他辅佐吴国公子光，利用吴国伐楚、国内空虚的机会，以专诸为刺客，袭杀吴王僚，公子光成功上位为王，称阖闾。阖闾即位后，重用伍子胥，令其全面负责吴国的军政事务。从此，整个吴国在政治、经济、军事等诸领域，均有了突飞猛进的发展，综合国力大大增强。但要同强大的楚国较量，前景仍是堪忧。为解决这一困境，伍子胥决定请一个人来觐见阖闾。这个人就是在穹窿山的孙武。

伍子胥犹记得上次与孙武会面的情景。二人就用兵之道进行了交流和切磋。开始，子胥并未看重这位来自齐国的贵族青年。过招之后，他马上意识到对方出手不凡，且越来越重，越来越狠，越来越出神入化，直搞得自己眼花缭乱、头晕目眩，只有招架之功，并无还手之力。最后，子胥按捺不住心中的激情，大喊一声：“好，说得好，在下实在是佩服、佩服！”借此表示自己已经认输服软。

见子胥心悦诚服，孙武自是心欢。酒过三巡、菜过五味之后，孙武借着酒劲，从箱子里拿出了他的大作《兵法十三篇》请子胥过目。

这部兵书，开始于孙武在齐国的时候，经过几年时间陆续写成。通篇吸收了齐国的开国元勋姜子牙、一代名相管仲、司马穰苴等伟人的军事战略思想。司马穰苴作为孙武父亲孙书的同辈人，不仅善于统兵作战，还谙熟兵法，在军事理论方面有精深的造诣，对从小就爱好兵书战策的孙武非常器重，把一生的作战经验与教训毫无保留地传授给孙武。

观毕兵书，子胥彻底被孙武的军事天才所征服。在他心目中，孙武的《兵法十三篇》在军事战略史上的地位，绝不仅代表一个时代的高峰，而是前无古人、后无来者、空前绝后的一座奇峰。

伍子胥想到这里，便很快把孙武的能耐及所著兵书战策之事，向吴王阖闾做了报告。吴王一听，大感兴趣，遂有招抚孙武为己所用的想法。子胥携令重返穹窿山，与孙武相商。经过三轮密谈，孙武终于答应以《兵法十三篇》见吴王。

吴王阖闾看过兵书后，冲伍子胥说："不错，有些意思，也有一定的水平，这天南地北地论起来头头是道，不容易，值得表扬，也值得各位统兵将领好好地研究学习。不过我们知道，是骡子是马需要拉出来遛遛才知道，阿武弄出了这本书固然很好，但能不能经得起时间的检验，他本人究竟在多大程度上将理论运用到实践中来，并使二者有机地结合到一起，这当是个值得思考的问题，你说是不是这个道理？"

不待子胥发话，立在殿前早已按捺不住的孙武大声放言道："大王今日在众臣面前对我的讥讽，我暂时不做计较，待日后再向大王讨教。只是这理论与实践的检验问题，我看明后天就可以现场演示。请大王给我一支军队，我当场演示给大王。"

于是，中国历史上一场奇特的校场大练兵开始了。

操场上，站满了300多名后宫女子。此为狡猾奸诈的吴王阖闾想出的特别招数，以后宫女子充当官兵，令孙武亲自训练以验其能。或令其当众出丑，以验其不能。

孙武作为这次演练的总指挥，站在两个方队阵前，神情严肃地高声宣布纪律：如有违反，视情节轻重，军法论处云云。之后，孙武亲自排兵布阵，以五人为伍，十人为总，各路队伍脉络清晰，条理分明。

按照操作规程，孙武要求所有参加演练的人必须随鼓声进退、回转。当一通鼓响过，全体官兵正直前进；二通鼓，左队右转，右队左转；三通鼓，各自挺剑呈争斗之势。若听到铜锣响起，双方收兵。

然而，当鼓声响起，方队中的官兵，有的向前迈步，有的则无事一样地站着不动，这一走一停，整个方队乱将起来。方队一乱，这些后宫女子已忘记军中规矩，直把校场当成了王宫内的歌舞厅，开始掩口嬉笑，相互推拉。

站在高台帅位上的孙武大声道："不要吵闹，赶紧给我向前！向前！"台下，没有人理会这位披甲戴胄的将军。孙武见状，引咎自责道："约束不明，命令不起作用，这是将领的责任。尔等听着，现在本大帅再给你们申明一次军令：第一，……"孙武把三条纪律，又啰唆了一遍，如雷的鼓声再度响起，震撼着训练队伍和检阅台上观阵的吴王阖闾。

鼓声中，两个方队的人越发混乱不堪。孙武见状，强忍愤怒从帅位上站起来，让一军吏再次高声宣读刚才已申明过两遍的军令。但方队中依然哄笑不止，如同潮水一样席卷弥漫了宽阔明亮的校场。

孙武跃身跳下帅位，蹿到战鼓跟前，将司鼓手弄到一旁，挽起双袖，亲自擂起战鼓。鼓点越来越快，越来越紧。鼓声震荡校场，响彻云霄。众人一看，孙武放着大元帅的位子不待，竟自己降格凄凄惨惨地当起了孤独的司鼓手，越发张狂起来。

端坐在检阅台上的吴王阖闾，望着这乌烟瘴气、一塌糊涂、不可收拾的场面很是开心，不禁仰天大笑，最后笑得眼泪都流了出来。正在擂鼓的孙武，见阖闾的神态，认为这是对自己的公然羞辱——尽管孙武在练兵之前就有想过，只是没想到这一众男女无耻到如此地步。忍无可忍中，孙武将鼓槌高高举起，然后又猛地砸向绷紧的鼓面，鼓声戛然而止。

孙武脸呈黑色，双目圆睁，大喝道："执法官安在？"

不远处的执法官听到喊声，迅速跑将过来，单腿跪地，双手抱拳于胸前，满脸严肃地高声答道："末将在。"

孙武抬起头，望着在校场中央乱扑腾的女人，声音略显沙哑地说道："约束不明，命令不起作用，是我阿武的罪过。但我将命令申明再三，尔等仍不遵从，那就是对方的罪过了。"言罢，转身望着执法官问道，"如此罪过，按照军法规定的条款，对待这样鸡飞狗跳的乌合之众，该怎么个弄法？"

执法官再次抱拳当胸，干脆利索地回答道："杀！"

孙武听罢，说了声："好！"遂转过身，眼睛盯着庄妃和荀妃两位现任队长道："士兵不服从号令，罪责在队长身上，现在我正式宣布命令，把这两个带头捣蛋的弄出来给我宰了！"

话音刚落，左右军士抢步上前，分别卡住两位女队长的脖子，提鸡一样弄出了队列，而后找绳子捆了，一个勾踢肘击放倒地下。

这突如其来的一幕，令校场的官兵大为震惊，个个张口结舌，呆了似的立在地上不再动弹。端坐在检阅台上的吴王阖闾，一看两个爱姬被突然弄出来放倒，以为是操练的什么课目，禁不住笑了起来。

孙武如同一只被激怒的狮子，瞪着血红的眼睛，来回走动了几步，而后打起精神，扫了一眼检阅台方向的吴王阖闾，慷慨陈词道："现在，我下令，正式判处庄、荀两人的死刑。来人，速将两个头给我砍下！"

话音传出，早已恭候多时的刀斧手，大喝一声，双臂扬起，寒光闪过。随着两股黑红的鲜血喷出，两个头如同半生不熟的西瓜，"噗、噗"地滚到了地下。

两个活蹦乱跳的美人眨眼间横尸校场，这些后宫女人先是目瞪口呆，接着像突然听到枪声的鸡群，惊叫着扑扑棱棱地四散奔逃。孙武从地下抓起两根蹦飞的鼓槌，猛地一敲战鼓，大声喊道："都给我回来，有临阵脱逃者，格杀勿论！"

此时，一直在校场内暗中控制局势的伍子胥，早已通过亲信被离指挥手下官兵，将炸了群的女人们团团围住，然后一顿枪戟横扫，将众人逼回了原来位置。在惊魂未定之际，孙武又令军吏从人群中拉出了两个老妪充当两个方队的队长，而后大声宣布道："现在重新开始演练，如有不听号令者，与刚才那二姬同罪。"言毕，奋力敲响了第一通战鼓。

面对血淋淋的一幕，她们再也不敢怠慢，经过一阵短暂的混乱，队伍在两个队长带领下，开始有规有矩地前行。第二通鼓敲响，左右两队开始按规定向不同的方向行走转动。第三通鼓响起，众人开始纷纷拔剑做格斗状。当三通鼓完，开始鸣锣收兵。如此往复三遍，整个队伍越来越整齐划一，步伐越来越娴熟。

孙武看罢，觉得火候已到，便派军吏到检阅台向吴王阖闾报告，说现在军队已经训练完毕，请下台检阅。已被刚才的血案弄得懵懵懂懂的阖闾听罢，慢慢回过神来。他望了望校场内的队伍和作为指挥的孙武，勃然大怒道："我还检阅个啥？给我滚！"说着，猛起身，双手一用力，身前的案桌被"咣"的一声掀于台下。阖闾用手往校场中心一指，骂道："好一个阿武，你害得我好苦！"卫士们拥上前来，把吴王阖闾扶下检阅台，匆忙起驾，回宫而去。

孙武拔郢

孙武校场斩姬，阖闾是哑巴吃黄连——有苦难言，只是心痛得三天不吃不喝。后经伍子胥反复劝说开导，并谓："兵者，凶器也。不可虚谈，更不可开玩笑。经此一斩，可见孙武确是刚正不阿的良将，他日率兵出征，必然是攻无不克，战无不胜云。”

公元前506年，给楚国致命一击并使孙武功成名就的历史契机终于到来了。

这一年的秋天，外貌强大雄壮，但内部早已乱象丛生的楚国，因与相邻的蔡国发生矛盾，在双方谈判无效的情况下，倚仗自己具有地区性超级大国的地位，悍然出动大军围攻蔡国。弱小的蔡国一看这阵势，深知自己瘦弱的身躯根本无力支撑，便急忙向吴国求援。几乎与此同时，楚国的另一位邻居唐国的国君，一看楚、蔡二国为了一点鸡毛蒜皮的小事，楚国就大兵压境，以强凌弱，搞得蔡国上下人心惶惶、胆战心寒，觉得这楚国早晚有一天会欺负到自己头上，便主动派人到吴国，要求通谊修好，并以全国之力，协助吴国共抗强楚。

唐、蔡两国虽是兵寡将微的小国，但因位于楚国的北部侧背，从战略角度看则显得相当重要。如果吴国和他们结盟，便可在伐楚战争中避开楚国重兵把守的正面，从其北部侧背大举突袭，而后尖刀一样直捣楚国的腹心。关于这一点，早在几年前，孙武就曾以一个卓越战略家的敏锐眼光，高屋建瓴地向吴王阖闾指出：“王欲大伐楚，必得唐、蔡之助而后可。”但这二国在历史上就与吴国有些过节，而这些疙瘩一直没有解开，突然提出要他们相助谈何容易？正当阖闾同子胥、孙武等为如何能得到唐、蔡之助而大伤脑筋之时，想不到对方却主动找上门来，这等好事当然不能放过。于是，阖闾当场答应出兵抗楚援蔡，并和唐国结为联盟，共同对付楚国。由于吴国的援助，楚国吞并蔡国的计划得以破灭。

经过一段时间的准备，就在这一年的九月，吴王阖闾正式宣布要对楚国发动一次强大的秋季攻势，争取一战而取楚之首都郢城，彻底将这个邪恶轴心铲除掉。为坚定全军将士必胜的信念，阖闾御驾亲征，并担任这次伐楚远征军的总指挥，伍子胥为副总指挥，孙武出任前线委员会总指挥兼参谋长，伯嚭（pǐ）为副总指挥兼总后勤部长，阖闾的胞弟夫概为前敌先锋官。此次远征，正式拉开了自商周以来规模最大、战场最广、战线最长，以攻克对方首都为主要目标的历史上称为柏举之战的伟大序幕。

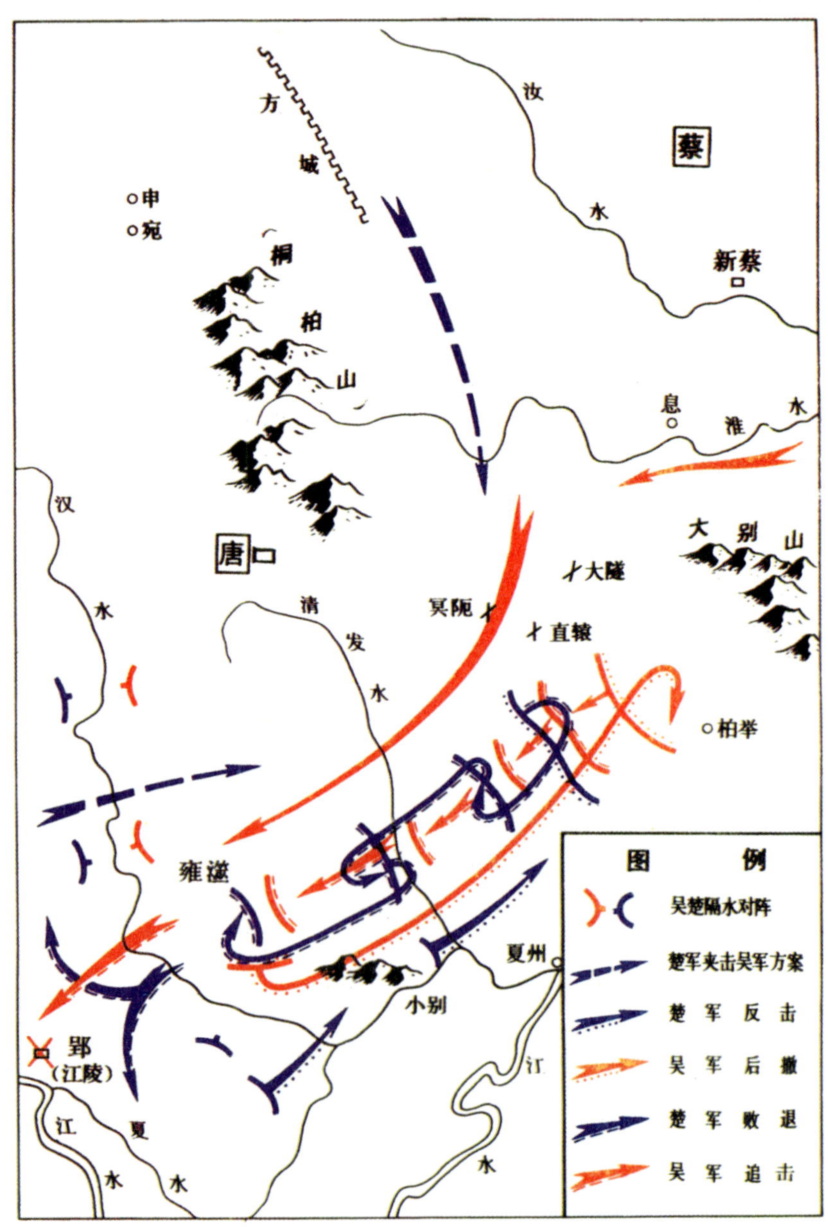

图5-4　春秋吴楚柏举之战示意图

正在围蔡的楚军闻报，担心吴军乘虚入郢，遂迅速收缩兵力，回防楚境，确保郢都的安全。吴军遵循孙武倡导的“出其不意，攻其无备”的作战指导思想，“经迂为直”，实施大规模的战略迂回。当远征军逼近楚国边境时，又转溯淮水悄然西进，在进抵风台附近后，弃舟登陆，并以劲卒3500人为前锋，兵不血刃，迅捷神速地通过了楚国北部的大隧、直辕、冥阨三关险隘，然后穿插挺进到汉水的东岸，在战略上占领了优势之地。

吴军的突袭行动终于引起了楚国朝廷的震动，楚昭王于匆忙中急派令尹囊瓦、左司马沈尹戌、武城大夫黑、大夫史皇等人会集楚国20万大军，从不同的驻地昼夜兼程奔赴至汉水西岸进行防御，吴、楚二军遂呈隔江对峙状。此时无论是吴军还是楚军，双方心中都十分清楚，汉水是抵挡吴军进逼楚国郢都的最后一道防线，只要这道防线一失，郢都大势去矣。所以，尚以头脑冷静、深谋远虑、极富韬略之称的楚军名将左司马沈尹戌，在认真研究了吴军的战略思想之后，建议囊瓦统率楚军主力沿汉水西岸阻击吴军的进攻，从正面牵制吸引吴军。他本人则北上方城，征集那里的楚军机动部队，迂回到吴军的侧后，毁坏吴军的舟楫，阻塞三关要隘，切断吴军的归路。待这一切完成之后，再与囊瓦所率主力部队实施前后夹击，将立足未稳的吴军一举歼灭。

对于沈尹戌的这一明智之计，并不算愚笨的囊瓦表示同意和配合，但待这位有胆有识的沈将军率部奔赴方城不久，囊瓦便出于贪立战功的心理，竟毫无原则地听从了“内战内行，外战外行”的武城黑和大夫史皇的挑拨怂恿，置楚军生死存亡的大局于不顾，擅自抛开了与沈尹戌约定的正确的作战方针，采取冒进速战的做法，未等沈部完成迂回包剿行动，即率军仓促渡过汉水，进击吴军。

孙武见楚军主动出击，大喜过望，心想愚蠢的楚军肯定是窝里斗起来了，否则不会出此下策主动出击；遂同阖闾、子胥等密议，果断采取了后退疲敌，寻机决战的方针，主动由汉水东岸后撤。骄傲自大的囊瓦不知是计，还以为是自己的名气和阵势使吴军怯战，于是率部追进，步步紧逼。吴军做出不得不回头迎战的姿态，自小别山至大别山之间，楚、吴两军先后进行了几次规模不大的交锋，但每次过招，楚军总是被动挨打，因而渐渐造成了部队士气低落、疲惫不堪的局面。眼看楚军已陷入完全被动的困境，孙武等吴军将领当机立断，决定同楚军来一次真正意义上的战略决战。这一年的阴历十一月十九日，阖闾、孙武等指挥吴军在柏举地区（今湖北麻城）安营扎寨，排兵布阵，以与尾追而来的楚军决一雌雄，举世震动的“柏举之战”就此开始了。

阖闾之弟、吴国远征军前敌先锋官夫概，见楚军正在不远处扎下大营，摆出了要与吴军决战的架势。根据不同的情报观察分析，夫概认为楚军主将囊瓦狂妄自大、骄横跋扈。向来不得人心。跟随他的将士，都有怯战偷生之心，无死战求胜之志。只要吴军的先锋部队突然发起总攻，楚军必然陷于混乱，而趁对方混乱未定之时，再以主力投入战斗，必能一举将其击溃，从而大获全胜。为此，夫概请求立即发起对楚军的攻击。但是，阖闾、孙武出于“慎战”的考虑，断然否决了夫概的意见。血气方刚、青春勃发，尊重权威但不迷信权威的夫概，认为这是攻击楚军的天赐良机。机不可失，时不再来，情急之中，他索性率领自己所部的5000余人，以迅雷不及掩耳之势攻入楚军囊瓦部大营。果然未出夫概所料，楚军一触即溃，阵势大乱。阖闾、孙武等见夫概部突袭成功，也乘机指挥吴军主力投入战斗之中。在吴军的凌厉攻势下，囊瓦所部力不能敌，全线溃败。不可一世的囊瓦在吴军的打击面前，早已丧魂落魄，置残兵败将于不顾，仓皇逃离战场，远奔郑国寻求政治避难。而教唆他的史皇则死于乱军之中。吴军取得了柏举之战的决定性胜利。

楚军遭受重创之后，余部仓皇向西南方向溃逃，孙武等吴军将领指挥军队及时实施战略追击，并在柏举之南的清发水（涢水）追上楚军残部。吴军采取孙武“因敌制胜”的战略思想和“半济而击”的战术原理，再度给予正渡河寻求逃命的楚军残部以沉重打击。而后，吴军继续乘胜追击，当追至30多里时，正赶上埋锅做饭的楚军残兵败将和从息地引兵来救的楚军沈尹戌部。狭路相逢勇者胜，两军经过一番血战，楚军被孙武坐镇指挥的吴军再度击溃，主将沈尹戌当场阵亡，20万楚军主力全军覆没。至此，曾经称霸于世的强大楚军全线崩溃。

吴军在孙武的指挥下乘胜前进，一路势如破竹，五战五胜，长驱直入，兵锋直指楚国首都郢城。楚昭王一看大势已去，置全城军民生死于不顾，于惊恐仓皇中携带自己的后宫妃嫔及少数臣僚、太监、厨师等，弃郢都出西门向云中方向逃窜而去。驻守郢城的近10万御林军听到昭王出逃的消息，争相传递着“楚王都领着小蜜跑了，我们还在这里死守个啥”的口号，顷刻瓦解，一哄而散，争相逃命而去。十一月二十九日，孙武所部未经大战，一举攻陷郢都，历时两个多月的破楚之战终于以郢都的陷落和吴军的全面胜利而告结束。

吴国破楚之战是春秋晚期一次规模宏大、战法灵活、影响深远的大战，也是史籍记载中孙武亲自指挥并参加的唯一一场战争。这次战争双方投入兵力近30万人，战线绵延数百里，正式交战两个多月。一向被中原诸侯大国瞧不上眼的小小的南蛮吴国，在阖闾、孙武等人的指挥下，运用灵活机动，因敌用兵，迂回奔袭，后退疲敌，寻机决战，深远追击等战法，仅以7万之众，一举战胜多年的敌手——号称拥有百万之师的超级大国，给长期推行霸权主义的楚国君臣和右翼势力以极其沉重的打击。

这在其他诸侯国朝野内外引起了一次强烈震动，吴国以天下强国的姿态傲然登上了历史舞台。而此前曾被普遍认为最有希望完成统一中国大业的楚国，尽管后来又死而复生，却从此一蹶不振，再也没有了昔日那咄咄逼人的锋芒与泱泱大国的气象。有研究者认为，正是这场战争的爆发，才使统一中国的桂冠最终落到了偏于西部的秦始皇的头上。从某种意义上说，这场战争在很大程度上改变了春秋晚期的整个战略格局，扭转了中国历史的进程，汹涌奔腾的历史长河自这场战争悄然拐弯。

至于这场战争的最大功劳，应该归于那位英雄豪杰。伟大的史学之父司马迁，在他的《史记》中说得极为清楚："西破强楚……孙子有力焉！"

吴国危机

吴军自入楚之后"仁义不施，宣淫穷毒"，致使"楚虽挠败，父兄子弟怨吴于骨髓，争起而逐之"（清高士奇语），也就是说吴军在楚难得民心。而此时的楚国逐渐得到了"国际社会"的同情与支持，楚军人数倍增，战斗力加强，并在秦国救援军的帮助下，开始由全线溃退转为战略进攻，逐渐形成了对楚都郢城的包围态势。面对楚秦联军强大的压力和步步进逼，无论是伍子胥还是孙武都意识到，吴国已陷入了政治与外交的困境之中，要想长期占领统治楚国已不可能。更为严重的问题是，驻楚吴军从将领到士兵，整日沉湎于酒色之中不能自拔，搞得纪律松懈，军心涣散，每个人脑海中装的除了美酒便是女人，整个军队已呈现出无法遏制的糜烂状态。而国内又有夫概趁机叛乱，虽已平叛，但暗藏和潜逃的敌人依然存在，一时难以全部剿灭，他们人还在、心不死，伺机对刚刚平静的吴国政权进行打击反复。

于是，阖闾根据国内外的情况，果断下令伐楚远征军留守部队在做好善后工作的同时，实施战略大撤退，以保存吴国的军事实力，稳住国内的政治局面。孙武、子胥得令后，子胥觉得楚都已被占领一年余，离当初和孙武密谋的让自己弄一个楚王当当的辉煌梦想只有一步之遥了，而现在突然回转，总觉于心不甘，便同孙武密议，欲抗令不遵，继续率领手下残兵余部同楚秦联军在郢都周边地区对峙周旋，进行持久的游击战争；待国内局势完全平静之后，再请阖闾遣兵于吴，与守军会师，以实现第二次伟大的反攻，彻底覆灭楚国，从而使自己渐渐登上楚王的宝座，对楚国国民进行统治。只要这个计划得以实现，孙武也可按照当初的构想开始行动，最终窃取吴国大权，成为终极意义上的最高国家领导人。

子胥的这个打算，却遭到了孙武的否定。孙武以悔恨的心情道："当初我们入郢后书呆子气太浓，暴发户的心态太重了，致使全军具有决策权的高级将领甚至包括吴王阖闾，还有你我都因胜而骄，屡犯错误，直至造成了今天这样一个政治、外交、军事等各方面都极其被动的局面。尤其在军事战略上，我们已在大意与迷糊中失去一招，那就是把精锐部队无声无息地交给了阖闾老儿，现在所剩的残兵败将，据我所知，脑子所想的除了女人还是女人，对什么都不感兴趣了。要想继续留在这里已经不可能了。这次阖闾有令召我们回去，依我之见还是借坡下驴，免得引起他的猜疑。我有一种预感，现在的阖闾已经在伯嚭的诱导下，开始怀疑我们在搞阴谋诡计了，只是现在正处于半信半疑阶段罢了。为打消他的疑虑，避免过早地暴露目标，我们应无条件、无脾气地尽快率残部回转，待回国后再见机行事。如果老天不假手扼杀我们，或许还有机会一显身手吧。"

孙武的一席话，终于将子胥说动。二人决定按阖闾的命令，开始有计划、有步骤地组织部队撤退。凡楚国的府库宝玉，全部装载运回。同时拿出主要精力，将万余家楚人全部迁往吴境，以充实吴国空虚之地。经过前前后后几个月的忙碌，驻守在吴国远征军的余部和万家百姓安全进入吴境。

原由夫概引兵入关，配合发动反革命政变的越国部队，尽管遭到了阖闾部的打击而退却，但仍在吴越边境大肆侵扰吴军和百姓，使吴国方面疲惫不堪。当越王听说孙武、子胥统兵回吴后，知孙武诡计多端，善于用兵，再继续闹下去越军将遭重创，便主动避开锋芒，退守越境，并停止了侵扰活动。

重修《兵法十三篇》

吴国远征军完成了战略总撤退，在军心、民心得以稳定后，经吴国中央政府首脑集体研究同意，决定给伐楚远征军将士论功行赏。但是，功劳最大的孙武没有受到奖赏和重用，反而卸任将军之职，在阖闾麾下挂了个相当于军事理论研究院第一副院长兼办公室主任协理员，同时被聘为一万五千名禁军政治工作教官的名分，从事日常活动。

孙武卸了军权，开始静下心反思吴楚之战的经验与教训，特别是自己在战争中的所作所为以及对后世战争和整个华夏版图所产生的重大影响。与此同时，从一个破旧的木头箱子中，翻出在穹窿山时期写就的光辉著作《兵法十三篇》，结合此次统兵伐楚的经历与得失，进行全面而系统的加工修订。

在吴军占领楚国的后期，当楚秦联军反扑时，孙武、子胥率吴军余部曾在雍澨击败楚军先头部队，但很快又被赶上来的楚秦联军主力击溃，而吴军尚未稳住阵脚，又遭到了楚军的火攻。吴军在烈焰升腾中阵脚大乱，一个个弃枪扔戟，哭爹喊娘，抱头鼠窜。无奈烈火来势凶猛，吴军未逃出火海，便死伤近半，从而使孙武所属部队付出了自远征楚国以来最为惨烈的代价。正是缘于这一战争实践和惨败的教训，孙武对火自身的规律以及在战争中的应用做了潜心研究和诠释。在修改后的《兵法十三篇·火攻篇》中，他曾这样写道：

> 行火必有因，烟火必素具。发火有时，起火有日。时者，天之燥也；日者，月在箕、壁、翼、轸也；凡此四宿者，风之起日也。凡火攻，必因五火之变而应之。火发于内，则早应之于外。火发兵静者，待而勿攻，极其火力，可从而从之，不可从而止。火可发于外，毋待于内，以时发之。火发上风，毋攻下风。昼风久，夜风止。凡军必知有五火之变，以数守之。故以火佐攻者明，以水佐攻

者强。水可以绝，不可以夺。夫战胜攻取，不修其功者，凶，命之曰费留。故曰：明主虑之，良将修之……

（见银雀山汉简《孙子兵法》十三篇）

篇中除了说明实施火攻的天时地利、方式方法外，还将水与火的两种攻击方法做了对比。强调用火辅助进攻，效果显著；用水辅助进攻，攻势强大。水可以达到把敌人分割、阻绝起来的效果，却不能夺取敌人的积蓄。根据吴军后来失利的切身体会，孙武特别指出：“凡是打了胜仗，攻取了土地城邑，而不能修道保法、巩固胜利成果的，就必然会有祸患。这种情况，叫作劳民伤财的‘费留’。所以，明智的国君要慎重地考虑这个问题，贤良的将帅要认真地处理这一问题。”最后一段文字，便是孙武对于吴国远征军破楚入郢之后，因“不修其功”最终导致失败这一教训的深刻反省与检讨。

图5-5　墓内出土的《孙子兵法》木牍摹本

除根据战争实践不断地反思自省，修订补充视若生命的《兵法十三篇》之外，在尽可能的范围和情况下，孙武仍热切关注着吴国的命运，并在政治、军事、外交等方面施加着自己的影响。

此时已经强大起来的吴国要想进一步发展并称霸争雄天下，就势必要在“南服越人”和“北抗齐晋”两个方面做出正确的选择，并需要在决策和行动上分轻重缓急，采取各个击破的战略方针，尽量避免在同一时间陷于两线作战的被动局面。这一大的战略决策确定之后，在南进还是北上的问题上，在吴国庙堂之上展开了一场激烈争论。

以伍子胥为首的部分文臣武将，坚决主张南进伐越。而以阖闾、伯嚭为首的一派，见强楚已破，渐渐滋生出一种引兵北向中原，与齐、晋等超级大国一争雌雄的雄心壮志。孙武此时虽已被隔离到最高决策圈之外，由于他在征楚战争中所显露的卓越才华和崇高威望，加之和伍子胥的私人关系，以及他本人的不甘寂寞，不可避免地卷进了两派相争的旋涡。在这个热得有点发烫的旋涡中，他旗帜鲜明地站在子胥一边，竭力主张南进伐越。

在他看来，位于吴国南部并相邻的越国，尽管属于贫困的第三世界国家，但它长期与超级大国楚国狼狈为奸、沆瀣一气，一直与吴国作对。现在它的盟友楚国已遭到了吴军的重创，但它似乎并未引以为戒，反而亡吴之心不死，摆出一副爱谁谁的架势，不知深浅地增派大军压迫吴境，张牙舞爪，兵锋咄咄，大有闻风而动，一举吞灭吴国之势。相对于越国的敌对态势，北边的齐、鲁、晋等大国则显得并不那么迫切和严峻。按照子胥的说法，北边的齐、鲁不过是吴国身上的一块“疥癣”罢了，即是攻陷齐鲁，也“譬犹石田，无所用之”。而越国则是吴国的心腹之患，如不尽早将其放倒摆平，则必受其大害。因而，孙武除了私下里向南进还是北向的决策圈施加自己的影响外，还从不同的角度论证南越国对吴国的威胁以及即将形成的心腹之患，并以越国为假设之敌，形象地阐明了自己的战略原则与政治主张。这一原则与主张，大多通过不同的渠道献给了阖闾，有一部分精华留在了其不断修撰的《兵法十三篇》中，为后世所了解。

阖闾、伯嚭之流尽管与孙武、子胥的观点和主张持相反的态度，但毕竟越国近在咫尺，并屯兵边境，整日对吴国虎视眈眈，隔三岔五地还要来一次骚扰进犯，弄得吴国上下鸡飞狗跳，不得安宁。在这种情况下，阖闾不得不暂时采纳孙武、伍子胥等人的战略方针，将进攻打击的矛头首先对准越国，并等待机会给对方施以颜色。

吴越之战

周敬王二十四年（公元前496年），阖闾已不再年轻，身体从上到下，从里到外，再也没有了当年发动政变、抢夺大位时的风采和气魄了，每一根毛孔里都透出腐朽与骄横之气。就在这一年，越王允常去世，其年轻的儿子勾践嗣立。年老昏花的阖闾认为这正是进击越国的大好时机，便不顾子胥、孙武等人呈递的“敌人已有准备，此时进攻并非良机，务必等待一个适当的时机，于适当的地点，向敌人发起总攻”的分析报告，大兴吴师，攻打越国。

为了显示这次出征的重要性与必胜的信念，已呈狷狂状态的阖闾撇开了伍子胥、孙武以及最宠信的干将伯嚭等人，自任总指挥，亲率一干人马，大呼小叫，扬风扎猛，摇头晃脑，浩浩荡荡地向越境杀来。新上任的越王勾践闻报吴师来犯，沉着冷静，本着“兵来将挡，水来土掩”的战略原则，果断命令正处于一级战备状态的越军出营抵御。两军在吴越边境的槜李遭遇，大战随之爆发。激战中，年轻的越王勾践指挥灵活，出其不意，将士奋勇当先，拼死而战，整个越军以哀兵必胜的强势控制了战场上的主导地位。而与此相悖的是，由于阖闾刚愎自用，狂妄自大，冒进轻敌，指挥不当，致使战略战术破绽百出，战机贻误，一步步陷于被动挨打的境地不能自拔。几十个回合下来，吴军死伤大半，无力再战，最后以全线溃退的惨败结局而告终。

最为不幸的是，阖闾本人在溃逃中身负重伤，躺在担架上吐血不止，未等回到吴国他那寻欢作乐的老巢，自己那西瓜一样的头颅往担架下一斜楞，两只胳膊一挓挲，便撇下了手下的残兵败将呜呼哀哉，算是了结了罪恶的一生。

阖闾归天之后，他的次子夫差成了新一代领导人，这位用他父亲的话说，是既愚蠢又残暴的新领袖，上台之后最上心、也是最想干的一件事，就是为其父报仇雪恨。按夫差的打算，待老爸三年丧满，立即发兵攻越复仇。

正当夫差整日磨刀霍霍、咋咋呼呼、要杀要砍之时，一直密切关注吴国动向的越王勾践决定孤注一掷，先发制人，打吴国一个措手不及。在这一战略思想的指导下，越国方面于周敬王二十六年（公元前494年）春天，也就是阖闾丧期尚不满三年的时候，悍然挑起了对吴战争。越军以精锐之师，采取速战速决的闪电式战术，迅速突破边境防线，向吴国内地纵深穿插而来。吴王夫差闻报越军来犯，大声骂道："好一个越王勾践，看我怎么教训你这个黄口小儿。"

按照此前拟订的战略部署和作战计划，夫差立即下令调集全国约10万兵力御敌。其军队的最高统帅、总指挥由夫差本人担任，同时任命伍子胥为前敌总指挥兼参谋长，伯嚭为副总指挥、秘书长兼夫差行辕主任。在子胥的力荐下，孙武出任本次战役的军事顾问，主抓情报的辨别和战略方针的咨询工作。战争开始之初，吴军故意示弱，很快被勾践的精锐击垮，军兵四散奔逃。勾践一看眼前的阵势，下令直进逐敌，力争一举歼灭吴军。越军追追停停，停停追追，直追到位于太湖边的夫椒才彻底停止了追击——越军精锐已完全陷于夫差大军布下的埋伏圈，不得不停了。直到此时，勾践才蓦地意识到自己犯了一个多么严重的轻信冒进的常识性错误。但是，无论这个错误有多么严重，现在也只有拼死一搏，弄它个鱼死网破、你死我活了。

两支大军短兵相接，可谓是仇人相见分外眼红。双方抡起刀枪剑戟，你来我往厮杀起来，直杀得天昏地暗、日月无光，整个太湖的碧水春波被血水染成惨淡瘆人的殷红色。当战争进行到上半场的晚些时候，越军虽处劣势，但仍困兽犹斗，置生死于度外，顽强拼杀。当进行到下半场时，勾践察觉自己败局已定，且无回天之力挽回颓势，若再继续拼杀下去，必将全军覆没，片甲难存。为保存实力，勾践收拾残兵败将，瞅准吴军的薄弱环节，杀出一条血路突围而出。而吴军凭借兵强马壮，地形熟悉，尾随越军，穷追不舍，于浙江（今钱塘江）边迫近越军。勾践一看这情形，感到无法再逃，无奈中只好下令残兵败将摆开阵势与吴军做最后一拼。强大的吴军如泰山压顶一般砸了过来，在战马的嘶鸣与车轮的隆隆滚动中，越军残部又损兵折将，死伤大半，勾践不得不带领中央军5000名亲兵夺路逃窜。当一路马不停蹄，人不歇脚，狼狈不堪地窜至会稽山上一个小城之中时，从君臣到甲士都感到再也无力往前行进一步了，勾践只好决定不管是死是活，都要在这里依山凭险抵抗到底。一直跟踪追击的吴军见越军进入小城不再出来，便尾随而至，将小城连同整个会稽山麓团团包围。勾践连同中央军将士被困在会稽山上，先是断水，后是断粮，处境日渐困难。

就在这一干人马即将全部玩完之时，勾践听从了手下臣僚的建议，本着“留得青山在，不怕没柴烧”的生存之道，决定在保存越国江山社稷的情况下，通过贿赂伯嚭让其从中调停，并表示向吴国名义上屈辱求和，实质上是屈膝投降，俯首称臣。愚蠢残暴的夫差在伯嚭的教唆、蛊惑下，不听子胥、孙武等人提出的宜将剩勇追穷寇，一举将越国灭亡的苦谏，毅然接受了对方的求和请求。此时的夫差当然不会料到，举世震动的吴越夫椒之战，以吴国的胜利、越国的失败而暂时画上了句号的同时，也为吴国埋下了国破家亡的伏笔。

伍子胥等人对夫椒之战的胜利并不感冒，反而对越国一直保持高度的警惕，多次用现实说法揭露越王勾践的狼子野心。而这个时候，勾践骗得了夫差的绝对信任，被恩准回到了自己的祖国，开始了励精图治、富国强兵的行动，并在民族复兴的道路上迈出了坚实的步伐。与此同时，勾践在其手下弟兄范蠡、文种的策划下，于越国的芸芸众生中，挖掘出一个令人看了最有想法的名为西施的美女，悄悄送与吴王夫差享用。

这个时候的越国，国力已有了很大恢复，并具备了东山再起的可能。放眼国内，“其民殷众，以多甲兵”。这一点，无论是尚未完全失宠的子胥，还是潜心越国情报研究的军事战略研究员孙武都心知肚明，并为此忧心忡忡。尤其夫差自有了西施之后，宫中乌烟瘴气，意见纷纷。子胥与孙武以书面形式向夫差打了报告，措辞强硬地指出：“越国已经死灰复燃并即将东山再起，如不赶紧将勾践、西施消灭干净，在不久的将来，吴国就要被越国所灭，坠入万劫不复的深渊。”

刚愎自用的夫差看罢子胥、孙武二人弄出的这份很不吉利的报告，顿时火起，先是用朱笔在抬头上批了“天方夜谭”四个大字，接下来顺着胸中的火写道：“乱臣贼子，天下共诛之。子胥今后你赶紧给我闭上嘴巴，亦告知孙武，少搞些与吴国大政方针相悖的歪理邪说为妙。否则，本大王不再心慈手软，先斩了你们两个的头，以更好地破除迷信，北伐中原，完成天下统一霸业。”

子胥一看自己的好言相劝对方不但不听，还要开刀放血，决定从此闭上嘴巴，不再叫嚷伐越之事。与此同时，也开始琢磨为自己留一条后路，一旦跟夫差彻底闹翻，仍可以像当年由楚入吴一样，进入另一个大国重起炉灶，另行开张营业，以实现自己的未竟之梦。待主意打定之后，子胥瞅了个出使齐国的机会，将自己的儿子偷偷带出国门，托付给齐国一位鲍氏大腕儿照顾培养，为自己日后叛国投敌开辟了一条地下暗道。

孙武最后的时光

当夫差从伯嚭处得知伍子胥偷送儿子去齐国潜伏的情报后，当即破口大骂，下决心收拾对方。

终于，有一天夜晚，一番豪饮过后，在美女西施的煽动蛊惑下，夫差下令伯嚭立即派人把子胥抓到了宴席之前欲施以刑罚。待子胥稀里糊涂地被从热乎乎的被窝里强行拖出，只穿了一条裤衩到来后，一把明光闪亮专门用于赐死的“属镂”之剑伸了过来。一直处于朦朦胧胧之中的子胥见状，打个冷战，思维顿时清醒了过来，知道自己的阴谋已经败露。根据天下所有王国的法律规定，凡谋反者均是杀无赦，看来今天只有死路一条了。

想到这里，伍子胥静了静神，而后心一横，仰天大笑道：“我知道这一天早晚是要来的，想不到竟是今天晚上。我伍子胥死不足惜，只是我死之后，吴国也会很快灭亡的。”言罢他从地下捡起“属镂”宝剑横在脖子上，转身看看夫差，又望望身边的伯嚭，面色冷峻地对伯嚭道：“我们同乡、同事一场，临死前有一事相托，想来你不会推辞。我死之后，请你把我的眼珠挖出来，挂在东门之上，我要亲眼看着越王勾践是怎样率领人马攻进城来吞灭吴国并杀死夫差这个天下头号傻子的。”伍子胥说完大笑两声，挥剑割喉，砰然倒地。

孙武得知伍子胥的下场后，心骤然紧了起来，周身的血液加快了流动，脑海中所有的细胞都集中在一起快速运转，开始思考自己应该如何面对这场突如其来的变故。经过短暂的快速反应，意识到自己留在此地凶多吉少，必须在夫差派出前来捉拿的人到来之前尽快潜逃，此所谓三十六计，走为上策。

在山雨欲来风满楼的危急时刻和生死存亡的紧要关头，大半生戎马倥偬，在吴楚两国纵横驰骋，演绎了一段传奇故事的孙武，就这样开始了另一种潜逃的人生体验和传奇历程。

关于他潜逃时的具体情境以及逃亡去向，由于历史的记载极其模糊难辨，由此成为历代兵家学者几千年来苦苦探寻追索的一个谜团。有关孙武的流窜方向、潜伏地点与最终结局，在庙堂、民间与江湖之中，大体有如下几种说法：

1. 被杀戮而死。《汉书·刑法志》称：“孙、吴、商、白之徒，皆身诛戮于前，而功灭亡于后。”颜师古注“诛戮”的人名云：“孙武、孙膑、吴起、商鞅、白起也。”唐李筌《太白阴经·善师篇》亦承袭其说，谓“孙、吴、韩、白之徒，皆身被刑戮，子孙不传于嗣”。从这些描述的情况来看，孙武晚年的景况必然不妙，在伍子胥被杀以后，他受到牵连应是很正常的。不过，孙武被“诛戮”之说尽管《汉书》有载，但《史记》没有记录，《汉志》也未言其原委和出处，因而这个说法应属于存疑的范畴。

2. 部分史家的推测是，由于伍子胥被杀，孙武开始潜逃流窜，他先是携家带口流窜到穹窿山曾造反起事的老巢潜伏下来，一边悄悄联络散落在周围地区的旧部，重温在此建立根据地时那个辉煌的旧梦，一边根据新的人生经历和对战争艺术的进一步观察与思考，继续对自己所著《兵法十三篇》进行修订。到了晚年，随着夫差朝廷对子胥其人其事的逐渐淡忘，他的存在与否已变得无足轻重。在这个背景下，孙武悄然离开了曾两次工作、学习、生活和战斗过的穹窿山，移至姑苏城外的郊区埋伏起来，除了做一点力所能及的耕种外，还以一个知识分子的使命感与责任心，继续对军事理论做深入研究，直到精血耗尽，一命呜呼。

3. 另有史家和研究者认为，孙武在其晚年的时候，穹窿山地区的革命处于低潮，由于叛徒的出卖，他被打入革命队伍内部的吴国特务秘密逮捕，在姑苏由伍子胥当年亲自设计和督造的监狱里度过了一段苦难的时光，最后被夫差所害，葬于吴都郊外的一片荒野之中。

4. 还有一部分史家通过对《孙子兵法》的研究认为，孙武自第二次亡命穹窿山后，随着吴国对他的淡忘和自己一天天老去，心灵深处渐渐滋生了一种落叶归根的思乡情结，在这个情结一日甚过一日的纠缠和折磨下，他决定离开穹窿山奔赴齐国故地。而就在这个时候，吴国在越国的连续打击下，已呈苟延残喘之势。孙武趁乱回到了齐地。奔齐后的他或仍回祖上的封地乐安居住，或周游四方并最终在齐国西南部一带终了一生。

但不论他在哪里居住，依然没有放弃对战争规律的探索，并极有可能在吴国灭亡之后才命归黄泉。这样认为的其中一个理由是，《孙子兵法·作战篇》指出："夫顿兵挫锐，屈力殚货，则诸侯乘其弊而起，虽智者，不能善其后矣。"这段记述，显然是对夫差放松对世仇越国的警惕，举兵北上，争当一个虚妄的盟主，最后却导致越国乘隙进攻，破军亡国历史悲剧的深刻总结。

吴国的覆亡

周敬王三十八年（公元前482年），吴王夫差突然心血来潮，野心再度膨胀，率领吴军精兵劲旅，携西施，浩浩荡荡，趾高气扬地进抵黄池，同鲁哀公、卫出公一起，约请晋定公在此处会盟。就在这次会盟中，夫差以外强中干的军事力量做后盾，将其他诸国唬倒，争得了一个盟主地位。由于他的虚张声势，摆出了一副普天之下舍我其谁的大腕儿派头，早已成为诸侯傀儡的周敬王不得不出面以实际意义上的公证人身份，赐给夫差一张大弓和一块祭肉，表示承认吴国为当今天下霸主。

就在夫差率领手下弟兄，扛着周天子赏赐的具有天下霸主荣誉称号的一块特大号猪肉，一路凯歌高奏跨过淮河、长江之时，当年伍子胥、孙武等人所担忧的事情终于发生了。勾践趁夫差率吴军主力北上，国内空虚之际，派范蠡为大将，率越国精锐之师进攻吴国。越军一路势如破竹，直指吴都。留在吴国国内主持全面工作的太子友见状，急调留守军队，亲任前敌总指挥，号令所部御敌。由于越军来势凶猛，风头正劲，而吴军仓促上阵，太子友指挥失灵，几个回合下来，吴军伤亡惨重，都城姑苏面临沦陷的危险，身为前敌总指挥的太子友不幸以身殉国，壮烈牺牲……噩耗很快被正回国途中的吴军将士知晓。这帮踏着硝烟走来的热血男儿，连年征战在外，身心早已疲惫不堪，脉管里的热血已在岁月的冷风苦雨中渐渐冷却。想着这次跟主子赴黄池会盟，弄个天下霸主的牌子，扛回家中往宫中大门外一摆，就可以镇住所有的诸侯，从此之后再也没人敢找吴国的麻烦，自己也可以领到一大笔转业退伍费，解甲归田，休养生息。谁知这小山一样的大块猪肉还没扛回家，越国的军队就杀气腾腾地攻进来了，且国内守军屡战屡败，姑苏即将沦陷，亡国在即，这怎么得了？想到这里，将士们纷纷流露出恐慌、哀怨、厌战之情。也只有到了此时，夫差才感到形势严峻，立即驱兵向国内奔来。面对越军势不可当的锐锋，为保住行将灭亡的吴国，在伯嚭的建议下，夫差无可奈何地同意和越国讲和，算是得到了短暂的喘息机会。

从此之后，越国作为一个独立自主的军事强国在东南区域迅速崛起，同时以战略进攻的姿态屡屡发动对吴国的战争，并在战场上节节胜利。夫差集团大势尽去，一蹶不振。

吴国这个超级大国随着夫差的死去彻底消失，随之而来的是相邻的越国进一步强大。若干年后，那位当年靠变戏法吃大便苟活下来的“职业革命家”勾践，也阴差阳错地登上了天下霸主的地位。随后历史进入了更加纷繁离乱的战国时期。也就在这个大时代里，孙武的后代、人称孙膑的齐国军事家，又以长江后浪推前浪的雄姿登上了战争舞台，并在历史的腥风血雨中，演出了一幕幕诡谲离奇、慷慨悲壮的传奇。

孙膑的身世

按照历代史家较权威的说法，当吴国破灭之后，孙武趁着吴都姑苏沦陷，携带家眷仓皇逃出吴境，来到齐地的西南边陲鄄城一带定居下来。

几年之后，这位曾叱咤风云的著名军事指挥家、战略家、国王战略顾问孙武将军，总算了却了他那令人说不清、道不明、稀里糊涂、四处流窜奔波的一生。若干年之后，他的玄孙、在家中排行老三的孙膑，于齐国阿、鄄之间一个乡村降生了。

孙膑当然是后来的姓名，且是一个外号，意为“被剔掉膝盖骨的孙姓人氏”。他的膝盖骨是谁剔掉的呢？这就是在民间流传甚广、早年与孙膑同拜鬼谷子为师的同学庞涓。至于孙膑原名为何，已无从考究。为叙述方便，权以孙膑为名，贯穿文本始终。

关于孙膑其人其事，司马迁在《史记》中这样记载：“孙武既死，后百余岁有孙膑。膑生阿、鄄之间。膑亦孙武之后世子孙也。孙膑尝与庞涓俱学兵法。庞涓既事魏，得为惠王将军，而自以为能不及孙膑，乃阴使召孙膑。膑至，庞涓恐其贤于己，疾之，则以法刑断其两足而黥之，欲隐勿见。齐使者如梁，孙膑以刑徒阴见，说齐使。齐使以为奇，窃载与之齐。齐将田忌善而客之。”

孙膑早年的经历大致同《史记》中记载的一样。他与庞涓二人当年一同拜师鬼谷子，情同手足，庞涓入魏后却忘记了当初的海誓山盟，墨子将孙膑引荐给魏王时，也是万万没想到他的一番好意害得孙膑险些丢了小命，乃至于孙膑最终靠着鬼谷子赐予的锦囊妙计“要想活，装疯魔”，才终于为自己博得活下来的机会。

这个机会的源头仍要追溯到当年向魏惠王推荐孙膑的墨翟，墨翟师徒周游列国，一路风餐露宿地播种来到齐国临淄的时候，墨翟一位叫禽滑厘的弟子从魏国来齐。师徒于闲谈中提到了孙膑，墨翟问道：“这后生在魏国混得咋样？”禽滑厘摇了摇头说：“别提了，被庞涓害惨了，现在可说是生不如死。”接下来，禽滑厘便把孙膑在魏国的遭遇说了一遍。墨翟听后很感震惊，慨叹道：“我看其人才华出众，本是要推荐他，想不到反而害了他，这事跟老田说说，看有什么办法没有。”

田忌听说之后，在愤慨之余表示要伸张正义，伸出援助之手，想办法把孙膑弄到齐国。本着这一人道主义关怀原则，田忌向齐威王做了汇报，并强调道：“我们齐国有如此著名的兵家巨星，却无端在异国蒙受奇冤大辱，这真如孔仲尼所说，是可忍孰不可忍了。”

田忌回府和墨翟师徒合计了一下，想出了一个可行的办法，在征得齐威王点头同意后，开始按计划实施起来。

几天后，齐国外交部礼宾司司长淳于髡（kūn）带领几名手下弟兄，组织了一个出使团以送礼为名到魏国去执行任务，禽滑厘也扮成其中的一名随员前往。待来到魏国后，淳于髡见到魏惠王并将礼单呈上，转达了齐威王的友好之情。魏惠王见中原大国亲自登门送礼，感到自己很有面子，对淳于髡一行盛情款待之后，又安排下榻。

按照事先的分工，作为随员的禽滑厘暗中见到了依旧在街头装疯卖傻的孙膑，为防止庞涓的眼线察觉，白天并未与他讲话，只是到了深夜才悄悄只身前去探望。此时孙膑双腿残疾，披头散发，背靠一个井栏，低头似睡非睡。禽滑厘将其唤醒，孙膑抬头瞪着眼凝视着来者，并不言语。禽滑厘借着明亮的月光细看了孙膑的惨状，顿时泪流满面。他抽泣着压低声音道：“孙先生，我是墨翟先生的弟子禽滑厘，我的业师将您的遭遇已经告诉了齐王，这次受业师和齐王的委派，专为营救先生而来……”

孙膑辨清了来者的身份，明白了来者的意图后，百感交集，不禁潸然泪下。过了好一会儿，他才缓缓说道：“我孙某原以为自己非惨死于沟渠不可了，没想到会有今日之机会。不过庞涓疑心太重，防范甚严，恐怕……”

禽滑厘道：“先生不必多虑，一切自有安排，到了行期，便来此处接您。”当下，两人秘密约好了接头暗号，单等第二天开始行动。

第二天晚上，禽滑厘领着一个30多岁的叫花子，趁着夜色悄悄来到了孙膑所在的井边。只见孙膑快速把衣服脱下，递给叫花子穿上，而后爬到禽滑厘的背上，禽滑厘背着孙膑行走如飞，眨眼消失在茫茫夜色之中。

次日上午，淳于髡等一行就来到王宫向魏惠王辞行。魏王除回赠了一些稀有礼物外，又派相国和元帅这两位国府大员为齐使团摆宴饯行。待酒过三巡、菜过五味之后，齐使与庞涓等相互告别。此时孙膑早已被藏于禽滑厘的车中，淳于髡令禽滑厘护车快马加鞭先行进发，尽快脱离魏境而入齐国，自己随使团一行断后，以免庞涓派人追赶好做应付。就这样，孙膑在齐使的保护下，神不知鬼不觉地消失了。

孙膑拜入齐王麾下

齐国大将军田忌和墨翟得到孙膑已来齐的消息，一同前往看望。墨、孙二人相见，自是感慨多多，相互倾诉了一番分别之苦与思念之情，谈了齐国的形势和当前的状况，使孙膑对齐国的整体局势有了大体的了解。同时他们对今后的前景也做了一个简单的策划，使孙膑在感到欣慰的同时也增强了生活的信心和勇气。

第二天上午，田忌带领孙膑乘坐一辆残疾人用的专车直入王宫拜见齐威王。这齐王一看号称天王级的兵学大腕儿孙膑来到殿前，表面上做欢迎状，心中却在琢磨眼前这个瘸子是否像田忌、墨翟之流所说的那样神乎其神。为了验证孙膑的能耐到底是大是小，是英雄好汉还是酒囊饭袋，齐威王象征性地打完了哈哈之后，当场考问孙膑道：“听说你是先祖孙武子之后，并得到兵学圣人孙武子的真传，深谙《兵学十三篇》的精髓，应算是当代兵家大腕儿了。这几年整得我后脑瓜子生痛也没整明白，你说这战争打仗的事儿到底该咋弄？”

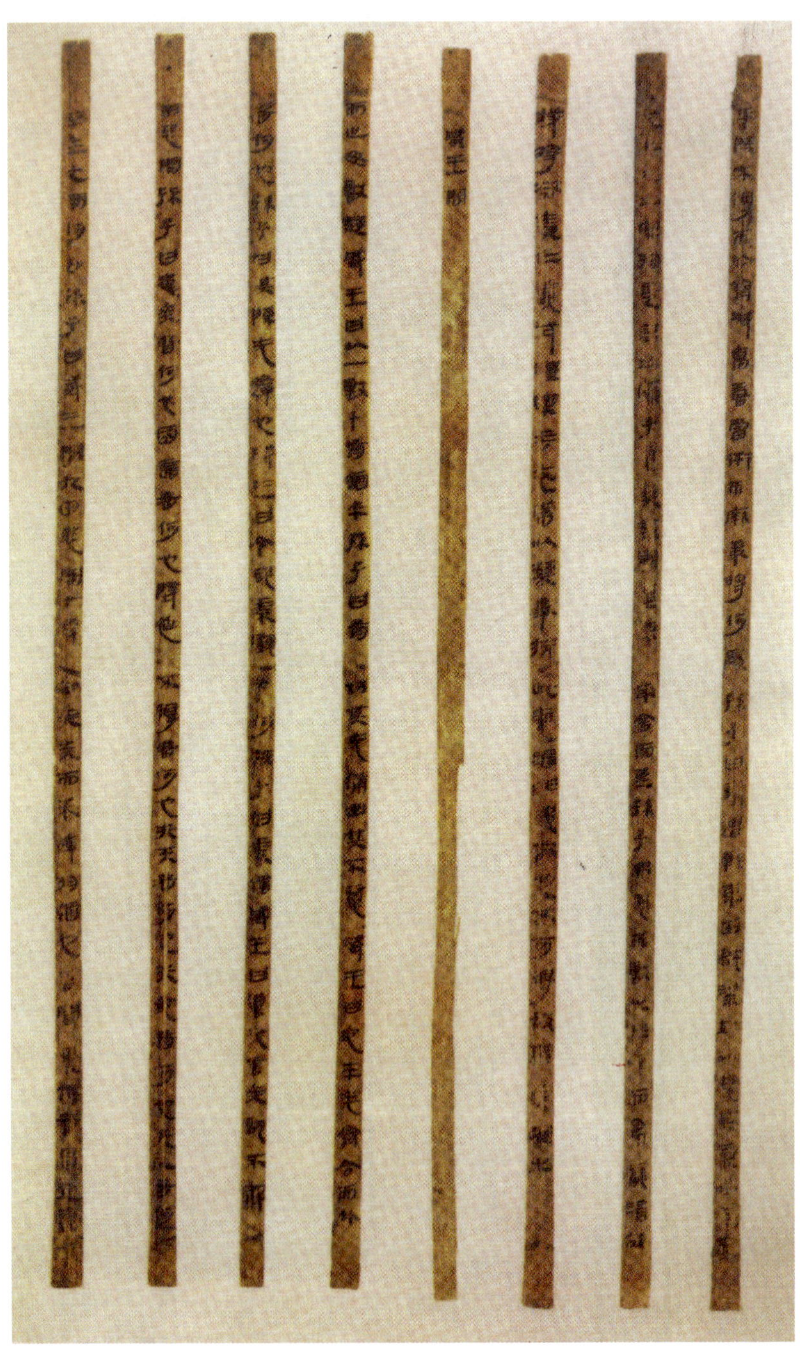

图5-6　银雀山汉墓出土的《孙膑兵法》竹简

面对齐威王突然又似乎是很自然的提问，孙膑心中明白，这实际上是一次命题考试，而这次考试的成败，将关系到自己的命运以及田忌、墨翟等人的面子。不过，就孙膑的才华和所学而言，这个题目算不上什么难题，早在拜鬼谷子学艺时，这样的作文就已交过多篇了，加之昨日自己对齐国的形势已有了大体的了解，并做过一番思考，对战争已经有了独到的看法和见地。于是，孙膑清了清嗓子，开始一字一句，嗓音略呈沙哑，声调低沉有力地演讲起来：

> 关于战争，并不是倚仗自己有强大的军队就可以说打就打，这是先祖帝王已经证明并传下来的道理。如果打了胜仗，就能保存处于危亡中的国家，并可延续将被毁灭的世系。如一旦打了败仗，就会丧失国土而危害整个国家。因此，对战争不能不认真考察和研究。可以这样说，轻率好战的人，会导致国家灭亡；一味贪求胜利的人，会受挫被辱。战争是不能轻率进行的，而胜利也不是随意可以贪求的。要先做好准备，而后才能采取行动……任何一代帝王都不能平素贪图安逸，无所作为而取得胜利。只有用武力战胜敌人，才能使自己强大巩固，实现万民归服，国家统一……那些功德不如五帝、才能不如三王、智略不如周公的人，却在叫嚣什么要积累仁义、推崇礼乐，不用武力的办法来制止战争，这种办法尧舜不是不想做，而是根本做不到，所以才用战争的办法来制止战争。
>
> （原文见银雀山汉墓竹简《孙膑兵法·见威王》）

孙膑一番讲演，将自己的战争观念和战争思想明确地提了出来。这篇讲演，后来成为《孙膑兵法》最为重要的一篇。它的核心思想是“战胜而强立”，这是孙膑战争观中的灵魂，也是对孙武《孙子兵法》关于战争观问题的一个发展和创造性的提升。

庙堂之上，面对齐威王的考问，孙膑一开始就先声夺人地指出，战争是关系国家安危存亡的大事，“战胜，则所以在亡国而继绝世也。战不胜，则所以削地而危社稷也。是故兵者不可不察”。

此时的孙膑冷不丁地提出这一问题，绝不是危言耸听，无的放矢，或捡拾重复他祖上孙武的牙慧故弄玄虚，而是针对齐国的现状发出的心灵的呼声。因为孙膑已从墨翟等人的口中了解到，在齐威王即位前和刚刚即位的一段时间内，齐国的形势相当不妙。公元前405年，三晋（魏、赵、韩）联合伐齐，廪丘一役，“得车二千，得尸三万”，齐军惨败，从此一蹶不振。次年，三晋联军又和齐军交手，齐军大败，联军一直攻入齐国的长城防线才算罢休。公元前380年，三晋伐齐，一直到桑丘才停住脚步。公元前378年，三晋伐齐又一直打到灵丘罢兵回归。公元前373年，燕败齐于林营，魏伐齐到博陵，鲁伐齐入阳关。次年，连小小的卫国也攻占了齐国的薛陵。公元前370年，赵伐齐攻甄。公元前368年，赵伐齐攻到长城脚下……因此，齐威王即位时，齐国正好处于“诸侯并伐”的乱象中，能否改变这一被动挨打的局面，的确关系到齐国的命运和前途。也就在这个节骨眼上，孙膑适时而大胆地提出了“战胜而强立”的政治军事理论。相对而言，这一思想较其他各种乱七八糟的学说更符合当时历史发展的客观趋势，因为在封建割据的情况下，任何一个统治者都不会自动退出历史舞台，放弃固有的权力，只能用“举兵绳之”的手段解决问题。

对于孙膑这番云山雾罩的夸夸其谈，齐威王虽然没有全部听懂弄明白，但整体上觉得对方说得有些道理，大多数观点还是比较合乎自己口味的。于是，他脸色比先前好看了许多，并半真不假地赞许道：“你刚才说得有点道理，不愧是孙武之后，鬼谷子之徒，当代著名兵学大腕儿啊！你既然来了，总得给你封个一官半职的，否则对外界都说不过去，你自己琢磨什么官职比较合适？”

孙膑听罢，觉得齐威王并未真正从内心里看得起自己，言语中总有些敷衍的味道，而眼下正是一个包装炒作和自我推销的时代，看来不说点大话是不可能真正引起他的兴趣和敬重的。想到这里，遂拱手施礼道："感谢大王救命之恩和对我的关爱栽培之意，我作为一介残疾书生，身残却志坚，胸藏甲兵，有吞并敌军十万之众的雄才韬略。但是，我自入齐国后，到现在一计未献，寸功未立，何谈要什么职位？再说，假如给我一个官职，那魏国的庞涓知道后，一定会起嫉妒之心而生事端，这样得不偿失。不如暂时对外保密，等到大王哪一天有用人之处，我一定在所不辞，竭诚效力，以报答您的救助和知遇之恩。"

齐威王听了，顺水推舟地说："这样也好，你先到田忌将军家住着吧。"

孙膑答应着，离开了大殿，从此蜗居于大将军田忌家中，成了一名门客。

既然做了人家的门客，就要象征性地做一点门客所做的事情，否则每天端着个大碗白吃白喝，总觉得不好意思。就在孙膑思考着怎样可以一展身手时，一个机会来临了。当时齐国的庙堂之上，从君王到朝臣，大都沉湎于声色犬马之中，除了整日莺歌燕舞之外，还有一个重要课目就是赛马。当然这个赛马并不是许多年之后所提倡的友谊第一、比赛第二的那种体育比赛，而是金钱第一、比赛第二的赌博。因为每一位参赛者在赛前都要押上重金以赌输赢。对于这个比赛，或者说对于这个赚钱的机会，齐威王和大将军田忌两个重量级财迷都分外热心，总想在赛场上大捞一把。除了和其他群臣开赌外，齐威王与田忌还不时地较劲，一试高下。当然，既然是赌博，就有得有失，每次上场交锋，田忌只要和齐威王对阵，总是败多胜少，这令田忌感到格外头痛和苦恼。现在又到了赛马的时候，田忌见孙膑老待在家中有些烦闷，就说道："这次赛马你也去看个热闹吧。"于是孙膑就跟着田忌到了比赛现场，意想不到的是，这一去就看出了门道。

当齐威王和田忌二人所属赛马开始对阵比拼时，孙膑发现双方的马都分上、中、下三个等级，且要一个等级一个等级地赛下去，田忌的马与齐威王的马各等级之间足力相差不大，只要合理搭配是能取得胜利的。于是，孙膑让田忌到下次比赛时，要下大赌注，并表示自己有办法保证让他赢得这场比赛。田忌听信了孙膑的安排，当第二天比赛开始时，田忌在第一场用下等马对齐威王的上等马，结果自然是田忌败北。而接下来的两场，田忌则用一等马对威王的二等马；二等马对威王的三等马，结果田忌皆胜。三场下来，田忌是一负二胜，从而轻松地赢得了威王的大把金钱。

齐威王对这次败北感到有些意外，私下问田忌胜出的原因，田忌将孙膑出的主意说了出来。齐威王开始从心里佩服，并有些真诚地对田忌说道："看来孙膑还真有两下子，下次对外用兵你就和他搭伙吧，看看他在战场上的能耐咋样。"

孙膑桂陵之战

就在齐威王此话说过不久，魏惠王称霸中原的野心再次膨胀，他想一举吞并与之相邻的卫国，但卫国的盟友赵国表示不答应，于是魏惠王干脆派庞涓率八万大军伐赵，要给赵国君王一点颜色瞧瞧，如能借机灭了赵国，当然更是好事一桩。赵国听到这个消息，自知力不能敌，国王紧急修书于齐求救。齐威王在召集群臣商量之后认为，齐、赵这几年关系一直不错，算是友好邻邦，如果眼睁睁地看着魏国军队灭赵而坐视不管，不但在道义上说不过去，对齐国本身也不利。如果此次伸手援赵，不但可以保住赵国，增强两国之间的友好关系，同时还可以伺机破魏，从而慢慢取代魏国在中原的霸主地位。出于这几个方面的考虑，齐威王决定立即组建救援军援赵。

为借机试探一下孙膑到底有多少真才实学，威王专门将其召到王宫谈话，慷慨许诺要任命他为齐国救援军主帅，田忌为副帅。孙膑听后，心中尚未忘了自己的身份，心想这个主帅是万万不能当的，于是当场表示道："我是从酷刑之下侥幸逃生之人，现在被庞涓弄成残疾，搞成了人不人鬼不鬼的样子。如果我当这个主帅，让不知底细的将士们和外人见了，不但要吓一大跳，还可能让人产生堂堂齐国别无人才可选的错觉，从而产生轻视之意，这对统兵作战是极其不利的。为使这次远征马到成功，我建议这个主帅还是由田忌将军来当比较合适。”

经齐威王与朝臣们商量，决定任命田忌为主帅，孙膑为总军师。齐国救援军在经过一段紧锣密鼓的组建后，终于以八万人的庞大阵营，浩浩荡荡地出发了。当这支军队快到齐卫边境时，根据密探探得的最新情报分析，庞涓已经对沿途的卫国进行了沉重打击，现率大队人马向赵国的首都邯郸扑去。面对此情，田忌对孙膑说：“赵国跟强大的魏国比起来，如同狼和老虎搏斗，只有招架之功，并无还手之力，我们是不是赶快去救援邯郸？”

孙膑坐在车中轻轻摇摇头道：“不能救邯郸。”

“不救邯郸，那我们咋办？”田忌问道。

“我设想了一个作战方针，叫作批亢捣虚，围魏救赵，你看行不行？”孙膑说着，对田忌解释道：“目前，魏国独霸中原的威势尚在，其兵锋正盛，我们组建的这支志愿军原是一群乌合之众，整天只知吃喝玩乐，战斗力跟人家差一大截，明摆着是敌强我弱。在这种状况下，若我军直接救邯郸，免不了要与魏军进行一场大规模的关乎两国命运的生死决战。在正面战场硬碰硬的情况下，并不能保证我军会占上风，一旦战败，后果不堪设想。如果我们不救邯郸，而是反其道而行之，趁魏国精兵北向，国内空虚之际，率部直捣其首都大梁。大梁的君臣一看我大军来犯，必急招庞涓弃赵而归，以解大梁之围，这样赵国也就得救了。当然，仅仅做到让庞涓返回魏国并不能从根本上解决问题，他既然能回来，也可以再回去，我们要设法让他有来无回。要做到这一点，唯一的办法就是尽可能地消灭他的军队，而要消灭他的军队，就需在攻打平陵上做文章。”

“这是哪儿跟哪儿，怎么又弄到平陵上去了？”田忌不解地插言道。

“是的。”孙膑望着田忌有些疑惑的神态，解释道，“平陵是我们去大梁的必经之地，此城虽然城池较小，但所辖的县境很大，人口众多，是魏国东部地区的军事重镇，也是齐、卫两国通往大梁的门户。我军进攻平陵，其目的不是为了破城，而是为了用疑兵之计迷惑敌人。根据当年我在魏国时对平陵地形地貌的观察，此处南面有宋国，北面有卫国，途中有市丘国，四周地势险要，兵力部署甚强，很难攻取。我军如孤军进击，自己无法备足粮草，而取粮于敌的路也将被断绝。陷于这种境地，就会给庞涓造成一种错觉，以为我军将领不懂得作战规律，对战略战术一窍不通。有了这个假象之后，庞涓便不会把我们放在眼里，从而集中精力攻打邯郸。而邯郸的守军知我们来援，必拼命死守，这样魏、赵双方必有一场又一场的拉锯战。待双方力量都消耗得差不多的时候，我们再分出一支军队袭击大梁，庞涓必然回救，到时我军设下埋伏，可一举击溃敌人，从而使魏军再无反扑的力量。”

面对孙膑的计策，田忌想了想，觉得有些道理，便说道：“那就按你说的办吧。”于是拔营启程，指挥军队向平陵方向进发。

待快到平陵的时候，田忌向孙膑问道：“你看这仗咋个打法好呢？”

孙膑不假思索地说：“我已经想好了，为尽可能地保存实力，不能让我们军中的将军去统兵交战。据你了解，在我们的都大夫中，有谁平时说话办事稀里糊涂不懂人事？”

田忌想了一会儿说道：“齐城、高唐的两位将军靠了相国邹忌的关系才当上将军的。这两个家伙平时不学无术，只知吃喝嫖赌，终日无所事事，典型的两个糊涂虫和败类。”

“天作孽，犹可违，自作孽，不可活。你马上下发命令，让我们的精锐部队按兵不动，令齐城、高唐二将军带着自己的手下弟兄去攻打平陵吧。按照我的构想，他们一旦进军，就必须要经过魏国的横、卷二邑附近，而二城之外都是四通八达的环形大道，恰是敌军集结兵力和布阵的好地方。这样齐城、高唐二部到达后，前有平陵坚城之阻，后有来自横、卷二邑魏军沿环涂大道的袭击，两路夹击，必败无疑。照这二将的能力估计，活着回来的可能不大。”

田忌听了孙膑的话，觉得有些不忍，但最后还是一咬牙听从了孙膑那借刀杀人的阴谋，命齐诚、高唐二将军兵分两路去攻打平陵。

果然不出孙膑所料，齐、高所部不但未能夺取平陵，反遭横、卷二邑魏军沿环涂大道的连续攻击，结果在途中被打得大败，齐城、高唐二将在逃窜中被魏军所杀。

面对这种早已预料的结局，孙膑对田忌说道：“立即派遣轻车甲士快速前进，直捣魏都大梁的城郊，造成大军压境之势，迫庞涓回救。同时分派少量步兵跟随轻快的战车西进，以向敌人显示我军势单力薄，使其轻敌麻痹，进而入我圈套。”

田忌按孙膑的策划而行。此时的魏惠王正在后宫酒宴起舞，突然听到齐军神兵天降一样包围了自己的首都，惊恐之中急忙派人拿着令箭让庞涓回师救驾。这个时候庞涓刚刚攻破邯郸，正在赵国王宫准备好好享受一番，忽然接到回师的急报，气得七窍生烟，五官冒火，既不情愿放弃邯郸，也不能不回救大梁。在极端痛苦中，只好兵分两路，留下部分人马驻守邯郸，自己亲率主力部队回奔大梁。孙膑得到庞涓作战部署的情报，迅速带领主力于平城北部的桂陵一带设下埋伏，单等庞涓主力部队到来。此时庞涓率军日夜回赶，他与手下大多数官兵近年来南征北伐，所向披靡，打遍天下无敌手，压根儿就没把齐军放在眼里。心想只要自己的主力一到大梁，甚至不用到大梁，齐军就该望风遁逃了。

令庞涓想不到的是，自己的部队刚到桂棱，就遭遇了孙膑、田忌布下的伏兵。骄横自大又毫无戒备的魏军，在齐军的突然攻击下，一触即溃，官兵死伤多半，庞涓本人率领几名贴身侍卫于乱军之中杀开一条血路，狼狈逃回了魏国，齐军大获全胜。

几十年来在诸侯眼里向以“怯弱”之态出现的齐军，由于这次实施了孙膑的战略战术，击败并重创了向以“悍勇”著称的魏军，从而创造了流传千

古的桂陵之战这一光辉战例，为齐国在后来的岁月中称霸中原迈出了重要的一步。（见银雀山汉简《擒庞涓》）

马陵之战与庞涓之死

桂陵之战后，魏惠王被迫同赵国议和，并撤兵邯郸，赵国亡而复存。当然，魏国毕竟是久霸中原的强国，尽管桂陵一战损兵折将，但仍有较强的实力，在不算太长的时间内就恢复了元气。特别是率领十二诸侯朝见周天子于孟津后，魏惠王又骄横起来，他忘记了桂陵之战的教训，开始实施吞韩灭赵、独占中原的计划。到公元前340年，魏惠王再也按捺不住心中的欲火，他令庞涓为远征军总司令，率兵大举进犯韩国。韩国君臣一看魏军来势汹汹，自知不是对手，火速向齐国求援。

齐威王自桂陵之战后，渐渐从声色犬马中清醒过来，开始将主要精力放在治理国家上，并暗中图谋中原霸权。这次见魏、韩已经交手，认为正是借机破魏救韩的好机会，便召集群臣商量对策。相国邹忌首先跳出来反对，并放言道："魏、韩两国没有一个好东西，这是他们之间一场狗咬狗的战争，没什么正义与非正义之分，我们还是少管这些闲事，坐地观狗咬比较合适。"

大将军田忌的看法同邹忌正好相反，他不但主张救韩，而且要尽快出兵。作为特邀代表列席会议的孙膑则认为，韩要救，但如果过早出兵，无疑形成了齐国代替韩国对魏作战态势，如果齐、魏两败俱伤，后果必然是齐国要听从韩国的摆布，这对齐既不利又不公平。最好的处理方法是，答应救韩，但不急于出兵，先让魏、韩两国进行拼杀，等到韩危魏疲之时，齐再发兵救韩击魏，这样才能名利双收。

齐威王一听，觉得这个观点正合自己的心意，遂采纳了孙膑的建议，许诺韩国出兵却一直按兵不动。

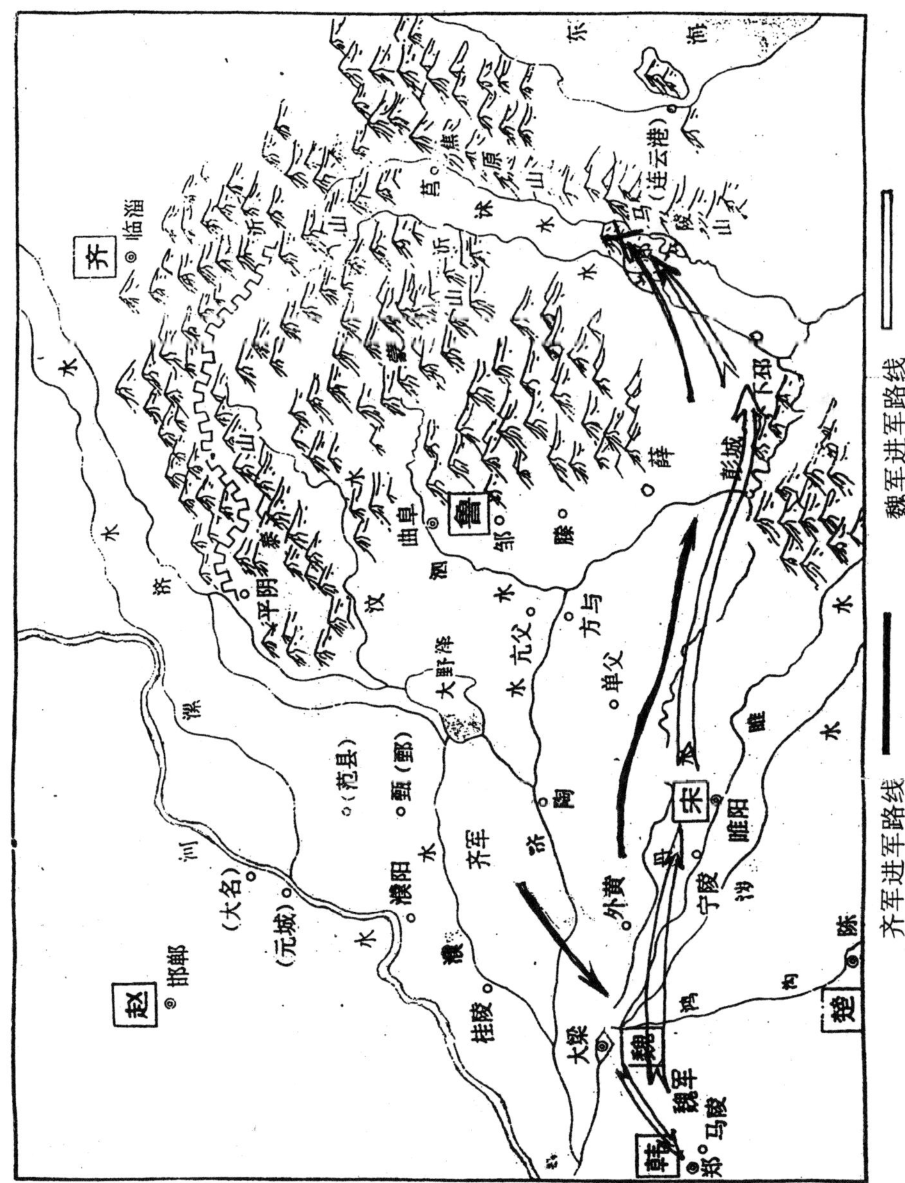

齐军进军路线　　　　魏军进军路线

图5-7　郯城"马陵之战"考察小组绘制的"马陵之战"示意图

庞涓率大军与韩军先后进行了五次较大规模的战争，魏军五战五捷，韩国已危在旦夕，而魏军也师老兵疲。齐威王在孙膑的提示下，决定出兵。按照传统史学家如司马迁等人的说法，这次齐国出兵，同上次救赵基本相同，任命田忌为主帅，孙膑为军师，统率大军十万救韩。孙膑故技重演，再次沿用上次批亢捣虚、攻其必救的战略，大军不奔韩国，却直扑魏国的首都大梁。征战在外的庞涓正要进逼韩都，忽然接到本国急报，只好停止攻韩，火速撤兵回援。与此同时，魏惠王吸取了上次的教训，在国内积极发动大量兵力，以太子申为主将，主动抵抗潮水一样涌来的齐军。

齐军突破魏国边境后，向纵深穿插而去，不久就接到庞涓回援的情报及太子申出兵抵抗的消息。孙膑建议田忌不等魏军赶到，就先避开锋芒，绕道向东撤军。庞涓率部昼夜兼行赶回魏国，一看齐军不战而退，想溜之乎也，便与前来御敌的太子申合兵一处，立即沿齐军退路急追而来。此时魏军依仗人多势众和在本土上御敌，可谓气势汹汹，锐不可当。田忌探知魏军情报，对孙膑说："我看魏军还是不减当年伐赵之勇，这次也是来者不善，看看我们弄个什么办法给他们一个迎头痛击，否则这事就没完没了了。"

孙膑说："这事儿我心里有数，这魏军一向自恃勇猛强悍而轻视我军，我军也确实是不够争气。在这种情况下，只能智取，不能正面交锋和恃勇斗狠。我们应利用庞涓及其部将急于和我们决一死战的焦躁骄横心理，设下圈套，引诱他们中计。先祖兵法有云，用急行军赶百里路去争取的，会折损领头的大将；用急行军赶五十里去争取的，只能有一半部队跟进。根据这个规律，我们要诈为怯弱，采用减灶之计，迷惑他们，让其急行冒险，这样我们就可相机将其歼灭了。"

田忌听罢说道："尽管没有绝对把握，但也不妨一试。"遂指挥军队依计而行。

庞涓率部追赶齐军，尽管士气高昂，精神抖擞，骄横之情溢于言表，但毕竟在桂陵之战中吃过大亏，因而庞涓在骄横之中一直藏着小心。更让他为之战战兢兢和赔着小心的是，他已通过各种情报探知孙膑早已亡命齐国，并曾担任过桂陵之战的总设计师。既然孙膑能参加桂陵之战，这次很可能就在齐军中担当一个重要角色，只要孙膑在齐军之中，就很难对付了。所以对齐军这次不战而退，庞涓总在心中打鼓生疑，而对齐军撤退的情报和蛛丝马迹，也就格外留意并时刻提防上当受骗。当他率大队人马追至齐军曾放弃的扎营之处时，发现规模宏大，气派非凡。派人清点做饭的锅灶，其数量可容十万人吃饭，庞涓为此甚感震惊和不安，于继续追赶途中就更加小心谨慎。当第二天追至齐军安营扎寨处时，发现锅灶只够五万人所用。待追至第三天，又对锅灶进行清点，发现只够三万人之用。看到齐军做饭的锅灶一天天锐减，沿途又抛下了许多兵器、粮草、战车等物资，渐渐放松了警惕，认为齐军仅三天时间就伤亡大半，确实是一帮乌合之众。于是，庞涓的焦躁之情又在周身和脑海暴起，为了尽快消灭齐军，庞涓下令丢下步兵与辎重，亲自率一部分精锐骑兵，向前狂追猛赶。

孙膑在撤退途中得到了庞涓已经先行追赶而来的情报，他按照魏军前进的速度计算了时间，急率部队赶赴马陵山埋伏起来。

这马陵山有一条十几里长的古道，古道两旁是高低不平的悬崖峭壁，溪谷深隘。溪谷两旁，则是乱树丛生，野草遍地，其地形地貌，正是兵家设伏奇袭的好地方。孙膑让田忌派兵把大量树林伐倒堵塞道路，只留一棵当道而生的老树，把树身向东的一面树皮刮去，露出白木一条，然后用黑煤在上面写下八个大字“庞涓死于此树之下”，字的上部另有横批“孙膑特赐”。

待这一切准备完毕，孙膑又让田忌挑选五千名弓弩手，埋伏在大树两侧的山野丛林之中，并吩咐他们说：“只要看见对面山崖上火光燃起，你们就对准树下之人和所率部队一齐放箭。”与此同时，田忌按孙膑的计划，派自己的儿子田婴领兵一万在离马陵道三里的丛林中设伏，待魏兵蹿出峡谷后进行围追堵截，不让庞涓像上次一样再杀出一条血路死里逃生。

部署已定，孙膑又让田忌将大队人马屯扎于山野之外三十里处，形成一个口袋状的大包围圈，以达到全歼庞涓和太子申部的目的。

当齐军布置妥当后，庞涓的大军也到了马陵山下。此时正是阴历十月下旬，最后一抹晚霞从西边的天际隐去，夜幕开始笼罩大地，整个山区显得一片苍凉、肃穆。突然，魏军先头侦察部队前来报告：“马陵山道发现断木塞路，难以前进。”

庞涓听罢，看了看即将完全黑下来的天空，心想，齐军就在眼前，假如跨一大步，伸手可得。如果今夜放其翻过马陵山遁去，以后的追剿无疑将困难许多，常言道，过了这个村就无那个店了，一定死死咬住，绝不能放松。尽管此时进山有军事冒险主义的成分，但除了冒险，别无选择。想到这里，他一咬牙，下令先头部队搬掉乱木，全力向前推进。夜幕笼罩下的魏军精锐徐徐进入马陵山道，悬崖峭壁、草丛树木将惨淡的月光遮蔽起来，使狭窄的山道漆黑一团。越往前走，眼前越阴森恐怖，心中越发紧张，头皮阵阵发麻。庞涓有些悔意，想命令部队返回，但数万人马已经进入峡谷，身前身后乱树丛生，很难有回旋的余地，只好心存侥幸，硬着头皮继续闯下去。

不知过了多少时候，一群官兵摸索着来到了那棵齐军特意保留的大树旁，在偶尔显露的朦胧月光照耀下，忽有一眼尖嘴快的兵卒喊道：“树上有字！”

众官兵围上来抬头一看，只见一棵突兀而立的大树黑乎乎地挡在道上，树身有一片明显泛白，上面隐约可见涂着什么文字，但由于月色太暗，一时看不分明。正吵吵嚷嚷间，有精明负责、贯于拍马溜须的官兵早已报知了庞涓。

“娘的，难道是遇到鬼了？”庞涓听到这件奇事，心中发慌，但还是装作若无其事的样子，怀着好奇带领几个亲信走马来到大树跟前。

只见大树的空白处，确实有隐隐约约的字迹，但又看不清楚，庞涓令军士取火把照明，以便弄清真相。火把很快拿来，树上的一切尽显眼前。

庞涓看罢，大惊失色，脱口说道："这个瘫子，我今天又中了他的阴谋诡计了！"说罢，匆忙转身下令撤退。

就在这时，对面山崖上火光突起，早已埋伏在山谷两侧的齐军看到动手的信号，顿时引弩发箭。具有强大威力的劲弩如骤雨狂风一般席卷了山道上的魏军。那当道而立的大树，更成为齐军弓弩手瞄准、射杀的重要目标。在如蚁似蝗的乱箭之下，庞涓躲藏不及。他于危难之中突然忆起了当年离开鬼谷时，老师鬼谷子曾说过的"遇马而卒"的话，现在自己身陷马陵道，可能是在劫难逃了。又忆起自己离开鬼谷时，面对孙膑所说的"死于乱箭之下"的咒语，庞涓一手扶树，强撑着身子直面箭雨，满含怨恨地说道："我后悔当初没有杀掉那个瘫子，以致如今虎陷狼群，生生落于他的手里。唉，看来这都是上天安排的定数呀，天命难违，我庞某去也！"说罢，庞涓拔出随身佩带的宝剑自刎身亡。

庞涓既死，魏军顿时乱上加乱，经过一夜的激战，太子申被俘，十几万魏军全面崩溃瓦解。这是齐军在孙膑的具体策划指挥下，继桂陵之战之后在马陵所创造的又一个流传千古的光辉战例。（这场战争的记载见银雀山汉简《陈忌问垒》篇）

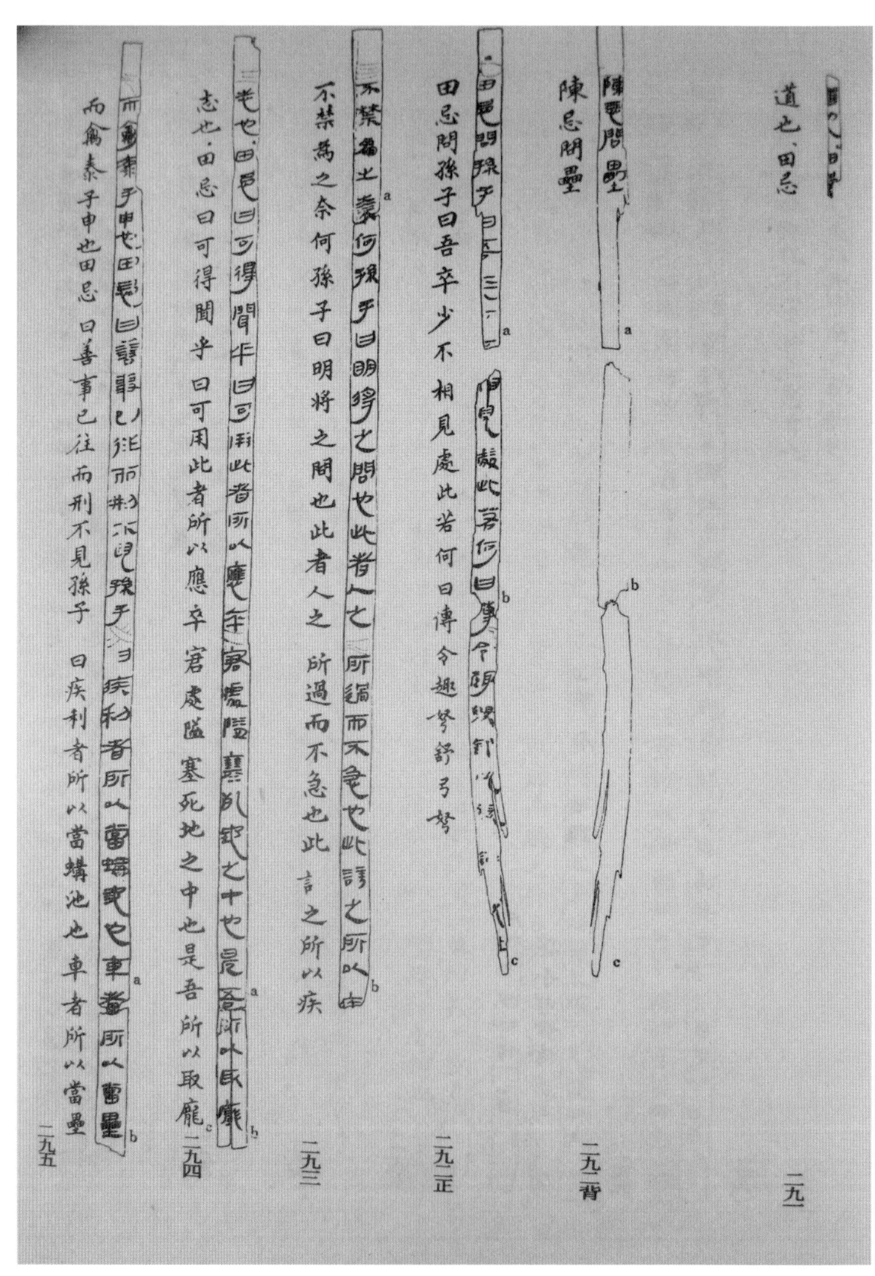

图5-8　银雀山汉墓出土《孙膑兵法》摹本《陈忌问垒》

第二天黎明，在打扫战场时，有官兵将庞涓的尸体抬于孙膑、田忌跟前领赏，孙膑看到已成为血葫芦的庞涓，立即怒火中烧，悲愤交加，千头万绪涌上心头。为了发泄心中的愤怒和报当年刖刑之仇，他命兵士将庞涓的尸体抬到自己的专车前，取过一把长剑，"咔嚓"一声，将头颅斩下，说了句："庞兄，咱俩的一切恩怨情仇今天算是一刀两断了，到阎王爷那儿咱再做同窗吧。"然后命人找根绳子将鲜血淋漓的庞涓头颅挂在了田忌乘坐的战车横木之上，借以宣扬军威，庆贺胜利。

马陵之战在让孙膑得以复仇的同时，也彻底改变了齐国与魏国的命运，历史的进程又一次得以改写。

对司马迁的挑战

马陵战役之后，魏国一蹶不振，走上衰败，齐国则借这次军事胜利强盛起来。诸侯们见风使舵，纷纷弃魏奔齐，向齐国进献金钱美女，以示亲近，齐威王终于实现了称霸中原的梦想。而孙膑自入齐以来，通过两次战役，也初步实现了平生理想和政治抱负，除了报仇雪恨，也弄了个名扬天下、万古流传的著名军事战略家美名。

随着时间的推移，渐渐强大起来的齐国，将相不和的矛盾日益激化尖锐，孙膑作为田忌的前门客和军事助手，不但难以施展才华，为国尽忠，即使是安身立命也越来越困难，只好识趣地主动向齐威王提出归隐山野田园的请求。齐威王深知孙膑的难处与明哲保身的想法，很痛快地答应了，并以特事特办的名义赠送一大笔安家费和两名男童、四名女子给孙膑。自此之后，孙膑远离了齐国都城，归隐山野田园，开始了修身养性、著书立说的新生活。

当然，孙膑归隐之后，在什么地方隐居，每天怎样生活，以至什么时候撒手归天等，史家少有记载，而民间传说也多模糊不清。但有一点却是肯定的，即孙膑在深入研究前人的兵书，特别是《孙武兵法》的基础上，根据自己平生所学，结合亲身实践和战争经验，殚精竭虑，呕心沥血，终于完成了名垂千古的皇皇巨著——《孙膑兵法》八十九篇和四卷图录，从而成为中国历史上，继孙武之后又一位承上启下、继往开来的伟大的兵学巨匠。

由于孙膑和他的高祖孙武，在春秋战国诸侯混战的大舞台上，都曾做过划时代的表演，并创造了出神入化、登峰造极的兵学文化，而这笔文化遗产作为人类的瑰宝，在社会各阶层特别是军事领域产生了广泛而深远的影响，人们习惯上把孙武、孙膑统称为孙子。而这个提法，被后来的司马迁于《史记・孙子吴起列传》中记载了下来。

司马迁的传记，对两位孙子的身世、战功以及著作等方面的记述，虽略显简单，但基本情况说得还算分明。即孙武是春秋末期仕于吴国的著名军事战略家，著有兵法十三篇。孙膑是孙武的后世子孙，二人有血缘关系。孙膑生活在战国时代的齐威王时，同他的祖先孙武一样著有兵法传世。

继司马迁之后，东汉史学家班固在其《汉书・艺文志》中，著录了《吴孙子兵法》八十二篇和《齐孙子》八十九篇。班固的史料来源不得而知，但记述明确。《吴孙子兵法》指的是孙武所著的《孙子兵法》。《齐孙子》则是孙膑所著的《孙膑兵法》。另外，在《吴越春秋》和曹操的《孙子序》中，也有一些关于这方面的记载。

《史记》与《汉书》有关两个孙子其人其书的记载一直为人们所尊信。然而，到了唐代，才子杜牧根据司马迁与班固对《孙子兵法》篇数的不同记载，在其所著《樊川集・孙子序》中提出了一种说法，认为传世的《孙子兵法》十三篇是曹操删削的结果。他说："武所著书，凡数十万言，曹魏武帝削其繁剩，笔其精切，凡十三篇，成为一编。"

杜牧这一搅和，平静的池塘顿生涟漪，好事者纷至沓来，开始怀疑孙武其人其书是否真实存在过。在各说之中，影响最大、最早者当数北宋仁宗时代注释《孙子》的学者梅尧臣，梅氏认为《孙子兵法》这本书带有浓厚的战国色彩，不足为信。

南宋中期的史家叶适，进一步明确表示，孙子书不合儒家军事理想，此书中的很多思想和名词都非春秋时期所常见，而为战国时期所独有。他认为《孙子兵法》是后人伪造而冒孙武之名顶替的，历史上根本就没有孙武此人，也就是说孙武是那些伪造者凭空虚拟的一个神话人物。为证明此说正确，叶氏列举了很多条证据加以支撑。言之凿凿，证之锵锵，此说影响巨大，近似铁证。

明代学者章学诚、清代学者姚鼐受杜、叶等前辈儒生影响，认为《孙子兵法》“皆战国事”，并宣称：“吴容有孙武者，而十三篇非所自著。”主要理由有二：一是春秋时期用兵规模不大，即使是大国也不过数百乘，而《孙子兵法》中则有“兴师十万”的记述，显然记述的是战国时期的事情。二是《孙子兵法》中称国君为“主”，这是战国时期的称谓习惯，而“主”在春秋时期是士大夫之称。

曾在晚清戊戌变法中大出风头的梁启超，在有关先秦诸子的论述中，谓孙武的兵法十三篇，乃战国人伪托，并有可能是孙膑所为。按梁氏的说法，兵书中所言，“皆非春秋时所能有……此书若指为孙武所作，则可决其伪；若指为孙膑所作，亦可谓之真”。梁氏没有说这个论断的根据是什么，可能是出于他的主观臆想，而不便或不能举例加以论证。

孙武、孙膑各有兵书

除上述诸君发表的论断和宣言，尚有多种纷纭繁杂，甚至是突兀离奇的不同论调。更有奇者，清人牟默人在《校正孙子》一文中，宣称孙膑为伍子胥的后代。文中说道：“古有伍胥无孙子，世传《孙子十三篇》，即伍子胥所著书也。而《史记》有孙膑生阿鄄间为孙子之孙者，实子胥之裔也。”

另一种说法更加大胆，称孙武与孙膑为同一个人，著名的《孙子兵法》实际上是战国时孙膑所著。如现代学者钱穆在《先秦诸子系年考辨》中说，孙膑名武，其人在吴、齐两国都曾工作、学习、生活和战斗过。司马迁作《史记》时“误分以为二人也”。

另有日本学者斋藤拙堂作《孙子辨》一文，同样因孙武之事不见于《左传》，而怀疑《史记》中所载的孙武到底有没有其人。经他如写侦破小说一样反复推理，得出孙武与孙膑原本是一个人，名武而绰号叫膑，相当于梁山好汉鲁智深绰号叫花和尚，孙二娘绰号叫母夜叉一样。其理由大意是：司马迁记载，孙武见吴王，当在吴伐楚之前，此时孙武就已经将自己所创作的兵法十三篇献给吴王看过。但这个时候偏安南方一隅的越国尚小，其兵力不可能比吴国多。而《孙子兵法·虚实篇》却说：“以吾度之，越人之兵虽多，亦奚益于胜哉。”很明显，此话是越国比吴国强大之后的语调，是战国时期的孙子所言。另有证据，如《左传》昭公三十三年，吴伐越，为吴越相争之始。而《孙子兵法·九地篇》则说“吴人与越人相恶”，这是后来吴越相结怨之证据，因此也就说此著当是战国之后所作。又《战国策》一书称孙膑为孙子，结合《史记》中的列传，特别是自叙传中所称的“孙子膑脚，而论兵法”，可知现行流传的《孙子兵法》一书，是孙膑所著无疑，而孙武和孙膑同为一人，武为其名，膑则为绰号。

就在诸多怀疑论者势如蜩螗，将孙武、孙膑及其著作搅得一塌糊涂、乱上加乱之时，1972年银雀山汉墓竹简横空出世。在让世人亲眼领略这批文化瑰宝的同时，也确认了所出的这批书籍至少在西汉初年已广为流传的事实。特别是《孙子兵法》与《孙膑兵法》同时出土，如同一道闪电划过迷茫的夜空，使聚讼千年的学术悬案顿然冰释。这批汉墓竹简，如一面迎风飘扬的旗帜，以鲜活亮丽和无可辩驳的存在吸引着人类惊喜的目光，并以自身具有的深刻内涵向世界昭示了如下历史事实：

第一，汉简的出土证实了《史记》有关孙子和《孙子兵法》记载的真实性。与《孙子兵法》十三篇同时出土的，还有一些与十三篇关系十分密切的、至为重要的《孙子兵法》佚文残简，其中《吴问》一篇记述的是孙子与吴王的问答，其主要内容是：吴王问孙子曰："六将军分守晋国之地，孰先亡，孰固成？"孙子曰："范、中行氏先亡。""孰为之次？""智是为次。""孰为之次？""韩、魏为次。赵毋失其故法，晋国归焉。"

简文中所说的"六将军"，即晋国六卿范氏、中行氏、智氏和韩、魏、赵三家。春秋时期，卿与将军不分，平时为卿，战时统率一军，则以"将军"相称。

据《史记·晋世家》载，晋定公二十二年（公元前490年），赵、韩、魏和智氏联合赶走范、中行氏。晋出公十七年（公元前457年），四家世卿瓜分了范、中行氏的土地。晋哀公四年（公元前453年），赵、韩、魏共灭智氏，尽并其地。

从以上的记载中可以看出，《孙子兵法·吴问》产生的时间应在范、中行、智氏灭亡之后，否则，作者绝不会那么准确预料到三卿的灭亡次序。对于赵、韩、魏三家的发展，作者认为韩、魏继亡于智氏之后，晋国全部归属赵氏。然而这次他的估计却全然错了，说明作者既没有看到晋静公二年（公元前376年）三家最后瓜分晋公室，也没有看到晋烈公十七年（公元前403年）三家正式建立封建诸侯国的重大历史事实。由此可知，《吴问》是在智氏亡到赵、韩、魏三家自立为侯的五十年内撰写的。而孙武主要活动在吴王阖闾执政（公元前514年—公元前496年）时期，与《吴问》撰写时间相去不远。因而，这篇文字的作者不论是谁，把孙武的言行记录下来，都有时间上的便利条件。因此，把《吴问》视为孙武言行的可靠材料是没有问题的。

此外，竹简本中另一篇《见吴王》则记述了孙子吴宫教战等传记材料，不但与《史记》《吴越春秋》等记载相吻合，而且有些情节较《史记》更为详尽，据汉简整理小组专家吴九龙等推断，出土的篇章很可能就是当年太史公所依据的古本史料。由此可见，《史记》关于孙子的记载并非空穴来风，而是当时的流行之说，至少在当时人们并不怀疑孙子是春秋末期的吴国将领，同时也是《孙子兵法》一书的作者。

第二，汉简本《孙子兵法》与《孙膑兵法》同时出土，以无可辩驳的铁证破除了孙子、孙膑同为一人的谬说，粉碎了孙子就是伍子胥等妄言。

在出土的编号为第0233号竹简中，有“吴王问孙子曰……”等字样，在第0108号竹简中，有“齐威王问孙子曰……”等文字。这些鲜活可见的文字，不但充分证明有两个孙子，且同时昭示一个服务于吴国，一个服务于齐国。这两个服务于不同国度的孙子，就是太史公在《史记》中所记载的孙武和孙膑。此二人处于不同的时代，各有兵法传世。因而，那些鼓吹孙武、孙膑同为一人的谬论，也就不攻自破了。

第三，汉简的出土证明，《孙子兵法》确系十三篇。明显的证据是，在一同出土的《见吴王》篇中，其中两次提到孙子书为“十三扁（篇）”。另外，在十三篇简文出土的同时，还发现了一块记录有竹书篇题的木牍。尽管这块木牍已破碎成六块小片，但从其行款及残存的内容看，简本《孙子兵法》确为十三篇，且其篇名与传世本基本相同，只是在个别篇名与篇题上与传本有些出入。

还有一个不可忽视的重要证据是，就在银雀山汉墓竹简发现6年之后的1978年夏季，考古人员在青海省大通县上孙家寨——五号汉墓的发掘中，出土了一批木简。与木简同时出土的还有三面铜镜和一些五铢钱，一枚私印，印文为“马良”。经观察分析，三面铜镜花纹皆为四乳四螭纹，铜钱与洛阳烧沟I、Ⅱ型相同，由此推断该墓时代当为西汉晚期。结合随葬品的组合和木简情况推断，考古人员认为墓主人马良当为一个军事将领，因史书无传，其身世无从查考。但在出土的木简中，其中有一部分是与《孙子兵法》有关的兵书。例如，有一支木简（061号）上明确书有“孙子曰：夫十三篇……”文字这个记载比银雀山竹简还要明确，从而进一步说明《史记》所记述的孙武有兵法十三篇是完全有根据的。另外，在残简当中，还有一支（001号）上书“……□可与赴汤火白刃也”的文字，这与《史记》记述孙武见吴王阖闾时所说一段话的末句“虽赴水火犹可也”两者相似。因这一句话不见于银雀山竹简，从而又可以作为银雀山竹简的补充。

与此同时，竹简还提供了一些《孙子兵法》的重要佚文，例如：

“《军斗令》，孙子曰：能当三□”（047号）

“《合战令》，孙子曰：战贵齐成，以□□”（355号）

“《□令》，孙子曰：军行患车错之，相（？）□□”（157号、106号）

“子曰：军患阵不坚，阵不坚则前破，而”（381号）

“□者制为《军斗》”（346号）

“□制为坚阵”（078号）

“行杀之，擅退者后行杀之”（063号）

据参加整理这批残简的考古人员说，类似以上的佚文在出土的竹简中还有许多。此简文是不是《汉书·艺文志》所提到的《吴孙子兵法》八十二篇尚无确切根据，但可以肯定的是，至少在汉代初年，《孙子兵法》十三篇已经作为一部单独、完整的著作而流传于世了。至于班固弄出了一个《吴孙子兵法》八十二篇，如果不是无中生有、凭空捏造、故弄玄虚，那最大的可能就是西汉末年刘向等人在整理过程中，把与孙子兵法相关的材料，如上孙家寨汉墓部分残简，以及在银雀山汉墓中同《孙子兵法》十三篇一同出土的《黄帝伐赤帝》《地刑（形）二》等孙子后学的解释发挥之作也收入其中，致使篇目大大地扩充了。而曹操在为《孙子兵法》作注时曾明确指出“孙子者，齐人也，名武，为吴王阖闾作《兵法》一十三篇”，可见当时的十三篇早已成为定本，而不是几十篇捆绑在一块儿的羊杂碎式的大杂烩。曹操之所以为《孙子兵法》作注，正如他在《孙子序》中所言，是不满于一般注释之作的“未之深究训说，况文烦富，行于世者失其旨要”。后来的杜牧不解其意，妄下论断，误以为曹操删削八十二篇而成十三篇，以至于谬种流传，贻害了四方。

两部兵书之谜

孙武的《孙子兵法》之所以引起了千余年来聚讼纷纭的论争，除了已表述的种种理由外，还有一个重要原因，那就是《孙膑兵法》自《汉书·艺文志》以后不再见于著录。即使《汉书·陈汤传》曾引用了兵法“客倍而主人半，然后敌”之句，但后人都不知出自何典。随着银雀山汉墓竹简《孙膑兵法》的出土，这个问题迎刃而解，千年悬案得以更加明晰地昭示天下。《汉书·陈汤传》这句话原来是出于汉简本《孙膑兵法》的《客主人分》篇。由此可以看出，在西汉时《孙膑兵法》还相当流行，但不久就散佚不传，从而使纷争聚起，绵延1000多年而未绝。

银雀山汉墓出土的《孙膑兵法》汉简，经整理小组努力，共整理出竹简364枚，分上、下编，每编各15篇，计11 000余字。尽管字数已较原简失去大半，但据整理者吴九龙说这一成果已来之不易。失传1700余年的《孙膑兵法》终于阴差阳错地重见天日，这就为研究孙膑及先秦历史提供了极其珍贵的资料。

根据银雀山汉简整理小组的考释成果，汉简本《孙膑兵法》的篇目和主要内容列表如下：

编次	篇名	主要内容
上编	擒庞涓	桂陵之战
	见威王	孙膑的战争观
	威王问	孙膑的战略战术思想及治军、地形、阵法问题
	陈忌问垒	战术运用并以马陵之战为例加以说明
	篡卒	军队建设原则和战争胜负的因素
	月战	战争与天时的关系
	八阵	选将标准和八阵的运用原则
	地葆	军事地理
	势备	阵、势、变、权四项作战指挥原则
	兵情	将、卒、主之关系
	行篡	关于选拔任用人才的方式方法和原则
	杀士	军纪和赏罚原则
	延气	鼓舞士气的原则和方法
	官一	军队组织、作战指挥和后勤保障
	强兵	富国、强兵
下编	十阵	十种阵法的特点和运用
	十问	敌我力量不同情况下的不同击敌方法
	略甲	简文残缺，难以看出主要内容
	客主人分	取胜的保证
	善者	如何使自己处于主动，使敌人处于被动
	五名五恭	对付敌人的不同方法
	兵失	作战失利因素的分析
	将义	将帅必备的品质
	将德	将帅品德
	将败	将帅品质上的缺点与战争失败的关系

续表

编次	篇名	主要内容
下编	将失	将帅作战失利的各种情况
	雄牝城	雄城、牝城的地理特点
	五度九夺	避免不利条件，争取有利条件
	积疏	积疏、盈虚、径行、疾徐、众寡、逸劳六对矛盾的相互关系
	奇正	奇正的相互关系

关于汉简本《孙膑兵法》的作者，据整理小组人员吴九龙等从已整理的篇目分析，认为大部分为孙膑所著。另有一部分篇目，记述孙膑的事迹，如《擒庞涓》《见威王》《威王问》《陈忌问垒》《强兵》等，其中有些语句对孙膑进行了明显的褒崇，这些篇目应是孙膑的弟子或后人根据孙膑的事迹和理论编纂而成。

通过对汉简本的考释可以看出，孙膑在齐国时已有弟子，如《孙膑兵法》残简中有下面一段话："孙子出，而弟子问曰：'威王问九，田忌问七，几知兵矣，而未达于道也。……'"（第65简）这当是孙膑有门弟子的明证。还有，在第8简有"曰孙子之所为者尽矣"句，这样高度赞扬孙膑的话，从语气来看，不像出于孙膑同龄人的笔墨，更不像出自他的上级齐威王、宣王或田忌之口，而极可能是他的弟子所说。另外还有一些篇目应是孙膑语录的汇编，如《篡卒》《月战》《八阵》等，推测也应是其弟子整理而成。因而吴九龙认为，《孙膑兵法》的编定，和一些先秦其他古籍一样，当出于其门弟子之手。当然，也不能排斥这样一种推断，即《孙膑兵法》的一部分或大部分是孙膑的原著，最后经过他的弟子增补编定。但无论如何，编定的年代，当在孙膑死去以后。尽管不能肯定孙膑的对话是原话，但其主旨却反映了孙膑的思想，是后人研究孙膑军事思想最为可靠的资料。关于《孙膑兵法》成书的时代，学术界虽存有争议，但以银雀山汉墓发掘者吴九龙为代表的相当一部分学者，根据对汉简的考证，认为完成于战国中期。

当然，从银雀山汉墓出土的简本《孙膑兵法》中不难看出，此书并不是无源之水、无本之木，凭空产生创造出来的孤立之作。它在很大程度上继承了《孙子兵法》十三篇的军事思想，是孙武战略理论和战略思想的进一步发展与完善。从如下的列表中可以看到其异同之处。

序号	《孙子兵法》	《孙膑兵法》
1	《始计》："攻其无备，出其不意，此兵家之胜，不可先传也。"	《威王问》："威王曰：'以一击十，有道乎？'孙子曰：'有，攻其无备，出其不意。'"
2	《始计》："道者，令民与上同意也，故可以与之死，可以与之生，而不畏危。"	《兵失》："兵不能胜大患，不能合民心者也。"
3	《始计》："将者，智、信、仁、勇、严也。"	《将义》："将者不可以不义……将者不可以不仁……将者不可以无德……将者不可以不信……将者不可不智胜。"
4	《谋攻》："以虞待不虞者胜。"	《威王问》："用兵无备者伤。"
5	《虚实》："故兵无常势，水无常形，能因敌变化而取胜者，谓之神。"	《见威王》："夫兵者非士恒势也。此先王之傅道也。"
6	《行军》："平陆处易，而右背高，前死后生，此处平陆之军也。"	《八阵》："险易必知生地、死地，居生击死。"
7	《行军》："凡军好高而恶下，贵阳而贱阴，养生而处实，军无百疾，是谓必胜。兵陵堤防，必处其阳而右背之，此兵之利，地之助也。"	《地葆》："凡地之道，阳为表，阴为里，直者为纲，术者为纪，……凡战地也，日其精也，八风将来，必勿忘也。"

续表

序号	《孙子兵法》	《孙膑兵法》
8	《行军》："绝水必远水。"	《地葆》："绝水、迎陵、逆流、居杀地、迎众树者，钧举也。"
9	《行军》："凡地有绝涧、天井、天牢、天罗、天陷、天隙，必亟去之，勿近也。吾远之，敌近之；吾迎之，敌背之。"	《地葆》："五地之杀曰：天井、天宛、天离、天隙、天招。"
10	《地形》："夫地形者，兵之助也，料敌制胜，计险厄、远近，上将之道也。"	《威王问》："料敌计险，必察远近……将之道也。"

由上表可知，《孙膑兵法》在一定程度上继承了《孙子兵法》的军事思想，但由于孙膑处在战国时期，军队构成和作战方式已与孙武所处的春秋时期发生了较大的变化。因此，孙膑又在某些方面对《孙子兵法》进行了发展。例如，《孙子兵法》对战争主张速决，反对持久，认为"兵贵胜，不贵久""久则顿兵挫锐""夫兵久而国利者，未之有也"，甚至说"兵闻拙速，未睹巧之久也"。这就是说，虽然是计谋拙劣的速胜，也要比筹划巧妙的持久战好。与这种思想相一致的，《孙子兵法》还反对攻城战，认为"攻城则力屈"，甚至把攻城战当作一种万不得已的"下策"。

孙武这种反对持久、攻城，主张速胜的思想，是同春秋末年社会经济状况相联系的。春秋末年，生产力相当落后，各国的经济力量都不可能支持旷日持久的攻坚战、消耗战。所以《孙子兵法》说："凡兴师十万，出征千里，百姓之费，公家之奉，日费千金。"从而特别提倡和主张对战争要慎重处理，既要知道"用兵之利"，又能了解"用兵之害"，才是"智者之虑"。书中还说道："国之贫于师远输，远输则百姓贫；近师者贵卖，贵卖则百姓财竭。"同时还指出"军无辎重则亡，无粮食则亡，无委积则亡"，从而主张要"因粮于敌"。这些论述，都是春秋末年社会经济状况的具体反映。从另外一个方面来看，当时的城邑，并不是很普遍、很具规模，在战争中，还不能成为双方争夺的重点。因而，攻坚和旷日持久的消耗战并不是十分必要。而且，从战争的武器来看，当时主要是铜制的刀、剑、干、戈、矛、戟、殳、钺等武器，宜于近战但不宜攻坚摧垒。虽有些弓弩箭矢，但是射程短，不具有攻克城寨的能力。供攻城用的所谓“战车”也只能是掩护士兵接近城墙，并不能作为冲破城寨的具有强大杀伤力的装备。因而《孙子兵法》的军事战术思想，就不能不受到这些历史条件的制约。

诞生于战国中期的《孙膑兵法》与《孙子兵法》的战术思想相比，就有了明显的进步与发展。由于时代变迁，经济发展，交通改进，孙膑在战争思想与战略战术方面具有明显的战国时代特征。具体表现为：

一、先进兵器的较广泛使用。《孙膑兵法》曾多次提到使用弩，如“劲弩趋发”“厄则多其弩”等。弩较弓强劲，可以远距离杀伤敌人，在当时属于一种先进兵器。与此同时，孙膑还在书中提到了“投机”，这种机器即抛石机，利用机械力量投石，击杀远处敌人。这样先进的兵器用之于战，可以较多地杀伤敌人，并减少白刃战的伤亡。

二、兵种变化。到了孙膑时代，交战国双方都普遍使用了骑兵，《孙膑兵法》云“险则多其骑”便是例证。骑兵的大量投入，使军队的机动性、灵活性、突发性有了较大的增加。

三、编制变化。骑兵、徒兵增加，战车兵减少，孙膑的战略思想也自然要发生变化并在其著作中有所体现。

四、各种外在条件的变化，自然引起了战术、阵法变化与发展，出现了《孙膑兵法》中所说的“剽风之阵”“雁行之阵”“锥行之阵”等多种阵法。

五、随着战争规模的扩大和城市特点的突出，孙膑开始主张攻城战略，这恰是孙武所反对的“攻城为下”的战略战术。孙膑具体提出了什么城可以攻打，什么城不可以攻打，并且还讲到要把野战与攻城结合起来等战略战术。这些论述，虽然并不见得完全合理与全面，但反映出了当时与城市的发展相适应的战略思想与战争方法。这些思想方法的发展变化，正是《孙膑兵法》对《孙子兵法》有所发展和创新的强有力的佐证。

发现孙膑洞

银雀山汉墓发掘者之一刘心健在《莒州志·古迹》中，查到了一条“莒县东南百里甲子山前麓有孙膑洞”的记载。此后，他曾几次按这个记载到甲子山一带调查，结果真的找到了“孙膑洞”，并认为此处是孙膑晚年的隐居之所。

甲子山孙膑洞属山东省莒南县朱芦镇石汪村地界，确切位置在石汪村北三里拉子山西“楼顶”山的后山坡，即甲子山主峰玉皇顶以东半山腰上。此处群峰起伏，层峦叠嶂，是个隐居的好地方。

据载，孙膑洞“洞旁有泉，下有饮牛汪。山水环绕，境极幽僻”。实地观察便可发现，此洞洞口朝东南，洞深4米多，高3米多，宽10米许。洞内巨石参差，台坎天然。洞口有长形砖墙，墙内有孙膑师徒三人及其坐骑的泥塑像。孙膑像高4尺，两个徒弟李睦和袁达侍立在侧，3尺高的独角牛作为坐骑居右，现依然可见。孙膑洞的东面不远处有一座高山，号称蒙山，据当地传说是鬼谷子当年设坛授徒的地方。蒙山中有鬼谷洞，传说当年孙膑、庞涓就曾在此读书受教，也就是说当年鬼谷子搞的那个训练基地就在此处。甲子山上的孙膑洞，选在他曾读书就学的地方不远处，当是思乡和落叶归根的寄托。

孙膑洞前有平地一块，由东、南、西三面的残存石垣围成一个院落，院中央有一饮水池泉，水由洞内石壁缝中流出汇此。暗流至洞，汇成小溪，再下流三里，抵村东北角斜坡，则哗然成瀑。瀑下就是个石汪，传说这就是孙膑当年耕作休息和饮牛的地方，山村即以此石汪而得名。在村的东北角流淌的一条河边，仍可看到在一块大青石板上有一串串茶碗大的小洞，据说这是孙膑的牛来饮水时踏踩而出的印痕。

据当地风俗习惯，地名以人名命之并立祠塑像纪念，一定与其人在此活动过有关。莒地既非孙膑的家乡出生地，也不是其采邑封地，而竟然能以孙膑之名命洞，且祠以师徒塑像，一定是有些来头。

按照刘心健考察研究所得出的结论，此洞很可能与孙膑当年离开齐国官场和战场后，曾在此隐居过有关。此地远离齐国都城临淄，可避开政敌的注意，又不出齐境，还可慰其爱国之心，再加上“山水环绕，境极幽僻”，正是一难得的隐居“圣地”。洞内塑有其二徒，亦与史料记载相符。《孙膑兵法·威王问》篇即有“孙子出而弟子问”的话，但没书其弟子姓名。根据孙膑洞现有的塑像印证，其弟子中较亲近者，可能就是民间传说中的李睦和袁达，后随师父隐居于此。

图5–9　甲子山孙膑洞中的塑像，孙膑（中），左右站立者是他的两个徒弟

洞中孙膑的塑像有坐骑，更合情理。孙膑刑余，不能行走，需要坐骑。官场失意隐居，乘不起车马，牛既可代步，又可从事耕作，恰合隐士之需。

据当地人说，1955年以前，这里有传统的“牛旺香”山会。每年农历正月十五，群众会于此地烧香祈祷牛旺禾收，虽然这一做法带上了迷信色彩，但从当地农业世代相传并把孙膑和他的牛神化的情况来看，也似乎说明孙膑在此隐居很久，留下了巨大而深刻的影响。

《史记》载，孙膑的故里在阿、鄄之间，也就是今菏泽地区鄄城县境内。孙膑离开齐国官场之后，没有再回到鄄城老家，很可能来到了甲子山一带，就此隐居并从事著书立说。只是著名的《孙膑兵法》是否就产生于甲子山这个洞内，尚难做出定论。

千年隐秘，期待有识之士前来解开。

第六章

湮没的曾国之谜

擂鼓墩风水之谜

历史的契机于漫不经心中突然降临。

如同世界上许多重大考古发现都肇始于野外修路造房、挖坑筑坝一样，曾侯乙墓的面世，正是源于当地驻军一次偶然性施工。

1977年秋，在湖北省随县城郊擂鼓墩，武汉军区空军雷达兵部想要在原军械雷达修理所（后文简称“雷修所”）基础上扩建两个兵器大修车间，由负责营区基建工程的副所长王家贵主持这一工作，9月，正式破土动工。

一直在工地监工的王家贵突然发现中间一个地方土质由褐色泥土构成，便蹲下身详细观察。这泥土不像红砂岩那样坚硬，像是人工挖填的地层。于是他问了当地一位外号“万事通”的白发老者。这位老者像煞有介事地说，此处在很久以前是一座小庙，庙里住着一个和尚。这位和尚经常下山勾引女人，后来和一位前来进香的年轻寡妇勾搭上了。一年后，东窗事发，寡妇的族人前来兴师问罪，一气之下，把小庙一把火烧了个精光。许多年之后，此处已长满了荒草野树，日军占领随县进驻擂鼓墩时，又在这一带挖战壕、修碉堡，好一阵折腾，说不定下面就是日本投降后废弃的战壕或地道。

白发老者一席话令众人半信半疑，王家贵轻轻摇了摇头，小声说：“我看不像小庙，也不像战壕和地道，依我的知识和经验，下面怕是一座古墓。”

雷修所所长郑国贤听罢，略微一惊，随后又神态自如地笑了笑，道："你是不是看考古的电影和杂志看多了，有点走火入魔，想在这里也挖出个女尸来啊？不过……"郑国贤停顿了片刻，又说，"我刚才也有这个念头，只是现在还不能确定，再挖挖看。你密切注意下面的情况，若有了其他变化再想办法。"

施工照常进行，没有人再去关注地下是一座小庙地基还是日军挖掘的战壕陷坑，而王家贵的心就此与这片异样褐土紧紧拴在了一起。

施工仍在继续。擂鼓墩东、西两团坡，在炸药爆响与推土机轰鸣中进入了深秋。这天上午，参加施工的随县城郊公社团结大队第八生产队二十几名社员，被安排在东团坡东部边缘清理石碴碎土，并用钢钎钻眼放炮。其中生产队会计梁升发与侄女梁爱琴被分到一个较为偏僻的坡下清理碎石和泥土。当二人连挖带刨掘下一米多深时，随着梁升发举起的镐头从空中落下，只听"咚"的一声，镢头被弹了出来，梁升发的胳膊被震得发麻。

"咳，遇到硬石了！"梁升发自言自语地说着，用镐头轻轻地向外勾着泥土，看是否需要钻眼放炮。就在镐头的利刃在泥土中无目的地搅动时，"咕咚"一声轻微响动，一个圆圆的铜质物从土中滚出。

梁升发眼睛一亮，扔下镐头，好奇地蹲下身，拾起铜质物，一边用手擦着外面的泥土，一边观察起来。只见眼前的铜质物，特别像一只"香炉"，口部比碗略大一些，坛子状，肚子鼓起，下面有三只脚，内外长了斑斑点点的绿锈，拿在手中感觉沉甸甸的。

梁升发将"香炉"放下，迷惑不解地用手在眼前泥土里扒了几下，三个小型的青铜箭头陆续出土。此时，梁升发意识到了什么，拾起镐头拉开架势，用力刨将起来。不多时，一件青铜壶随着"咔嚓"一声，被带出坑外。不远处的侄女抬头间猛然看到这个情景，急步上前，瞪大了眼睛对梁升发问道："挖出啥子了？"

此时梁升发已回过神儿来，知道自己挖出了宝器，遂一脸严肃，急忙用眼神阻止侄女，同时迅速脱下褂子，把几件铜器盖了起来。他向四周看看，见其他社员并未注意自己的举动，遂转过身，压低声音，满脸兴奋并带有几分神秘地说道：“铜家伙，宝贝疙瘩，别吭声，让那边的人看见，就没咱的了！”

梁爱琴虽无见识，但觉得新奇，而从叔叔的面部表情和一系列动作中可感知眼前的“疙瘩”很不一般，于是点头表示心领神会，不再吭声。

发现青铜器

梁升发在坑外蹲下身子，用略带颤抖的手卷了一根纸烟，点火抽着，有些不安地望望岗坡上挥锹扬镐的人群，又瞟了几眼面前的土坑，沉思了一会儿，轻轻对侄女说道：“我估摸着，下面肯定还有好东西，咱俩悄悄掘。要是让他们瞧见，都来抢，就没得咱的份儿了。”

言毕，将烟头“唰”地扔到地上，精神抖擞地复入坑中，小心地挖掘起来。未久，一连挖出了20余件器物（梁爱琴后来说24件），全部为青铜器。有的像罐子，上面有盖；有的像香炉，带三只脚；有的长方形带四只脚；有的像灯座；另外还有几十个箭头。所出器物大者有十几斤重，小的只有几两重。因土质松软，挖的时候又格外小心，青铜器出土后绝大多数完整无损。为防止其他社员发现，梁升发在旁边另掘一小洞，将出土器物陆续放入洞中，用土覆盖，然后再用褂子掩住。

中午放工，梁升发与侄女故意磨蹭拖后，见工地上再无人影，便把器物从小洞中扒出，用褂子包住，各自背着向外走去。因两包东西又大又沉，很是惹眼，引起雷修所站岗巡逻哨兵的注意和怀疑。哨兵追上前来，当场喝住二人，命令其放下包裹接受检查。梁升发无奈，只好硬着头皮一一照办，同时解释是自己从地里掘出的破铜烂铁，准备拿回家，做喂鸡养兔的家什等。

哨兵觉得事情蹊跷，但并不知这些满身长着绿锈的“破铜烂铁”有何价值，又看到这些器物确实不是部队的东西，一时不知如何处理。梁升发见哨兵犹豫不决，一边笑哈哈地打着圆腔，一边示意侄女梁爱琴拎包快走。侄女心领神会，梁升发也借机提起包溜之乎也。

梁升发带领侄女一路小跑，气喘吁吁地将东西背回家，一颗悬着的心“咚”地落下。在他看来，只要进了家门，这堆东西就理所当然地成为自己的合法财产，无须再担心村里其他人前来哄抢和掠夺了。于是，梁氏以暴发户心态，当场在家中搭起一块木板公开展示挖出的青铜器，以显其能。

梁升发在家中办展览的消息很快在村中传开，张二毛、王拴狗、李铁拐等闻风而动，纷纷前来观展。王拴狗在当地算是见过一些世面的能人，面对一堆长着斑斑点点绿毛的青铜器，当场断定此为古铜，比一般的废铜值钱些，遂劝梁升发赶快找锤子，把长着三只脚的“香炉”、没长脚的“铜壶”以及带盖的大肚子器物砸开捣碎，用水冲洗干净后卖给供销社废品收购站。据王拴狗估计，这一堆东西可卖十几元钱，可换几条好烟与几斤咸鱼尝尝。

另一位村中“能人”李铁拐，对王拴狗的说法不屑一顾，认为不能轻易开砸，说不定那带盖的坛坛罐罐里头装着宝贝，现在最明智的做法是，赶紧撬开看看。一番巧舌如簧的鼓动，梁升发豪气大增，内心充满着希望与幻想，找来一柄大铁铲一连撬开了两个带盖的坛子和三个罐子。令在场者大失所望的是，里边除了泛着绿锈的脏水和一点零碎的骨头，再无他物。

刘歪嘴见状，唾液四溅地咕噜道：“这可能是人的骨头，小孩死了之后把骨头装进去的。”

朱小猪急步向前，摇着头道：“不可能是人的，这是古人吃剩的排骨汤。”说着，他拿起一把小锤子将几件青铜器敲打一遍，鼓动梁升发尽快将其砸开，冲洗后卖到供销社废品收购站，换几包上等的黄金龙牌香烟，让大家过过瘾。

在众人一片喊砸的呼声中，梁升发按捺不住心中的激情，进得里屋拖出一把大号铁锤就要向一个铜罐抡去。

像众多古典小说常有的“刀下留人——”惊险情节一样，恰在这时，忽听门外一声大喊：“住手——”

众人闻听大惊，抬头望去，只见雷达修理所的副所长解德敏带领几名官兵急匆匆冲了进来。梁升发高高举起的铁锤停在空中，不再动弹，场面进入短暂凝固状态。

一个小时前，梁升发走出雷修所大门，见哨兵没有追赶，心中忐忑不安地向后瞟了一眼，而后突然加快步伐，将包重新搭在肩上，携侄女慌里慌张地朝岗下奔去。一直默默注视两人行踪的哨兵见状，蓦然意识到不对劲儿。这一老一少，心中一定有鬼，说不定那些破铜烂铁还是什么宝物。想到这里，哨兵感到问题有些严重，急忙来到连部向指导员做了汇报。

指导员立即将器物与在电影上看到的马王堆出土文物联系起来，顿感事关重大，立即向负责施工的王家贵及分管生产、行政、招收工人的解德敏做了汇报。王、解两位副所长一听，当即断定是从坑中刨出的古物，既然出自雷修所这块地盘儿，理应及时上交，此人却胆大妄为，以破铜烂铁蒙混过关，携带古物溜之乎也，这还了得？事关重大，不能稍有迟缓，必须立即追回。于是，王、解二人强压怒火，果断做出由解德敏亲自率人追回文物的决定。解德敏等人赶到团结大队一打听，有几位嘴快的社员抢着说道：“哎呀，你说的人是会计梁升发，正在家里做展览呢！”

解德敏急忙找人带路奔向梁家。就在他跨进大门的一刹那，梁升发已将铁锤高高举起。沉重的锤头尚未落下，解德敏一声断喝，避免了青铜器粉身碎骨的下场。

解德敏进得门来，表情冷峻地围着展出的青铜器看了一遍，突然抬头对梁升发说道：“挖出东西要及时上报，这是早已宣布的规矩。你今天弄来的这些东西属于珍贵的国家文物，必须立即交给国家。私藏就是犯罪，你是不是想成为现行反革命分子？”

在场的众人听罢，大骇。梁升发望着身穿军装、威风凛凛的解德敏满脸怒气，深感事情不是说着玩的，涨红着脸，惊恐中似笑非笑地道：“我咋想当反革命呢？东西是你们检查的，都在这里，一件也没少，你们说咋办就咋办吧。”

解德敏说道：“东西先拿到雷修所保存，然后上交县里，看如何处理。”言毕，他示意一同来的官兵将东西重新包好，全部带到了雷修所。

现场勘察

解德敏一行携青铜器回到驻地，所里几位首长观看后，认为是古物，但属于哪朝哪代却说不清楚。几人一起来到梁升发挖坑的地方查看，没有发现异常情况。施工现场依旧机器轰鸣，人声鼎沸，爆炸声此起彼伏，火药味四散飘荡。1978年2月21日，当推土机把炸松的红砂岩与中间地段约半米厚的青灰土推去时，又出现了一个奇特现象：只见青灰土里夹杂着一些麻灰色碎石块，这些石块显然与红砂岩大为不同。未久，在中间部位的东南角，一块长、宽各一米多的大麻灰色花岗岩大石板，在推土机的轰鸣中破土而出。

一直在工地观察的王家贵见状急忙走上前来，凭着自己的所学知识和多年积累的经验，一眼看出这显然是一块经过人力加工的石料。他立即命令推土机停止推进，让一名技术员速把所长郑国贤、政委李长信、副所长解德敏等所领导请来观看。

郑所长赶到后，令几名技术人员用铁锹将石板周围的土挖去，以便详细观察。一经清理，众人大吃一惊，只见灰白色土层中竟铺了一层大小相近的石板。石板经过人工凿制，且铺砌成一个平面。一连掀起五块，皆是如此。

既然是人力加工，又有规则地铺砌而成，意味着地下肯定有不同寻常的建筑物。结合上面的“五花土”与下面铺设的石板，除了说明这是一座古墓，没有什么其他合理的解释。

郑国贤向省博物馆副馆长龚凤亭和考古队长谭维四详细汇报了勘察情况。龚、谭二人听罢，大为震惊，如果此墓是一座，而不是多座连在一起，其墓主身份之高、埋葬器物之丰是不可想象的。龚、谭二人当场拍板，省博物馆即刻从野外调集一流的考古、钻探人员，前往助阵，探明情况，抢救地下埋藏的珍贵文物。

发现盗洞

3月19日，湖北省博物馆副馆长、考古队长谭维四率领从江陵纪南城调集而来的技术人员王正明、陈锡岭，携两根探铲匆匆赶往随县。

谭维四详细查看了暴露痕迹，挖出的土层、土质以及钻探的资料，又亲自拉着皮尺对墓坑做了测量，情况大体清楚。这是一座“岩坑竖穴木椁墓”，即先在红砂岩山包上开凿一个竖穴为墓圹，然后在圹内置木质棺椁，再用泥土回填，层层夯筑，在夯筑层的中间，又铺了一层大石板，以巩固墓顶。

谭维四还看到，钻探出的几块椁板木屑附有竹席残片，淡黄色的残片在阳光下泛着亮光，如同刚刚编织完成。这个奇特的迹象，很可能意味着整个墓葬并未遭到盗掘，并像马王堆汉墓一样，随葬品完好如初地保存于地下宝库之内。想到这里，谭维四惊喜不已，当场握住雷修所所长郑国贤的手说：“你们这次可是帮了我们的大忙，为国家立了大功了！”

吃过晚饭，工地现场挂起了电灯，考古人员开始挑灯夜战，四根探铲从不同方位往下打眼。因工地中有一个水塔压住了墓坑东南部一角，根据谭维四指示，两根探铲着重探其四周，以探明塔基与墓坑的关系。想不到探铲刚深入地下两米多深，阴沉的天空下起了蒙蒙细雨，高出河畔几十米的山冈，北风呼啸，寒气袭人。雨越下越大，风越刮越紧，人站在山岗上开始打哆嗦，无奈中，考古人员只好拔出探铲，收工回营。

次日，风雨未停，急不可待的考古人员身披雨具来到现场继续钻探。经过一上午的努力，考古人员弄清了墓坑的准确形状与椁室深度以及椁板的铺盖方法，掌握了填土与地层关系，绘制了平面图。

令考古人员不可思议的是，此墓形状极为特殊，坑口呈不规则多边形，这样的形状在湖北省境内属首次发现。靠水塔的部位，墓坑内的椁盖板，离地平面最深处不到2.5米。而中部靠东部位东室与主室交界处，一字排开连打四个探孔，在地面下方70厘米至80厘米深处见到木椁。面对这一情景，谭维四大为震惊，脱口而出："好险，这可真是千钧一发！若再向下放一炮就完了。说不定墓里的尸体都给炸出来了，要感谢人民子弟兵啊！"

下午，考古人员继续钻探。在墓中间偏北的部位，省博物馆的陈锡岭手持探铲刚打下半米深，感到有些不对劲儿，继续下探，仍是如此。"不对劲呀，是不是探得盗洞了？"陈锡岭于迷惑诧异中，情不自禁地叫了起来。

"盗洞？"众人纷纷抬头转身，面带惊恐之色围拢过来。"是扰土，很有些不妙！"陈锡岭将拔出的探铲铲头平放在地下，让谭维四等人查看。众人看罢，皆沉默不语，谭维四站起身，面色沉重地说："是有些不妙，再探再看，争取在天黑之前探个清楚。"

陈锡岭复把探铲插入探孔，双手持杆，一上一下，娴熟轻巧地钻探起来。根据谭维四指示，钻探手李祖才也持铲前来钻探。

天渐渐暗了下来，阴沉的天空又下起了蒙蒙细雨。凄风苦雨中，考古人员身披雷修所胡股长送来的雨衣，将目标全部集中在这个可疑的盗洞之上。

当陈锡岭手持的洛阳铲下探至1.8米深时，一铲触到了木椁板，再一铲打下去，触到了石块，表明木椁板与石块挤压在一起。此时，李祖才的探铲已触到巨石，铿锵不能进。拔铲做倾斜状继续下探，铲头正好从一块木椁板与巨石中间穿过，"噗"的一声插入墓坑之内。待把洛阳铲拔出，一股混浊的水流喷涌而出，众人大骇，纷纷退避。

情况已经基本明了，眼前就是一个盗洞，且这个盗洞不偏不倚，就打在中室部位。如果估计不错，这个室当是主要存放陪葬品的地方。所探到的三块巨石与木椁夹杂在一起，是盗墓贼凿断椁板之后，上面的石块跟着下塌，然后插入棺椁之中，这便有了石块与木椁板夹堆砌在一起的情形。除了表明此处是一个盗洞，根据水流突然喷出的现象，可以断定，整个墓坑内已积满了水。至于水是从盗洞灌入，还是因渗漏而积聚坑内，不得而知。但无论如何，既发现盗洞又见积水，这对于下葬的墓主和陪葬的器物，都是《易经》卦象上“主大凶”的预兆。

一阵大风呼啸着掠过山冈，将众人扫了个趔趄。雾气飘荡中，一个响雷在擂鼓墩上空炸响，雨更大了，一个不祥的阴影向考古人员的心头笼罩而来。

洞下是水库

21日上午，由省、地、县三级组成的联合钻探队全部进入工地，继续清理昨天发现的盗洞，以期将地下情况弄个清楚，探个明白。

现场施工的民工把墓口浮土用铁锨全部清理干净，考古人员陈锡岭、刘柄等开始清理盗洞内淤土。盗洞直径约90厘米，深入地下约1.1米见到椁板，正对盗洞的一块椁板东段显然是被盗墓贼斩掉了一截，导致这块盖板的西段失去重心，斜插着塌入椁室内，上部的填土也随之而下，几块石板因失去支撑物而落入洞内与淤泥搅在一起。当清理到椁底时，一股混浊的水流再度涌出，上面的考古人员无法看清椁室内的情况。

既已把椁板斩断，那么这个贼娃子是钻入了椁室还是没有钻入？如果钻入椁室，后边箱里的陪葬品是否已经被劫？棺材是否已被劈开？墓主人的尸体是安然沉睡，还是已被贼娃子拖出棺外，抛入椁室的某个角落而早已腐烂成泥？如果此墓已经被盗，里边是否还有幸存之物？

谭维四面对水流涌动的洞口，对雷修所的郑所长道：“洞内情况不明，用你们的抽水机把水抽一下，看看椁室的情况再说吧。”

一部小型抽水机很快运到现场，吸管插入盗洞之内，抽水机开始作业。洞内的水流由浊变清，源源不断地流出，两个多小时过去，仍未见干枯的迹象。

“真是活见鬼了，这个墓坑到底有多少水，不要抽了，停机。”谭维四说罢，抽水机停了下来。

吸管拔出，谭维四伸头向盗洞看去，只见水位与抽水前基本持平，没有明显变化，抬头对身边的刘柄说：“我明白了，整个墓坑已积满了水，并与地下水有关联，这样下面就成一个水库了，再抽也是白搭。我看这样吧，联合勘探就到这里，李祖才负责找人把这个洞口回填，其他的人到办公楼开会，看下一步如何行动。”

众人听罢，沉默不语，个个面露悲观失望之色，无精打采地来到雷修所三楼会议室商量对策。

根据谭维四的分析，如果盗墓贼没有把椁室劈开，而多重内棺密封又好，出古尸的希望还是有的，至少百分之几的希望是存在的。“不过，”谭维四说，“在我看来，这个墓的重要性并不在此，比古尸更为重要的文物肯定是不会少的，发掘价值依然大得很。退一万步说，即使是被盗掘一空，按照国家文物法规，这么大规模的墓也要正式清理发掘，何况不发掘又怎么能知道墓中的情况呢？”

众人听罢，认为言之有理。发掘人员开始昼夜奋战，力争早日结束。下一步急需做的，是取出椁板，进入墓坑。

所谓椁，就是指套在棺材外面的大棺材。所见椁盖板，共由47块巨型梓质枋木组成，分东西向和南北向铺就。每块枋木最短者5.68米，最长者达

9.85米，宽度和厚度均接近半米或超过半米，最大者达到了3.1立方米。因长年在地下泥水中浸泡，枋木外表均呈黑色，每块重量约在1吨以上，大者超过两吨。

图6-1　将木板吊出坑外（周永清提供）

5月18日，在驻随县城郊炮兵某师的支援下，吊车将一块块椁板吊起，露出的墓室中果然满是积水，水的颜色虽然比盗洞所在的中室清了许多，但水面除了漂浮几小块残竹片，什么也看不见。向下望去，只见黑乎乎一片，是淤泥还是由于水质本身混浊造成的，一时难以弄清。谭维四命人找来一根铁丝顺椁墙徐徐伸下，测知椁室水深竟达3.13米，差不多是两个人接起来的高度，近似于一口水井的水位。

众人看罢皆大吃一惊，如此深的水位意味着什么呢？为尽快弄清底部的情况，谭维四命令杨定爱继续指挥向北起吊，直到把整个北室全部揭开为止。与此同时，在北室安放潜水泵，加速抽水，来个竭泽而渔，水落石出。

潜水泵抽了几个小时的水，北室的水回落约有半尺。按这样的速度，需要几天几夜才能见底，难道下面与地下暗河中的水道相通不成？谭维四想着，围绕椁室转了几圈，除发现北壁墙板上有藤条做的缆绳痕迹外，其他异物一件也没看到。

“看来真的要坏事了！”一位同事向前小声提醒道。

“不可能，难道一点骨渣也不给咱留下，这个盗墓贼也太绝了吧！”谭维四言毕，以悲壮的心境冲众人大声喊道，“大家再坚持一下，把盗洞南边的几块椁盖板吊起来，看看这下面到底葫芦里装有什么药。”

吊车的长臂再度转到盗洞南侧，随着哨声响起，一块椁盖板被吊离原处。众人急不可待地伸头观看，只见下面全是淤泥和浊水。又一块椁板吊起，下面的情形仍如此前。

当第三块吊起，下面仍是淤泥与浊水。此时，天空已经大亮了，下面的情形比先前看得更加清晰，但除了泥水什么也没有。

第十块椁盖板被吊了起来。众人探头观看，下面还是积水一片，发掘队员们似已习惯了这种场面，情绪不再波动。

起重机的长臂再度旋转过来，巨大的铁钩对准了第十一块椁盖板，套装工作完成，起重机轰然一声加大油门，粗壮的钢丝绳开始绷紧，椁盖板腾空而起。就在这时，只见水下一个巨大的黑影一闪，“哗”地蹿起，仰起的头颅在空中停留片刻，又一个滚翻落入水中，激起的浪潮漫过椁盖板，打湿了坑边人员的裤腿。

未等众人明白过来，又一个巨大黑影在波浪中腾空而起，像一条受伤的大鲸，发着呼呼的怪异之声，在空中旋转飞舞片刻，又一个滚翻跌回水中。

浪头冲击处，一块开裂的墓壁“呼隆”崩塌下来，站立其上的考古人员险些落水。

“水鬼！”不知是谁喊了一声，沉沉的夜幕中如同一声惊雷，令人不寒而栗。众人先是各自后撤了几步，而后回转身慢慢围将上来，瞪大了眼睛久久凝视着眼前两个长形“怪物”。现场一片死寂。

八具棺材同时冒出

水面渐渐平静下来，两个“怪物”在水中轻微荡动，人群中喊声再起：“大漆器，彩绘的大漆器！”

“不是，像是棺材！”

谭维四踏着椁板走上前来，果然看到水上漂浮着两口黑漆彩绘长棺，每一口长度约两米，大部没于水中，只有盖板等少部分浮于水面。

图6-2　彩绘棺浮出水面，考古人员在绘图与做吊棺的准备工作

“终于显示尊容了！”谭维四说着，眉头舒展，脸上露出了一丝笑容。无论棺内情形如何，毕竟大家亲眼看到有东西冒了出来。兴奋之中，谭维四抬腕看了一下手表，将近凌晨5点，东方天际泛出鱼肚白，新的一天就要来了。

“起吊到此结束，下

一步如何行动，等研究后再说。”谭维四于惊喜中下达了收工命令，众人看着水中漂浮的两口巨棺，恋恋不舍地撤出了工地。

第二天，两口棺相继被吊出。第三天上午，考古人员先行对一号棺进行清理，棺内骸骨虽零散，基本完整，另有小玉环、小木篦等文物，尸骸的下颚骨与牙齿整齐完好，估计死者是一位比较年轻的女性。

为探清墓坑情况，当天下午，取吊椁盖板的工作全面展开。随着盖板的起吊，水底又“呼呼啦啦”接连蹿出了几口彩绘木棺。负责记录的刘柄推断这些应是陪葬棺。这些木棺有的盖、身分离，有的完好，有的横卧，有的完全倾覆，似是刚刚遭到了一场大规模洗劫。

众人见状，无不惊骇。偌大的墓坑如同一个山顶水库，本就形成一大奇观，想不到东、西两个墓室竟有十口彩绘木棺冒出，自是奇中加奇。这是湖北省考古界所挖的几千座大小墓葬中，未曾遇到过的先例。

无头小鸭浮水而来

椁盖板和浮起的木棺全部取走了，深埋地下的木椁初露真颜，尽管整个场面有如“水漫金山”之势，但大轮廓还是可以分辨出来。

整个木椁空间差不多有半个足球场一样大，如此庞大的木椁不仅在湖北省考古发掘中从未有过，就是在整个中国也属首次发现。

十几天没白没黑地折腾，只见到了一个大木椁的轮廓、十口浮起的陪葬彩绘木棺，另外就是一汪清浊不一的深水，其他的文物什么也没有见到。谭维四等考古人员决定，立即动用潜水泵抽水，尽快解开墓坑藏宝之谜。

当天夜里11点，开始抽水。

潜水泵发着“隆隆”响声转动起来，一汩汩清水顺着8米长的管道喷射而出，缓缓流入山冈下的沟渠。

突然，看上去平缓无波的西室“咕噜”一声轻微的响动，从水下冒出了一个黑红色枕头一样的物体。“有东西！”人群中有人喊了起来。

“是一只鸭子。”又有人喊道。

众人循声望去，只见这个形同枕头又好像一只鸭子的器物，正随着抽水泵的吸力，缓缓向北移动。当要抵达坑壁时，考古人员才发现确是一只“无头小鸭”。待打捞上来仔细观察，方知是一个木制漆盒。

图6-3　木雕鸳鸯形盒。第一件从墓中水里冒出的文物。通高16.5厘米，身长20.1厘米，宽12.5厘米

这只漆盒整体被雕成鸭子形，周身髹黑漆，绘羽毛纹饰，腹内中空，靠近颈部有一圆形榫眼，眼内两边各有一凹槽，由此可知还有一个头插入其上，形成了一个极富艺术特色的“鸭形盒”。

不过，这只“鸭子”，只有鸭身没有鸭头。想不到两天之后，室内清理人员陈恒树等人在清理西室浮起的二号木棺时，从棺内清理出了一个有颈彩绘漆木鸭头，当时就有人联想到这个“无头小鸭”，将二者一拼

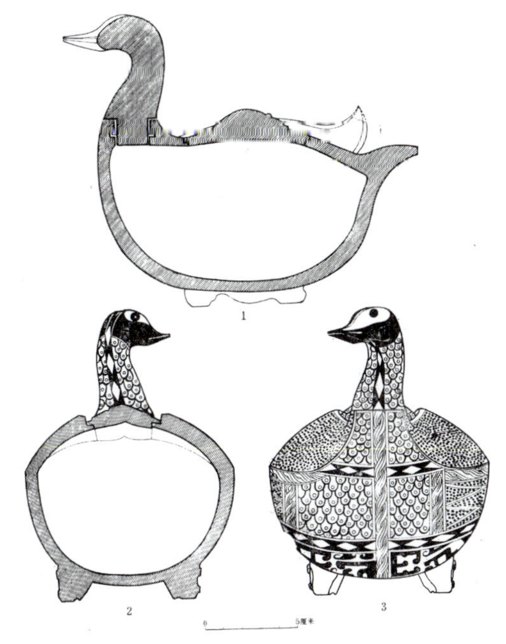

图6-4　鸳鸯形盒图

（1. 纵剖　2. 横剖　3. 前视）

对，鸭头颈部两个凹槽正好插入盒身内，转动一下方向，鸭头即被拴卡在盒体内，形成了一只完美精致的小鸭子。

这个时候大家才明白，二号棺出水时，棺盖与棺身早已分崩离析，棺身侧翻，小鸭子也随之身首分离，鸭身落入水中，鸭头仍在棺内。落水的鸭身因缺失头部，水从颈部灌入腹中沉没。当潜水泵抽水后，鸭身受吸力的作用在水底摆动翻滚，最后浮出了水面，重返人间大地。这是考古人员除棺椁之外，在墓坑中直接提取的第一件珍贵文物。

不久，这件文物在工地现场举办的一个小型展览中展出，所标的器名是“鸭形盒”。雷修所政委李长信看罢，对谭维四说：“这个名称不够雅致，而且依我看它的外形不像鸭子，更像一只鸳鸯。鸳鸯是中国老百姓所熟悉和喜欢的一种吉祥鸟，为何不叫它鸳鸯形盒呢？这样又雅致又吉祥，还更接近实物。”

当天，谭维四与其他考古人员接受了李长信的建议，修改了标签及各种记录上的称谓，改为“鸳鸯形漆盒”。

按照考古业内规定，凡已经上记录的器物，不能轻易更换名称。此次更名，是整个发掘过程中唯一的一次例外。1993年12月20日，中国国家邮电部向全球发行的一套《中国古代漆器》特种邮票，其中有一枚就采用了这只鸳鸯形漆盒图案，名称为“战国·彩绘乐舞鸳鸯形盒”。从此，这件器物高贵典雅的名字走向了世界。

当然，鸳鸯漆盒之所以被邮电部选中，除了年代久远和精美别致的工艺造型外，更重要的还在于器身腹部那两幅“彩绘乐舞”的图案。正是这两幅图案所具有的深刻文化内涵和暗含的玄机奥秘，才使后来的谭维四等考古人员在冥思苦索之后，终于找到了破译出土编钟演奏的密码——按照盒上的绘图，乐师分立两侧，用木棒直接撞击编钟，从而使湮没了两千多年的音乐之门，轰然洞开。

墓坑水位在缓缓下降，西室再无小鸭子之类的器物浮起，北室和东室也无异常情况出现，最大的中室非但没有器物露头，因盗洞淤泥受到吸力而泛起，搅得满室积水混浊不清，似在向考古人员提示着盗洞的存在。

凌晨两点钟，水面上仍无异常动静。谭维四望着下降水面与坑壁的比例，认为至坑底至少还有两米的水位，无论如何今夜都不可能把水抽干，遂决定安排几人轮流在现场值班看守，其他人全部回驻地休息。

众人揉搓着上下打架的眼皮，拖着疲惫的身子，向山冈下驻地走去。发掘现场由考古队员冯光生、彭明麟二人各带一名实习生值班。

抽水泵“咚咚咚”地响个不停，山下的鸡鸣也一声接一声地传上山冈，墓坑的水位在一点点下降。就在几人坐在坑边一条椅上打盹之时，忽听墓坑深处传来“哗”的一声响动。几人从迷糊中惊醒，打个激灵，纷纷蹦将起来。

“什么东西？”冯光生大喊着，率人向墓坑西室边沿狂奔而去。

灯光映照下的西室水面，只见一具木棺像一个全身穿着迷彩服的巨人在坑中站立而起，随着全身摇晃打转，头上的水流向下狂泻。

就在这时，坑内又响起了“哗哗啦啦”的声音。水波涌动处，三具木棺飞身立起，如同大海中三只翻卷的黑色海豹，又如同斗在一起的牤牛，在空中扭打了半圈后各自斜着身子倒卧下去，水面激起一阵大浪。

坑边人经此一番惊吓，睡意全无，瞪大了眼睛注视着面前四具横竖不一的木棺。

蛟龙出水

当手电光对准中室的时候，一个眼尖的实习生喊了一声“有东西！”与此同时，大家的目光都集中在中室西侧两个长形黑影身上。因离得较远，手电光照在水面上有些反光，难以看清真容，只感到黑影像两条长蛇在水面上起伏游荡。再往南部照射，同样发现一条长形黑蛇状的东西浮在水面上，若隐若现。离黑影约两米多远的中室西南处，有一个圆形的黑点露出水面，因光线暗淡，仍然无法判明这个黑点到底是什么。

“向别处看看。”冯光生说着率领几人由中室南部转到东室东北部，手电光照射着水面，一个巨大的黑色物体露出水面，长宽各有几米，如同一艘潜水艇停泊在神秘的港湾，又如同传说中的水怪蹲卧在水中，看不到水怪的头颅，露出的只是那倾斜的令人毛骨悚然的脊背。

水位不断下降，约半个小时后，中室西部和南部边沿三条起伏的蛇状的黑影已清晰可辨。原来是三根方形的长木，每根1.8米左右，因长木的两端各镶带有浮雕蟠龙花纹的铜套，朦胧的灯光下看上去如同黑色的游蛇。

令冯光生等大吃一惊的是，三根横木下方竟各自悬挂着一长串青铜编钟。这三根小方木是悬挂编钟的木架，靠西壁的两架因与椁壁靠得近，看得较清晰，每根方木悬挂编钟六件。从挂钮下视，粗细不一，大者比碗口粗些，小者比大茶杯口略大。南部一挂编钟因距椁壁较远，看上去有些模糊，但整个形体轮廓与西部两架编钟相同。

几人看罢，狂喜不已，一位实习生没见过如此场面，情绪失控，当场跳着脚，摇头晃脑，呜里哇啦地大喊大叫起来。

“要不要告诉谭队长他们？”彭明麟惊喜中对冯光生道。

“你快去报告，我在这里守着。”冯光生说罢，彭明麟转身低头猫腰，向山下冲去。

“谭队长，了不得了，墓里出了编钟，三排，还挂在上面。”随着“砰砰”的敲门声，彭明麟声音嘶哑地在暗夜里大喊大叫起来。

“是不是看花了眼，没弄错吧？”屋里传出谭维四怀疑的声音。

“千真万确，不会错的，三排几十个。”彭明麟答。

“这就不得了了。”谭维四说着穿衣出门，其他的考古人员也闻声陆续蹿出门来。

“快去，快去，大家快去看！”谭维四挥舞着手电筒，声音由于过分激动明显有些颤抖。众人不再追问什么，一个个揉着眼睛，随彭明麟向三里外的发掘现场急速奔去。

众人抵达现场，水位又下降了约15厘米。此时，靠近中室西壁和南壁的三排编钟，已大部露出水面。

“没错，是编钟！”谭维四看罢脱口而出。一向精明干练的杨定爱转动了聚光灯，扭开了强光电灯，各路灯光集中射向中室部位。只见三排编钟整齐地排列着，耀人眼目。

“怎么这排是五个，好像中间缺了一个？”谭维四在详细观察三排编钟后，发现西部两排分别是七件和六件，而南部一排只有五件，显然中间有一件缺如。

“不会是被盗墓贼盗走了吧？”有人小声提示。

众人听罢，突现惊恐之色，谭维四心里也“咯噔”一下，心想这个可恶的盗墓贼，怎么随时随地都有他的影子。他拿过一个长柄大号手电筒，对准缺口部位仔细观察。木梁下方部位有个豁缺，很像是编钟自身脱落造成，而不是被盗，钟体很可能就在下面的水中。如果确有一钟掉于水中，则

图6-5　中室的青铜编钟等礼、乐器出水时的情景

共有十九件编钟，一座古墓出土这么多完整、成套的编钟，这在全国也是少见的。

此时，冯光生最初在中室东南部发现的那个黑点，随着水位降落露出了一根胳膊粗细的尖头木杆。木杆髹红漆，直立水中，众人望之大惑不解，程欣人惊呼道：“很像是旗杆。”

一位青年考古人员道：“不可能，这个墓室就像一个房间，旗杆应该插到广场上，怎么能插到屋里去？你见过有在屋里竖旗杆的吗？”

这时，只听武汉大学教授方酉生站在东室边沿喊道：“老谭，快过来，彩绘棺露出来了。”

听到喊声，谭维四急忙来到东室边沿，只见一个长3米多的庞然大物紧贴南壁椁板处，斜侧立于水中，上部是一块平板铺就，上漆并彩绘，两端和中部有细长的铜钮伸出，像怪兽的利爪。

这个时候，大家才恍然大悟，当初看到的水下巨大的黑影既不是潜水艇也不是怪兽，应是一副大形木棺，也就是墓主人的棺椁。因大部分仍没落于水中，无法得知其准确的体积大小，仅从上部观察，这副棺椁比先前发掘的最大陪葬棺还要长出一米多。如此巨大的墓主棺在中国考古发掘史上未曾有过，即使是举世闻名的马王堆汉墓也无法与之匹敌。假如棺椁没有被盗和损坏，墓主的尸体应该保存完好，堆积如山的珍宝一定还闪耀着当初的光芒，这是多么辉煌的前景啊！在场者欣喜欲狂。

就在群声欢呼之际，谭维四头脑冷静下来，必须减慢排水速度，否则中室的编钟很有可能就会因为缺少水的浮力而垮掉。于是，当即下令，暂停抽水，研究对策。

经考古人员仔细检查测算，椁室深3.3米以上，已出水的木架横梁不过一米左右，其下还有两米多的躯体浸在水里。考古队员经过讨论，最后想出了“两防一保”的应付办法：

一、防晒。二、防倒。三、保水。

办法既定，各小组按分工开始行动。谭维四下令继续抽水，尽快揭开水下编钟之谜。

5月24日午夜时分，由上而下，一层横梁又从水中露出。

灯光下，只见长短两根曲尺相交，梁体粗大，紧靠西壁的横梁长达7米，紧靠南壁者3米有余。南架由两个铜人支撑钟架，最东端一铜人双手上举，腰挂佩剑，北端因淤泥包围，不见何物支撑。梁架悬挂一串长枚青铜甬钟，由小到大依次排列，皆有茶罐般精细，显然比上层编钟大了许多。甬钟一字排开，气势磅礴，蔚为壮观。钟架两端皆有半米多长的青铜套，套上满饰深浮雕镂空龙首花纹，梁身皆以黑漆为地，米黄色漆彩绘菱形几何花纹。猛一看去，恰似一条蛟龙正浮出水面，欲凌空而起，呼啸苍穹。

“蛟龙出水了！”负责中室观察的考古队员中，不知是谁突然“嗷”地喊了一声，一时间，工地震动，群人皆惊。

水波涌动中，黑乎乎、滑溜溜的钟架，悬挂一排甬钟，在灯光下闪耀，真有蛟龙出渊，呼风唤雨之势。

甬钟花纹精美，皆有错金铭文。考古人员左德承当场认出两件铭文，一为“宴宾之宫”，一为“午钟之宫”。这架甬钟从顺序看应是33件，但有两件挂钩残断，甬钟落入水中暂不可见。

图6-6　全套编钟出水时的情形

5月25日傍晚，编钟架下又露出一层横梁，与其上梁结构形体相近，经清除淤泥，发现梁下亦有三个佩剑铜人及一根铜圆柱顶托，共有12件大型甬钟及一件特大型镈钟，或悬于梁上，或掉在梁下的泥水中，最大者有锅口般粗细，形同一个装满粮食的麻袋。木梁两端仍配置铜套，皆有透雕镂空龙首、凤鸟、花瓣的图案。黑漆朱黄色的横梁，上层的彩绘菱形几何花纹，观之令人惊叹不已。

至此，编钟三层全部露出，原来是一架完整的特大型编钟。就在青铜编钟全部露出的同时，中室东壁有两件大型铜壶和一些残瑟、笙、竽等乐器显露出来；西室亦有六具棺材浮出水面，其中四具竖立，盖、身分离，多为彩绘；北室南壁出现两件大型铜缶，体高至人的腰部，直径一米余，器型之大为全国罕见。

在铜器旁边，还散落着一堆腐朽的华盖、甲胄等器物；东室内，如同一座房子状的庞大主棺已露出大半，遍体彩绘，朱黑色的怪异花纹，望之令人生畏。在主棺的一侧，散落着一些青铜鹿角飞鸟等器物。放眼望去，整个墓坑泥水荡漾，珍宝遍地。各色器物令人眼花缭乱，叹为观止。

图6–7　墓中出土编钟下层转角处佩剑青铜武士，通高1.16米（含榫头与底座），重323公斤

当编钟全部显露之际，墓坑内的积水还有近一米深。

随着水位下降，中室北部露出的淤泥越来越多，清除淤泥就成了最紧迫的工作。考古人员决定此次清理工作先从盗洞四周展开。

5月30日午夜，考古人员将两个掉入淤泥中的长枚甬钟先行取出，用水小心谨慎地清洗后，发现甬钟钲部有“曾侯乙乍峙”错金铭文，其正鼓部位还有标音铭文，反面铭文更多，篆体错金，虽在泥水中浸泡千年，仍金光闪闪。

受此启发，负责中室清理的郭德维对悬挂在梁架上的甬钟仔细观察，发现所有的甬钟均有铭文，皆错金。每件铭文除一面钲部为“曾侯乙乍時”几个相同的字外，其他全是关于音乐的内容。令郭德维等考古人员感到不可思议的是，最下层有一特大型镈钟，正面钲部有铭文3行，计31字：

隹王五十又六祀，返自西阳，楚王酓章乍曾侯乙宗彝，窴之于西阳，其永時用享。

从字面表达的内容看，与排列的甬钟铭文完全不同，且无一字涉及音乐。钟体本身似与其他编钟没有关联，似是羊群中一头高声鸣叫的驴，显得突兀和另类。

图6–8　编钟架上悬挂的青铜楚王镈钟

在一组完整的编钟系列中，为何出现这样一件硕大而奇特的青铜器物，内中含有什么样的历史隐秘？据历史记载，楚惠王名酓章，这件镈钟既有“楚王酓章”字样，应该与楚惠王和一个叫曾侯乙的国君或封疆大吏都有些关联。以武汉大学方酉生教授为代表的考古人员认为这是一个侯的墓葬，主人应是曾国的一个侯，名字叫乙。

起吊主棺

就在中室紧张清理淤泥之时，水位不断下降，杨定爱主持的东室清理工作也已铺展开来。当水位下降至距椁墙顶约1.5米时，庞大的主棺显露出来。只见这副巨棺屹立于东室中间偏西南部位，黑漆为地，上施朱彩，看上去像小山一样巍峨壮观、气势恢宏，又像一个庞大的怪物静静地卧于泥水中，等待着某一个瞬间突出深渊，纵横天下。

经仔细观察，发现主棺外棺盖，是在巨大的四横两竖的铜框架上嵌厚木板，旁边侈出12个铜钮，钮下铜框各有铜楔，用以卡紧铜框；框下有10个铜榫，用以嵌入棺身铜立柱。棺身用10根工字形铜立柱，嵌10块厚木板构成。棺身上共饰20组图案，每组以阴刻的圆涡纹为中心，周边饰以朱绘龙形蜷曲勾连纹。这种庞大的铜木结构的棺和埋葬形式，在中国属首次发现。

经测量，整副主棺长3.2米，宽2.1米，高2.19米，正南北向放置，底部有10件圆形兽蹄形足，用以支撑主棺。在考古人员此前发掘的几千座墓葬中，所见最大的主棺长度也未超过2米，宽度和高度也仅仅一米左右。两者相比，真是黄犬比骆驼，小巫见大巫了。

按照常理，主棺应该是四平八稳地立于墓穴，但此棺一边伸出的铜榫嵌入椁墙之内，整副棺只有西部四个铜足着地，一边悬空，盖面呈倾斜状，导致棺盖东南角与棺身脱离，出现了一个8厘米的缝隙。从缝隙中往里窥视，清楚地看到里面还有一具内棺，且比外棺更加华丽。棺身在墓室中倾斜，且与盖脱离，这在以前的考古发掘中尚未遇到。

从主棺外形估计，重量当在4吨以上。这样一个庞然大物，当年用什么运输工具将其运往墓地，又如何下葬于墓坑，已无从知晓。按照考古人员郭德维的推断，棺椁到了墓地后，先在墓坑之上将棺的四角固定好木桩或铜桩，棺的四角拴上绞索，绞索靠墓坑边固定的桩，由人力操作徐徐下放。当主棺下放到一半时，东南角的绳索突然绷断，主棺立即发生倾斜并急速下沉，其他三面的绞索无力支撑。结果是棺盖东南角的铜钮随着棺的坠落而重重地撞向南部椁壁板，并插了进去。因棺身重力过大，被钉牢的棺盖板“咔嚓”一声与棺身分裂开来，整个主棺呈半悬空状立于墓中。墓主的外棺盖板与棺身，原由铜榫镶牢，但在下葬时棺身倾斜，盖板镶钉撞向椁壁，导致盖与身之间起钳榫作用的铜榫大多数被拉断或拉折，留下了宽达8厘米的缝隙

生前威震一方的墓主，面对这一操作失误，只能无可奈何地歪着身子躺在倾斜的棺材里，于冥冥世界中长久地睡下去了。

当主棺内的骨架移入库房之后，发掘领导小组邀请中国科学院古脊椎动物与古人类研究所专家张振标对人骨架的年龄、性别等做了初步鉴定。随后又请湖北医学院楚莫屏与湖北省博物馆李天元两位专家，对墓中出土的22具人骨架进行了仔细观察与测量。鉴定结果显示，墓主和陪葬者人骨的主要特征属蒙古大人种，接近蒙古人种的东亚和南亚类型。墓主为男性，年龄约42岁至45岁，身高1.62米至1.63米。

地下兵器库

东室主棺的文物与墓主骨骸全部取出，尽管没有见到完整古尸，但出土的珍稀文物仍令人兴奋。此后，大家的主要精力集中到其他几个椁室的清理之中。

6月10日下午，墓坑北室的清理工作接近尾声。

最初露出的器物是靠南壁的两件特大型铜缶，中间是一些伞盖等物。整个北室北部全部被散乱的一堆甲胄片所覆盖。当把甲胄片清理之后才看到，此室原来是个大杂库。兵器之多、之精、之独特，让考古人员眼前一亮，有矛、戟、殳等多种长杆青铜兵器，一般在3米以上，最长的达4.36米。

另外有成捆的带杆箭镞，每捆五十支左右。此前考古发掘中所见箭镞一般只见箭头而不见箭杆，北室出土的箭头都完好地安于箭杆之上，且箭杆捆扎的羽毛也皆完好，殊为罕见。

整座古墓共出土各类兵器4777件，北室就占了3304件，其数量之大，保存之完好，令人惊叹。其中，30件戟和60多件戈的清理出水，令考古人员格外关注。

与以往所有发掘的出土物都大不相同，北室的戟头，或由三戈一矛组成，或无矛而由三戈或两戈组成。从保存的情况看，无论是4米多长的带杆矛戟，还是3米多长的带杆青铜戟，皆完好无损，如同刚刚放入般光亮如新。而戈头、戟头还完好如初地捆扎在兵器杆上，这一发现，令考古人员大为震惊。因戈杆本身极不容易保存，凡墓中出土而戈头仍扎于杆上者极为稀少，因而后人很少见到实物。自宋代以来，学者们对戈头的捆扎方法一直争论不休。中华人民共和国成立后的考古发掘中只有少数几座墓葬有过出土，但因保存不好，无法全部明了当初原形。曾侯乙墓60多件完整戈的出土，使这一历史悬疑顿然冰释，而关于戟的形状之谜与学术争论，至此也得以解开。

戈作为一种勾兵或啄兵，最早是受到石、骨、陶镰的启示而产生的。在华夏民族领域新石器时代晚期遗址里就出土有石戈，其状如横长形的镰刀，没有明显的援与内的分界线。中国大地上所发现的最早戈头出土于距今约3600年前河南偃师二里头夏代遗址中，长条形的援稍稍弯曲，虽然形似镰刀，但两面起脊，尖锐，内作直内或曲内。到了商代，这种兵器又有发展，但变化较小。

西周到春秋时期，青铜戈的制造产生了一个飞跃，制造者根据新的战争和多兵种出现的需要，在商戈的基础上，延长胡，增加穿数，终于发展成完备的戈式。作为一柄长兵器，在柲的前端戈头，后端装镈。其次戈与柲由垂直相交，变得大于90度的钝角，使戈援上翘，从而加强了钩击的效能，在车战时代扮演了威武雄壮的重要角色。车士站在车上，利用错车的时机，从车侧伸出戈钩杀对方的车士。

因戈的强项在于勾和啄，不能直刺，在发挥效力上就受到限制。春秋后期，随着步兵和骑兵的出现，在战场上拼杀时，多做正面交锋，横勾式的戈就很难派上用场。于是，一种在勾、啄、援之外，又能刺的多功能武器——由戈和矛联装的戟就应运而生了。

战国时期，刺、援合体的铁质“卜”字形戟开始出现，它不但逐渐取代了青铜戟，而且也彻底淘汰了青铜戈。及至隋唐时期，长兵器除矛、槊和长刀之外，在战争舞台上称雄一时的戟也被排挤出实战的行列，并很快湮没于历史的烟尘之中。宋之后，世人只闻戟之名，而不知其形了。

后人谈及周代车兵五种，只是根据文献记载言其为戈、戟、殳、酋矛、夷矛。宋代徐天麟在《西汉会要》中引初唐颜师古曰：“五兵谓弓矢，殳、矛、戈戟也。”至于这五种兵器的器形是什么样子，历来对弓矢、矛的看法没有异议；对酋矛、夷矛的说法有争论，但未形成气候；唯对戈戟与殳的争论此起彼伏，近千年来一直没有消停过，遂成为一桩悬而未决的兵学要案。

争论直到曾侯乙墓30柄青铜戟横空出世，以活生生的实物与现身说法解开了千古之谜。这批戟大多为三戈或两戈连装，身上铸有“用戟”或“行戟”的铭文，明确无误地告诉世人，它就是史籍上记载的五兵之一的青铜戟。

令考古人员倍感兴奋的是，与戟一同放入墓坑的三棱矛状青铜器，也以无可辩驳的“铁证”，为世人解开了另一个湮没遁失千年的不解之谜。在清理中，考古人员于墓中北室发现了7件带三棱矛的长兵器。器身通长均在3.3米左右，三棱矛头长12厘米至17.9厘米，后部相接的是带刺的球形铜箍一个，再后面隔49厘米至50厘米的一段是套在柄上的第二个刺球铜箍，样式独特而威武。

与三棱矛同时出土的还有14件长杖式器物，顶面均有半圆形铜环，又称铜柲帽。杖式器物长度为3.12米至3.26米不等，与三棱矛杆皆为“积竹木柲”，分别横置在室内泥水中。清理人员程欣人等小心谨慎地把7件三棱矛头取出坑外，洗净淤泥并去锈，发现其中三件有同样内容的篆刻，一行六字，解读后为“曾侯（邚）之用殳”。

图6-9 镌刻铭文的“曾侯邚之用殳”殳首。殳上铸刻“曾侯邚之用殳”铭文，确知类此形制之兵器自名为殳

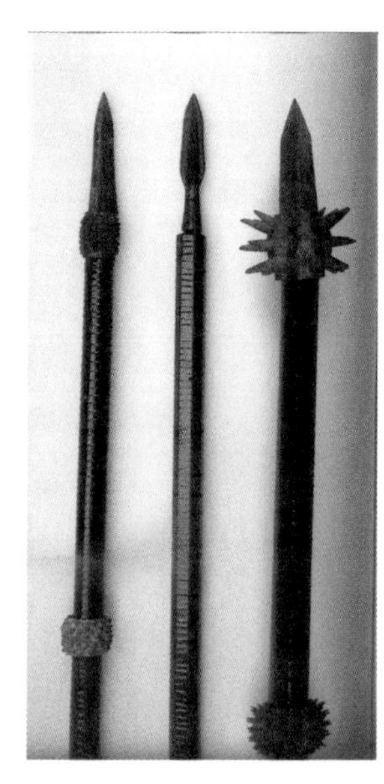

图6-10 墓中出土的矛（中）与殳（左，右）

显然，这个三棱矛就是远古时代的兵器——殳。为了这件兵器的形状与作用，学术界为此争论了千余年而得不到统一结论。而如今，曾侯乙墓一次出土7件，且有铭文为证。以研究古代兵器著称的考古发掘人员程欣人，见后兴奋不已，当场说道：“千年之谜，今可解矣！”

墓主就是曾侯乙

当擂鼓墩古墓发掘即将结束时，从各地赶赴发掘现场的专家、学者与考古人员一道在发掘工地分别举行了数次学术讨论会、座谈会。来自北京大学的古文字专家裘锡圭、李家浩通过对墓葬出土10 000多字的资料研究（编钟铭文2800字左右，竹简墨书6600字，另有刻在钟磬、青铜兵器上的文字600余字），得出了自晋代汲郡魏墓发现《纪年》《穆天子传》等竹书之后，此为先秦墓葬出土文字资料最多的一次。墓中出土青铜礼器铭文，多为“曾侯乙作持甬终”，大部分编钟在乐律铭文之外，也有“曾侯乙作持”的铭文，这些铭文，充分说明曾侯乙就是这座墓的主人。换句话说，这座墓中埋葬着古代曾国的头号人物——一位名叫乙的曾侯。

裘、李二人的观点得到了大多数考古发掘者赞同，在后来编撰的大型学术报告《曾侯乙墓》中，编撰者对各种观点总结后说道：“在此墓出土的青铜礼器、用器、乐器和兵器上，‘曾侯乙’三字，计有208处出现。在考古发掘中，同一人名作为物主如此多地出现于一座墓的器物上，还没有先例，不容忽视它对判明墓主的意义。”又说：“更能说明问题的是：墓中出土的铜镈上面的铭文，载明该镈是楚惠王赠送给曾侯乙的。楚惠王为曾侯乙铸镈，而‘曾侯乙’三字又作为器物的所有者反复出现于许多铜器上，这就只能说明，接受楚王赠镈的曾侯乙正是拥有这些铜器的曾侯乙，也正是此墓的主人。”

既然墓葬的主人是曾侯，那就应该有个曾国。据文献记载和现代考古发掘，在随枣平原及其附近地区出土过大量春秋战国时期的曾国铜器，其中一部分确是来自湖北的襄阳、孝感等地区。这些铜器的出土，以确凿无疑的事实证明，春秋战国时期在随（县）枣（阳）走廊及其附近，确有一个曾国存在。

然而，奇怪的是，史上著名的《左传》《国语》《史记》等典籍，对春秋战国时期随枣走廊这一地区大小国家的活动都有过详细记述，却唯独没有提及从铜器铭文所知的存在了几百年、活动范围在汉东流域最为广大的曾国。

随县境内在史籍上一直记载有一个随国，如《左传》《春秋》《国语》中都提到随国，但从未提到曾国。可在这一带出土文物的铭文中，唯有曾国的器物而不见一件随器。许多年以来，无数鸿学硕儒怀着一种宗教般的虔诚和希望，企图在不为世人熟知的古代文献和出土资料中寻找到有关曾国的记事本末，但一代又一代过去了，尽管学者们殚精竭虑，在浩如烟海的故纸堆和斑驳锈蚀的出土资料中，四处扒寻梳理，仍未发现关于曾国的只言片语和蛛丝马迹。也就是说，地下出土的文物与传世文献无法对号入座。世人所谓的神龙见首不见尾，毕竟还有个或大或小的尾巴可见。可这个曾国只存在于地下的青铜器中，在传世文献上连个小小的哪怕是细如游丝的蝌蚪文也无从寻觅。这是历史本身的误会，还是后人的疏忽？神秘的“曾国之谜”真相到底是什么？

6月10日，在随县发掘现场的著名史家陈寅恪弟子、武汉大学历史系教授石泉，应邀向全体考古队成员和其他学者做了《古代曾国——随国地望初探》的学术报告。石教授以丰富广博的学识和天才的预见，率先提出了“曾、随为同一国家”这具有划时代意义的非凡见解。报告旁征博引，环环相扣，列举了湖北省随枣走廊和豫西南、鄂西北之间南阳盆地南部出土的大量有铭文的曾国青铜器，以及这一地区大量的历史地理学调查资料。在将这批资料与古代文献记载对比研究后，石泉说道：“考古材料中的曾国和文献记载中的随国，时限一致，地望（特别是在今随县一带）重合，族姓相同，而在现有的曾器铭文与有关随国的史料中，又未见此二者的名称并存。凡此迹象，似只有把曾与随理解为同一诸侯国的不同名称，才讲得通。”

继石泉之后前往擂鼓墩发掘现场参观考察的中国社科院历史研究所研究员李学勤，在工地举办的讨论会中，对石老前辈的见解表示赞同，在广泛搜集资料的基础上，经过一段时间的研究，对神秘的“曾国之谜”做了进一步推论。他认为：“姬姓曾国不但在《左传》里有记载，而且有关的记事还很多，只不过书里的国名不叫作曾罢了。大家知道，当时有的诸侯国有两个国名，例如河南南阳附近的吕国又称为甫，山东安丘的州国又称为淳于。从种种理由推测，汉东地区的曾国，很可能就是文献里的随国。大洪山以东有随、唐、厉三国，姬姓的随国最强，所以《左传》说‘汉东之国随为大’。春秋前期，公元前706年，楚武王侵随，随侯做好了准备，楚军不敢进攻。公元前704年，楚再伐随，虽获胜利，但未占领随国，只结盟而还。公元前690年，楚武王第三次伐随，死于军中，由大臣与随侯结盟。公元前640年，随国又率领汉东诸侯叛楚。分析这一时期的形势，汉东小国境域能北至新野、南至京山、并与楚抗衡的，只有随国。”

擂鼓墩古墓的主人是曾侯乙，曾国与随国为同一国家之说，经南北两位历史学家首倡，在学术界引起了强烈反响，和者甚众，应者云集。曾参加擂鼓墩古墓发掘的方酉生在表示支持曾、随同为一国说的同时，还根据对历年来在湖北随县、安陆、京山、枣阳以及河南新野等地出土曾国铜器铭文的研究，提出了自己独特的见解。按方氏的说法，从文献记载看，周王朝几次将一些姬姓王室宗亲以及异姓功臣，分封到各个边疆地区去“以藩屏周”。当时分封到汉水流域的姬姓国家有唐、随、聃、巴、厉等国，后来随成了诸姬中的老大，称霸汉东，鼎兴一时。

周王朝原来分封的本意是“以藩屏周”，即让这几个姬姓宗亲国家监督控制南方的苗蛮，包括住居在荆蛮之地的楚国，以巩固周王朝的统治。但随着时间的推移，现实情况发生了巨大嬗变，日趋强大的楚国像一头虎虎生风的雄狮在江汉平原四处捕获猎物，吞噬周围的小国。曾国与楚国只有一条汉江阻隔，面对楚国咄咄逼人的气势和周王室的日趋没落，无力与其相抗，深感凶多吉少的随国越来越难以担当周王室对自己的厚望，最后只好掉转屁股背周附楚，唯楚王马首是瞻，才勉强生存下去。如此所作所为，与当初周王室分封时镇抚南方、拱卫周室的本意，显然是背道而驰了。

面对这种在正统者看来大逆不道的行为，《春秋左氏传》为了维护周天子的宗主地位，就用周礼来贬低它，将曾国贬低称为随国。所谓“随”，即墙上之草，随风而倒，有奶便是娘，无奶就跳墙，含有讥讽、敌忾的意思。因而，所谓的随国，实际上就是姬姓的曾国，曾国和随国实际上是同一个国家，只是叫法上不同而已。也许周天子当初封的是曾侯，而以后建都于随这个地方，随着曾国撇开周室依附于楚，南沦为楚的附庸，别人就叫他随侯、随国，但他则一直称自己曾侯。今天的随县就是古代曾国的延续，曾侯乙墓的发掘算是正式解开了这个千古之谜。

原作为周天子宗室一支的曾国，之所以自称为曾，而其他诸侯国将其贬称为“随”，除了曾国后来像墙头之草顺风而倒，不断围着楚国的屁股转圈以图自保外，还与一次重大的历史事件有关。这个事件就是弑杀周幽王，也就是坊间流传甚广的周幽王“烽火戏诸侯”而亡国的故事。

整日沉浸在声色犬马中的周幽王为讨好妖艳美女褒姒的欢心，除了淫乱不止，暴虐异常，还不惜废掉申后及太子，换上了褒姒及其儿子。更为荒唐的是，为博得褒姒一笑，周幽王竟丧心病狂在维系着周王朝生死存亡的军事重地烽火台妄点烽火，前来支援的诸侯备受戏弄，深感羞辱。如此闹腾的结果是周幽王被申侯联合其他方国与部落的军队弑杀于骊山脚下。

当此之时，包围周王朝首都并干掉幽王的主角是申国的军队，配角则是犬戎和曾国兵马。申国是申后的娘家，太子宜臼的姥娘家，当被废掉的太子悄悄潜往申国避难时，申侯不禁怒从心头起，恶向胆边生，索性联合曾国与犬戎部落共同发兵讨伐周幽王。申国的位置在今河南西南部的南阳盆地，与曾国为邻，西夷犬戎是北方一支凶悍的少数民族部落，活动范围当邻近今宁夏、甘肃的陕西西北部地区，处在周朝王畿之地的西北部。申、曾与犬戎联手，正好形成对周王朝中央的夹击之势。当时的太史伯已清醒地意识到这种危局，《郑语》载：“史伯谓（郑）桓公曰：‘王欲杀太子，以成伯服，必求之申，申人弗畀，必伐之。若伐申，而缯与西戎会以伐周，周不守矣。”可惜的是整日沉浸在逐鸡追狗、寻欢作乐中的周幽王已顾不得这些了，在联军以迅雷不及掩耳之势的强大重击下，周王室力不能敌，镐京陷落，幽王在败退中被杀身死，延续了275年的西周王朝宣告灭亡。

就当时形势和各路诸侯的习惯思维而言，虽然周幽王德衰无道，内外结怨，但仍是普天之下众人仰望的天字第一号人物，是当时人世间近似神灵的天朝国君，谁要是胆敢伤害他一根毫毛，就是弑君弑父的叛逆行为，属于十恶不赦的滔天大罪。周昭王南征死于汉水，300年后齐国的管仲仍在追究这件事的责任，这固然是齐国君臣施展的伎俩，想借此要挟压制楚国，但从另一个侧面也可以看出，凛然的王权是不容侵犯的。只是楚的使者咬紧牙关，就是不认这笔账，此事才算不了了之。周幽王正是依仗世俗中认同的王权神圣不可侵犯这一点才有恃无恐，任意折腾，直弄得国破人亡方才罢休。很显然，在周宗室各路诸侯看来，幽王骊山被杀，是申、缯、西戎明目张胆地犯上作乱，此举乃逆天大罪。在这三个凶手里面，申虽是具体的发动者和组织者，是典型的首犯，但他是太子宜臼的舅氏，拥立新天子平王的功臣元勋，功过是非纠缠在一起，其他诸侯一时还无法对其鞭挞和兴师问罪。至于两个从犯或曰帮凶，西戎尽管也很强大，但他不是诸侯，又是另类民族，事成之后退守其所在的边疆猫了起来，不再抛头露面，此事便不了了之。只有缯国是罪责难逃的帮凶，也是最适合当替罪羊并由各路宗室诸侯讨伐的对象。虽然缯国依靠自身的力量和申国以及周平王的支持，暂时没有被其他诸侯明正典刑，但在当时各路诸侯和普天之下百姓之间，受到了道义上的讨伐与责难。到了汉代，当司马迁写《史记》的时候，在《楚世家》中还曾这样说过："若敖二十年，周幽王为犬戎所弑，周东徙，而秦襄公始列为诸侯。"这里，司马迁用了一个"弑"字来表示周幽王身亡的历史事件。"弑"的本意固然可解释为臣杀死君主或子女杀死父母之意，但还有一种犯上作乱、大逆不道、伤天害理的弦外之音隐含其中，对"弑者"无疑是含有明显贬义的。或许正是处于这样一种道德层面上的原因，缯国在参与弑君的一年之后，古代典籍中就再也见不到"缯"的面了。尽管缯国后来力量不断壮大，开疆拓土，及至京山、新野、随县等大片区域，并在今随县城区立都，由缯改曾，成为汉水以东各诸侯国的龙头老大。但在其他诸侯国看来，这个国家只配叫一个随风飘摇或见风使舵，有奶便是娘的“随国”，而断不能称其为有着周王室血统的曾国了。

——这就是曾即随，随国与曾国关系转变的来龙去脉。

一件奇特的衣箱

既然墓主姓名身份已经弄清，那么，这位叫曾侯乙的大佬葬于何时呢？

按考古专家推断，曾侯乙的死亡时间，当为楚惠王五十六年（公元前433年）五月初三日，主要依据来源于曾侯乙墓出土的一件衣箱。——这件神奇的衣箱，竟成为解开墓主人死亡之谜的一把隐秘而玄妙的钥匙。

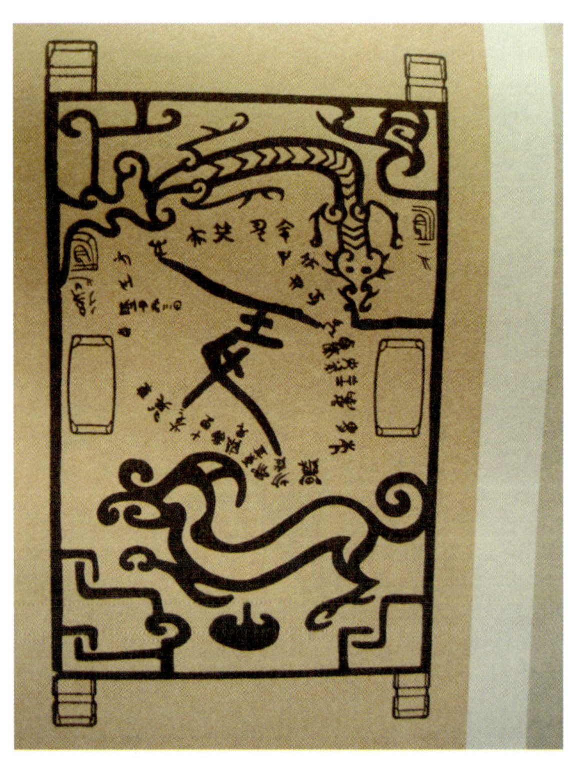

图6-11　绘在E66号衣箱盖顶上的二十八宿天文图

衣箱出自东室棺椁中的西南隅，共有五个，皆木质，除编号为E66号的衣箱为朱漆外，其他四件皆髹漆，绘以朱漆花纹，但纹饰各不相同。谭维四专门聘请相关的专家、学者对其进行了详细研究，并着重瞄准编号为E66的衣箱进行攻关，希望能从中找到不为外行所知的密码。

从整体看上去，E66号箱体作矩形，箱盖拱起，与其他衣箱稍有差别。最为独特的地方是盖面正中有一个朱书篆文的大型“斗”字，与青龙、白虎两幅巨画。

“斗”字无疑表示北斗星，环绕“斗”字周围，书有二十八星宿名称，这是中国乃至世界所发现的二十八宿全部名称最早的文字记录，故命名为《二十八宿图》。

E66衣箱盖上各个星宿，按顺时针方向排列，与人们平时仰头观察的天象正好相反。这个现象是西周初期存在于人们心中的宇宙观念，也是“盖天说”的具体反映。盖面两端，画师洒脱地描画了两只巨型青龙、白虎，青龙一端的侧立面加有大蘑菇云状纹饰，白虎一端的侧立面绘有一只蟾蜍。箱的另一立面绘有相对的两只兽，另一面没有彩绘。

这件漆箱与相关文字绘画一经公布，立即引起世界性轰动，当年举行的中国天文史学会，特地邀请发掘曾侯乙墓的考古人员谭维四等前往介绍出土经过和相关内容。时已定稿并印刷等待开印的《中国大百科全书·天文卷》的编者闻听这一消息后，立即决定停止印刷，对书中所涉相关内容重新修改，并加入了E66箱盖上的天文内容。这件漆箱的图片也迅速由中国传到海外，被数十种杂志特别是天文杂志作为封面广泛传播。欧美与日本等国的天文学家闻风而动，纷纷前往中国参观实物，进行研究。一时中外震动，举世瞩目。

曾侯乙墓E66衣箱二十八宿天文图的发现，以无可辩驳的事实证明，这是迄今所见世界上最早的二十八宿天文图。竺可桢、夏鼐两位学术大师把二十八宿的起源定在中国，时间断在公元前7世纪，即春秋时代。若按事物循序渐进的发展规律推算，二十八宿的起源，或许比这个推断还要早些。

由于处在天球的不同位置，二十八宿又被古人平均分为东、西、南、北四组，每组七宿，分别用青龙、白虎、朱雀、玄武等动物的形象来表示。这一对应关系的文献起源于秦汉时期，后人普遍认为四象是从二十八宿演变而来的。

曾侯乙墓E66衣箱天文漆画的发现，修改了这一历史错误结论，不仅将四象与二十八宿相对应的记录提早到战国早期，而且促使历史学家对二十八宿与四象的关系问题重新考虑并做出新的抉择。

在研究中，专家们注意到了一个特殊现象，即E66衣箱天文图上只画出了青龙与白虎，并没有出现文献记载中的朱雀与玄武，但是青龙与白虎在图上的位置，与四象的划分基本一致。这一现象令学者们感到困惑的同时，也备受刺激，深感其中一定含有外人不易察觉的隐秘。经深入研究才逐渐觉悟到，之所以没有出现朱雀、玄武的图像，可能是衣箱盖上不再有空余的画面，画工只好将其省略了。

二十八宿的名称，是在写好“斗”字并画好青龙、白虎后，于间隙中填补的。不过在箱身的另一面画着鸟形的怪兽。有研究者认为，这就是代表南方的朱雀。如果按这一思维方式推断，箱身的另一面应有代表玄武的图象或寓意才能对应，但对面涂满了黑漆，黑乎乎一片，如同漆黑的夜幕，什么也没有。这又做何解释呢?

对此，谭维四等专家认为：“把天球分为东西南北四方，用动物和颜色来标志它。东方是青龙，西方是白虎，南方是朱雀，北方是玄武。青、白、红、黑都有了。”当然，这个说法，只是一种外在的朴素的标志而已。

曾侯乙死亡之日

谭维四与相关专家认为，古人对天象的观念，除依此定时节指导农业生产，又从中演变出一种带有浓厚迷信色彩的占星术，把星象与人的命运或者国家的命运连在一起，成为一种“宿命论”。《史记·天官书》则有

“二十八宿主十二州”之说。与此同时，星相家还根据人的生辰八字，对应天相，以此推占其人的寿夭贵贱，使“宿命论”更加细化与具体化。

按古人的思维以此推论，曾侯乙墓中衣箱所绘图画，也有把人的吉凶祸福与星象联系起来，并把这种信息留存于绘画中的可能。按照这一思路推理下去，终于从“山有小孔，仿佛若有光”的小隧道，一下子进入了土地平旷、阡陌纵横的桃花源，豁然开朗。

在二十八宿其中之一“亢宿”之下，清晰地写着“甲寅三日”四个字。

这显然是个时间的标志，这个时间意味着什么呢？甲寅三日，又到底是指哪一年哪一日？带着这一连串的疑问，查日本汉学家新城新藏所编《战国秦汉长历图》，公元前433年五月初三正是甲寅日。

受这一研究成果鼓舞的谭维四等人又邀请天文学家进行推算，结果不但表明上述日期准确，而且这一天，北斗的斗柄也正好指在“亢”的位置上。天文学家还进一步推算出，在那一天的黄昏，北方七星隐没在地平线下，人们已无法看到。原来，这是描绘公元前433年五月初三黄昏时候的天象图。

至此，E66衣箱星相图的玄机奥秘得以破解，它与曾侯乙的命运果然有着神秘的联系。曾侯乙的死亡之谜也随之豁然开朗。

楚惠王五十六年，即公元前433年农历五月初三黄昏时分，曾国国内发生了一件惊天动地的大事。朝堂之上，奏钟石笙篪未罢，天大雷雨，疾风发屋拔木，桴鼓播地，钟磬乱行，舞人顿伏，乐正狂走。雷电交加中，一阵怪风袭来，“哗”的一声荡灭了灯火。沉沉黑暗中，一代国君曾侯乙极不情愿地咽下了最后一口气，撒手归天。

40多岁的曾侯乙死了。是死于暴病，还是群妃、臣僚或其子与外戚合弑，一命呜呼，皆不得而知。根据墓中出土遗物和文献记载，可以推测的是，当曾侯乙断气闭眼，不顾宫中近侍、臣僚、妃嫔爱姬们或真或假的哭号，一路急行，匆匆赶往另一个世界那阴森恐怖的阎王殿，欲登鬼录之时，仍在阳间大千世界为各种欲望和利益算计奔忙的亲族家人，开始调集各色官僚、术士和勤杂人员，为其紧急招魂，以期让这位年轻的国君重返人间大地。

在一片白幡飘荡，萧飒凄凉，鬼气迷蒙的气氛中，只见负责山林之官的虞人满面肃穆庄严，快步登上房檐的梯子，早已恭候在庭前的乐队开始弹奏起曾侯乙生前喜爱的乐曲，身穿白色细纱的歌舞伎随之起舞翻腾。

紧接着，专门负责招魂的礼仪之官头戴爵弁，身穿朝服，在乐曲、歌舞以及白幡交融飘荡中，从东边的屋檐登上房顶，手持曾侯乙生前所穿的衣服——周王室赏赐的礼服，随着阵阵呼天抢地的哀号与嘤嘤低泣，面向北方连呼三声曾侯乙的名字："皋——乙复！"而后将衣服自上至下，抛入前庭放置的竹荚中。

立在前庭的受衣者，立即将投下的衣服覆盖在曾侯乙身上。如果曾侯的灵魂只是暂时离去，身上覆盖招魂之衣，则灵魂复归，曾侯乙很快就会醒来。若这位国君一意孤行，下定了决心要与他的血亲、近侍、臣僚、妃嫔、爱姬等一切相关者叫板耍横，在奔往阎王殿的鬼道上死不回头，招魂者则迅速转到曾侯乙的大小寝宫、始祖之庙和国都城郊，做最后的努力。

于是，成片的白幡随风飘动，哀号恸哭的人群四处奔走，招魂官满面凄楚，声声呼唤："皋——乙复！"如此循环往复，连续三天三夜。直至哀哭者泪干力尽，招魂官伏地泣血，方才罢休。

按《礼记·问丧》的说法，人死之后"三日而后敛者，以俟其生也。三日而不生，亦不生矣"。意为死者在三天之内，尚有还魂复活的希望。若三日内不能生还，希望就此寂灭。死者的血族近亲须放弃妄念，赶紧准备小敛大敛的仪式，以安葬死者。

公元前433年农历五月初三这一天黄昏，曾侯乙在凄风苦雨中走了，再也没有回头。等待他的便是擂鼓墩那个幽深阴暗的地下宫殿。

琴声飞扬的年代

现场发掘记录显示：考古人员在中室内除发现一架由65件组成的大型编钟外，还发现编磬一架，有磬32件、鼓3件、瑟7件、笙4件、排箫2件、篪2件，共计115件。出土时，基本保持下葬时的陈放位置。瑟、笙、箫（排箫）、篪和两件小鼓虽因椁室内积水漂动有所移位，但大体上仍可看出当时是被列于钟、磬、建鼓所构成的长方形空间之内。整个中室三面悬金石、中间陈丝竹的场景，与该室沿东壁陈放的尊盘、鉴缶和联禁大壶等礼器，以及东室内的墓主之棺相对应，从而展示了一个规模宏大的宫廷乐队的基本建制与奏乐时的大体布局。

除中室这一宏大场面的布置，在墓主安寝的东室也陪葬部分乐器，计有瑟5件、琴2件、笙2件、鼓1件，共10件。出土时虽因积水流动而漂离了原来的位置，但多数仍集中在墓主棺东侧，可看出下葬时的大概方位。仅有两件瑟漂离较远，几乎到了墓室的东端。此室的乐器配备似展示了寝宫乐队的建制，乐人们是专门在寝室中为君王演奏取乐的。

图6-12　墓中出土的联禁铜壶

发掘报告特别显示，编磬出土时，因该处恰在盗洞之下，被盗墓者截断的椁盖板与上面塌下的填土、石块将大部掩埋。清去覆盖的积压物发现，磬的横梁中部、上层梁端的龙角以及西部的圆立柱已被砸断，多数磬块因此受损，几件完整的磬块也因挤压和积水浸泡，表面有不同程度的腐蚀，有些甚至成粉末状，仅在泥土中留下了形迹或碎末，无法提取。庆幸的是，横梁和立柱虽断，因有淤泥的支撑，全架仍保持着原来的结合形式；磬块虽损，仍保持着当年的悬挂方式和排列关系。复原后可知，整个磬架悬挂磬块32件。在最底层支撑整个磬架的是两个龙首、鹤颈、鸟身、鳖足统于一体的青铜怪兽，各重24.8公斤。不知是何原因，东边怪兽的舌头不知去向，清理时未发现遗物。据发掘人员推断，一是被盗墓贼取走，二是原本缺失，三是下葬时趁混乱之机被人掠走，而后一种可能性最大。

在完整或残破的磬块中，有刻文和墨书共计708字，所有刻文显然都是在磬块磨制完成后所刻。其内容可分为三：一是编号；二是标音；三是乐律关系，这是继编钟铭文之后在音乐学上又一个了不起的发现。尽管编磬没有像编钟那样保留着原来的音响，多数磬块已无法击奏，少数完整者也不能发出乐音，但仍可以看到大多数磬块的外形。那依然如旧的编悬形式和可与钟铭相通的整句成段的刻文，以及保存完好的击奏工具和磬匣等，为考古人员探寻其昔日的音容提供了指南。

由《中国大百科全书·音乐舞蹈卷》可知，至少有21种真正优秀的中国乐器失传了。这本书上说古代有一种特别大的鼓，叫“咎鼓”，在演奏大型音乐作品时应用，特别气派与提神，至于这种鼓到底是什么样子，众说纷纭，难以窥其真面目。古代文献《周礼》谓“鼓长寻有四尺”。寻乃古代长度单位，一寻等于八尺，寻有四尺，当为一丈二尺。如此宽大的鼓实在是神奇得很。有人认为这么大的鼓实在不可思议，它是用什么皮做成的，如何敲击？有研究者认为，很可能此鼓就是曾侯乙墓中出土的建鼓，鼓面本身并不大，只是立柱之类的东西加长罢了。

摆放在中室南部的4件鼓，分别为建鼓、扁鼓、悬鼓。而以南半部靠东壁处以单柱竖立的建鼓最为庞大耀眼，摆放的位置也最为重要，可惜发掘时由于考古人员的疏忽大意，没有及时用支撑物支撑，致使鼓柱因水的下落而折断，成为一大憾事。

对于建鼓的敲击方法，考古人员通过曾侯乙墓西室木棺中出土的鸳鸯漆盒找到了答案。这个后来轰动世界的漆盒，腹部除绘有一幅撞钟图外，在另一面还有一幅击鼓舞蹈图，当中以一兽为座，上竖一建鼓，一旁绘一似人非人、似兽非兽的乐师，双手各持一鼓槌，正在轮番击鼓。另一旁绘一高大武士头顶高冠，腰佩宝剑，身着广袖，随着鼓声正在翩翩起舞。画师寥寥数笔，击鼓者的形象就活灵活现地呈现在人们面前。这一幅图画，为建鼓乃乐器之一和敲击方法提供了有力的佐证。

图6-13　鸳鸯形盒上的钟磬乐舞图，此图以朱漆绘于鸳鸯形盒腹部左侧，画面中钟磬悬于一对兽形柱的钟磬架上，旁绘一乐师握棒撞钟，生动地反映出当年宫廷钟磬乐舞的生动场面。这一图像为我们研究当年编钟，尤其是下层大钟演奏用具及方法做了明确的提示

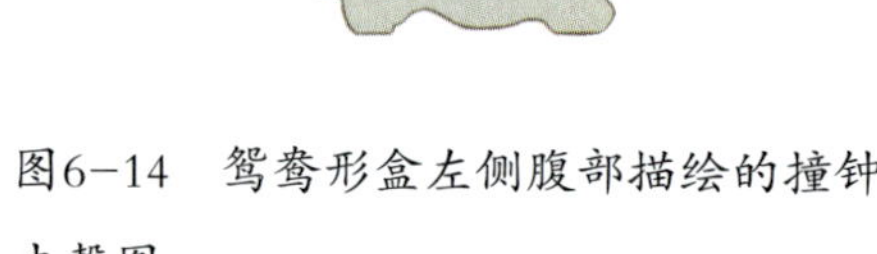

图6-14 鸳鸯形盒左侧腹部描绘的撞钟击磬图

图6-15 鸳鸯形盒右侧腹部描绘的击鼓舞蹈图

与建鼓同出的十弦琴、五弦琴、排箫和篪等乐器，由于历史的某种原因，久已失传，现代人类只能在历史典籍上见到它们的名字，有的甚至连名字都被遗忘了，更不要说其形状和曲调了。

在当今乐坛，当说到排箫的时候，很容易让人联想到西洋的排箫，有好多排箫的音乐带，流行于世界各国并被音乐发烧友喜爱。西洋的排箫还有个别名儿叫潘管（pandeanpipe），又称“绪任克斯”（syrinx）。据希腊神话说，这个“潘”是个牧神，长着一个羊的脑袋，两只山羊腿，还有两只山羊的犄角，搭配不协调，丑陋难看。就是这样一个丑八怪也在做爱情梦，它暗恋上了河神的女儿绪任克斯，但美丽的姑娘并不喜欢既无德无才又无耻的“三无”人员小潘，恋爱自然无果。想不到这个小潘一看软的不行，索性摆出无耻的嘴脸动起硬来，并以猎狗逐兔的战略战术，对这位女神采取了强硬行动。女神绪任克斯一看小潘疯狂地向自己扑来，撒腿就跑，小潘在后边紧追不放，眼看就要被追上了，女神的父亲河神发现后前往搭救。他喊了一声，念了一个咒语，绪任克斯立刻进入河中变成了一丛芦苇。按老河神的想法，我的女儿都变成一丛芦苇了，你还追什么，追上又能怎么样呢？应该放弃邪念，不再妄为了吧。想不到小潘是个心狠手辣的无赖仔，他冲入河中恨恨地把芦苇折断，上得岸来，又把一根根的芦苇用绳子系在一起，一共七根，有长有短，这样就有了七个音符的一个排箫。小潘拿着排箫迎风跑到奥林匹亚山上吹起来，排箫发出了嘤嘤嗡嗡的声音，似是绪任克斯的呼唤和低泣。这个故事，是在说小潘终究还是占有了女神绪任克斯，显然带有强悍、霸道与掳掠的味道。后来潘管流传开来，欧洲及南美均有此乐器，罗马尼亚及匈牙利民间尤为流行，形制不一，从最早的七管发展至二十余管，其音色独特，音量变化不大，适于演奏抒情乐曲。

中国的排箫历史比西洋人的排箫历史要悠久得多。相传黄帝命伶伦作乐律，编竹制作排箫以来，这一乐器就以其得天独厚的地理优势，占据了重要位置。虽然石、陶、金属等都可作制排箫的材料，但音质最纯正的还要数竹制品。古今中外的排箫大多数为竹制品，而中国是世界竹类植物发源地，素有“世界竹子之乡”“竹子王国”的美誉。全世界竹类植物约70多属1200多种，中国占50多属900多种。中国至今仍是世界竹类植物最大分布中心，竹子种植面积、产量及竹文化都居世界首位，这也为制作排箫提供了丰富材料，因而中国的排箫也有

图6-16　墓中出土的竹排箫，通长22.5厘米，宽11.7厘米，厚1厘米

一个别名，叫比竹。

比竹之名，除了自身材料由竹构成外，还有一个原因就是中国的排箫小的由十六支组成，大的二十三支，这样一个规模和形制就比西洋排箫音域大得多，声音也好听得多。从外形看，比竹就是说好多竹子像兄弟一样站在一块儿，亲切交谈。这个情调给人一种四海之内皆兄弟的和谐感觉，比潘管的寓意强多了。可没想到，小潘制出的那个含有复仇加掳掠味道的潘管倒是遍地开花，中国讲求“和为贵”的排箫却失传了。后人只能从一些历史典籍中去寻觅它的踪影，揣测它的相貌。屈原《九歌・湘君》曰：“君不行兮夷犹，蹇谁留兮中洲？美要眇兮宜修，沛吾乘兮桂舟。令沅湘兮无波，使江水兮安流。望夫君兮未来，吹参差兮谁思？”此篇为祭祀湘水男神湘君的颂歌。屈原在另一篇《湘夫人》中所赞颂的湘夫人，同为湘水之神，在楚人心目中，与湘君是一对配偶，故两篇颂歌多对唱的词句，描述了他们相互爱慕思恋的故事，抒发了湘夫人思念湘君那种临风企盼，因久候不见湘君依约赴会而怨慕神伤的感情。旧说或谓湘君即舜，湘夫人即舜之二妃娥皇、女英，是因舜死于苍梧的传说而附会。

屈原在歌中所咏的“参差”，即别号比竹的排箫，因其形状如凤鸟的翅膀参差不齐，故又名参差，成语“参差不齐”就来自这种乐器的意象。但“参差”究竟有何所指，形若何，音如何？汉代石刻、魏晋造像甚至隋唐壁画中尚能见其形，但难闻其声，再往后则是形迹难觅，没有人说得清楚了。

曾侯乙墓排箫的出土，使世人终于看到了它本来的面目。两件排箫，正是由参差不齐的13根竹管并列缠缚而成，在未脱水的情况下，其中一件有七八个箫管能够发音，可以听出不是按十二律及其顺序编列，由之构成的音列至少已是六声音阶结构。这种形制的排箫和古壁画、石雕中所见形象一致，并与今天仍在东欧舞台上演奏的排箫相同。中国先秦编管乐器如排箫者有称为“籁”，至今罗马尼亚的排箫名“nay”可能与此不无关系，或者东欧的排箫正是由中国传播过去的。就在曾侯乙墓发掘两年后，河南淅川下寺春秋楚墓又出土了一件石排箫，形制与曾侯乙墓出土的竹排箫完全相同，再一次证明了先秦排箫的形制，廓清了历史迷雾。当世人听到两千多年前的实物吹奏出的乐音，见多识广的音乐界专家如黄翔鹏者亦称赞为“人间的奇迹”。

绝响

曾侯乙墓出土的五弦琴，《史记·乐书》里曾经提道：“昔者舜作五弦之琴，以歌南风。”《通礼纂》也提道：“尧使无勾作琴五弦。”这个五弦琴恐怕比瑶琴失传还要早，曾侯乙墓发掘前，世人并不知五弦琴是什么样子，发掘之后，学术界对其定名仍有不同看法。

从出土实物看，器为木质，形若长棒，首段近方，尾段近圆，全长115厘米，出土时弦已朽烂无存，琴身首起长52厘米为一狭长形内空的音箱，周身以黑漆为底，底板、侧板均以朱、黄两色描以精细缛丽的彩绘。有专家认为这件乐器与文献记载中先秦一种名叫“筑”的乐器相仿，应该称为“筑”。《说文解字》注：“筑，以竹（击之成）曲，五弦之乐也。从竹，从巩。巩，持之也。竹亦声。”在曾侯乙墓发掘之前的长沙马王堆三号墓中，出土了一件通体髹黑漆的器物，此器长31.3厘米，形如四棱长方木棒，首部的蘑菇形柱上，还残存缠绕着的弦丝。首尾两端各嵌一横排竹钉，能张五条弦。此为何物？在发掘现场的考古学如睹天外之物，不辨牛马，没有一人能说出它的名字，更不知其从哪里来，最后到了何处。因而在编写的《长沙马王堆二、三号汉墓发掘简报》中，避而不谈，编写者眼中视同没有或者只是一块拿不上台面的烂木头而已。许久之后，有音乐学家根据这座墓葬随葬品清单的记载，认为是一件久已失传而又极其宝贵的古代乐器——筑。

随着研究的不断深入，学者们在长沙马王堆一号汉墓黑地彩绘棺上，发现一只怪兽在弹击一件乐器，所绘之器与出土的筑形状相同。至此，当年参与发掘的考古人员才恍然大悟，原来这个怪兽所击的东西就是筑。

筑在战国、秦汉时期是非常有名的乐器。秦汉古籍中有很多关于它的记载。《史记・刺客列传》载，当荆轲受燕太子丹之命，怀揣地图与匕首赴秦国欲搞刺杀秦王的恐怖活动时，燕太子丹与知其事者，“皆白衣冠以送之。至易水之上，既祖，取道，高渐离击筑，荆轲和而歌，为变徵之声，士皆垂泪涕泣。又前而为歌曰：风萧萧兮易水寒，壮士一去兮不复还！复为羽声慷慨，士皆瞋目，发尽上指冠。于是荆轲就车而去，终已不顾”。祖，是一种祭奠路神的仪式，古人出远门时常有这种仪式，以图平安顺利。变徵之声，是指变换音调。古代乐律分为宫、商、角、变徵、徵、羽、变宫七调，大致相当于今之CDEFGAB七调。变徵，即F调。此调韵味苍凉，悲惋凄切。羽声，相当于今之A调，韵味激昂慷慨，令人热血奔涌，具有极强的蛊惑力与煽情效果。

荆轲抵秦国，刺杀秦王事败被剁成肉饼，燕太子丹与他的国家随之招来了身死国亡之祸，燕王喜被掳。

《史记》载：“其明年，秦并天下，立号为帝。于是秦逐太子丹、荆轲之客，皆亡。”又说：“高渐离变名姓，为人庸保，匿作于宋子。久之，作苦，闻其家堂上客击筑，彷徨不能去。每出言曰：‘彼有善有不善。’从者以告其主，曰：‘彼庸乃知音，窃言是非。’家丈人召使前击筑，一坐称善，赐酒。而高渐离念久隐畏约无穷时，乃退，出其装匣中筑与其善衣，更容貌而前。举坐客皆惊，下与抗礼，以为上客。使击筑而歌，客无不流涕而去者。宋子传客之。闻于秦始皇，秦始皇召见。人有识者，乃曰：‘高渐离也。’秦皇帝惜其善击筑，重赦之，乃矐（huò）其目，使击筑，未尝不称善。稍益近之。高渐离乃以铅置筑中，复进得近，举筑扑秦皇帝，不中。于是遂诛高渐离，终身不复近诸侯之人。”

这个故事在司马迁笔下可谓一波三折，离奇诡异，险象环生，犹如一篇惊悚小说，令人读之头皮发麻，心惊肉跳。想不到当荆轲的一帮狐朋狗友在秦王朝强大压力下四散逃亡之时，高渐离却化装打扮，遥身一变成了宋子之庸保，也就是今河北省赵县东北一大户人家的仆佣。一连串的因缘际遇，使高渐离阴差阳错地当上了秦始皇的私人乐手，且在被人认出的险境中免于一死却又被熏瞎了眼睛。读史至此，真为高氏之不幸而痛切扼腕，怅然太息。同时也可看到筑作为一种乐器在当时是何等的重要和流行，其身份地位如此之高贵，可谓在百乐中独树一帜，备受帝王将相与贵族士大夫宠爱，否则秦始皇不会冒生命危险专门听仇敌高渐离为其击筑作歌。当然，高氏击筑的技艺之超群也是一个重要方面。只是这对昔日的冤家相聚，最终演绎了一场令世人不忍闻见的人生悲剧。

秦亡之后，作为乐器的筑并没有随着战争的烽火硝烟而消失，汉代人对击筑的爱好程度有增无减。汉高祖刘邦统兵于淮北战场击败叛乱的劲敌英布后回到故乡，在召集父老乡亲的盛大宴会上，以复杂的心境亲自击筑，令青壮年与他一起高歌："大风起兮云飞扬，威加海内兮归故乡，安得猛士兮守四方……"史载，高祖的姬妾戚夫人也是一位击筑高手，刘邦常令戚夫人击筑，自己唱歌，每次演奏完毕，总是泪水涟涟，难以自制。

汉之后，筑作为一种乐器渐渐没落并终于失传了，《中国大百科全书》说因为筑失传太久，它是什么形制，什么构造，如何演奏，后人都不知道，就连它是几根弦也不知道了。马王堆汉墓出土的筑与曾侯乙墓出土之筑形状相同，但有些专家认为曾墓出土的这种乐器形体狭长，岳山低矮，不便"以竹击之"，因而认为不是筑。经此反对，曾侯乙墓发掘报告的撰写者也就不敢轻言定名，按这种乐器上面张有五弦，且又近属琴类，暂且以"五弦琴"而名之。悲夫！

脸上涂着血污的人

青铜重器和各种乐器全部放入墓室后，接着进行的一项最牵动人心的活动，就是如何将21名女人作为陪葬品装殓入棺，抬入墓坑为主人殉葬。

曾侯乙墓发掘后，谭维四、舒之梅曾撰文对这一事件进行过如下论述：

> 马克思主义告诉我们，古往今来的一切剥削阶级其共同的本性，就是残酷剥削和压迫劳动人民，擂鼓墩一号墓又为我们提供了一个生动的例证。这座墓主人是曾侯乙，即曾国一名叫乙的君主，是战国早期一个诸侯国的封建头子。墓内放置的几千件随葬器物，都是劳动人民辛勤劳动的成果，封建统治阶级不仅生前占有享用，死后还要带进坟墓，充分暴露出他们的骄奢淫逸和对劳动人民的残酷压榨。更有甚者是用人殉葬，这座墓殉葬了二十一人，经科学工作者对其骨架的研究鉴定，全是女性青少年，年龄最大者约二十五岁，最小者仅十三岁左右。
>
> 人殉制度起源于原始社会末期，盛行于殷商、西周奴隶社会，当时一个奴隶主死了，往往要杀殉或生殉（活埋）奴隶几十人，多者达数百人，殉者不是身首异处就是颈上戴有枷锁，身上缠有绳索。擂鼓墩一号墓的二十一名殉葬者骨骼齐全，未见刀砍斧伤痕迹，而且还都有一具彩绘木棺，内有木梳、木篦、玉环之类的少量随葬品。结合有关文献推测，封建统治阶级对这些殉者很可能是采用“赐死”的办法，即用欺骗手段迫使她们为墓主人殉葬的。从形式上看，这种殉葬方式似乎较殷商、西周时代文明一点，但本质上其对殉者的压迫之惨，并没有两样。
>
> 上述规模庞大的墓坑和木椁，几千件随葬器物，二十一具无辜殉者的累累白骨，都是对封建统治阶级残酷压迫剥削劳动人民的血

泪控诉，是我们向人民群众宣传历史唯物主义、进行阶级教育的生动教材。

透过文献记载，活着的人为死去的人殉葬，谓之“人殉”。这一现象在古代的许多地方都曾存在过，尤以亚洲为重，埃及、西亚两河流域、印度、日本和中国皆然。至于这种制度的形成是人种使然，还是社会环境等因素所决定，史家说法不一，争论也一直没有平息，但作为这一酷烈的事实却是铁板钉钉，毋庸置疑的。

中国的人殉从什么时候开始，又是怎样的一种形式，典籍多有记载。《左传·成公二年》说：“宋文公卒，始厚葬，用蜃炭，益车马，始用殉。”正义引郑玄注：“杀人以卫死者曰殉，言殉环其左右也。”《墨子·节葬下》说：“天子杀殉，众者数百，寡者数十，将军大夫杀殉，众者数十，寡者数人。”《史记·秦本纪》载：“武公卒，葬雍平阳，初以人从死，从死者六十六人。”又说：“缪公卒，葬雍，从死者百七十七人。”

田野考古发掘的事实让世人看到，宋文公“始用殉”的记载并不可靠，这种恶习早在原始社会末期的龙山文化（公元前20世纪左右）和齐家文化（公元前17世纪左右）时期就已出现。甘肃武威皇娘娘台遗址、永靖秦魏家遗址的齐家文化氏族公共墓地中都曾发现女子为男子殉葬的合葬墓，考古学界公认这是中国已知最早的杀妻（妾）殉葬墓。

那么殉葬的女人或男人是以怎样的方式从死而作为祭品埋葬的呢？史籍记载和考古发掘证明，有的被活埋，有的被杀后整体埋葬或肢解后埋葬，有的被活活饿毙，有的被强迫上吊自杀，其方式多种多样，惨不忍睹，令人闻之心寒。抛开氏族群落的殉葬不谈，仅以发掘证实的夏商周三代及其之后的各个朝代，大体可以看出古代中国殉葬制度残忍酷烈的一个轮廓。

1957年，著名考古学家徐旭生在河南偃师二里头村发现了一处古代遗址。在已发掘的灰层和灰坑中，考古人员发现人殉墓葬数百座，人骨或身首异处，或双手被缚，或一手反折背后，或两手上举过头。另有一些零星的人头和肢骨，想是被刀砍或活埋。据发掘人员分析，这些惨遭杀害之人，应当就是奴隶。1955年，郑州商城在考古发掘中始见殉葬坑和殉葬墓，在一个编号为171的坑中，考古人员发现了两具人骨，又有一个人头及两只腿骨。人骨双手反绑，手指骨、手臂骨和脚趾骨全被砍掉。此举令发掘者发出了“奴隶主对奴隶们的杀害，就是如此的残忍”的感叹。

殷墟1001号大墓，虽遭多次盗掘破坏，但仍然在墓底、墓道等处发现杀人殉葬者共达225人之多。据推测，整个墓内殉葬的奴隶可能有三四百人。考古人员通过细致的观察研究，推断出当时杀殉的步骤是：当墓坑墓道填土工作进行到一定阶段的时候，奴隶们就被双手背绑，一队一队按顺序被牵到墓道之中，面向墓坑，并肩东西成排跪下。刽子手从一头到另一头，按序砍杀。被杀者倏忽间人头落地，肢体向前扑倒，成为俯身，随之为填土所埋。填土一至二层后，再按原样杀殉一些奴隶填埋。如此循环，直至砍杀到一定数量为止。经骨骸鉴定，被杀的奴隶多数都未成年，一般在十几岁左右，有的只有几岁，更小的连天灵盖都还没有长满。较之1001号大墓，发掘时，殷墟其他各墓破坏得更加厉害，但无一例外都有人殉。少则几人，多则几十人，如1550号大墓，中心腰坑殉葬一人一狗，墓室四角四个小墓坑，各殉葬一人，北墓道口，又殉葬十具一排的人头骨数列，共计残存殉葬的奴隶有几十人至上百人之多。从现场情形看，这些殉葬的奴隶，多数身首砍断，有的只有肢体，有的只有头颅，有的双手背缚，有的抱手蜷腿，有的张口歪头，悲惨之状不忍目睹。在殷墟大墓区东部，考古人员揭露附属小墓1242个，多有殉人，估计总数达2000。

图6-17　商代统治阶级用奴隶做人牲的场景

在殷墟小屯北地，靠洹河的弯曲部位，是商王朝举行祭祀的地方，从考古揭露的25个土坑看，共祭用62只羊、74只狗、97个人。用作祭祀的奴隶年龄不等，小孩为完整躯体，成人皆被杀头。杀头后，人骨呈俯身状，头与颈完全脱离。有的被砍头后留有下腭，有的脊椎骨上还带有腭骨和颈骨。有的呈仰身状，头部仅被砍去上部，下部还连在颈上。被砍的地方，有的在鼻部，有的在眉际，刀砍的痕迹，还清楚可见。对于此种情形的出现，考古人员做过各种研究和猜测，有的认为可能是刽子手偷懒耍滑或者太不把这些奴隶的生死放在眼里，如同砍杀一条狗一样随便。有的认为是在砍头的一刹那，出于本能反应，奴隶的头发生了颤动，刀走偏锋，从鼻子处掠过。在刽子手或主持祭祀的贵族看来，反正被杀者已是脑浆迸裂，扑地而亡，也就不再计较是从颈上还是颈下开刀了。据参加发掘的考古人员胡厚宣说，小屯殷王的宫殿宗庙地区，截至20世纪70年代已发现人祭738人，倘若把残墓复原，数量将有千人以上。如果把其他各地的商代遗址人殉人祭的发掘数目加以统计，确切的人数达到3684人。除殷墟之外，其他商代墓葬也发现人殉现象，如河北藁城台西商代前期的一号墓，“在西阶上殉葬未成年女子一人，两腿相交，两臂上屈，似是捆绑所致”。这个姿势，显系是被活埋而形成。假如这些考古发掘的墓葬在此前不被破坏的话，殉葬者可能多达四五千人。这个数字仅是由田野考古工作者地下发掘所见，至于从甲骨文字所见殷代人祭的情况，将大大超过此数，更加令人惊骇。对此，作为考古学家兼甲骨学者的胡厚宣曾专门著文做过说明：截至20世纪70年代初，在已发现的甲骨文里有关人祭，以殷代武丁（公元前1250年—公元前1192年）在位的时期为最多。在所见1006条卜辞中，祭用9021人；另有531条未记人数，一次用人最多的是500个奴仆，这里所说的仆就是奴隶。武丁之后，祭用人最多的是廪辛、康丁、武乙、文丁计有卜辞688条，祭用3205人，另有444条未记人数，一次用人最多的是200人。

在所见殷墟卜辞中，有一条为“不其降𦉪千牛千人”。有甲骨文学者认为，千牛千人也是一种祭祀，即杀掉了一千头牛，一千个奴隶。日本立命馆大学汉学家白川静教授对此有不同看法，认为这是以牢闲养兽备供牺牲挑选的仪礼。

对这一说法，胡厚宣表示赞同，卜辞的意思是以闲牢把千人与千牛一道关起来，以备他日举行祭祀时挑选牺牲之用。这些奴隶最终被杀掉是肯定的，但不是卜辞记载的一次性人头落地，就如同树上的柿子，有的要一两个月，有的要用更多的时间才落下。这些成千上万用作祭祀牺牲的奴隶，有男有女，有臣有妾，有姬有婢。被关者或被押赴断头台者，或戴枷锁，或双手背缚，或用手勒发，或以绳引牵。或焚烧，或土埋，或割裂，或用手扼制。或被剁成肉酱，盛在豆中，或用钻镟，取其脑浆，或杀人而以其血祭，或斫伐而取其头颅。有的奴隶头被砍下，随着喷出的淋淋鲜血一同被掩埋，直到几千年后发掘时，斑斑血迹仍清晰可见。真可谓“断头台上凄凉夜，多少同侪唤我来”。从卜辞上看，有刻画奴隶的象形字，像被击仆倒，刨坑活埋，张口呼号，做竭力挣扎之状。也有的被砍下头后，还要在头骨上刻以铭辞。胡厚宣说，这些卜辞中的人祭，与地下考古发现互相印证，结果完全相符。种种凄惨形象，触目惊心，令人发指。当年鲁迅先生曾言：“我尚来是不以最坏的恶意，来推测中国人的，然而我还不料，也不信竟会下劣凶残到这地步。”但是他们却“居然昂起头来，不知道个个脸上有着血污”。（《记念刘和珍君》）此话虽说的是鲁迅那个时代的中国当局和当局豢养下披着警察外衣的鹰犬，但读罢此语，似乎又让人回到了遥远的商代和商代的人殉现场。或许鲁迅的伟大之处正在于此吧。

21位女人之死

商代如此，作为承接了夏商两代道统的周代，人殉制度又是如何呢？《西京杂记》卷六记载：“幽王（周幽王）冢甚高壮，羡门既开，皆是石垩，拔除丈余深，乃得云母深尺余。见百余尸纵横相藉，皆不朽。唯一男子，余皆女子，或坐或卧，亦犹有立者，衣服形色不异生人。”周幽王是西周最后一位天子，也就是宠爱褒姒而不惜以烽火戏弄诸侯，最终导致失国的那一个臭皮囊。最后一位尚且如此，前面的君王也不会好到哪里去，由此可推知整个西周的殉葬尤为猖獗。

东周时代关于人殉人祭，地下已被发现的遗存不多，但依然存在。如安徽寿县的蔡侯墓，属于春秋时期，1955年发掘时，考古人员在墓底东南角，发现殉葬一人。又《左传·文公六年》载：“秦伯任好卒，以子车氏之三子奄息、仲行、鍼虎为殉，皆秦之良也。国人哀之，为之赋《黄鸟》。”诗曰：

交交黄鸟，止于棘。

谁从穆公？子车奄息。

维此奄息，百夫之特。

临其穴，惴惴其慄。

彼苍者天！歼我良人！

如可赎兮，人百其身！

穆公，即春秋时秦国之君，名任好，卒于周襄王三十一年（公元前621年），以177人殉葬。从，即从死之意，也就是殉葬。子车奄息，子车是氏，奄息是名。一说字奄名息。夫，男子之称。特，匹。这句是说奄息的才能可以与一百个男人匹敌。穴，指墓圹。

这首诗译成现代白话，便是：黄雀叽叽，酸枣树上息。谁跟穆公去了？子车家的奄息。说起这位奄息啊，一人能把百人敌。走近了他的坟墓，忍不住浑身哆嗦。苍天啊苍天！我们的好人一个不留！如果准我们赎他的命，哪怕是用一百个人也可以。

此诗被编选于《诗经·秦风》中，它无疑是一首挽歌，全诗共三章分挽三位杰出的良才。每章末四句是诗人的哀呼。见出秦人对于三良的惋惜，也见出秦人对于暴君的憎恨。

秦穆公死后不过一百年，社会发生了剧烈变革，人殉制度开始引起非议并产生动摇。春秋时代的孔子曾站出来公开反对殉葬制度，既反对以活人殉葬，同时也反对以活人生前占有的珍贵器物随葬，直至反对用仿真人的木俑殉葬。按照这位圣人的说法，人鬼殊途，并不能同归，完全没有必要瞎折腾和浪费财物，甚至损害人的生命。入葬的时候，只要用泥巴做个小车，用稻草扎个小人作为明器殉葬就可以了。但用逼真毕肖的木偶人殉葬就会走上邪恶之道。因为用逼真毕肖的木偶人与用活人殉葬几乎相同，是对活着的人大不敬。后来的孟子在与梁惠王对话时也曾提到这一问题，他说："孔子曰：‘始作俑者，其无后乎！’为其象人而用之也，如之何其使生人饥而死也。”孟子的话明显反对统治者不顾人民大众的死活，甚至置于水火之中而不顾，竟把人活活饿死。他把饿死与殉人相提并论，是对这两者的双重憎恨。孟子在世的时候，去秦穆公也不过两百余年。在这一二百年时间里，整个社会的确是发生了巨大变革，也就是马列主义学派的历史学家们经常挂在嘴上的奴隶制处于崩溃，先进的封建阶级登上历史舞台的转折时期。较之孔子，孟子在社会政治问题上言辞更加犀利而鲜明，他宣称：“君视臣如手足，臣视君如腹心；君视臣如犬马，臣视君如国人；君视臣如粪土，臣视君如寇仇。”（《孟子·离娄》）至于对一般的臣僚，孟子更不以为然——“今之所谓良臣，古之所谓民贼也”（《孟子·告子》）。孟子自称“吾善养吾浩然之气”（《孟子·公孙丑》），“富贵不能淫，贫贱不能移，威武不能屈”（《孟子·滕文公》），此番言论，颇有点“指点江山，激扬文字，粪土当年万户侯”的英雄气概。正是因了这样的气魄、学识和人格魅力，举国有识之士纷纷响应支持，有的甚至不惜身家性命为之阻谏呼号，延续了几千年的人殉制度终于得到了一定程度的遏制。

春秋之后，人殉制度基本废除，大多数贵族改用木制或泥制人形偶像殉葬。战国时的秦国在献公元年（公元前384年）曾正式下令废止人殉。但是到了公元前221年秦统一六国后，殉葬制度死而复生，令人不寒而栗。《史记·秦始皇本纪》载，秦始皇帝死后，“二世曰：‘先帝后宫非有子者，出焉不宜。’皆令从死，死者甚众。葬既已下，或言工匠为机，臧皆知之，臧重即泄。大事毕，已臧，闭中羡，下外羡门，尽闭工匠臧者，无复出者”。从这段文字看，不只一大批后妃宫女从死，由农村进城参与陵寝建设的民工也无一幸免，皆稀里糊涂地成了秦始皇的殉葬品。

秦亡之后，除边远地区强制妇女殉葬外，人殉作为一种制度已趋湮灭。据《三国志·吴书》载，三国时吴将陈武战死，孙权破例下令以陈爱妾殉葬。吴亡，这一“恩典”即遭到指责：“权仗计任术，以生从死，世祚之短，不亦宜乎！”孙权的这一做法同吴国短祚的命运联系起来，可见时人对殉葬这一做法已是深恶痛绝了。

按这一思想观念传承下去，本应不会再出现殉葬这一逆历史潮流而动的惨剧，但几个朝代的攻伐轮换之后，想不到当江山社稷落到一个叫花子与和尚出身的朱元璋手中时，早已成为腐尸的殉葬制度再度从阴间冒将出来，随着南京城荡漾的血水泪滴，重返大明王朝的舞台。

洪武二十八年（1395年），朱元璋的次子秦王朱樉死，以两名王妃殉葬，自此，潘多拉魔鬼的盒子正式启封。朱元璋本人死后，亦有嫔妃、宫女陪葬孝陵。《明史·太祖本纪》载，1398年闰五月初十，“（朱元璋）崩于西宫，年七十有一”。长孙朱允炆继大位，史称建文帝。新皇帝遵遗诏，凡太祖没有生育过的后宫妃嫔，皆令殉葬，另有若干宫女从死。具体殉葬是多少人，史上并无确切记载。据明末人毛奇龄所著《彤史拾遗记》载：“太祖以四十六妃陪葬孝陵，其中所殉，惟宫人十数人。”殉葬的步骤不再像商周时期直接拉到墓地砍头活埋，因为时人确信被砍头者的鲜血会玷污主子的灵魂，使之在阴曹地府内感到不爽，便改弦更张，用“文明”的方法干净利索地处死。具体操作方法是，临刑前于宫内摆设宴席，请这些妃嫔盛装打扮后赴宴。宴罢便被带到指定的殿堂内，由太监分别架上木床，将头伸进预先拴好的绳套中，太监撤去木床，一个个年轻的生命就此消亡。

朱元璋的四子朱棣在夺得侄儿建文帝的政权登上大位后不久，即在北京昌平建造十三陵首陵——长陵地宫。据文物专家王秀玲考证，朱棣死后有七名妃嫔殉葬。当时有一个朝鲜籍妃子也在被指定殉葬之列，这个妃子明知自己将死，心有不甘又无力抗争。当她被太监架上木床，将要把头伸进帛套的刹那间，猛地回首呼唤自己的乳母金黑：“娘，吾去！娘，吾去……”其凄惨之状和悲恸之声，连监刑的太监都潸然泪下。少顷，太监将其头颅强行按进帛套中，抽掉木床，韩氏挣扎了几下便气绝身亡。金黑是韩氏从朝鲜带来的乳母，后来被放回故国，把这段详情说出，被朝鲜文献《李朝实录》记载下来，始为世人所知。

明亡之后，这一制度在清朝初年又出现过一个小小的反复。天命十一年（1626年），68岁的努尔哈赤病死，令大妃阿巴亥殉葬，诏曰：“俟吾终，必令殉之。”阿巴亥为了保全几个儿子，盛装自尽，年仅37岁。实际上，除了阿巴亥以外，努尔哈赤生前侍奉他的四位宫女也一块儿殉葬了。

据传，在清康熙皇帝之前的清世祖福临、清太宗皇太极与努尔哈赤一样，死后都有活人殉葬。一直到康熙年间，御史朱斐针对此恶习上书曰：“屠残民命，干造化之和。僭窃典礼，伤王制之巨。今日泥信幽明，惨忍伤生，未有如此之甚者。夫以主命责问奴仆，或畏威而不敢不从，或怀德而不忍不从，二者俱不可为训。且好生恶死，人之常情，捐躯轻生，非盛世所宜有。”或许这个反对意见起了作用，或由于其他更复杂的原因，康熙十二年（1673年），开始明令禁止八旗包衣佐令以下的奴仆随主殉葬。从此，帝王死后的殉葬制才算真正退出中国历史舞台。

透过几千年漫长而惨烈的人殉事例与制度，真让人生发出鲁迅先生在看到明代“以剥皮始，以剥皮终”的黑暗政治和残酷刑罚之后的感慨：“自有历史以来，中国人是一向被同族和异族屠戮，奴隶，敲掠，刑辱，压迫下来的，非人类所能忍受的痛楚，也都身受过，每一考查，真教人觉得不像活在人间。”（鲁迅《且介亭杂文·病后杂谈之余》）

尽管不像活在人间而是活在地狱之中，也还要活下去。活着就是为了活着，无他。只是每个人活法不同，死法也各异罢了。曾侯乙墓的墓主与殉葬的21名少女即是这一活命哲学的生动注释。

曾侯乙墓陪葬者生前的身份，从其所用葬具、在椁室内的陪葬位置、与墓主木棺及墓内随葬文物的关系等方面分析，东室的8位，因与墓主人葬在同一室内，当为曾侯乙的近侍妃妾或宫女。其中6位在主棺之东，木棺呈一字式平行排列，所有木棺制作较讲究，内面均髹黑漆，有一具表面髹红漆，余均黑漆为底绘红彩。髹红漆者体积最大，放置居中，可能为墓主的爱妃。

其余5位可能为近侍妃妾。主棺之西的两具木棺，位于东室通向中室的门洞旁，与狗棺为伍，生前地位应比前6位要低，有可能为墓主人生前的近侍宫女。结合秦始皇入葬情形，殉葬者身份大致如此。至于西室的13位陪葬者，皆为棺葬，但年龄较小。此室除了13具陪葬棺，别无他物，据此推断，很可能是墓主人生前的歌舞乐伎或称乐舞奴婢。类似的以乐舞奴婢殉葬之事，史籍亦有记载，例如，《汉书·赵敬肃王传》中有彭祖的后人胶王元“病先令，令能为乐奴婢从死。迫胁自杀者凡十六人”。

通观曾侯乙墓21位殉者，其遗骨鉴定既未见刀砍斧伤和被毒杀的痕迹，又入殓于髹漆彩绘木棺内，且有衣衾或竹席包裹，还有些许器物随葬。谭维四、郭德维等学者认为，极有可能是采取赐死的办法来殉葬的。即每人先赐以红色绸带，命其自缢身亡后入殓于棺，然后随墓主一同埋入坟墓。这些死者大多数被迫从死，从出土的尸骨形态仍可想象她们当年惨死的情景是何等的凄凉。

发掘显示，墓坑西室与中室隔墙中段有约50厘米的四方小洞一个，与中室相通。而中室、北室各室之间都有一四方小洞相通，这是为了便于曾侯乙在阴间宫殿寻花问柳而特别设置的。颇令人感慨的是，在靠近东室通中室门洞的地方，还放置有一具殉狗棺。狗棺比陪葬的殉人棺小，没有施彩，棺盖上却放有两件石璧。显然，这是墓主生前的一只爱犬，死后仍守候在墓主的足下，并为其守门看户。由此更可以看出，这些陪

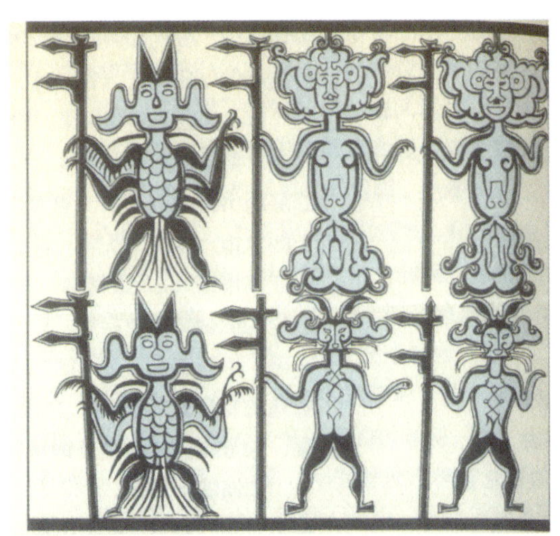

图6-18　曾侯乙内棺上描绘的神怪图像，意在保护死者的灵魂

葬的少女在墓主及其家族眼中，也不过相当于一条狗罢了。

发掘中还可看到，墓主外棺北侧下部留有一个小门，内棺的足档描画了一个窗框，这里是曾侯乙的安息之所。很显然，在这位君主有了兴致，希望遨游天国的时候，小门和窗框是他灵魂出入的通道，他的家人和臣民在这点上想得非常周到，可谓关怀备至。曾侯乙在另一个世界里绝不会有行动不便的感觉，无论是东室的近侍宠妾，还是西室的歌伎少女，她们生前为主子服务，死后仍然要尽职尽责。她们的棺上都绘有类似主棺的窗格，就是随时准备听候主人的召唤，随通道而出入服侍。特别值得一提的是，西室二号棺中20岁的少女，或许是个乐舞领班，或许有特殊的身份，她的鸳鸯盒可作为一个象征。这件美丽奇特的鸳鸯盒与少女一起随葬，用意何在？发掘者郭德维推断，鸳鸯盒显然是这位少女生前所喜爱之物，埋葬时，考虑到她生前的喜好或遗愿，将这件艺术品做了她的陪葬品。自然界中的鸳鸯总是成双成对地生活着，人们常用来比喻恩爱的恋人，此女怀抱鸳鸯伴其生前身后，是否在婚恋上有什么隐秘？这件器物是曾侯乙赏赐，还是她本人所置，或许是心上人暗中赠送，以此作为定情的信物？如果真的是定情之物，只能随着这一破碎的爱情之梦，共同被殉葬于幽幽地宫之中。每猜想至此，不禁令人想起鲁迅先生对生民之多艰的哀哭与愤言："所谓的中国文明者，其实不过是安排给阔人享用的人肉的筵宴。所谓中国者，其实不过是安排这人肉的筵宴的厨房。"（《灯下漫笔》）信也。

曾国的真相

阴风阵阵，满城萧瑟的曾国首都，外宾接待组的治丧人员也在频繁而友好地接待着来自国外与盟友赠送的吊唁礼物。

从曾侯乙墓出土的240枚竹简6696字中可以看到，除兵甲类的登记，就是参加葬仪的车马及馈赠者的清单。其中记载曾侯乙死后，馈赠车马的人有王、太子、令尹、鲁阳公、阳城君、平夜君等。据裘锡圭释读考证，鲁阳公和阳城君都是楚邑君的名称，平夜即平舆，鄴当读为养，这两地都是楚邑。王、太子、令尹当是指楚国的王、太子和令尹。曾人对楚王等人如此称呼，反映出曾国与楚国的王公贵族有着密切的关系。同时也从另一个侧面看出，这时的曾侯，已经完全附属于楚，其实际地位大概跟鲁阳公、阳城君差不多。也就是说，当历史进展到战国初年，这个由周王朝分封名为曾的姬姓国家，实际上已完全沦为楚国的附庸了。

简文还明确告诉发掘者们，曾侯乙死后，他人所赠之车共26乘，自备之车共43乘，总数为69乘。另外有他人赠送和自备之马超过200匹，由于竹简出土时已残损，原来的数字难以精确统计，估计更大一些，因为墓中所出的戈头、殳等兵器以及箭镞都多于简文所记的数量。但墓中只有兵器而没有车马，按裘锡圭的说法，从《周礼》等书有关记载来看，简文所记的车马大概多数不会用来从葬，特别是像曾侯乙这样身份的君主，很可能有一定数量的车马埋在墓外专门设置的车马坑之中。可惜发掘前墓地周围已遭到严重破坏，墓坑附近曾有车马兵器发现，当时未经发掘，详情已无法查明。

当各种入葬事宜基本就绪后，在整个葬仪中最为重要的高潮大幕开启了——这便是死者曾侯乙进入墓室前的最后一道程序。按照当时的葬制和礼数，先是有专门人士为曾侯乙香汤沐浴，而后梳洗打扮，穿衣戴帽。与此同时，在衣内衣外的尸体四周，放置大小、形制不同的玉器和少量金器等物。放于死者脸部者，称为“缀玉面罩”。最具特色的是用玉石雕刻了几十件小动物，分别置于死者的七窍和肛门与生殖器上，置于口中者则谓玉琀，塞于鼻、耳、肛门与生殖器者叫玉塞。搞这套行头，主要为了传说中的千年尸骨不朽。

图6–19　曾侯乙墓墓主口含的玉雕小动物，大如黄豆，小如绿豆，有玉牛6件，玉羊4件，玉猪3件，玉狗2件，玉鸭3件，玉鱼3件，共21件，可谓六畜俱全

巨大的漆棺，在汗水流淌与泪水飞溅的肃穆哀苦气氛中终于到达擂鼓墩墓地。一阵手忙脚乱、大呼小叫的折腾，架在墓坑之上的巨大套棺随着一根绞索突然断裂，“咕咚”一声摔入墓坑东室之内，半尺长的铜钮利剑一样斜插入墓壁椁板之中，严丝合缝的棺盖板随着棺身下沉的重力“咔嚓”一声被撕破，裂开了一道拳头般粗细的大口子。面对这一突然而至的凶象，哀号之声顿绝，现场鸦雀无声，一片死寂。众人惊恐又莫知奈何，主持者已是全身抖如筛糠，面如死灰，汗如雨下。

少顷，当主持者于惶恐不安中企图指挥众人以最快的速度将这个庞然大物“改邪归正”时，所有的人出尽招数，用尽力气，但斜趴在坑中的巨棺已如泰山压顶，岿然不动。无奈之下，曾侯乙的亲族与重臣只好决定放弃，就此掩埋。

于是，上百人开始按照原计划行动。把所有该放置的小件陪葬物放置完毕，而后于墓坑之上加封椁盖板，铺竹席、丝绢与竹网，再用6万多公斤的木炭铺填于椁顶与椁壁之间，最后覆土掩埋加固。当这一切做完后，曾侯乙墓的地下宫殿已完全封闭于山岗旷野之中，春秋晚期一个诸侯国的秘密，就这样悄然消失在历史视野之外。

外棺的开裂与倾斜，为尸体的腐烂埋下了祸端。令曾侯乙阴魂与家族人员都意想不到的是，另一场灾祸随之而来。

最后的归宿

曾侯乙墓深入山冈地表以下13米，内椁底板直接建在坑底岩石上，没有像椁顶和椁墙四周那样填埋木炭或白膏泥并加以夯实，只有中室局部椁底做过类似努力。这一明显对尸体防腐构成巨大威胁的重要缺陷，是由于时间仓促来不及施行，还是设计者眼见坑底岩石干燥无水，而自以为是地认为万事大吉？或许由于墓主家族产生内讧，各自争抢财产与权力，矛盾激化，而只顾眼前之事，顾不得棺下情形？

总之，一根又一根的宽厚木质椁板是直接铺在了坑内的岩石之上，而墓坑的位置正处于风化岩石地质带上，红色的岩石具有透水性。墓坑四周岩石本身和地下都含有大量水分，且擂鼓墩山冈地下水又埋藏较浅，最浅处埋深小于0.5米。

也就是说，当曾侯乙梳洗打扮好，携21位青春靓女进入幽暗的地下宫殿，准备在阴间这个小型世界好好安息享乐一番之时，墓底和坑壁四周开始通过微小的空隙，向坑内渗水，且以每昼夜2立方米至3立方米的速度推进。约经过242个昼夜，墓坑内的水已涌至2.19米，这正是墓主外棺的高度。

假如棺椁下葬时没有开裂倾斜，曾侯乙尚可一如既往地躺在棺内，优哉游哉地过他的阴间钟鸣鼎食的生活，做着一个个桃色美梦。很不幸，棺盖撕裂，缝隙难填，从地下与四壁悄然无声漫过来的冷水，先是探头探脑蛇一样一缕缕地钻入棺内。继之凛冽的激水“哗”的一声翻棺而过，呈瀑布状涌跌入棺内，很快将相当于卧室的内棺包围。棺内那具酒肉充塞的臭皮囊，遂被冲到内棺一角，不再动弹。

当坑内地下涌出的水流上升到2.2米之时，戛然而止，且永久停留在这一水平线上。这个高度，仅比墓主外棺高出0.01米。世间之事如此之巧，足以令鬼神唏嘘。曾侯乙的臭皮囊将在凛冽的清水浸泡中，一点点腐朽成泥。

一百多年后，身穿老鼠衣的盗墓贼在月黑风高之际，掘开了曾侯乙墓穴，凿断了椁板并捞取了少量器物。继之，大雨来临，水流顺洞灌泻而下，墓坑积水暴涨一米多，直至升至椁盖板，将整个墓坑全部浸泡为止。污泥浊水的进入和水位上升，加剧了曾侯乙那具臭皮囊的腐烂。

又是两千多年过去了，现代考古人员打开墓穴，进入棺内，看到了一堆被浸泡成黑黄色的碎骨。一扇埋藏于尘烟雾霭中的历史之门由此开启，湮没千年的秘密得以揭开，曾侯乙墓葬发现发掘的故事，就此结束。